Turismo e direito
conver gências

Dados Internacionais de Catalogação na Publicação (CIP)
(Jeane Passos Santana – CRB 8ª/6189)

Turismo e direito: convergências / organização de Rui Aurélio de Lacerda Badaró. – 2ª ed. rev. e ampl. – São Paulo : Editora Senac São Paulo, 2014.

Bibliografia
ISBN 978-85-396-0729-7

1. Direito 2. Direito – Brasil 3. Turismo 4. Turismo – Brasil I. Badaró, Rui Aurélio de Lacerda.

14-225s   CDD-343.07891

Índice para catálogo sistemático:

1. Brasil : Direito do turismo   343.07891

Turismo e direito
convergências

2ª EDIÇÃO REVISTA E AMPLIADA

RUI AURÉLIO DE LACERDA BADARÓ

Editora Senac São Paulo – São Paulo – 2014

Administração Regional do Senac no Estado de São Paulo
Presidente do Conselho Regional: Abram Szajman
Diretor do Departamento Regional: Luiz Francisco de A. Salgado
Superintendente Universitário e de Desenvolvimento: Luiz Carlos Dourado

Editora Senac São Paulo
Conselho Editorial: Luiz Francisco de A. Salgado
　　　　　　　　　　Luiz Carlos Dourado
　　　　　　　　　　Darcio Sayad Maia
　　　　　　　　　　Lucila Mara Sbrana Sciotti
　　　　　　　　　　Jeane Passos Santana

Gerente/Publisher: Jeane Passos Santana (jpassos@sp.senac.br)
Coordenação Editorial: Márcia Cavalheiro Rodrigues de Almeida (mcavalhe@sp.senac.br)
　　　　　　　　　　　Thaís Carvalho Lisboa (thais.clisboa@sp.senac.br)
Comercial: Marcelo Nogueira da Silva (marcelo.nsilva@sp.senac.br)
Administrativo: Luís Américo Tousi Botelho (luis.tbotelho@sp.senac.br)

Edição de Texto: Juliana Muscovick
Preparação de Texto: Thiago Blumenthal
Revisão de Texto: ASA Assessoria e Comunicação, Heloisa Hernandez (coord.)
Projeto Gráfico, Capa e Editoração Eletrônica: Antonio Carlos De Angelis
Impressão e Acabamento: Pontograf Gráfica e Editora Ltda.

Proibida a reprodução sem autorização expressa.
Todos os direitos desta edição reservados à
Editora Senac São Paulo
Rua Rui Barbosa, 377 – 1º andar – Bela Vista – CEP 01326-010
Caixa Postal 1120 – CEP 01032-970 – São Paulo – SP
Tel. (11) 2187-4450 – Fax (11) 2187-4486
E-mail: editora@sp.senac.br
Home page: http://www.editorasenacsp.com.br

© Editora Senac São Paulo, 2014

Sumário

Nota do editor, 7

Prefácio, 13
Prof. Dr. Wagner Menezes

Introdução, 17

Turismo, constituição e a lei do turismo: considerações sobre o ordenamento jurídico brasileiro para um direito do turismo, 19
Rui Aurélio de Lacerda Badaró

Submissão da Embratur ao regime jurídico do direito administrativo e seus reflexos nos procedimentos de classificação por qualidade dos empreendimentos turísticos, 31
Gladston Mamede

Turismo e direito internacional, 51
Hee Moon Jo

Panorama sobre o turismo no âmbito do Acordo Geral sobre Comércio de Serviços na Organização Mundial do Comércio, 63
Juliana Kiyosen Nakayama

Turismo e direito: convergências identificáveis em quatro convenções internacionais, 77
Jorge Luís Mialhe

OMT, ONGs e a construção da *soft norm* turística, 85
Rui Aurélio de Lacerda Badaró

A liberdade de circulação turística entre os direitos fundamentais e humanos: breve estudo sobre o prisma da teoria de Robert Alexy, 101
Rui Aurélio de Lacerda Badaró

Direito do consumidor e turismo, 123
Fabio Calheiros do Nascimento

Conflitos entre fornecedor e consumidor no mercado de serviços turísticos e sua interpretação à luz dos princípios constitucionais, 141
Eduarda Cotta Mamede

As disciplinas da comunicação comercial nos mercados turísticos: apontamentos de direito comunitário europeu e de direito comparado, 159
Manuel David Masseno

Joint ventures como instrumentos viabilizadores do Acordo Franco-brasileiro de Turismo, 195
Heloisa Helena de Almeida Portugal, Maria de Fátima Ribeiro

Direito, turismo e novos movimentos sociais, 209
Dorothee Susanne Rudiger

Proteção jurídica ao meio ambiente e o turismo no Brasil, 233
Eldis Camargo Neves da Cunha

Reflexões sobre as relações entre direito ambiental e direito do turismo no Brasil, 247
Alexandre Rossi

A importância da contabilidade como instrumento decisorial nas organizações: uma abordagem da aplicabilidade em empreendimentos turísticos, 265
Enedir Beccari

Globalização depois de 11 de setembro, 275
Ercílio A. Denny

Turismo, terceira idade e tempo livre, 283
Rui Aurélio de Lacerda Badaró

Considerações finais, 291

Anexos, 293
Lei 11.771/08 (Política Nacional de Turismo)
Decreto nº 7.381 (Normas sobre a Política Nacional de Turismo)
Veto parcial 686 da Lei 11.771/08

Nota do editor

Turismo e direito: convergências, coletânea organizada por Rui Aurélio de Lacerda Badaró, é o resultado do primeiro Encontro de Direito do Turismo (Editur). Os temas apresentados, com a incorporação dos debates de que se beneficiaram, estão reunidos neste livro que incursiona pelos direitos nacional e internacional relativos ao turismo, mostrando como duas grandes áreas do conhecimento e da atividade profissional convergem para formar um *corpus* específico, o direito do turismo – que, no Brasil, vem se firmando como disciplina independente apenas nos poucos anos do novo século.

Nesta 2ª edição, foram inseridos mais quatro artigos sobre o tema, que incluem discussões sobre direito internacional e o sistema jurídico brasileiro em relação ao direito do turismo e ao direito do consumidor e turismo, entre outros, além dos artigos já existentes na primeira edição, que levantam a discussão sobre esse ramo do direito e os subsídios que fornece ao planejamento da atividade turística, frequentemente embaraçada por normas que não acompanham a agilidade de um setor em extraordinária expansão.

Esta é mais uma contribuição dada ao setor pelo Senac São Paulo para estudantes e profissionais das áreas de direito, turismo, hotelaria, organização de eventos e correlatos.

Dedicatória

À minha esposa Camile, pelas constantes lições de perseverança.
Ao meu filho Vicente, razão de minha existência neste plano.
Aos meus pais Vicente e Leonor, pelas valorosas lições de vida e pela eterna confiança em minhas escolhas.
Ao Prof. Dr. Ercílio Antonio Denny (*in memoria*m), cuja ausência é sentida todos os dias.
Ao Prof. Dr. Gustavo Henrique Ivahy Badaró, meu primo, pelo apoio, atenção e zelo, que permitiram toda a concentração necessária para esta nova edição.
A todos aqueles que ao longo de minha vida acadêmica e profissional externaram apoio em meus projetos.

Agradecimentos

Aos juristas que um dia acreditaram no direito do turismo e também àqueles que sempre colocaram em dúvida sua existência.

Ao Prof. Dr. Wagner Menezes, pelo carinho, apoio, lealdade, zelo e atenção a mim dedicados ao longo desses mais de quinze anos de convivência.

Ao Prof. Dr. Florisbal Del'Olmo Souza, meu mestre, amigo e incentivador desde os tempos da graduação.

Ao Prof. Ms. Roger Moko Yabiku, pelo apoio e pela lealdade ao longo de nossa caminhada jurídica.

Ao Prof. Ms. Cesar Tavares, pela seriedade demonstrada na condução de nossos projetos jurídicos.

Ao Prof. José Cabral da Silva Dias, pelos exemplos de gestão.

A todos os meus alunos de ontem, de hoje e de amanhã, em especial aos do curso de Direito da Faculdade de São Roque e da pós-graduação da Escola Paulista de Direito.

Prefácio

Prof. Dr. Wagner Menezes

Foi com grande prazer que recebi o convite para escrever o prefácio deste destacado e especial livro que empreende a promoção do estudo do direito do turismo, enfatizando a importância do direito internacional para a manutenção do desenvolvimento do turismo e por ser único no mercado editorial brasileiro e referência pela densidade, comprometimento acadêmico e seriedade dos autores.

Trata-se de um trabalho corajoso e, sem dúvida, inovador, no qual o organizador Rui Aurélio de Lacerda Badaró, sustentando-se em vasta doutrina nacional e estrangeira, procura apontar para o estudo do direito do turismo de maneira didática num quadro de regras, conceitos e teorias menos rígidas, menos categóricas, menos fixas que as de outros ramos do direito, aberto portanto, à construção teórica que o autor tão bem edifica.

Tal inovação, que muitas vezes transforma a teoria, deriva de um brilhantismo capaz de perceber a realidade e importar para o direito, com as devidas adaptações, novas ideias e conceitos, modificando, assim, a forma de pensar a área. A propósito, esse trabalho vem sendo desenvolvido há um longo tempo pelo autor na academia brasileira e internacional, por meio de seminários, congressos e artigos publicados nos principais periódicos internacionais.

A cada capítulo do livro percebe-se a coerência da análise do tema central – análise do direito do turismo – sob o prisma do princípio da unicidade e da formulação de propostas inovadoras, tão características e esperadas em uma obra que rompe barreiras rígidas e categóricas do direito.

O leitor chega ao final de cada discussão com a certeza de que o tema foi esgotado, analisado por diversas facetas, o que torna a leitura gratificante, já que, com honestidade intelectual, os entendimentos mais relevantes sobre cada assunto foram abordados. Assim, a obra, que já seria um deleite pelo seu tema central e primor de redação dos seus textos, proporciona uma leitura instigadora, possibilitando, tanto àqueles que visitam o tema pela primeira vez quanto aos que já sobre ele refletiram, chegar – ou rever – às próprias conclusões.

A análise do direito do turismo sob a perspectiva do direito internacional promovida pelo autor demonstra como a *soft law* tornou-se onipresente no direito internacional do turismo. O artigo deixa claro a relevância do direito internacional do turismo, em face da demanda que se amplia a cada ano, e demonstra o entendimento das organizações e agências internacionais sobre sua importância como ramo que possa contribuir para seu desenvolvimento.

A originalidade sempre implica em riscos. É mais fácil o caminho para aqueles que se contentam em repetir – ou, no máximo, aprimorar – os modismos do momento. São as proposições sobre temas originais, produto da reflexão decorrente de análise crítica de excelentes doutrinadores, que trazem avanço ao pensamento científico.

É nesse sentido que essa publicação se destaca, pois não se trata de um amontoado de fórmulas precisas retiradas ou copiadas de outros autores, mas sim resultado da compreensão cognitiva dos autores.

Mais do que tratar sobre o direito do turismo com ênfase no tratamento internacional do tema, nessa segunda edição em que foram acrescentados mais quatro artigos, os autores procuram demonstrar a maneira com que a matéria se revela tão importante para a economia, quanto à sociedade, à política e ao próprio direito. A interseção com esses temas e o lado sociológico do turismo como responsável por promover o encontro de povos e sociedades diferentes transparece o fenômeno determinante da socialização e do diálogo entre povos.

O livro, em resumo, e como de certa forma diz seu organizador, pretende ser uma obra em constante evolução, que atenda às necessidades daqueles que atuam na área turística. Assim, apresento esta obra com grande orgulho, ressaltando a coragem e pioneirismo de Rui Aurélio de Lacerda Badaró, que não se intimidou com a tarefa de expandir a obra anterior para o campo do direito internacional. Rui é uma referência de sua geração pelo seu talento e dedicação e, principalmente, pelo comprometimento acadêmico do pensar.

O debate foi aberto e é acirrado. É possível, como sempre acontece no estudo do direito, divergir de alguns conceitos, porém, o objetivo óbvio da obra não é ditar novos dogmas, mas sim ser maleável, e, assim, provocar o debate doutrinário da matéria para seu melhor entendimento e aplicação.

A partir desta obra, o direito internacional do turismo assenta-se em alicerces erigidos pelo organizador e por demais autores e doutrinadores nacionais e internacionais, ganhando uma perspectiva maleável e libertando-se de influências dogmáticas para seu estudo.

A ciência jurídica do direito internacional agora deve, em muito, aos colaboradores dessa obra, em especial, ao seu organizador, a quem rendo minhas sinceras homenagens, dada à inestimável contribuição para o desenvolvimento da doutrina internacionalista sobre o tema.

Wagner Menezes
Professor Associado da Faculdade de Direito
da Universidade de São Paulo

Introdução

O direito do turismo é um ramo jurídico que aspira inserir-se num quadro de regras, conceitos e teorias menos rígidas, menos categóricas, menos fixas que as de outros ramos do direito, por reconhecer que o turismo representa uma área demasiado maleável. Essa maleabilidade da atividade enseja uma análise do direito do turismo sob o prisma do princípio da unicidade, rompendo com a divisão clássica do direito.

A década de 2003-2013 evidenciou os esforços em prol da consolidação do direito do turismo no Brasil, e um conjunto de ensaios, artigos, estudos, trabalhos, dissertações e teses foram apresentados nesse período. Organismos não governamentais passaram a debater o direito do turismo (Instituto Brasileiro de Ciências e Direito do Turismo – IBCDTur, Sociedade Ibero-americana de Direito do Turismo – Sidetur, Lex Turistica Nova), assim como as estruturas administrativas públicas foram realinhadas para permitir o desenvolvimento da atividade. De outro lado, a lei do turismo entrou em vigor no ano de 2008, o Brasil captou eventos de proporção mundial e passou a regular o setor turístico por meio de portarias e outros atos administrativos normativos.

No plano internacional, a Organização Mundial do Turismo (OMT) tornou-se agência especializada da Organização das Nações Unidas (ONU) em 2004 e ampliou sua participação nos variados foros sobre assuntos como mudanças climáticas, comércio internacional, combate ao tráfico internacional de pessoas, combate à exploração sexual de crianças e adolescentes, patrimônio histórico da humanidade, entre outros.

Nesta segunda edição, *Turismo e direito: convergências* enfatiza a importância do direito internacional para a manutenção do desenvolvimento da atividade. Metodologicamente, houve a reestruturação dos ensaios já existentes e a inserção de novos estudos atuais sobre o direito internacional do turismo e também análises sobre o direito constitucional e o direito do consumidor. Assim, a obra representa um conjunto de dezessete ensaios de renomados doutrinadores brasileiros e estrangeiros sobre o direito e o turismo. Nesta segunda edição, novos estudos de minha autoria sobre o direito internacional do turismo foram incluídos, bem como o ensaio "Direito do consumidor e turismo" da lavra do Prof. Ms. Fabio Calheiros do Nascimento, juiz de direito e *expert* no direito do consumidor.

Seja pela memória histórica, seja pelo conteúdo doutrinário, é imprescindível agradecer nominalmente àqueles que, tendo participado do I Editur (Encontro de Direito do Turismo – 2002), foram os responsáveis pela primeira edição desta obra: o Prof. Dr. Gladston Mamede e a aclamada Dra. Eduarda Cotta Mamede, o Prof. Dr. Hee Moon Jo (Coreia do Sul), o Prof. Dr. Jorge Luís Mialhe, o Prof. Dr. Manuel David Masseno (Portugal), a Prof. Dra. Juliana Kiyosen Nakayama, a Prof. Dra. Heloísa Helena de Almeida Portugal, a Prof. Dra. Maria de Fátima Ribeiro, a Prof. Dra. Dorothée Susanne Rüdiger (Alemanha), o Prof. Dr. Ercílio Antonio Denny (*in memoriam*), a Prof. Dra. Eldis Camargo Neves da Cunha, o Prof. Dr. Alexandre Rossi e o Prof. Dr. Enedir Beccari.

Por fim, esta segunda edição pretende manter acesa a chama dos estudos sobre o direito do turismo, seja esta disciplina um ramo autônomo ou não da ciência jurídica. Boa leitura!

Turismo, constituição e a lei do turismo
CONSIDERAÇÕES SOBRE O ORDENAMENTO JURÍDICO BRASILEIRO PARA UM DIREITO DO TURISMO

Rui Aurélio de Lacerda Badaró[1]

Introdução

O crescimento do turismo é um dos principais fenômenos políticos, culturais, econômicos e sociais do século XX, atingindo uma dimensão mundial de relevância na economia global. É uma atividade tão importante que movimenta, segundo a Organização Mundial do Turismo (OMT), cerca de 3 trilhões de euros anualmente. Essa silenciosa revolução começou no século XIX com o processo de massificação do turismo, graças ao desenvolvimento das tecnologias de transporte da época, facilitando as viagens das pessoas.

O turismo envolve processo migratório, encontros e descobertas. Ele é, de modo fundamental, terra das liberdades e, enquanto expressão destas, não pode desenvolver-se ou mesmo existir sem elas. A prática do turismo pressupõe a existência das liberdades públicas essenciais, peculiarmente o direito de ir e vir. O Estado, exercendo sua soberania, é quem, enquanto vetor, limita as possibilidades de acesso a certas partes de seu território, suprimindo ou limitando *per se* o desenvolvimento da atividade turística.

O desenvolvimento do turismo está entremeado a outras liberdades como a de associação e as da indústria e comércio. O turismo pode, sem dúvida, aparecer simplesmente como excludente do intervencionismo estatal e, neste caso, deve ser analisado

---

[1] Rui Aurélio de Lacerda Badaró é doutor em direito internacional pela Universidade Católica de Santa Fé, Argentina; mestre em direito internacional pela Universidade Metodista de Piracicaba; *Droit International, Européen et Comparé* – D.E.A (Direito Internacional, Europeu e Comparado) pela Sorbonne, França. Professor de direito do turismo e direito internacional na Escola Paulista de Direito. Advogado em De Luca Badaró, Tavares e Yabiku Sociedade de Advogados.

empiricamente, visto ser o tipo de objeto de preocupação singular por parte do Estado por meio dos poderes públicos e órgãos especializados na atividade turística.

Nesse contexto, a regulamentação jurídica do turismo brasileiro é dividida em três períodos. Até 1966, havia uma legislação incipiente. A partir do Decreto-lei nº 55, viveu-se uma fase de *construção* (Leis 6.505/77 e 6.513/77), com uma crescente edição de normas regulamentares, refletindo a política de intervenção e controle das atividades econômicas. A segunda fase, período da *desconstrução*, é marcada pelo Decreto-lei 2.294/86 e, em seguida, pela Constituição de 1988, que encerram a fase de intervenção e arbítrio, encaminhando o turismo brasileiro ao terceiro período, ou seja, o das *liberdades* (de ação econômica, de concorrência, de ofício, dentre outras).

Análise constitucional do turismo: por que fazê-la?[2]

O turismo está contemplado expressamente pela Constituição brasileira, encartado no capítulo referente à atividade econômica, no artigo 180: "A União, os Estados, o Distrito Federal e os Municípios promoverão e incentivarão o turismo como fator de desenvolvimento social e econômico". A escolha política da Assembleia Nacional Constituinte confirmou a vocação turística do país e ensejou um dever estatal de atenção para com a atividade, agora com *status* jurídico constitucional.

A Constituição, portanto, considera (e determina que assim se considere) o turismo como área de interesse social e, concomitantemente, segmento econômico lícito. Aliás, o econômico e o social sempre estiveram formal e materialmente conjugados nas constituições, exceção à atual Constituição de 1988 (títulos VII e VIII), que promoveu uma fragmentação formal, mas sem perder a ligação material, que se pode considerar imanente ao conceito social e econômico. Daí a afirmação que "pertencendo ao mundo do lazer e da cultura, o turismo preenche funções sociais múltiplas e tende a tornar-se um bem primário, ou seja, um bem que faz parte do mínimo indispensável ao homem".[3]

O significado da norma, contudo, não se contém em sua literalidade simplista. A preocupação com essa área e sua conjugação com o social conduzem ao que se poderia denominar de "turismo de qualidade", como tutelado pela Constituição, e não qualquer turismo.

---

[2] Este capítulo é parte integrante do livro: R.A.L. Badaró (org.), *Estudos de direito do turismo* (São Paulo: IBCDTur, 2008).
[3] Cf. R.A.L. Badaró (coord.), *Turismo e direito: convergências* (São Paulo: Senac, 2003), p. 279.

Esse "turismo de qualidade" está a exigir certas posturas mínimas dos particulares e do Estado, o respeito aos demais valores constitucionais como a livre iniciativa, a concorrência livre e honesta, o meio ambiente, o lazer, os direitos sociais em geral.

Além disso, o turismo, como setor econômico relevante para a Constituição, gera deveres para o Estado, que está compelido a estabelecer *planos* e *metas* consistentes (planejamento) para auxiliar os particulares interessados em colaborar e que lhes sirva de guia acerca da futura atuação estatal. É a necessidade de criar um "ambiente público, jurídico, que permita o amadurecimento das iniciativas empresariais nessa área", como apontou Gladston Mamede.[4]

Daí o porquê de a Política Nacional de Desenvolvimento do Turismo (atribuída ao Ministério do Turismo), de que fala a lei nº 10.683/03 (*cf.* art. 27), encontrar-se em fina sintonia com a Constituição (com o seu estímulo à iniciativa privada em âmbito turístico, à promoção e à divulgação do turismo). A Constituição exige o planejamento adequado por parte do Estado. Não se trata de um favor estatal nem de uma opção para os governantes; o turismo é um exemplo de planejamento que se encontra a cargo do Estado.[5] Por meio dele, "é possível favorecer o desenvolvimento da economia interna, gerar empregos (no setor turístico), obter divisas para o país".[6]

Mas engana-se quem pensa que aqui se esgotam as preocupações constitucionais com o turismo, o que seria uma redução absurda e equivocada. A compreensão constitucional do turismo passa, em realidade e necessariamente, pela compreensão de diversas outras normas e diretrizes constitucionais.

Os eixos norteadores do turismo na constituição brasileira

A análise da previsão constitucional do turismo revela a existência de três eixos norteadores para a atividade turística brasileira: a) o turismo enquanto fator de desenvolvimento social e econômico; b) a promoção estatal do turismo; e c) o incentivo estatal ao turismo. Desta forma, é preciso compreender o significado de cada eixo norteador da atividade, uma vez que todos eles coadunam o tratamento jurídico infraconstitucional do turismo, a atuação dos órgãos oficiais e das pessoas jurídicas de direito privado.[7]

---

[4] *Cf.* G. Mamede, "Submissão da Embratur ao regime jurídico do direito administrativo e seus reflexos nos procedimentos de classificação por qualidade dos empreendimentos turísticos", em R.A.L. Badaró (coord.), *Turismo e direito: convergências* (São Paulo: Senac, 2003), p. 21.

[5] A.R. Tavares, *Direito constitucional econômico* (São Paulo: Método, 2006), p. 320.

[6] A.R. Tavares, *As tendências do direito público* (São Paulo: Saraiva), pp. 141-2.

[7] R.A.L. Badaró & A.S. Cavaggioni, *Direito do turismo: perspectivas para o século XXI* (São Paulo: IBCDTur, 2006), p. 20.

FATOR DE DESENVOLVIMENTO SOCIAL E ECONÔMICO

Ao identificar os potenciais e carências do setor turístico, o legislador constituinte tornou o turismo fator de desenvolvimento social e econômico, ou seja, por previsão constitucional, deve obrigatoriamente figurar no universo das escolhas administrativas e legislativas como uma das alternativas para que os entes da Federação alcancem o desenvolvimento socioeconômico.[8]

É clara a opção constitucional pela valorização da coexistência harmoniosa entre o trabalho e a livre-iniciativa, elevados à condição de valores sociais pelo artigo 1º, IV da Carta Política de 1988, mesmo que vinculados ao dever de respeito à soberania nacional, à cidadania e à dignidade da pessoa humana.

Obrigam-se, portanto, os administradores públicos e legisladores a observar e utilizar o turismo como alternativa constitucionalmente eleita para o desenvolvimento nacional (art. 3º, II, CF/88), visto que o setor demanda fartos investimentos em infraestrutura e estímulos diversos, retribuindo com emprego e altas receitas tributárias. O desenvolvimento social do turismo deve focar a erradicação da pobreza e da marginalização, bem como a redução das desigualdades sociais e regionais como instrumentos para se galgar a dignidade da pessoa humana e a cidadania.[9]

Promoção e Incentivo ao turismo

Depreende-se da leitura do artigo 180 da Constituição Federal o oferecimento de duas vias a serem trilhadas pelo administrador público para que o desenvolvimento social e econômico, por meio do turismo, possa ser alcançado: a promoção e o incentivo estatal.[10]

A promoção estatal de atividade econômica insere-se no plano do intervencionismo estatal. No Brasil, a Constituição de 1988 evidenciou o regime das liberdades, no qual a liberdade de agir economicamente constitui um dos fundamentos da República e a liberdade de concorrência, um dos princípios da ordem econômica. Contudo, soberania, cidadania, dignidade da pessoa humana e trabalho são também fundamentos da República, bem como são princípios norteadores da ordem econômica a defesa do consumidor, a defesa do meio ambiente, a redução das desigualdades sociais, a busca pelo

---

[8] R.A.L. Badaró, *Direito do turismo: história e legislação no Brasil e no exterior* (2ª ed. São Paulo: Senac, 2005), p. 176.
[9] R.A.L. Badaró, *Direito do turismo: a importância do direito para o turismo* (Piracicaba: Unimep, 2001), p. 130.
[10] R.A.L. Badaró, *op cit.*, p. 179.

emprego, entre outros. Encontram-se aí os limites positivos e negativos da intervenção do Estado.[11]

O Estado deve respeitar a livre-iniciativa e a livre-concorrência, garantindo-as, cabendo sua intervenção para que haja o efetivo respeito aos demais princípios e fundamentos de mesma hierarquia.[12]

Assim, a promoção estatal do turismo brasileiro não pode cercear a livre-iniciativa ou a livre-concorrência, salvo com autorização legal, respeitados os princípios constitucionais, via de regra com o objetivo de corrigir abusos ou distorções ou para a ordenação da exploração, como as classificações de empreendimentos por sua qualidade.

Já o comando *incentivar* o turismo traduz um dever estatal ao estimulá-lo por meio de variadas formas. O estímulo de qualidade, atento à preservação do meio ambiente, à proteção do patrimônio histórico, cultural e turístico, agrega valor à prestação dos serviços. Assim, a educação voltada à capacitação e à qualificação, as políticas de conservação do patrimônio natural e cultural com valor turístico e também os incentivos econômicos e financeiros configuram formas do estímulo estatal ao turismo.

A lei do turismo no Brasil e intervenção econômica no setor

Cumpre, aqui, proceder uma breve análise dos limites da intervenção do Estado na seara econômica, própria dos agentes privados. A principal nota, assinale-se desde logo, é a da limitação. Mesmo à lei são lançados limites constitucionais no que tange à intervenção estatal na economia (intervenção, no caso, que é considerada indireta, porque normativa). O mesmo se diga quanto aos decretos, não bastassem as limitações de legalidade já avalizadas acima.

Na situação específica do turismo no Brasil, tem-se as seguintes configurações:
» um caso de intervenção indireta na economia (por meio de leis, decretos e atos normativos secundários em geral);
» o planejamento estatal, acaso existente, só pode ser indicativo para o setor privado;
» o Estado só exercerá funções de fiscalização e incentivo, jamais de direção e atuação direta concorrencial;

---
[11] G. Mamede, *Direito do turismo: legislação específica aplicada* (3ª ed. São Paulo: Atlas, 2004), p. 30.
[12] R.A.L. Badaró, "A evolução histórica do direito do turismo no Brasil" em IBCDTur. Revista Virtual de Direito do Turismo. Disponível em http://www.ibcdtur.org.br. Acesso em 5 de fevereiro de 2014.

» dentro da fiscalização, que há de ocorrer nos termos da lei, a mesma deverá respeitar a cláusula da liberdade constitucional de iniciativa e de atuação (exercício da atividade econômica).

Observe-se que, para fins de análise do direito brasileiro do turismo em vigor,[13] a Lei 11.771/087 atribuiu ao Ministério de Estado do Turismo o estabelecimento da Política Nacional de Turismo, o planejamento, o fomento, a regulamentação, a coordenação e a fiscalização da atividade turística, bem como a promoção e a divulgação institucional do turismo em âmbito nacional e internacional, em consonância com o que a Lei 10.683/03 já havia estabelecido.

A Lei do Turismo revela a opção do Estado pelo planejamento da atividade (intervenção indireta) à luz da previsão constitucional do turismo que define ser um dever a promoção e o incentivo ao setor, como fator de desenvolvimento social e econômico.

Assim, foi estabelecida a Política Nacional do Turismo, que obedece aos princípios da livre-iniciativa, da descentralização, da regionalização e do desenvolvimento econômico-social justo e sustentável, fazendo-se valer na prática por meio do Plano Nacional do Turismo.

O já conhecido Sistema Nacional do Turismo, que funcionou no Brasil na primeira metade do século passado, foi recriado para colaborar com as ações, os planos e os programas relacionados ao desenvolvimento do setor. O Fundo Geral do Turismo (Fungetur), criado em 1971, foi remodelado para atender às necessidades de incentivo ao setor. Entende-se: puro saudosismo de um Estado paternalista que se associava à iniciativa privada, por conta da incapacidade da iniciativa privada de desenvolver o setor nas regiões Norte e Nordeste, para a realização de projetos turísticos (construção de complexos hoteleiros, parques e outros eram a tônica).

Reservou a Lei 11.771/08 um capítulo para os prestadores de serviços turísticos, no qual foi estabelecido quem e de que maneira pode atuar no turismo nacional, em consonância com a opção estatal de gestão e planejamento da atividade, expressa pelo artigo 180 da Constituição da República de 1988.

Dessa maneira, o artigo 21 da Lei do Turismo conceitua o prestador de serviço turístico como aqueles (sociedades empresárias, sociedades simples, empresários individuais e serviços sociais autônomos) que prestem serviços turísticos remunerados e que

---

[13] Para um estudo apurado da evolução do direito do turismo no Brasil: R.A.L. Badaró, "A evolução da legislação turística brasileira: o início do direito do turismo", em R.A.L. Badaró & A. S Cavaggioni, *O direito do turismo: perspectivas para o século XXI* (São Paulo: Reino/IBCDTur, 2006), pp. 17-49.

exerçam atividades econômicas relacionadas à cadeia do turismo (a lei explicita: meios de hospedagem, agências de turismo, transportadoras turísticas, organizadoras de eventos, parques temáticos e acampamentos turísticos). A Lei do Turismo possibilita, ainda, o cadastro das sociedades empresárias com atividades afins ou anexas ao turismo (restaurantes, bares, parques aquáticos e outros).

Já que a tônica é a intervenção indireta do Estado nessa atividade econômica (assim a lei define o turismo no art. 2º), o parágrafo 3º do artigo 22 da Lei 11.771 delimita que somente poderão prestar serviços de turismo a terceiros, ou intermediá-los, os prestadores de serviços turísticos quando devidamente cadastrados no Ministério do Turismo. E o cadastramento voltou a ser obrigatório, para que sejam conhecidas as atividades, equipamentos, empreendimentos e serviços, bem como perfil de atuação, qualidade e padrões dos serviços oferecidos. Assim, cumpre-se o gerenciamento estatal do setor, preparando-o para saltos de qualidade por meio de mecanismos estabelecidos pelo Poder Executivo.

Em seguida, entre os artigos 23 a 32, a Lei do Turismo tratou de cada um dos prestadores de serviços turísticos, definindo-os, estabelecendo condições para o cadastramento e a classificação. Vale lembrar que a lei elimina qualquer dúvida sobre a diferença jurídica entre agências e operadoras, considerando que se trata apenas de diferenças de atuação econômica e alvo no mercado.

O artigo 33 estabelece os direitos dos prestadores de serviços turísticos, quaisquer que sejam, o acesso a programas de fomento ao turismo; a menção de seus empreendimentos ou estabelecimentos empresariais em campanhas promocionais do Ministério do Turismo e da Embratur, desde que contribuam financeiramente; e a utilização da simbologia definida pelo Ministério do Turismo, número de cadastro e selos de qualidade, quando for o caso, em promoção ou divulgação oficial para as quais o Ministério do Turismo e a Embratur contribuam técnica ou financeiramente.[14]

Já os deveres dos prestadores de serviços turísticos foram enunciados no artigo 34 da Lei do Turismo, a saber:

» Mencionar e utilizar, em qualquer forma de divulgação e promoção, o número de cadastro, os símbolos, expressões e demais formas de identificação determinadas pelo Ministério do Turismo.

» Apresentar, na forma e no prazo estabelecido pelo Ministério do Turismo, informações e documentos referentes ao exercício de suas atividades, empreendimentos,

---

[14] A extinta União Internacional dos Organismos Oficiais de Propaganda Turística preconizava a seus Estados membros na década de 1930 tal prática, a qual não logrou êxito, em R.A.L. Badaró, *Direito internacional do turismo* (São Paulo: Senac, 2008), p. 47.

equipamentos e serviços, bem como ao perfil de atuação, qualidades e padrões dos serviços por eles oferecidos.
» Manter em suas instalações livro de reclamações e, em local visível, cópia do certificado de cadastro;
» Manter, no exercício de suas atividades, estrita obediência aos direitos do consumidor e à legislação ambiental.

Ainda sobre os prestadores de serviços turísticos, a Lei do Turismo brasileira trata da fiscalização. De início, é válido frisar mais uma vez a valorosa lição do constitucionalista André Ramos Tavares explicitando que ao Estado (nesse caso, o Ministério do Turismo e a quem ele delegar a fiscalização), na seara econômica, é permitido atuar como agente normativo e regulador e, por meio dessas posições, exercer a tríplice função: fiscalizadora, incentivadora e planejadora.

Logo, compreende-se que a fiscalização estatal representa o controle de juridicidade do exercício econômico pelos particulares. Por meio dessa função, é implementada a fiscalização das práticas dos agentes econômicos, do empresariado, ou seja, o "acompanhamento", com a verificação da observância das normas cabíveis, apuração de responsabilidade e aplicação de penalidades.

Desse modo, o artigo 35 da Lei do Turismo autorizou o Ministério do Turismo a fiscalizar as atividades das pessoas naturais e jurídicas que trabalhem com o turismo, cadastradas ou não, inclusive as que usem expressões ou termos que possam induzir ao erro, quanto ao real objeto de suas atividades.

Já no artigo 44, possibilitou-se a delegação de competência para órgãos e entidades da administração pública (em todas as esferas federativas) com vistas ao cumprimento das funções relativas ao cadastramento, à classificação e à fiscalização dos prestadores de serviços turísticos, bem como à aplicação de penalidades e à arrecadação de receitas. A delegação torna-se essencial para a efetiva fiscalização dos prestadores, uma vez que, inserida no contexto do Plano Nacional do Turismo, harmoniza-se com a regionalização do turismo, iniciada em 2003.

Entre os artigos 36 e 40, tratou a lei de definir:
» Penalidades: advertência por escrito, multa, cancelamento da classificação, interdição de local, atividade, instalação, estabelecimento empresarial, empreendimento ou equipamento.
» Cancelamento do cadastro: por seu descumprimento, respeitados os princípios constitucionais do contraditório e da ampla defesa (pedido de reconsideração e recurso hierárquico).

Na aplicação das penalidades, observar-se-á a natureza das infrações, menor ou maior gravidade da infração – considerados os prejuízos decorrentes para os usuários e para o turismo nacional. E circunstâncias atenuantes (a colaboração com a fiscalização e a presteza no ressarcimento dos prejuízos ou reparação dos erros) ou agravantes (a reiterada prática de infrações, a sonegação de informações e documentos e os obstáculos impostos à fiscalização), inclusive os antecedentes do infrator. As infrações foram previstas nos artigos 41 a 43, a saber:

» Prestar serviços sem o cadastro no Ministério do Turismo ou não atualizá-lo.
» Não fornecer informações relativas ao perfil e registro quantitativo dos hóspedes, taxa de ocupação, permanência média e número de hóspedes por unidade habitacional.
» Não cumprir os deveres estipulados pela lei no artigo 34 (mencionar/expor ostensivamente o número do cadastro, apresentar documentos relativos ao exercício da atividade ao Ministério do Turismo e obedecer ao estipulado pelas regras do direito do consumidor e do direito ambiental).

Importante frisar que a fiscalização exercida pelo Ministério do Turismo não é, como a fiscalização sanitária ou tributária, essencial ao bem-estar público, estando, portanto, ainda mais limitada pela garantia da inviolabilidade da vida privada (ainda que profissional), do domicílio (ainda que profissional) e do sigilo das informações e do livre exercício do trabalho ou da profissão, todas direitos fundamentais estipulados pelo artigo 5º da Constituição da República.

Uma fiscalização eficiente, cujo objetivo seja a excelência na prestação dos serviços turísticos, pauta-se não somente na exigência ou não de um cadastro, cuja finalidade é informativa e não autorizativa. Assim, diante das dimensões geográficas do país, a delegação é a solução para a efetividade da fiscalização, bem como a atuação conjunta entre as autoridades (como já ocorreu anteriormente no projeto malogrado da fiscalização federal integrada e descentralizada, em 2006), desde que, adverte-se, não ocorra o conhecido clientelismo latino-americano.

Considerações finais[15]

O Brasil encontra-se em um momento delicado: a evolução da democracia nos conduziu a uma situação de sedimentação dos três poderes da República, então, procura-se descobrir, em concreto, como devem ser as relações mantidas entre si na nova ordem política e jurídica.[16] Essa sedimentação provoca crises, já que, no afã de defender suas próprias razões, por vezes um desses três pilares (notoriamente, o Poder Executivo, sendo que nos últimos anos o Poder Judiciário e seu "ativismo judicial" também servem de exemplo) avança os limites do razoável, pretendendo substituir a atuação do outro ou se esforçando por influenciar sua atuação.

Essa confusão de pontos de vista e de entendimentos, no entanto, não pode jamais se traduzir em prejuízo real para a sociedade. O recente ativismo judicial, seguido pela ousadia executiva, é o prenúncio da ocorrência de abuso de poder estatal, cujos efeitos nefastos todos nós conhecemos da época dos coturnos.

Assim, conforme as lições de Mamede:

> Para que haja efetivamente um Estado Democrático de Direito é fundamental que a totalidade da sociedade se identifique com o Estado,[17] rompendo com essa tendência entre nós endêmica de considerar o Estado como um outro, como algo estranho à sociedade, um adversário. Neste contexto de identificação do Estado com o poder, surge a necessidade de se colocar (e, principalmente, problematizar) a questão a "proposta constitucional" de um "Estado Democrático de Direito" (art. 1º, *caput*, da Constituição Federal), contrastando-a com as inúmeras dificuldades (e desafios) que inevitavelmente deve enfrentar. Com efeito, a implementação deste "novo Estado" (expressão que, de certa forma, contamina-se com a referência histórica brasileira de um "Estado Novo", cujos alicerces são distintos dos que

---

[15] Estas considerações finais são parte integrante de R.A.L. Badaró (org.), *Turismo e direito: convergências* (São Paulo: Editora Senac São Paulo, 2003).

[16] *Ibdem.*

[17] Já inegavelmente clássico entre os nossos autores e estudiosos do direito, recorda Darcy Azambuja: "No mundo moderno, o homem, desde que nasce e durante toda a existência, faz parte, simultânea ou sucessivamente, de diversas instituições ou sociedades, formadas por indivíduos ligados pelo parentesco, por interesses materiais ou por objetivos espirituais. Elas têm por fim assegurar ao homem o desenvolvimento de suas aptidões físicas, morais e intelectuais, e para isso lhe impõem certas normas, sancionadas pelo costume, a moral ou a lei. [...] O Estado é uma sociedade, pois se constitui essencialmente de um grupo de indivíduos unidos e organizados permanentemente para realizar um objetivo comum. E se denomina sociedade política, porque, tendo sua organização determinada por normas de direito positivo, é hierarquizada na forma de governante e governados e tem uma finalidade própria, o bem público". Completa: "E será uma sociedade tanto mais perfeita quanto sua organização for mais adequada ao fim visado e quanto mais nítida for, na consciência dos indivíduos, a representação desse objetivo, a energia e sinceridade com que a ele se dedicarem", em D. Azambuja, *Teoria geral do Estado* (São Paulo: Globo, 1995), pp. 1-2.

por ora são necessitados) pressupõe maturidade social (e, via de consequência, individual), única forma de garantir que os Administradores Públicos sirvam à coletividade, em lugar de exercerem um "arbítrio das próprias vontades".[18] Seguindo tais referências, o desafio democrático que a sociedade desta virada de milênio se propôs a enfrentar, consolidando uma forma distinta de trato com o poder, exige a institucionalização e a consolidação de meios pelos quais se possa reagir contra aqueles agentes públicos (eleitos ou não) que se entregam às próprias paixões e desrespeitam as bases da democracia. O comportamento egoísta e as balizas egocêntricas trabalham contra a proposta de um novo Estado, pois privilegiam o indivíduo em desproveito da coletividade (e seus interesses legítimos).[19]

No âmbito do direito do turismo e da administração pública do setor turístico, os problemas vividos pelos empreendedores não possuem as cores dramáticas que são encontradas em outros setores da vida nacional, todavia, isso não quer dizer que não se deva explorar as relações administrativas turísticas, suas necessidades e suas possibilidades. Todo o direito caminha numa evolução qualitativa e o Direito do Turismo a ela não pode fugir.

BIBLIOGRAFIA

AZAMBUJA, D. *Teoria geral do estado*. São Paulo: Globo, 1995.

BADARÓ, R.A.L. *Direito do turismo: história e legislação no Brasil e no exterior*. 2ª ed. São Paulo: Senac, 2005.

_____. *Direito do turismo: a importância do direito para o turismo*. Piracicaba: Unimep, 2001.

_____. *Estudos de direito do turismo*. São Paulo: IBCDTur/MTur, 2008.

_____. *Direito internacional do turismo*. São Paulo: Senac, 2008.

BADARÓ, R.A.L., CAVAGGIONI, A. (orgs). *Direito do turismo: perspectivas para o século XXI*. São Paulo: IBCDTur, 2006.

BODENHEIMER, E. *Teoria del Derecho*. México: Fondo de Cultura Econômica, 1994.

---

[18] Esta expressão que aqui se cunhou remete ao pensamento de Spinoza, ao qual Edgar Bodenheimer faz alusão: "Porque es cierto [dice Spinoza] que los hombres son necesariamente susceptibles de pasiones; están hechos de tal manera que experimentan piedad hacia los desgraciados y sienten envidia de los felices; que se inclinan más a la venganza que al perdón; además cada uno de ellos desea que los demás vivan conforme él cree oportuno, aprueben lo que él aprueba, y rechacen lo que él rechaza. De onde resulta que, deseando todos con la misma intensidad ser los primeros, estallan entre ellos conflictos y se esfuerzan por oprimirse unos a otros y el vencedor se enorgullece más del daño que ha hecho a su rival que del bien que ha logrado procurarse", em E. Bodenheimer, *Teoria del derecho* (México: Fondo de Cultura Econômica, 1994), p. 20.

[19] G. Mamede, *Direito do turismo* (São Paulo: Senac, 2004).

BADARÓ, R.A.L. "A evolução histórica do direito do turismo no Brasil". Em *IBCDTur. Revista Virtual de Direito do Turismo*. ISSN: 1807-1767. Disponível em http://www.ibcdtur.org.br. Acesso em 24 de abril de 2010.

MAMEDE, G. *Direito do turismo: legislação específica aplicada*. 3ª ed. São Paulo: Atlas, 2004.

TAVARES, A. "Tutela constitucional do turismo: considerações gerais". Em R.A.L. BADARÓ. *Estudos de Direito do Turismo*. São Paulo: IBCDTur, 2008.

_____ . *Direito constitucional econômico*. São Paulo: Método, 2006.

_____ . *As tendências do direito público*. São Paulo: Saraiva, 2005.

Submissão da Embratur ao regime jurídico do direito administrativo
E SEUS REFLEXOS NOS PROCEDIMENTOS DE CLASSIFICAÇÃO POR QUALIDADE DOS EMPREENDIMENTOS TURÍSTICOS

Gladston Mamede[*]

Contextualização

Lê-se, no artigo 3º da Lei nº 8.181/91, que no amplo rol das atividades que são de competência do Instituto Brasileiro de Turismo (Embratur) está "cadastrar as empresas, classificar os empreendimentos dedicados às atividades turísticas e exercer função fiscalizadora, nos termos da legislação vigente" (inciso X). Estão próximas, assim, três situações específicas: (1) cadastro, (2) classificação e (3) fiscalização, dispostas contiguamente, como se fossem fases de uma única atividade, encarada em três momentos: as empresas se cadastrariam na Embratur, atendendo às exigências formuladas por ela, seriam classificadas de acordo com os critérios por ela estipulados e trabalhariam sob a fiscalização dela.

Todavia, essa previsão legal esbarrou nas disposições maiores da Constituição da República, que estabelece, no artigo 170, que a ordem econômica, no Brasil, é fundada na valorização do trabalho humano e na livre-iniciativa, garantindo-se a livre concorrência como princípio a ser obrigatoriamente observado (inciso IV). E, para arrematar, o parágrafo único do mesmo artigo assegura a todos o livre exercício de qualquer atividade econômica, independentemente de autorização de órgãos públicos, salvo nos casos previstos em lei.

Consolidou-se, assim, o entendimento de que não seria legítimo exigir o cadastro – e sua aprovação – na Embratur, para permitir que os sujeitos de direitos e deveres, nacionais

---

[*] Doutor em filosofia do direito pela Universidade Federal de Minas Gerais e professor do Centro Universitário Newton Paiva.

ou estrangeiros, explorassem atividades econômicas ligadas ao turismo no Brasil.[1] Essa posição jurídica rompe com uma sequência legislativa intervencionista no âmbito do turismo, cujo ponto alto, muito provavelmente, foi a Lei nº 6.505/77, que, permitindo ao Estado um amplo controle dos agentes econômicos do turismo, estipulava o valor mínimo de capital social e exigia, também, qualificações específicas dos sócios – incluindo quesitos bastante subjetivos, como "idoneidade moral da empresa e de seus responsáveis, idoneidade financeira" –, chegando ao extremo não só de obrigar os interessados em explorar negócios no turismo a se cadastrar na Embratur, mas reservando, inclusive, a essa entidade, o poder de aprovar ou não seu cadastro e, assim, recusar-lhes a livre-iniciativa econômica no setor, ou, nos termos da lei, "comprovação de viabilidade do mercado na localidade pretendida".[2]

Não surpreende, portanto, a receptividade do mercado turístico à Constituição de 1988, nela percebendo a libertação de amarras que o impediam de crescer com o vigor da livre-iniciativa e da livre concorrência. Um novo cenário desenvolveu-se a partir de então, em que a ausência de tutela estatal gerou tanto benefícios quanto malefícios, e que ainda demanda uma revisão dos papéis que são atribuídos à administração pública e aos agentes privados, reequilibrando obrigações e faculdades de forma compatível com um Estado democrático de direito. A bem da verdade, esse cenário de incertezas e de procura constante de uma nova proporcionalidade entre direitos e deveres das pessoas privadas em relação à administração pública não é exclusividade do turismo, podendo-se dizer que apenas ocorreu, nesse setor, uma repetição do modelo histórico de administração pública no país, fortemente marcado pela primazia do controle do Estado sobre os agentes privados, limitando sua ação e pretendendo conduzi-los a partir de sua ótica. Essa situação se agrava pelo fato de o Estado, nesse caso, encontrar-se dividido em feudos administrativos, apropriados por algumas lideranças políticas ou meramente por funcionários administrativos bem colocados e influentes, que trabalhavam mais para atender às demandas de sua clientela específica do que aos interesses maiores do bem público.[3]

---

[1] Essa inconstitucionalidade não foi declarada pelo Supremo Tribunal Federal, por meio de ação direta de inconstitucionalidade, mas é fruto da aceitação, pelo direito brasileiro, de um controle difuso, que prescinde da declaração pela Mais Alta Corte, embora permita o manejo de recurso extraordinário para que a matéria lhe seja submetida, ainda que em grau de recurso (cf. Celso Agrícola Barbi, "Evolução do controle da constitucionalidade das leis no Brasil", em *Revista de Direito Público*, vol. 4, separata, São Paulo, 1968).

[2] G. Mamede, *Direito do turismo: legislação específica aplicada* (São Paulo: Atlas, 2001), p. 27.

[3] A.C. Wolkmer é preciso quando denuncia: "A trajetória de formação social brasileira tem evidenciado, ao longo das diferentes formas assumidas pelo Estado (Estado Colonial, Estado Oligárquico – Imperial ou Republicano –, Estado de Compromisso, Estado Populista e, finalmente, Estado Autoritário-burocrático), que este sempre tomou a dianteira em suas relações com a sociedade, quer pela imaturidade e ineficiência desta, quer porque o próprio Estado, por meio de suas elites dirigentes e de suas classes dominantes, nunca possibilitou espaço de mobilização e sempre operou para

Torna-se necessário, em vista desses fatores, instituir um novo direito do turismo, não mais aquele que se lê nas normas inscritas na Lei nº 6.505/77, reflexo eloquente da pretensão do governo militar que agia à luz da Constituição de 1967 – mutilada, aliás, pelas alterações previstas na Emenda Constitucional nº 1, imposta pelas baionetas e canhões da junta militar que então se assenhorou do país, levando ao poder, pouco depois, o general Médici. Essa norma, hoje, é quase inteiramente incompatível com a Constituição Federal vigente desde 1988, em muito recortada pelas disposições que, posteriormente, foram adotadas pela Lei nº 8.181/91.

No ambiente de um Estado democrático de direito, o direito do turismo necessita articular-se segundo outra tônica, devendo as novas demandas da sociedade e do setor econômico turístico serem compreendidas nesse novo contexto constitucional e legal. A proposta de uma nova forma de exercício compartilhado e regrado do poder, cuja raiz europeia pode ser detectada já no século XVIII, implicará uma evolução gradual, mas constante, o que, sem dúvida, não constitui processo simples. Nossa máquina governamental mostra-se ainda viciada em autoritarismo, repleta de agentes despreparados para exercer com consciência o papel de servidores públicos e que aspiram, em vez disso, a servir-se da estrutura administrativa estatal.[4]

Assim, no setor do turismo será necessário obter a completa submissão do Estado e de seus agentes ao direito e ao interesse público. Isso, contudo, sem cair no extremo oposto, subtraindo ao Estado sua soberania. É imprescindível, portanto, que, respeitando o regime constitucional e legal vigente, o Estado seja firme na aplicação das normas, já que, é certo, "a coercibilidade do direito depende da atuação do Estado e, portanto, a atuação do direito depende do Estado".[5] Alcançar essa condição pode parecer difícil, porém não o é.

Quanto aos agentes do Estado, o jurista romano Paulo, de nós separado por algo em torno de dois milênios, já destacara, no digesto *De decurionibus* (*Dos decuriões*), que "os

---

manter um tipo de sociedade marcadamente dividida, dependente e tutelada". *Elementos para uma crítica do Estado* (Porto Alegre: Fabris, 1990), p. 46.

[4] Cf., a propósito, o renomado magistério de C.A.B. de Mello: "Um serviço prestado pelo Estado não se torna público pelo fato de interessar a todos e estar em suas mãos, ou em mãos de pessoa sua, mas pela circunstância de se reger conformemente ao regime de direito administrativo. [...] Parece-nos ser esta a única compreensão possível em torno do problema. A entender-se de outro modo os conceitos jurídicos perderiam toda sua operatividade". *Curso de direito administrativo* (São Paulo: Malheiros, 1994), p. 37.

[5] M.C. Acquaviva, *Teoria geral do Estado* (São Paulo: Saraiva, 1994), p. 7. A passagem permite recordar, com propriedade, a magistral análise de Engels, para quem o Estado não era, de forma alguma, "um poder que se impôs à sociedade de fora para dentro", nem mesmo "a realidade da ideia moral", ou ainda "a imagem e a realidade da razão"; mas, pelo contrário, um produto de um determinado grau de desenvolvimento da sociedade, uma confissão de que esta "se enredou numa irremediável contradição que não consegue conjurar". Cf. Friedrich Engels, *A origem da família, da propriedade privada e do Estado*, trad. Leandro Konder (8ª ed. Rio de Janeiro: Civilização Brasileira, 1982), p. 191.

cargos e as funções não devem ser confiados por turma, mas aos melhores, quaisquer que sejam" ("honores et munera non ordinationi, sed potioribus quibusque iniungenda sunt").

Cumpre a todos os cidadãos e, entre esses, aos juristas em especial, o desafio de institucionalizar uma nova administração pública que corresponda às necessidades dessa nova sociedade que estamos erigindo. Boa parte das bases gerais, para tanto, já foi lançada, estando presente no direito ora em vigor, seja na Constituição da República, seja nas leis. Vive-se um momento em que a demanda se encontra no plano dos fatos, em que a mudança põe, de um lado, a imperatividade da lei e, de outro, a resistência à lei. Como já tive ocasião de afirmar,

> [...] ao menos em tese, a existência do direito administrativo, esse conjunto de normas que encerram modelos comportamentais dirigidos à redução do arbítrio indiscriminado na administração da sociedade ou, como posto anteriormente, normas que traduzem uma autolimitação do poder de Estado e regulamentação dos procedimentos que devem ser respeitados por seus agentes, assinala uma evolução social: evitar-se que a estrutura do Estado seja utilizada para beneficiamento daqueles que a controlam, em desproveito dos interesses da coletividade. [...] Disse "ao menos em tese" certo que esse conjunto de normas destinadas a disciplinar os atos de Estado, estabelecendo-lhes limites específicos (demandando lisura, publicidade, legalidade, etc.), possui existência apenas na potencialidade da previsão normativa; vale dizer, carece de efetivação [...] pela aplicação das sanções previstas para o descumprimento pelos órgãos jurisdicionais competentes.[6]

Classificação turística

Um dos maiores problemas enfrentados pelo setor turístico, atualmente, refere-se à necessidade de que seja criado um ambiente público, jurídico, que permita o amadurecimento das iniciativas empresariais nessa área. De fato, em razão dos vícios deixados pela vigência de normas anteriores, entre as quais a Lei nº 6.505/77, o papel reservado aos órgãos estatais de gerenciamento turístico e sua assimilação pela sociedade merecem redimensionamento.

---

[6] G. Mamede, "Neoliberalismo e desadministrativização", em *Revista de Informação Legislativa*, nº 127, ano 32, jul.-set. de 1995, pp. 152-153.

É preciso frisar que não estou me referindo à atuação dos órgãos públicos em nível de planejamento de políticas estratégicas para o estímulo do setor, como concessão de vantagens e afins.[7] O objeto específico da presente investigação é outro, e visa observar a atuação daqueles órgãos no exercício do poder de classificar e fiscalizar empreendimentos. O Estado, em tais searas, não atua para incentivar, mas para regrar, e, dependendo do que seja concretizado, pode permitir a um empreendimento alcançar todas as suas potencialidades ou prejudicar seu desenvolvimento adequado.

Ao contrário do que acontece com as grandes políticas de intervenção, definição legal de faculdades e obrigações e concessão de estímulos diversos, no exercício do poder de classificar e na fiscalização da manutenção das qualificações indispensáveis para manter certo nível de qualidade e, consequentemente, o rótulo que a atesta – entre nós, as estrelas, bem o sabemos –, não pode haver uma atuação política do administrador público que, nesses contextos e para tais fins, deve cuidar para concretizar uma atuação pública.[8] Vale dizer, torna-se inadmissível em tais campos a preocupação com favorecimentos pessoais ou estratégicos, não se podendo atender a clientelas políticas específicas. Uma atuação legítima deve sobreviver ao jogo político, mostrando-se isenta e técnica, jamais se influenciando pela possível alteração dos ideários políticos confrontados na cena eleitoral brasileira.[9]

---

[7] "O interesse em promover determinadas atividades, consideradas importantes para a sociedade, ou desenvolver regiões menos favorecidas, leva o governo a criar mecanismos de incentivo que geram oportunidades de investimentos em áreas e setores específicos. A criação de incentivos fiscais, a adoção de juros subsidiados, a concessão de áreas públicas para a instalação de empreendimentos, a constituição de barreiras alfandegárias que criam reservas de mercado são, entre outras, formas de estímulo governamental à exploração de determinadas atividades, ou à localização empresarial que geram oportunidades a serem consideradas pelas organizações na expansão de seus negócios." Elder Lins Teixeira, *Gestão da qualidade em destinos turísticos* (Rio de Janeiro: Qualitymark, 1999), p. 37.

[8] L.L. Stefanini é erudito ao ponderar: "[...] o ato político, e como tal objeto da ciência política, vigeja nos 'temas e reconstrução social, de diagnose e interpretação dos momentos críticos da democracia, de análise dos conceitos políticos, de estimativas acerca de planificações, da liberdade e do poder', na concepção de Mannheim. Portanto, penso haver distinção entre ato político e ato público. O primeiro diz respeito a manifestação da vontade direcionada a alteração ou negativa dos bens que envolvem a sociedade, descaracterizando-a conforme se apresenta — *status quo*; o ato público é a manifestação da vontade do Estado direcionado à gestão da coisa pública". "Crime político", em *Revista Lex: Julgados do Supremo Tribunal Federal*, vol. 206, Brasília, s/d., p. 5 ss.

[9] "Volto a repetir, para não se perder o pressuposto, que o ato político não diz respeito ao Estado como foi colocado em um passo atrás, este como sujeito passivo da ação, mas sim aos esteios nucleares da sociedade. O ato 'político' vinculado ao governo e direcionado (tendo este como objeto) ao serviço público do Estado (pessoa jurídica de direito público interno), seja relativo à organização, gestão, modificação, etc. da coisa pública, será sempre um ato público de comando ou decisão administrativa, não político. O ato político tem uma clientela própria e inconfundível: a sociedade estratificada em valores, independente do Estado. É exatamente por isso a justificação da ideia da separação dos Poderes, especialmente para que o Estado-Governo não se confunda com o Estado-Juiz (ideal de justiça) e o Estado-Legislador (ideal da sociedade)." *Ibidem*.

É fundamental transmitir ao setor do turismo, bem como a seus consumidores nacionais e estrangeiros, sinais estáveis de como deverão ser conduzidos os empreendimentos, equilibrando-se os interesses públicos e privados, na forma da Constituição Federal. Somente uma postura séria permitirá aos agentes econômicos privados exercer a excelência de seu trabalho, conhecendo as regras do jogo e, com elas, buscar lucro como resultado de ações competentes e equilibradas. É preciso garantir o império da lei e da impessoalidade, afastando-se o *casualismo*, a bem do fortalecimento do turismo nacional.

A isso serve a classificação e com tal filosofia deve concretizar-se.

A classificação dos empreendimentos turísticos em categorias que expressem o nível dos serviços que são prestados, dos mais simples àqueles em que são oferecidos luxo e sofisticação, é uma realidade mundial. Esse sistema se concretiza com a atribuição do símbolo globalizado de qualidade turística que são as estrelas – de uma a cinco e, em alguns casos, cinco *plus* e seis –, o que permite ao hóspede saber, com facilidade, se o empreendimento é simples ou luxuoso.

O modelo brasileiro de classificação dos empreendimentos turísticos é de inspiração europeia, ou seja, organiza-se de forma oficial, tendo a lei, como se viu no início de nosso estudo, reservado à Embratur competência e poder para atribuir, oficialmente, as estrelas, detendo, aliás, o monopólio do seu emprego.[10] Do ponto de vista do país, a seriedade na avaliação e classificação dos empreendimentos justifica-se pela necessidade de atrair turistas e, assim, beneficiar-se das vantagens econômicas que advêm do fluxo turístico. A presença do Estado na concretização dos procedimentos avaliza ao mercado a seriedade dos níveis atribuídos, criando um considerável respaldo de credibilidade.

Por outro lado, o sistema brasileiro de classificação dos meios de hospedagem (SBC-MH) foi instituído com o objetivo de regular o processo e os critérios pelos quais os meios de hospedagem poderão obter a chancela do governo federal, atribuída pela classificação na Embratur, e os símbolos oficiais que a representam, assim como para que sejam distribuídos, caso classificados, pelos diferentes tipos e categorias de conforto e atendimento, conforme os padrões de instalações e de serviços que apresentem. Essa

---

[10] "Com o intuito de preservar a confiabilidade do sistema, veda-se expressamente a utilização de qualquer espécie de artifício ou documento, por meio de hospedagem, com o intuito de induzir o consumidor sobre classificação inexistente, ou diversa daquela efetivamente atribuída ao estabelecimento, procedimento que caracteriza prática de propaganda enganosa mencionada na Lei nº 8.078/90 (Código de Defesa do Consumidor). Nunca é demais recordar, bem a propósito, que a simbologia 'estrela' atrelada ao conceito de classificação hoteleira, é de uso exclusivo da Embratur – Instituto Brasileiro de Turismo, tornando-se indisponível a utilização desse símbolo, por qualquer entidade pública ou privada. Nesse sentido, são absolutamente ilegais artifícios como classificação em asteriscos ou similares, já que excessivamente próximas às estrelas oficiais." Gladston Mamede, *Manual de direito para administração hoteleira: incluindo análise dos problemas e dúvidas jurídicas, situações estranhas e as soluções previstas no direito* (São Paulo: Atlas, 2002), p. 64.

classificação constituirá um referencial informativo de cunho oficial, destinado a atender os mercados turísticos interno e externo e a orientar:
» a sociedade em geral – sobre os aspectos físicos e operacionais que irão distinguir os diferentes tipos e categorias de meios de hospedagem;
» os consumidores – para que possam aferir a compatibilidade entre a qualidade oferecida e os preços fixados pelos meios de hospedagem de turismo;
» os empreendedores hoteleiros – sobre os padrões que deverão prever e executar em seus projetos, para obtenção do tipo e categoria desejados;
» o controle e a fiscalização – sobre os requisitos e padrões que deverão ser observados para a manutenção da classificação.[11]

Para obter a classificação, é indispensável a comprovação do atendimento a seus critérios, o que será verificado em avaliação executada por Organismos Certificadores Credenciados (OCC) e pelo Instituto Nacional de Metrologia, Normalização e Qualidade Industrial (Inmetro), observadas as disposições do Regulamento dos Meios de Hospedagem e da Matriz de Classificação aplicável ao tipo e à categoria pretendidos pelo meio de hospedagem. A avaliação consiste na comparação e na verificação da conformidade entre os padrões existentes no meio de hospedagem e aqueles previstos para a categoria de classificação por ele pretendida nos diversos itens da Matriz de Classificação. Os OCCs executarão a avaliação por intermédio de avaliadores a ser individualmente qualificados, em função de sua formação e experiência profissionais e capacitação em cursos de formação específica, ministrados por organismos de treinamento credenciados.[12]

Para garantir a lisura e preservar os interesses envolvidos – tanto o privado, da empresa ou entidade avaliada, quanto o público – até a obtenção da classificação, o processo de certificação terá confidencialidade total, dentro dos princípios éticos a que estão obrigados os OCCs e seus avaliadores. O meio de hospedagem que não tiver sido aprovado para a obtenção da certificação poderá sustar o processo sem que os hóspedes, os concorrentes e o mercado sejam informados de sua tentativa em obter a classificação. Essa avaliação não é feita apenas em empreendimentos que já estejam implantados; é possível requerer à Embratur que avalie previamente projetos de construção, ampliação, reforma ou

---

[11] G. Mamede, *Direito do turismo: legislação específica aplicada*, cit., p. 48.
[12] Cf. G. Mamede, *Manual de direito para administração hoteleira: incluindo análise dos problemas e dúvidas jurídicas, situações estranhas e as soluções previstas no direito*, cit., p. 60.

melhoria de meio de hospedagem de turismo, submetendo-os diretamente à Embratur ou ao órgão estadual de turismo competente.[13]

Não são unicamente os meios de hospedagem, porém, que se encontram sujeitos a esse exame. A Deliberação Normativa nº 246/88 da Embratur disciplinou uma classificação dos veículos e embarcações de agências de turismo com frota própria utilizáveis para a realização de transporte turístico. Uma vez deferidos os pedidos de classificação dos veículos e/ou embarcações, a Embratur fornecerá o certificado competente, bem como a identificação de cada um deles, contendo as categorias em que tiverem sido classificados.[14] Tal identificação será afixada, pelas empresas que tenham seus veículos e embarcações classificados, na parte exterior da carroçaria, junto à porta principal do veículo, à esquerda de quem entra, no caso de ônibus e de micro-ônibus, e na parte interna, no vidro dianteiro, do lado direito do veículo, em local que não prejudique o passageiro que estiver ao lado do motorista, no caso de automóveis e utilitários.

A classificação dos veículos e embarcações de turismo será expressa por:
» certificado, conferido pela Embratur, especificando a denominação social e o nome de fantasia da empresa, bem como o número de classificação do veículo ou embarcação na Embratur e sua categoria, quando existente;
» placa, no caso de ônibus, micro-ônibus e embarcações;
» selo, no caso de automóveis e utilitários.

Foi a Resolução Normativa nº 32/88, do Conselho Nacional de Turismo, que aprovou o Regulamento para a Classificação das Atividades e Serviços de Transporte Turístico de Superfície, que objetivava:
» indicar ao público os níveis dos equipamentos e serviços oferecidos pelas empresas que exploram o transporte turístico de superfície;
» orientar os investidores e empresários quanto aos padrões exigidos para a classificação dos veículos e embarcações utilizados no transporte turístico de superfície;
» constituir instrumentos de política de incentivo fiscal e financeiro à atividade de transporte turístico de superfície, a fim de determinar prioridades quanto aos serviços e equipamentos que devam ser estimulados preferencialmente;
» estimular o aperfeiçoamento dos equipamentos e serviços postos à disposição dos usuários;

---

[13] *Ibid.*, p. 61.
[14] Cf. artigo 4º da Deliberação Normativa nº 246/88.

» possibilitar o controle de qualidade, mediante a verificação da manutenção dos padrões de classificação e a fiscalização dos empreendimentos e equipamentos turísticos.[15]

O mesmo regulamento definiu os requisitos para cadastro e classificação das transportadoras turísticas de superfície, os padrões para classificação dos veículos e embarcações de turismo e as normas para funcionamento, direitos e obrigações das transportadoras turísticas e agências de turismo com frota própria no que diz respeito ao transporte turístico de superfície, bem como as modalidades em que podem ser prestados os serviços de transporte turístico de superfície, quais sejam:
» transporte para excursões – o realizado em âmbito municipal, interestadual ou internacional, para o atendimento de excursões organizadas por agências de turismo;
» transporte para passeio local – o realizado para visita aos locais de interesse turístico de um município ou de suas vizinhanças, organizado por agências de turismo;
» transporte para traslado – o realizado entre as estações terminais de embarque e desembarque de passageiros, os meios de hospedagem e os locais onde se realizam eventos turísticos, como parte de serviços respectivos organizados por agências de turismo;
» transporte especial – o ajustado diretamente pelo usuário com a transportadora turística.[16]

Os ônibus utilizados no transporte turístico de superfície são classificados nas categorias *standard*, luxo e superluxo; os micro-ônibus nas categorias *standard* e luxo; e os automóveis e utilitários (veículo com lotação de cinco a doze passageiros, incluído o motorista, que por suas características de fabricação destine-se, exclusivamente, ao transporte de passageiros e suas bagagens) em categoria única. Já as embarcações de turismo serão classificadas nas categorias traslado, passeio local, excursão e cruzeiro, sendo que somente se consideram embarcações para turismo dos tipos cruzeiro e excursão aquelas que, por suas características de construção, se destinem, preferencialmente, ao transporte de passageiros.[17]

---

[15] G. Mamede, *Direito do turismo: legislação específica aplicada*, cit., pp. 135-136.
[16] *Ibid.*, pp. 136-137.
[17] *Ibid.*, p. 138.

Administração pública

É preciso observar, na forma do direito vigente, que a atuação da Embratur, por si própria ou por intermédio dos organismos certificadores credenciados, está submetida aos princípios gerais do direito administrativo e suas regras específicas. Vale dizer que a Embratur compõe a administração pública brasileira, razão pela qual a avaliação da qualidade de um empreendimento ou instrumento turístico deve respeitar um procedimento específico, que se encaixa juridicamente no plano do direito administrativo, conjunto de normas que têm por finalidade regrar a atuação dos agentes de Estado, impedindo que os mesmos a desvirtuem, afastando-a dos princípios constitucionais que a devem orientar.[18]

Constituída inicialmente como uma empresa pública e, depois, convertida pela Lei nº 8.181/91 em instituto, a Embratur teve conferidos pela União a competência e o poder para o gerenciamento do turismo no país; é, assim, órgão que compõe, ainda que indiretamente, a estrutura estatal, exercendo uma função que lhe foi delegada por lei. Aplicam-se-lhe, antes de mais nada, as disposições gerais da administração pública, que estão dispostas no *caput* do artigo 37 da Constituição da República. Dessa forma, os atos da Embratur devem respeitar os princípios da legalidade, da impessoalidade, da moralidade pública e da publicidade.

A submissão ao princípio da legalidade traduz a obrigação de pautar seus atos pela lei; vale dizer que os órgãos que compõem a administração pública somente podem fazer o que a lei autoriza, não sendo beneficiados pelo princípio do direito privado, segundo o qual o que a lei não proíbe é permitido.[19] É regra que a Embratur deve cumprir e que nos conduz, inevitavelmente, à constatação de que existe um limite nítido para a atuação

---

[18] Como ensina J.C. Júnior: "A atividade administrativa não se processa sem rumo, orientando-se a esmo, nesta ou naquela direção. Alicerça-se em princípio básico que, não amparado embora por nenhum texto explícito, preciso, orienta toda a marcha da administração: *o agente público, dotado de competência, não deve agir a não ser em vista de certo fim de interesse geral, público*. [...] Mediante frequentes pronunciamentos, a administração movimenta todo o aparelhamento administrativo: formam-se e desfazem-se relações jurídicas, situações esclarecem-se, renova-se o pessoal, cumprem-se deveres, extinguem-se direitos, enfim, tudo decorre daquela manifestação consubstanciada num ato. Para atuar na órbita a que se destina, entretanto, o ato deve atender a certos requisitos, de forma e fundo, apresentando-se imune de vícios a que o desnaturam, o que pode acarretar medidas de diferentes naturezas que, efetivadas, culminariam inclusive em sua total supressão". *Curso de direito administrativo* (Rio de Janeiro: Forense, 1995), p. 289.

[19] Destaco a manifestação de L.F. Leite: "Não é possível, por conseguinte, no âmbito do direito público, a aplicação do princípio 'o que não está proibido está permitido' e sim do princípio segundo o qual 'o que não está expressamente permitido está implicitamente proibido'. Os mecanismos utilizados para suprir a falta de normas legais, como o recurso à analogia ou aos princípios gerais de direito, não têm aplicação e não podem servir de diretiva às autoridades administrativas, já que a aplicação da referida pressupõe a existência de regras. Quanto às normas administrativas, prevalece o princípio da completude e ausência de lacunas, por via de consequência". *O regulamento no direito brasileiro* (São Paulo: Revista dos Tribunais, 1986), p. 17.

normativa por parte daquele instituto, que não pode, por meio de suas deliberações e deliberações normativas, inovar juridicamente. O âmbito para criar obrigações jurídicas é a lei, norma que é resultado da atuação soberana do Poder Judiciário, segundo o que lhe faculta a Constituição da República. As deliberações e deliberações normativas, nesse sentido, podem aclarar o que está disposto na lei, regrando-o amiúde, mas não podem desprezar a regra inscrita no artigo 5º, II, da Constituição, segundo o qual "ninguém será obrigado a fazer ou deixar de fazer alguma coisa senão em virtude de lei".

A Embratur deve, também, atuar de forma impessoal. A impessoalidade administrativa é uma característica que se opõe à formação de feudos administrativos que, anteriormente, denunciei nesse artigo. Só há administração impessoal quando o agente público age tendo em vista o interesse público, e não o interesse privado, seu ou de alguns de seus "clientes". Esses clientes, aliás, nem sequer poderiam existir; um único cliente é permitido para o ato administrativo: a sociedade como um todo. Situações em que alguém age norteado pela satisfação de seu próprio interesse ou para beneficiar outra pessoa ou grupo específico – e assim, uma vez mais, atendendo a interesse próprio e não público – colocam em xeque as teorias jurídicas denominadas monistas, que procuram eliminar o dualismo direito-Estado, compreendendo seus elementos como um todo, uma unidade. De fato, rompendo com essa unidade, veem-se agentes de Estado desrespeitar o direito e criar um conjunto de práticas que concretizam exceções legais na esfera da *res publica*, o que chega a desvalorizar o sistema jurídico. Abandona-se, assim, o Estado democrático de direito, inscrito no artigo 1º, *caput*, da Constituição, no qual "todo poder emana do povo, que o exerce por meio de representantes eleitos ou diretamente",[20] para volver-se ao mecanismo da dominação.[21]

Também é fundamental que os administradores públicos do turismo ajam respeitando o princípio da moralidade. Como é de conhecimento geral, a vigente Constituição da República relacionou a moralidade como princípio orientador da administração pública. A matéria não é nova entre os autores. Como observa Lúcia Valle Figueiredo, mesmo antes da Carta de 1988, muitos já se batiam pelo dever de probidade, como Manoel de Oliveira Franco Sobrinho, Oswaldo Aranha Bandeira de Mello e Hely Lopes Meirelles; entre os estrangeiros, a autora cita o publicista francês Hauriou:

---

[20] Artigo 1º, parágrafo único, da Constituição Federal.
[21] Recusamos, assim, a evolução democrática para ficarmos na clássica estrutura de soberanos/súditos. "Examinada atentamente a natureza do poder estatal, verifica-se que todo Estado, comunidade territorial, implica uma diferenciação entre governantes e governados, entre homens que mandam e homens que obedecem, entre os que detêm poder e os que a ele se sujeitam." P. Bonavides, *Ciência política* (10ª ed. São Paulo: Malheiros, 1997), p. 108.

> Quanto à moralidade administrativa, sua existência provém de tudo o que, possuindo uma conduta prática, [estabelece] forçosamente, a distinção entre o bem e o mal. Como a administração tem uma conduta, ela pratica essa distinção ao mesmo tempo que aquela do justo e do injusto, do lícito e do ilícito, do honorável e do desonorável, do conveniente e do inconveniente. A moralidade administrativa é, frequentemente, mais exigente que a legalidade.[22]

Enquanto requisito elevado à categoria de princípio constitucional, a moralidade administrativa constitui no vigente direito brasileiro disposição hierarquicamente superior entre as normas jus-administrativas, que devem ser interpretadas sempre em relação àquela. Ao Poder Judiciário cabe garantir a efetivação desse avanço normativo, sob pena de merecer a crítica de Faria:

> [...] à medida que surgem novos tipos de conflitos, a maioria das leis vai envelhecendo. Embora os legisladores respondam ao desafio da modernização das instituições de direito com a criação de novas leis, a cultura técnico-profissional da magistratura parece defasada, insensível, portanto, aos problemas inerentes à aplicação de leis mais modernas em sua concepção.[23]

Por fim, o princípio constitucional da publicidade exige que a administração pública não tenha, em regra, atos secretos, mas, pelo contrário, sejam eles amplamente divulgados, tanto em sua conclusão quanto em sua fundamentação. Essa publicidade garante o respeito aos demais princípios, permitindo aos cidadãos conhecer o que fazem os agentes públicos e, destarte, aferir o respeito às regras jurídicas que devem orientar a sua atuação. Ademais, a partir do enfoque específico do administrado sobre o qual a administração pública exerce o seu poder, a publicidade é elemento viabilizador de sua defesa, pois somente por conhecer os fundamentos do que foi decidido poderá impugnar eventuais ilegalidades e abusos que contra si tenham sido praticados, recorrendo para tanto ao Poder Judiciário.

---

[22] L.V. Figueiredo, *Curso de direito administrativo* (São Paulo: Saraiva, 1995), p. 49. Logo na sequência, a autora cita Welter, para quem "a moralidade administrativa, que nos propomos estudar, não se confunde com a moralidade comum; ela é composta de regras de boa administração, ou seja: pelo conjunto de regras finais e disciplinares suscitadas, não só pela distinção entre o Bem e o Mal; mas também pela ideia geral de administração e pela ideia de função administrativa". Tal posição já não encontra um reflexo fiel no direito atual, que reconhece que a moralidade comum, em muito, deve ser respeitada pelo administrador público; somente assim o poder é exercido em nome do povo e para o povo, e não apesar do povo. Não haveria Estado democrático se a moral pública estatal se concretizasse com nuanças de imoralidade social; a regra, porém, pode conhecer exceções, ainda que muito reduzidas.

[23] J.E. Faria, *Justiça e conflito: os juízes em face dos novos movimentos sociais* (São Paulo: Revista dos Tribunais, 1992), p. 9.

Ao refletirmos sobre o princípio da publicidade dos atos administrativos, é indispensável atentar para outro direito e garantia individual, anotado no artigo 5º, XXXIII, da Constituição vigente:

> [...] todos têm direito a receber dos órgãos públicos informações de seu interesse particular, ou de interesse coletivo ou geral, que serão prestadas no prazo da lei, sob pena de responsabilidade, ressalvadas aquelas cujo sigilo seja imprescindível à segurança da sociedade e do Estado.

A Constituição, nesse particular, consagra, acima de qualquer coisa, o respeito e a lisura que devem permear o fenômeno político que é o Estado democrático de direito. Há íntimas ligações entre uma situação "democrática de direito" e o amplo acesso às informações, o que justifica a preocupação cada vez maior dos legisladores em valorar o acesso à informação – de interesse pessoal ou coletivo – como um direito, ou melhor, como um bem juridicamente protegido. Confira-se, a respeito, o artigo 19 da Declaração Universal dos Direitos Humanos, aprovada pela Assembleia Geral da Organização das Nações Unidas em 10 de dezembro de 1948:

> Todos têm o direito à liberdade de opinião e de expressão; este direito inclui a liberdade de sustentar opiniões sem interferência e procurar, receber e transmitir informações e ideias mediante quaisquer meios e independentemente de fronteiras.

O legislador brasileiro, a exemplo dos pensadores e homens públicos de diversas nacionalidades, já percebeu os efeitos nefastos do sigilo. Da Inquisição ao nazismo, passando pelas ditaduras militares, em inúmeras oportunidades a humanidade assistiu (e hoje recorda assustada) às agruras dos relatórios e dos processos sigilosos, das acusações que não são dadas a conhecer, das execuções sumárias e sem explicações que o tempo revela absurdamente despropositadas.

Aliás, nesse contexto destaca-se o papel do Judiciário, que possui por função examinar as lesões ou ameaças ao direito, retificando, pela aplicação das sanções juridicamente previstas, a juridicidade das relações sociais. É essa a expectativa das multidões – o povo, referido expressamente no artigo 1º, parágrafo único, da Constituição, como detentor do poder –; num *bricolage* das palavras de Nelson Saldanha,[24] pode-se dizer que a sociedade confia – e deve confiar, sob pena de se desmoralizar o direito, se desmoralizado o

---

[24] N. Saldanha, *Ordem e hermenêutica: sobre as relações entre as formas de organização e o pensamento interpretativo* (Rio de Janeiro: Renovar, 1992), p. 169.

Judiciário – na atribuição correta, pelos magistrados, de um "sentido jurídico" aos fatos, conferindo "cunho legítimo e oficial às estruturas a serem aceitas e obedecidas", mais do que o indispensável "caráter estável" das normas, dependente do "amparo político que possuem, ao provir de um poder socialmente maior".

Procedimento classificatório

Como resultado de tudo o que já se viu até o momento, conclui-se com facilidade a necessidade de encarar os procedimentos de avaliação e classificação dos empreendimentos hoteleiros. Uma avaliação correta e adequada é um direito do empreendedor. Dessa forma, fica claro que, para além das regras específicas editadas pela Embratur para definir o procedimento de avaliação e classificação, está esse órgão obrigado a respeitar os princípios de informação do processo administrativo em geral, que podem ser aferidos tanto na Constituição da República quanto na legislação infraconstitucional.

Em primeiro lugar, é indispensável garantir ao empreendedor avaliado amplo acesso aos autos do procedimento de avaliação. O procedimento, bem o sabemos, é apenas uma sequência de atos; para representá-los, devem ser constituídos autos, de modo que cada ato seja representado por um documento correspondente. Esses autos do procedimento devem ser organizados de forma adequada a representar a realidade do que se passou, principiando pelos atos iniciais e seguindo pelos demais. Nenhum ato pode ficar de fora dos autos, pois, na eventualidade de uma demanda judicial, os autos são prova obrigatória da lisura da atuação do órgão estatal. Ali se encontrarão a abertura do procedimento, por ato assinado pela autoridade competente, o pedido e os documentos juntados pelo interessado, a nomeação dos agentes para atuar no caso, a narrativa de seus atos e as fundamentações de suas decisões.

Além da necessidade de serem constituídos autos do procedimento, que o represente de forma fiel e adequada, é preciso dar ao empreendedor interessado o direito de acessá-los, de examiná-los, de conhecer o que se passa no procedimento, e assim, eventualmente, poder defender-se administrativa ou judicialmente contra qualquer ilegalidade ou abuso. Ademais, para viabilizar essa defesa, deve-se permitir-lhe fotocopiar elementos, fazer apontamentos e conceder-lhe as certidões que porventura requeira. Lembre-se, bem a propósito, o artigo 5º, XXXIII, da Constituição da República, segundo o qual todos têm direito a receber dos órgãos públicos informações de seu interesse particular, ou de interesse coletivo ou geral, que serão prestadas no prazo da lei, sob pena de responsabilidade, ressalvadas aquelas cujo sigilo seja imprescindível à segurança da sociedade e do Estado.

Some-se a essa disposição o artigo 5º, XXXIV, *b*, que assegura a todos, independentemente do pagamento de taxas, a obtenção de certidões em repartições públicas, para defesa de direitos e esclarecimento de situações de interesse pessoal, e o artigo 5º, XXXV, que assevera que a lei não excluirá da apreciação do Poder Judiciário lesão ou ameaça a direito.

Em todo procedimento administrativo, incluindo, portanto, os que se concretizam no âmbito da administração pública do turismo, é indispensável que se respeite o direito do interessado de ser ouvido, ou seja, de manifestar-se, respeitado o artigo 5º, XXXIV, *a*, da Constituição da República, que a todos afiança, independentemente do pagamento de taxas, o direito de petição aos poderes públicos em defesa de direito ou contra ilegalidade ou abuso de poder.

O exercício do poder, no contexto de um Estado democrático de direito, não se faz no interesse do administrador público, mas no interesse maior de toda a sociedade, que possui o direito de ser ouvida sobre a forma como é conduzida.[25] Peticionar aos poderes públicos é fazer-se ouvir; mais que isso, é submeter um outro lado da questão – o do sujeito de direitos e deveres, antagonizado com a administração pública – a avaliação, constituindo a contradição e, assim, o pluralismo de enfoques inerente à democracia.

Em boa medida, pode-se justificar o dever de ouvir o interessado por meio da garantia inscrita no artigo 5º, LV, da Constituição: aos litigantes, em processo judicial ou administrativo, e aos acusados em geral são assegurados o contraditório e a ampla defesa, com os meios e recursos que a ela correspondem. Essa regra, porém, não se limita a garantir a possibilidade de manifestação no curso do procedimento, mas também define duas outras referências necessárias: primeiro, o procedimento deve ser verdadeiro e conduzido de forma impessoal e de boa-fé; não se admitem procedimentos armados para justificar decisões preconcebidas, mas exige-se que a razão última de toda a atuação estatal seja a aferição de uma verdade, de uma realidade a partir da qual se concretizará a definição administrativa, a refletir com fidelidade a base constitucional e legal que a sustenta.

É preciso, ainda, que se garanta ao empreendedor avaliado o direito de também instruir o procedimento, ou seja, de exercitar o direito de ampla defesa com um dos seus elementos basilares, que é a apresentação de provas que traduzam seu ponto de vista, que reforcem seu argumento, dando-lhe uma sustentação material. Por outro lado, é

---

[25] Ainda hoje, no despertar do século XXI, se resiste a aprender e praticar o que, há 2.500 anos, os gregos sabiam à exasperação: "que a administração é uma coisa pública e que, portanto, interessa a todos e que todos devem dar a sua opinião, encaminhando-se a cidade grega para uma abertura à participação dos cidadãos". Cf. A.J. dos Penedos, *Introdução aos pré-socráticos* (Porto: Rés, 1984), p. 14. É preciso que se aprenda, agora, o que outrora aprenderam os helenos: que para a efetivação de uma *res publica*, e para que se lhe garanta a constância, é preciso mudar as estruturas políticas; não há mais um senhor.

fundamental que se dê ao avaliado, igualmente, o direito de conhecer não só as provas que são colhidas em desproveito de seu ponto de vista, de sua pretensão, bem como de impugná-las, se assim entender necessário.

Para que haja defesa efetiva, é preciso garantir ao interessado o direito de se fazer representar, se necessário, por profissional ou profissionais que atuem em seu nome ao longo do procedimento ou em partes específicas deste. A representação é um negócio jurídico regular, que surgiu no âmbito do direito justamente para otimizar as relações jurídicas, sendo faculdade do cidadão recorrer a tal expediente sempre que o ato que deva ser praticado não seja personalíssimo, o que ocorre na espécie. Ademais, faculta-se ao interessado recorrer a assistentes técnicos que o auxiliem em questões que exigem conhecimentos específicos, podendo não apenas indicá-los, como requerer que os mesmos acompanhem as diligências efetuadas a bem da avaliação e que, julgando necessário, apresentem laudos complementares para contradizer os oficiais, cabendo à autoridade avaliar e decidir entre ambos.

Esse procedimento se conclui com uma decisão da autoridade competente, deferindo ou indeferindo o pedido e determinando a classificação. Essa decisão deverá atender aos princípios constitucionais acima examinados, ou seja, deverá ater-se à lei, ser impessoal e atender aos padrões da moralidade administrativa; no que diz respeito à publicidade, deve ser compreendida como o direito do interessado de conhecer a decisão, seus fundamentos e os autos de procedimento nos quais deverão estar os elementos concretos que alicerçam a decisão. Não se exige publicidade para o restante da sociedade se a decisão for contrária à pretensão, o que é garantido pelas deliberações normativas da Embratur, com o fim de preservar os interesses privados.[26]

Por fim, é indispensável que a decisão seja fundamentada, que apresente seus motivos. A motivação é a garantia de atenção aos princípios constitucionais e legais, uma vez que se exige da autoridade a exposição das razões do que decidiu. Não se trata de qualquer razão, de qualquer motivo, é bom que se frise, mas da demonstração de que

---

[26] "Para garantir lisura e preservar os interesses envolvidos (tanto o interesse privado da empresa ou entidade avaliada, quanto o interesse público), até a obtenção da classificação, o processo de certificação terá confidencialidade total, dentro dos princípios éticos a que estão obrigados os OCCs e seus avaliadores; assim, o meio de hospedagem que não tiver sido aprovado, para fins de obtenção da certificação, poderá sustar o processo sem que os hóspedes, os concorrentes e o mercado sejam informados de sua tentativa em obter a classificação. Por outro lado, os processos de certificação e classificação de meios de hospedagem são sequenciais e indissociáveis, não subsistindo um sem o outro, razão pela qual o cancelamento da classificação implicará o automático cancelamento da certificação e vice-versa. Por fim, esclarece adequadamente o Regulamento que o contrato entre o meio de hospedagem e o OCC, para fins de certificação, não poderá, em hipótese alguma, restringir direitos de reclamação do hóspede consumidor." G. Mamede, *Direito do turismo: legislação específica aplicada*, cit., p. 52.

foi atendido o interesse público. No caso estudado, não há que se considerar um amplo espaço de discricionariedade,[27] já que a decisão deve ser técnica, ou seja, a autoridade que decide em nome da Embratur não pode orientar-se, no deferimento ou indeferimento da classificação pretendida, por critérios de conveniência – isso é essencial. A motivação, nesse caso, deverá explicitar os motivos técnicos da decisão classificatória, vinculados à legislação específica.

De acordo com Celso Antônio Bandeira de Mello, a administração pública está submetida, ainda, ao princípio da revisibilidade, que

> [...] consiste na possibilidade de o administrado recorrer de decisão que lhe seja desfavorável. Tal direito só não existirá se o procedimento for iniciado por autoridade do mais alto escalão administrativo ou se for proposto perante ela. Neste caso, como é óbvio, o interessado mais não poderá senão buscar as vias judiciais.[28]

Todos esses regramentos são incontornáveis para a administração pública e para o processo administrativo. Dessa forma, alcançam a Embratur e orientam o direito do turismo no que se refere à gerência governamental do setor, à luz do artigo 180 da Constituição da República, bem como das Leis nº 6.505/77 e nº 8.181/91. O instituto não pode ficar à margem de nenhum desses requisitos ou desrespeitar qualquer desses princípios, sob pena de se exigir a intervenção corretiva do Poder Judiciário em defesa da ordem jurídica. De fato, o desrespeito, no âmbito da administração pública do turismo, aos princípios do direito administrativo, requer a intervenção corretiva do Judiciário. A regra alcança, inclusive e em especial, os procedimentos de classificação em níveis de qualidade e a atribuição das estrelas correspondentes.

Essa afirmação nos conduz ao problema da discricionariedade administrativa, obstáculo à revisibilidade judicial dos atos administrativos. De acordo com Hely Lopes Meirelles,

> [...] ao Poder Judiciário é permitido perquirir todos os aspectos de legalidade e legitimidade para descobrir e pronunciar a nulidade do ato administrativo onde ela se encontre, e seja qual for o artifício que a encubra. O que não se permite ao Judiciário é pronunciar-se sobre

---

[27] "Consoante entendemos, a discricionariedade consiste na competência-dever de o administrador, no caso concreto, após a interpretação, valorar, dentro de critério de razoabilidade e afastado de seus próprios 'standards' ou ideologias – portanto, dentro do critério da razoabilidade geral –, dos princípios e valores do ordenamento, qual a melhor maneira de concretizar a utilidade pública postulada pela norma." L.V. Figueiredo, *Curso de direito administrativo*, cit., p. 127.

[28] C.A.B. de Mello, *Curso de direito administrativo*, cit., p. 301.

o mérito administrativo, ou seja, sobre a conveniência, oportunidade, eficiência ou justiça do ato, porque, se assim agisse, estaria emitindo pronunciamento de administração, e não de jurisdição judicial. O mérito administrativo, relacionando-se com conveniências do governo ou com elementos técnicos, refoge ao âmbito do Poder Judiciário, cuja missão é a de aferir a conformação do ato com a lei escrita, ou, na sua falta, com os princípios gerais do direito.[29]

Porém, como visto anteriormente, não há falar em discricionariedade, ou seja, em decisão que defere ou indefere classificação pretendida pelo empreendedor, em conveniência administrativa, já que se trata de uma questão exclusivamente técnica. Assim, a decisão deverá lastrear-se apenas em critérios objetivos: na demonstração da atenção ou não aos critérios técnicos listados pela legislação, nessa destacada a matriz classificatória correspondente ao empreendimento ou instrumento turístico examinado. Não há espaço para expressão de poder[30] na esfera do gerenciamento oficial do turismo, principalmente no âmbito da avaliação de qualidade dos empreendimentos e aparelhos de exploração turística, já que esses são domínios marcados pela primazia da atuação técnica, referenciada não pela conveniência política do administrador público, mas pelo predomínio do padrão objetivo cuja aplicação se faz pela aferição de coincidências ou incompatibilidades.

Insofismavelmente, o país passa por um momento delicado: a evolução do regime democrático levou-nos a uma situação em que os três poderes da República estão se assentando, procurando estabelecer, em concreto, como devem ser as relações – definidas, em abstrato, como de independência e harmonia – que manterão entre si na nova ordem política e jurídica. Esse assentamento provoca visíveis abalos, já que, no afã de defender suas próprias razões, por vezes um desses três pilares – notoriamente o Poder Executivo, permito-me realçar – avança os limites do razoável, pretendendo substituir a atuação do outro ou esforçando-se por influenciar a sua atuação.

Essa confusão de pontos de vista e de entendimentos, no entanto, não pode jamais traduzir um prejuízo real para a sociedade. A timidez judiciária, em contraste com a

---

[29] H.L. Meirelles, *Direito administrativo brasileiro* (São Paulo: Malheiros, 1994), p. 607.
[30] Indubitavelmente, a ideia de Estado guarda uma relação estreita com a ideia de poder. Esse, aliás, é o principal registro histórico da humanidade: o Estado compreendido como estrutura por meio da qual o poder é exercido (em benefício de um indivíduo ou grupo de indivíduos). Essa base (a identificação do Estado com o poder que exerce) foi sendo filtrada do arbítrio (elemento presente na sua identificação com a figura do "soberano" — o príncipe, o monarca, o *fuhrer* etc.), mas alcançou, inevitavelmente, os nossos dias. Nas ponderações de N. Bobbio, lê-se: "O poder político vai-se [...] identificando com o uso da força e passa a ser definido como aquele poder que, para obter os efeitos desejados [...] tem o direito de se servir da força, embora em última instância, como *extrema ratio*". *Estado, governo e sociedade* (Rio de Janeiro: Paz e Terra, 1992), p. 82.

ousadia executiva, é o prenúncio do abuso de poder estatal, cujos efeitos nefastos todos nós conhecemos de história recente. Nossos homens públicos, ocupando posições nos três poderes, necessitam aprender seus limites, o que implica reduzir a área de atuação de uns e ampliar a de outros. Entre os poderes a serem ampliados, sobressai o poder que se atribui diretamente ao administrado na administração pública, ou seja, à sociedade, ao cidadão. Afinal, para que haja efetivamente um Estado democrático de direito é fundamental que a totalidade da sociedade se identifique com o Estado,[31] rompendo com essa tendência entre nós endêmica de considerar o Estado como um outro, como algo estranho à sociedade, um adversário.

Nesse contexto de identificação do Estado com o poder, surge a necessidade de se colocar – e, principalmente, problematizar – a questão da "proposta constitucional" de um "Estado democrático de direito", a que alude o artigo 1º, *caput*, da Constituição Federal, contrastando-a com as inúmeras dificuldades e desafios que inevitavelmente sua concretização deve enfrentar. Com efeito, a implementação desse novo Estado – expressão que, de certa forma, se contamina com a referência histórica brasileira de um Estado Novo, cujos alicerces são distintos daqueles por ora necessitados – pressupõe maturidade social – e, por consequência, individual –, única forma de garantir que os administradores públicos sirvam à coletividade, em lugar de exercer um "arbítrio das próprias vontades".[32] Seguindo tais referências, o desafio democrático que a sociedade desse início de milênio se propôs enfrentar, consolidando uma forma distinta de trato com o poder, exige a institucionalização e a consolidação de meios pelos quais se possa reagir contra aqueles

---

[31] Já inegavelmente clássico entre os nossos autores e estudiosos do direito, recorda D. Azambuja: "No mundo moderno, o homem, desde que nasce e durante toda a existência, faz parte, simultânea ou sucessivamente, de diversas instituições ou sociedades, formadas por indivíduos ligados pelo parentesco, por interesses materiais ou por objetivos espirituais. Elas têm por fim assegurar ao homem o desenvolvimento de suas aptidões físicas, morais e intelectuais, e para isso lhe impõem certas normas, sancionadas pelo costume, a moral ou a lei. [...] O Estado é uma sociedade, pois se constitui essencialmente de um grupo de indivíduos unidos e organizados permanentemente para realizar um objetivo comum. E se denomina sociedade política, porque, tendo sua organização determinada por normas de direito positivo, é hierarquizada na forma de governante e governados e tem uma finalidade própria, o bem público. [...] E será uma sociedade tanto mais perfeita quanto sua organização for mais adequada ao fim visado e quanto mais nítida for, na consciência dos indivíduos, a representação desse objetivo, a energia e sinceridade com que a ele se dedicarem." *Teoria geral do Estado* (São Paulo: Globo, 1995), p. 1-2.

[32] Essa expressão que aqui se cunhou remete ao pensamento de Spinoza, ao qual E. Bodenheimer faz alusão: "Porque é certo [diz Spinoza] que os homens são necessariamente suscetíveis às paixões; são constituídos de tal maneira que experimentam piedade em relação aos desgraçados e sentem inveja dos que são felizes; que são muito mais inclinados à vingança que ao perdão; além disso, cada um deles deseja que os demais vivam conforme ele crê ser conveniente, aprovem o que ele aprova e recriminem o que ele recrimina. De onde resulta que, desejando todos com a mesma intensidade ser os primeiros, surgem entre eles violentos conflitos e se esforçam em oprimir uns aos outros, e o vencedor se orgulha muito mais pelo dano que causou ao seu rival que pelo bem alcançado para si mesmo", *Teoría del derecho* (México: Fondo de Cultura Económica, 1994), p. 20.

agentes públicos, eleitos ou não, que se entregam às próprias paixões e desrespeitam as bases da democracia. O comportamento egoísta e as balizas egocêntricas trabalham contra a proposta de um novo Estado, pois privilegiam o indivíduo em desproveito da coletividade e de seus interesses legítimos.

Certamente, no âmbito do direito do turismo e da administração pública do setor turístico, os problemas vividos pelos empreendedores não apresentam relações tão complexas quanto as encontradas em outros setores da vida nacional. Isso porém não significa que não se devam explorar as relações administrativas turísticas, suas necessidades e suas possibilidades. Todo o direito caminha numa evolução qualitativa, e o direito do turismo a ela não pode fugir. Há que se aprimorar para bem servir à sociedade, fim último e razão essencial do fenômeno jurídico.

BIBLIOGRAFIA

ACQUAVIVA, M. C. *Teoria geral do estado*. São Paulo: Saraiva, 1994

AZAMBUJA, D. *Teoria geral do estado*. São Paulo: Globo, 1995.

BARBI, C. A. "A evolução do controle da constitucionalidade das leis no Brasil". Em *Doutrinas essenciais: direito constitucional*. vol.5. São Paulo: Revista dos Tribunais, s/d.

BOBBIO, N. *Estado, governo e sociedade*. Rio de Janeiro: Paz e Terra, 1992.

BODENHEIMER, E. *Teoria del derecho*. México: Fondo de Cultura Económica, 1994.

BONAVIDES, Paulo. *Ciência política*. 10ª ed. São Paulo: Malheiros, 1997.

CRETELLA JÚNIOR, J. *Curso de direito administrativo*. Rio de Janeiro: Forense, 1995.

ENGELS, F. *A origem da família, da propriedade privada e do estado*. 8ª ed. Trad. Leandro Konder. Rio de Janeiro: Civilização Brasileira, 1982.

FARIA, J. E. *Justiça e conflito: os juízes em face dos novos movimentos sociais*. São Paulo: Revista dos Tribunais, 1992.

FIGUEIREDO, L. V. *Curso de direito administrativo*. São Paulo: Saraiva, 1995.

LEITE, L. F. *O regulamento no direito brasileiro*. São Paulo: Revista dos Tribunais, 1986.

MAMEDE, G. *Direito do turismo: legislação específica aplicada*. São Paulo: Atlas, 2001.

_____. *Manual de direito para administração hoteleira: incluindo análise dos problemas e dúvidas jurídicas, situações estranhas e as soluções previstas no direito*. São Paulo: Atlas, 2002.

_____. "Neoliberalismo e Desadministrativização". Em *Revista de Informação Legislativa*, 127 (32), s/l., jul./set. de 1995.

MEIRELLES, H. L. *Direito administrativo brasileiro*. São Paulo: Malheiros, 1994.

MELLO, C. A. B. de. *Curso de direito administrativo*. São Paulo: Malheiros, 1994.

STEFANINI, L. de L. "*Crime político*". Em *Revista Lex: julgados do Supremo Tribunal Federal*, vol. 206, s/l, s/d.

TEIXEIRA, E. L. *Gestão da qualidade em destinos turísticos*. Rio de Janeiro: Qualitymark, 1999.

WOLKMER, A. C. *Elementos para uma crítica do estado*. Porto Alegre: Sérgio Fabris, 1990.

Turismo e direito internacional

*Hee Moon Jo**

Introdução

O principal objetivo do presente estudo é examinar como o turismo é compreendido e tratado no contexto do direito internacional. Na verdade, para que se possa formar uma visão mais abrangente do assunto, gostaria de abordá-lo sob quatro diferentes enfoques, a saber:

- » a globalização e o turismo – para que se possa entender como o fenômeno da globalização influenciou e ainda influencia o turismo, bem como seus desdobramentos;
- » o turismo internacional e a Organização Mundial de Turismo (OMT) – para que se possa verificar como se deu o processo de evolução tradicional das normas internacionais no setor do turismo;
- » o turismo internacional e a Organização Mundial do Comércio (OMC) – análise do recente desenvolvimento das normas internacionais desde que o turismo foi definitivamente incluído no contexto do comércio internacional, passando, assim, a receber um tratamento distinto;
- » o Acordo Geral sobre o Comércio de Serviços (Gats) e os países em desenvolvimento – discussão do papel do Gats na regulamentação do turismo em face dos choques de interesses entre os países em desenvolvimento e os desenvolvidos.

Findas essas explanações, buscarei expor de uma maneira clara e abrangente todas as conclusões que se fizerem necessárias.

---

[*] Professor do Programa de Estudos Pós-graduados em Direito da Universidade São Francisco e doutor em direito pela Universidade de São Paulo.

Globalização e turismo

O turismo entrou pela primeira vez na agenda de negociação mundial no âmbito do Gats. Após a conclusão da Rodada do Uruguai em 1994, vários eventos, promovidos principalmente pela OMT, foram realizados para discutir a possibilidade de um tratamento mais específico para os serviços do turismo no âmbito do Gats. Entre outros, o seminário organizado pela OMT em Milão, em dezembro de 1994; o Encontro dos Peritos, sob o tema *Strengthening the Capacity of Developing Countries for Trade in Tourism Services*, promovido pela United Nations Conference on Trade and Development (Unctad) em Genebra, em 1998; a conferência da OMT *Towards a Better Partnership in International Commercial Transactions in Tourism* realizada na Tunísia, em junho de 1998; e o Simpósio sobre Serviços de Turismo promovido pela OMC em Genebra, em fevereiro de 2001.

Os participantes desses eventos entenderam, em comum acordo, que o setor do turismo deveria tomar parte nas negociações multilaterais de comércio, de modo a reunir no setor do turismo várias outras áreas correlacionadas, tais como a relativa aos serviços de reserva de viagem, de transportes aéreos e outros, e aos diversos serviços financeiros relacionados ao turismo.[1] Essa linha de pensamento, engajada na busca da inclusão dos serviços de turismo no contexto do comércio internacional, recebeu um grande apoio por parte das organizações do setor privado do turismo. De fato, para esse setor, a liberalização do mercado de turismo é algo extremamente desejado, para que se possa aumentar o volume total dos negócios. Atualmente, o turismo responde por quase 11% do PIB mundial, empregando mais de 200 milhões de pessoas em todo o mundo. Além disso, o turismo representa quase 34% da exportação de serviços em âmbito mundial.

Porém, constitui um ramo de economia produtiva no qual os países industrializados levam boa vantagem na concorrência. Isso ocorre porque o turismo internacional pode ser descrito como o movimento transfronteiriço de turistas e de despesas de turismo, de um país para outro, o que evidentemente exige uma boa infraestrutura social e uma facilitação nos procedimentos de entrada e saída dos turistas, requisitos estes que todos os países desenvolvidos já possuem. Diferentemente do que ocorre no comércio de mercadorias, o movimento do turismo internacional depende da vontade individual dos turistas, ou seja, nenhuma pessoa é obrigada a ir para um país estrangeiro a fim de fazer turismo. Por isso mesmo, a preparação das condições do país para a atração e boa recepção dos turistas internacionais é um quesito fundamental. Aliás, a hospitalidade

---

[1] Cf. World Trade Organization (WTO), *Proposal Regarding the GATS by the Dominican Republic, El Salvador and Honduras*, WT/GC/W/372/S/C/W/127 (Madri: WTO, 1999), p. 1, análise do Gats sob a ótica da OMT.

da população local para com o turista internacional e a garantia da integridade física e da segurança deste também contam como pré-requisitos para o aumento no volume de entrada dos turistas estrangeiros. Assim entendido, o turismo, juntamente com seus setores relacionados, é uma verdadeira indústria de exportação que gera emprego, renda e desenvolvimento socioeconômico.

Talvez por essa razão o turismo seja dominado pelos países industrializados, tanto em termos de gastos quanto de receitas. Na prática, o turismo internacional também depende muito de um bom emprego da tecnologia para seu sucesso. Por exemplo, temos que a maioria das grandes redes de hotéis, bem como as companhias aéreas, marítimas, etc. estão, hoje, intimamente ligadas à internet e ao *e-commerce*, uma vez que essas novas plataformas de comércio, entre outras coisas, auxiliam enormemente na diminuição dos gastos e na agilização dos procedimentos administrativos, acabando, ainda, por tornar-se ferramentas indispensáveis aos profissionais responsáveis pelos setores encarregados da publicidade e propaganda. Ora, não há dúvida de que a tecnologia eletrônica facilita em muito o *marketing*, o processo de venda de bilhetes, de passagens e de acomodações nos hotéis, por exemplo. Assim, o franco apoio à liberalização do turismo pelos países industrializados e pelas entidades relacionadas ao setor pode ser visto como algo bastante natural.

Por sua vez, os países em desenvolvimento também apoiam a liberalização do mercado. Isso ocorre porque o setor de turismo, dadas suas características peculiares, sofre pouca, quando não nenhuma desvantagem nesse tipo de concorrência internacional, uma vez que a própria geografia e os recursos naturais do país são alguns dos mais fortes elementos que impulsionam o turismo, levando os turistas internacionais a viajar para desfrutar de tais elementos naturais. Em verdade, o turismo não é simplesmente a exploração daquilo que o país oferece, tal como o litoral, o sol, as reservas naturais ou mesmo a cultura histórica. O turismo visa essencialmente a gerar receita em moeda estrangeira, aumentando a renda, o nível de emprego e auxiliando no desenvolvimento da infraestrutura local. O turismo é um excelente instrumento de geração de receita para os outros setores, pois todos os recursos que gera permanecem no país, agregados à receita obtida em moeda estrangeira.

A questão mais problemática que surge com a liberalização se relaciona ao domínio do mercado doméstico pelo capital estrangeiro, o que permitiria que as empresas multinacionais praticamente dominassem todo o setor do turismo, tanto o doméstico quanto o internacional. Nesse ponto, deve-se tomar muito cuidado com relação, principalmente, às negociações das normas pertinentes, cabendo não só ao governo, mas a todos os grupos nacionais envolvidos no setor do turismo, zelar ativamente pelos interesses da coletividade brasileira. Assim, com a criação das normas internacionais de característica liberalizante, o país soberano vai tendo diminuída, cada vez mais, a sua capacidade de controle social. Pela atual situação da sociedade internacional, as normas internacionais a serem criadas terão características voltadas também para a liberação do mercado doméstico, o que sempre leva à falta de normas de cunho social para a proteção dos interesses sociais.

De acordo com a expectativa da OMT, o movimento de entrada dos turistas internacionais vai saltar dos atuais 625 milhões para cerca de 1,6 bilhão em 2020. Isso significa, conforme a projeção da OMC, que os turistas gastarão, no total, cerca de 2 trilhões de dólares, fazendo com que o turismo se torne a indústria líder em faturamento. No entanto, ainda de acordo com as previsões da OMT, somente 7% da população mundial viajará ao exterior até 2020, o que implica que o turismo internacional continuará sendo algo exclusivo da classe privilegiada e dos países desenvolvidos.

Atualmente, a OMC tem discutido, no setor de serviços, as suas várias ramificações, como transportes, turismo, telecomunicações, seguros, tecnologias, finanças, etc. Enquanto o século XX foi marcado por uma sociedade engajada no comércio de mercadorias, o século XXI já começou a demonstrar que será dominado por uma sociedade engajada no capitalismo de conhecimento (*knowledge capitalism*), liderada pelo comércio de serviços. Ou seja, a sociedade tradicional, constituída pelos recursos naturais, pela economia de escala e pelo comércio de mercadorias, vem se transformando em uma sociedade constituída pelos recursos humanos, pelo conhecimento e pelo comércio de mercadorias e serviços através da web.

Por isso, o desenvolvimento do Brasil depende, em muito, de sua capacidade de se transmutar de uma sociedade tradicional para uma sociedade de conhecimento (*knowledge society*), na qual a mercadoria e os serviços possam crescer juntos, e em que os serviços ligados ao turismo deverão ser tratados no contexto do chamado capitalismo de conhecimento. No aspecto internacional, o turismo significa o fluxo internacional de pessoas e de capitais. Assim entendido, temos que a liberalização tanto no âmbito do direito internacional quanto no do direito doméstico representaria a facilitação desse fluxo internacional. Como o turismo é uma indústria não poluidora, também adquire um importante significado no que diz respeito à proteção do meio ambiente.

O turismo internacional e a OMT

Depois da Segunda Guerra Mundial, o turismo tornou-se o setor mais poderoso na economia globalizada. Por um lado, ele representa o ideal da paz internacional, favorecendo e aumentando o contato entre pessoas de nacionalidades diferentes e estimulando o conhecimento e a compreensão das diferentes culturas; por outro lado, impulsiona o aumento do chamado comércio cultural. O turismo internacional requer uma unificação bem coordenada das legislações nacionais específicas para o setor, visando ao aumento da captação dos turistas internacionais. Para um país como o Brasil, que sempre teve problemas crônicos de déficit de balanço comercial, o turismo é uma das melhores fontes de geração de divisas internacionais. Nesse sentido, além do melhoramento da infraestrutura turística, a melhora das normas legais – como, por exemplo, a simplificação do procedimento de emissão de visto de turismo e demais formalidades aduaneiras – faz-se necessária. Para aumentar o volume do turismo internacional com segurança, a comunidade internacional tem desenvolvido princípios e padrões internacionais sobre os quais as legislações nacionais podem se basear.

A OMT é o órgão intergovernamental mais importante desse setor, contando com 138 países membros. Com sede em Madri, a OMT funciona para a promoção e o desenvolvimento do turismo. Por meio deste, a OMT visa estimular o crescimento econômico, a criação de novos empregos e a proteção do meio ambiente, além de ajudar a promover a paz internacional.[2] Com o apoio desse grande número de países membros, a OMT produz importantes recomendações que são implementadas em vários acordos internacionais.

No entanto, a contribuição do setor na formação das normas internacionais não vem sendo proporcional a suas grandes dimensões. Até hoje, os instrumentos legais internacionais formados para essa área de atividade são poucos: Declaração de Manila sobre o Turismo Mundial (1980), Carta do Turismo e Código do Turista (Sófia, 1985), Declaração de Haia sobre o Turismo (1989), Declaração de Manila sobre os Efeitos Sociais do Turismo (1997), Código Mundial de Ética do Turismo (Santiago, 1999), etc. Atualmente, várias declarações importantes estão em processo de elaboração, imbuídas de uma forte preocupação de preservar o meio ambiente.

Aliás, como a OMT tem a função de promover o turismo internacional, suas atividades são sobretudo promocionais, tendo as suas resoluções características recomendatórias e

---

[2] Para mais informações sobre a OMT, consultar o *site* http://www.world-tourism.org/frameset/frame_aboutwto.htm.

indiretas em relação aos países. Essa situação começou a mudar radicalmente quando a OMC passou a tratar o turismo no contexto do comércio internacional.

O turismo internacional e a OMC

O turismo internacional passou a ser visto como uma forma do comércio internacional no âmbito do Gats. Em mais de 83% dos países do mundo, o turismo é colocado como uma das cinco categorias mais importantes de exportação. Atualmente, essa atividade está concentrada nos países desenvolvidos, sendo que os países em desenvolvimento detêm aproximadamente um terço do mercado do turismo internacional. No entanto, para alguns desses países, o turismo internacional representa a principal fonte de receita internacional. Nesse sentido, ou seja, no contexto da economia, o turismo internacional tem um significado muito mais importante para os países em desenvolvimento do que para os países desenvolvidos. Em geral, os países com rápido crescimento econômico vêm demonstrando também um forte crescimento no turismo internacional, tais como os países do Leste Asiático e do Pacífico, o que sugere que o desenvolvimento econômico tem uma forte relação com o turismo.

Assim, a identificação do turismo no contexto do comércio internacional começou a ganhar força no âmbito da OMC e, consequentemente, iniciaram-se as discussões sobre a sua liberalização. No entanto, a liberalização tende a priorizar somente o comércio mundial referente a outros valores sociais, como a distribuição de renda, os direitos humanos, a saúde, a segurança, etc. De qualquer modo, a discussão na OMC prioriza a padronização da indústria do turismo, com a aplicação das mesmas regras para todos os países. A uniformização de padrões globais poderá facilitar a formação da cultura do consumidor global, no entanto, com a deterioração dos valores culturais das diferentes sociedades. Essas diferenças podem ser vistas como indesejáveis, pois dificultam a unificação dos mercados domésticos. Nessa base, a OMC, liderada pelos países industrializados, vem discutindo a melhor forma de liberalização do turismo no contexto do Gats.

O Gats é administrado pela OMC, a qual entrou em vigor em 1995. É o primeiro acordo multilateral que rege o comércio e o investimento em serviços, e que visa, também, facilitar a liberalização do setor do turismo. Suas discussões podem ser divididas em três fases distintas, a saber:

» 1ª fase de negociação (fev./2000 – mar./2001), em que foram discutidas as *guidelines* e os trabalhos preparatórios;

- » 2ª fase de negociação (maio/2001 – mar./2002), em que foram discutidos os assuntos com base nas propostas formuladas pelos países;
- » 3ª fase de negociação (mar./2002 – ainda não concluída), instituída para preparar as negociações de concessões dos países.

Conforme a Declaração Ministerial adotada em novembro de 2001, a programação para a negociação dos serviços foi agendada para 30 de junho de 2002, e o prazo para a apresentação de propostas de pedido de concessões para 31 de março de 2003, juntamente com a apresentação de propostas de concessões dos países. Até o momento, vários deles, como os Estados Unidos, a República Dominicana, o Canadá, o Japão, a Suíça, Cuba e a União Europeia, já apresentaram suas respectivas propostas de negociação (*negotiating proposal on tourism and travel-related services*).[3]

Atualmente, quase 60% do investimento estrangeiro direto está destinado aos setores de serviço. Em especial, os pequenos países em desenvolvimento dependem em um grau muito maior da receita internacional gerada pelo turismo. Como já foi dito, o turismo é o ramo tradicionalmente mais liberalizado dentre os setores de serviços do Gats. Devido a essa característica, existe ainda uma grande discussão com relação à necessidade de sua legalização internacional. De fato, a liberalização via legalização internacional do setor de turismo, juntamente com a dos outros serviços a ele ligados, por intermédio do Gats – que possui mais de 120 países signatários –, vai certamente beneficiar as grandes empresas nacionais e internacionais, em franco detrimento das pequenas empresas. Aliás, essa liberalização levanta sérias questões como, por exemplo, a da proteção dos direitos dos residentes locais e dos indígenas quando os investidores estrangeiros adquirem determinadas áreas para fins de turismo.

Os serviços de turismo estão classificados no Gats (W/120) em quatro categorias (setor 9), ou seja:
- » hotéis e restaurantes;
- » agências de turismo & serviços de operadores de turismo;
- » serviços de guias de turismo;
- » outros (não especificados).

---

[3] Podem-se ver todas essas propostas no *site* http://www.wto.org/english/tratop_e/serv_e/, acesso em 14-6-2002.

A situação de liberalização do setor de turismo dos países membros da OMC até 1998 é a seguinte, o que demonstra seu alto nível de liberalização em relação a outros setores de serviços:

Classificação	Hotéis e restaurantes	Agências de turismo	Serviços de guias de turismo	Outros
Nº de países	112	89	54	13

Por sua vez, a liberalização no Gats está baseada em três pilares:
» acesso ao mercado – as empresas estrangeiras devem ter livre acesso ao mercado doméstico;
» nações mais favorecidas – as concessões feitas a um determinado país devem também ser oferecidas a todos os outros países signatários do Gats;
» tratamento nacional – os investidores estrangeiros devem ser tratados segundo as mesmas bases empregadas para os investidores domésticos, e estes não devem receber qualquer tratamento que possa vir a ser considerado como medida protecionista.

Os países em desenvolvimento, em particular os menos desenvolvidos (*least developed countries* – LDCs), devem receber atenção especial por meio de provisões para assistência técnica e compromissos de abertura de mercado específico aos países industrializados, principalmente na área de transferência de tecnologia e no acesso a redes computadorizadas. O Gats estabeleceu quatro modos de fornecimento (*supply*) para os serviços que representam diferentes formas de comércio internacional:
» serviços transfronteiriços (*cross-border*) – serviços fornecidos a partir do exterior no território de um outro país;
» consumação no exterior (*consumption abroad*) – serviços consumidos por pessoas de um país durante viagem a um outro país;
» presença comercial (*commercial presence*) – investimentos no setor de turismo tais como hotéis, restaurantes e agências de turismo em um outro país;
» presença de pessoas naturais (*presence of natural persons*) – entrada de pessoas estrangeiras para trabalhar na prestação de serviço de turismo, tais como guias de turismo, gerentes, cozinheiros, etc.

Como o turismo internacional está baseado essencialmente nesses quatro fatores, mas particularmente no consumo no exterior e na presença comercial, tem ele grande relação com a liberalização e a globalização. Assim, no contexto do Gats, o turismo está definido no setor chamado Turismo e Serviços Relacionados a Viagens (Tourism and Travel-Related Services – TTRS). A interação do turismo com outros setores, tais como transportes, finanças e telecomunicações, entre outros, ainda não foi tratada no Gats. A OMC, por sua vez, preparou um anexo chamado *tourism cluster* para ser discutido em futuras rodadas de negociações. Essa iniciativa da OMC visa promover a liberalização de certos setores dos serviços, tais como os serviços de acomodações, de transporte de passageiros, os serviços culturais (recreação e *entertainment*), etc. A OMC classifica o turismo como um assunto de desenvolvimento (*tourism as a development issue*), além de reconhecer a necessidade de seu desenvolvimento sustentável (*sustainable development of tourism*).

As regras do Gats vão causar um grande impacto principalmente sobre:

» produção, distribuição e marketing de serviços de turismo (modo de suprimento);
» suprimento transfronteiriço;
» turistas internacionais (consumação no exterior);
» fluxo de cadeia de hotelaria internacional e agências (presença comercial);
» *managements* de hotéis, guia de turismo (presença de pessoa natural);
» transportes aéreos e telecomunicações.

O Gats e os países em desenvolvimento

O turismo é a maior indústria do mundo. Como os turistas internacionais são, em sua maior parte, dos países desenvolvidos, a captação desses turistas é o principal interesse dos países em desenvolvimento. Desse modo, o turismo internacional pode trazer capitais estrangeiros e gerar novos empregos para esses países.

Se as normas internacionais relacionadas ao turismo contribuírem realmente para o crescimento dos países em desenvolvimento, para a preservação do meio ambiente e para impulsionar o progresso econômico sustentável, a criação de um acordo multilateral sobre o comércio de turismo será plausível.

A grande preocupação é que as negociações multilaterais no âmbito do Gats sempre representaram significativamente os interesses dos países industrializados. Assim, a ideia original do Gats de criar normas internacionais transparentes, justas e não discriminatórias, pode acabar, na verdade, prejudicando seriamente os interesses dos países em desenvolvimento, caso não se dê a devida atenção às suas reais necessidades, uma vez que a dependência desses países em relação ao turismo nas suas economias é muito mais elevada que nos outros setores.

Nesse contexto, a estrutura da OMC, em termos de conduzir as negociações multilaterais, não é tão democrática quanto deveria ser, e muito menos transparente. O princípio da igualdade não é tão aplicável aos assuntos econômicos, e a falta de poder econômico para barganha, aliada à falta de especialistas para essas negociações, prejudica a representação dos interesses desses países nas discussões.

Uma outra preocupação ligada às negociações do turismo no Gats é que este ainda não integrou o conceito de desenvolvimento sustentável. A preocupação pelo desenvolvimento sustentável já é contemplada em vários documentos recentes, como, por exemplo, na Carta para o Turismo Sustentável (Lanzarote, 1995) e na Declaração de Berlim sobre Diversidade Biológica e Turismo Sustentável (1997),[4] a qual demonstra a preocupação pela garantia na retribuição dos benefícios auferidos às comunidades locais. Portanto, como o tratado não menciona os impactos sociais, culturais e tampouco os ligados ao meio ambiente, a harmonização dos conflitos entre as normas de preservação do meio ambiente e as ligadas ao protecionismo econômico será bem difícil.

Em muitos países em desenvolvimento, o turismo é a nova indústria. Os investidores estrangeiros dominam tanto a demanda quanto o suprimento. A liberalização do mercado aumentaria a concorrência internacional para atrair os investimentos estrangeiros nesse setor. Por outro lado, esses investidores internacionais poderiam acabar dominando o setor de turismo, e, ainda, aproveitar incentivos a ele destinados, o que praticamente eliminaria os pequenos investidores domésticos. De fato, o Gats poderia ser discutido na Rodada do Uruguai pela força de *lobby* das empresas transnacionais, uma vez que a liberalização vai aumentar a participação dessas empresas no setor de turismo. O que será necessário para o turismo internacional é a regulamentação das atividades dessas empresas em termos de sustentabilidade, transparência de atividades e de responsabilidade social. Nesse sentido, a função do direito internacional no setor dos serviços deve visar estabelecer as responsabilidades dos investidores, para que não causem danos ao meio ambiente, desrespeitem direitos humanos e para impedir as práticas restritivas de negócio.

---

[4] The Global Development Research Center, *Berlin Declaration on Biological Diversity and Sustainable Tourism*, http://www.gdrc.org/uem/eco-tour/berlin.html.

Observação final

O turismo é o setor econômico mais liberalizado entre os setores do Gats. Sua inclusão nesse acordo deu-se principalmente para atender aos interesses das nações industrializadas, fazendo com que os países se comprometessem a facilitar o acesso ao mercado de turismo e ao investimento estrangeiro direto ao turismo. O que ainda está sendo discutido na OMC, apesar da liberalização já feita na maioria dos países, é a elaboração de normas, no âmbito do Gats, válidas para todos os países que aderiram ao acordo.

Por um lado, a criação de normas internacionais é muito bem-vinda; em contrapartida, os países, particularmente os que estão em desenvolvimento, terão menos poder soberano para conduzir o desenvolvimento do turismo em seus territórios. A questão é que o Gats ainda não foi bem testado na prática. Como o Gats tem por uma de suas finalidades a liberalização do setor de turismo, mas sem esclarecer devidamente quanto às responsabilidades dos investidores internacionais para com a comunidade local, as discussões em seu âmbito deveriam considerar esse ponto a fim de tornar possível a elaboração de normas mais equilibradas.

BIBLIOGRAFIA

GONÇALVES, R. et al. *A nova economia internacional: uma perspectiva brasileira*. Rio de Janeiro: Campus, 1998.

GRIECO, F.A. *O Brasil e o comércio internacional*. São Paulo: Aduaneiras, 1994.

LIMA, M.C. "A caixa de pandora da globalização: o futuro do comércio internacional e o Mercosul". Em LIMA, M.C.& MEDEIROS, M.A. (orgs). *O Mercosul no limiar do século XXI*. São Paulo: Cortez, 2000.

ORGANIZACIÓN MUNDIAL DEL COMERCIO. *Facilitación del comercio*. Disponível em http://www.wto.org/spanish/tratop_s/tradfa_s/tradfac_s.htm. Acesso em 24 abr. 2014.

PRONER, C. "O futuro do Gats". Em BARRAL, W. (org.). *Brasil e a OMS: interesses brasileiros e as futuras negociações multilaterais*. Florianópolis: Diploma legal, 2000.

WORLD TRADE ORGANIZATION. Disponível em http://www.wto.org/english/thewto_e/whatis_e/tif_e/agrm5e.htm. Acesso em 24 abr. 2014.

_____. "General Agreement on Tariffs and Trade: the Results of the Uruguay Round of Multilateral Trade Negotiations. Market Acess for Goods and Services: Overview of the Results", disponível em http://www.wto.org. Acesso em 24 abr.14.

Panorama sobre o turismo
NO ÂMBITO DO ACORDO GERAL SOBRE COMÉRCIO DE SERVIÇOS NA ORGANIZAÇÃO MUNDIAL DO COMÉRCIO

*Juliana Kiyosen Nakayama**

Introdução

Apesar de o comércio em serviços ser tão antigo como o consumo de bens, tem sido um tema, até poucos anos, excluído dos tratados internacionais. Somente depois da Rodada do Uruguai, lançada em Punta del Este, em 15 de setembro de 1986, a Organização Mundial do Comércio (OMC) decidiu iniciar negociações para criar as regras gerais que permitiram a liberação desse importante mercado mundial – Acordo Geral sobre o Comércio de Serviços (Gats). Na cidade de Belo Horizonte, Brasil, os participantes do III Fórum Empresarial das Américas consideraram que é necessário liberar o comércio de serviços e se comprometeram a produzir e promover as recomendações para desregulamentar e para privatizar de uma maneira gradual e transparente esse setor. As estatísticas indicam que na última década a área de maior crescimento tem sido o mercado de serviços, e as estimativas são de que continuará a esse ritmo ascendente por muitos anos mais; aí reside o motivo por que os governos e o setor empresarial terão de reconhecer a importância dessa atividade comercial.[1]

Os serviços representaram uma significativa proporção na constituição das economias. O desenvolvimento de serviços como finanças, transportes e comunicações foi essencial na Revolução Industrial, e sempre houve uma certa competição internacional envolvendo indústrias de serviços. No geral, as indústrias de serviços têm sido, em grande parte, de caráter interno, e o comércio internacional em serviços, relativamente pequeno.

---

* Mestre em direito negocial na área de concentração Mercosul e direito comunitário pela Universidade Estadual de Londrina e professora da Faculdade Paranaense em Rolândia, Paraná.

[1] Sistema de Informação sobre Comércio Exterior, IV Fórum Empresarial das Américas, San José da Costa Rica, março de 1998, disponível em http://www.sice.oas.org/Ftaa/costa/forum/workshops/conclus/wks5_p.asp.

O setor de serviços vem crescendo acentuadamente em proporção nas economias nacionais de todas as nações adiantadas e as atitudes sobre os serviços sofreram notáveis mudanças nos últimos anos.[2] A doutrina, em sede de direito tributário, distingue entre venda de serviço, efetuado por empresa, e prestação de serviços, efetuada diretamente pelo próprio profissional ou autônomo – prestação pessoal de serviços.[3]

Comércio, como fato social e econômico, é uma atividade humana que põe em circulação a riqueza produzida, aumentando-lhe a utilidade.[4]

J. B. Say ensina que o comércio é troca e aproximação; Alfredo Rocco diz que o comércio é aquele ramo de produção econômica que faz aumentar o valor dos produtos pela interposição entre produtores e consumidores, a fim de facilitar a troca das mercadorias; e Stuart Mill explica que, quando as coisas têm de ser trazidas de longe, uma mesma pessoa não pode dirigir com eficácia, ao mesmo tempo, a manufatura e a venda a varejo; quando, para que resulte mais barata ou melhor, se fabrica em grande escala, uma só manufatura necessita de muitos agentes locais para dispor de seus produtos, e é muito mais conveniente delegar a venda a varejo a outros agentes; e até os sapatos e os trajes, quando se tem de fornecê-los em grande escala de uma vez, como para abastecer um regimento ou um asilo, não se compram diretamente de produtores, mas de comerciantes intermediários, que são os que melhor sabem, por ser esse o seu negócio.[5]

O termo serviços abrange variedade de indústrias que desempenham várias funções para compradores e consumidores e não se envolvem na venda de um produto concreto.[6]

Segundo os italianos,

> [...] serviços são bens não materiais, isto é, serviços que os sujeitos prestam a outros sujeitos, sejam essas unidades de consumo, sejam unidades de produção (a consulta de um médico, as aulas de um professor, o transporte de bens e de pessoas, etc.). Também podem ser considerados serviços as prestações dadas pelos mesmos bens materiais (p. ex., um automóvel fornece um serviço, o de transporte), e por isso se costuma fazer distinção entre serviços reais ou materiais, fornecidos precisamente pelos bens materiais, e serviços pessoais, fornecidos pelos sujeitos econômicos.[7]

---

[2] M.E. Porter, *A vantagem competitiva das nações*, trad. Waldemar Dutra (Rio de Janeiro: Campus, 1989), pp. 283-284.
[3] V. Cassone, *Direito tributário* (12ª ed. São Paulo: Atlas, 2000), pp. 323-324.
[4] R. Requião, *Curso de direito comercial*, vol. 1 (20ª ed. São Paulo: Saraiva, 1991), p. 4.
[5] J.B. Say, A. Rocco e S. Mill, *apud* Rubens Requião, *Curso de direito comercial*, cit., pp. 4-5.
[6] M.E. Porter, *A vantagem competitiva das nações*, cit., pp. 284-285.
[7] *Dizionario enciclopedico del diritto*, *apud* V. Cassone, *Direito tributário*, cit., p. 320.

O termo "serviço" provém do latim *servitium*, que significa "condição de escravo". Extensivamente, porém, a expressão designa hoje o próprio trabalho a ser executado, ou que se executou, definindo a obra, o exercício do ofício, o expediente, o mister, a tarefa, a ocupação ou a função. Por essa forma, constitui serviço não somente o desempenho de atividade ou de trabalho intelectual, como a execução de trabalho ou de obra material; onde quer que haja um encargo a cumprir, obra a fazer, trabalho a realizar, empreendimento a executar, ou cumprido, feito, realizado, ou executado, há um serviço a fazer, ou que se fez. Serviço, porém, é aplicado para distinguir o complexo de atividades exercidas por uma corporação ou por uma entidade jurídica, exprimindo e designando assim a própria administração. Serviço, em sentido comum, é o ato ou efeito de servir, enfim, são bens imateriais, de conteúdo econômico, prestados a terceiros.[8] Assim, os serviços foram considerados "bens imateriais" por um longo período da história, integrantes da despesa de produção de um bem incluso no processo produtivo.[9]

A expressão "comércio de serviços" surgiu pela primeira vez no relatório de um grupo de peritos da Organização para a Cooperação e o Desenvolvimento Econômicos (OCDE), em 1972, em substituição à expressão "transações com invisíveis", para examinar as perspectivas comerciais a longo prazo dos Estados membros, em razão das transformações estruturais das sociedades industrializadas.[10]

As famílias e as empresas estão procurando mais serviços, sobretudo os que apresentam qualidade e sofisticação; essa demanda reflete vários fatores, como: maior riqueza, desejo de melhor qualidade de vida, mais tempo de lazer, urbanização; aumento de crianças e idosos que consomem muitos serviços; mudanças socioeconômicas com duas carreiras profissionais, gerando menos atividades familiares conjuntas; crescente sofisticação do consumidor; mudanças tecnológicas que aprimoram a qualidade do serviço ou criam novos serviços.[11]

Vê-se que o aumento de qualidade de vida influencia diretamente o setor de serviços no que se refere ao turismo e aos serviços que o envolvem, concluindo-se, dessa forma, que as pessoas terão necessidades voltadas para o lazer proporcionalmente à melhoria de qualidade de vida e, consequentemente, para o turismo.

---

[8] V. Cassone, *Direito tributário*, cit., pp. 321-322.
[9] W. Barral & C. Proner, *O setor de serviços e a Alca*, Fórum Continental Área de Livre-Comércio das Américas: atores sociais e políticos nos processos de integração, São Paulo, 27 a 29 de novembro de 2000.
[10] A.A. Mercadante, "Comércio de serviços", em Welber Barral (org.), *Brasil e a OMC: interesses brasileiros e as futuras negociações multilaterais* (Florianópolis: Diploma Legal, 2000), p. 107.
[11] M.E. Porter, *A vantagem competitiva das nações*, cit., pp. 286-287. Exemplos desses avanços tecnológicos são a televisão a cabo e o acesso a redes de bancos por computadores pessoais.

Acordo Geral sobre o Comércio de Serviços

Na Rodada do Uruguai, a oitava rodada de negociações comerciais multilaterais patrocinada pelo Acordo Geral sobre Tarifas e Comércio (Gatt), foi criado o grupo negociador nº 15 – comércio de serviços. Esse grupo deveria estabelecer um marco unilateral de princípios e regras para o comércio de serviços, podendo elaborar, também, disciplinas para setores individuais com a finalidade de expandir tal comércio, sob condições de transparência e progressiva liberalização.[12]

Em 2000, todos os Estados membros da OMC participavam do Gats – mais de 130 "economias" assumiam compromissos específicos em setores de serviços individuais.

Os Estados membros do Gats têm compromisso de liberação de empreendimentos, com vantagens políticas e econômicas. Alguns desses compromissos são: superar resistências domésticas; melhorar as condições para o crescimento do setor, com ligações internacionais ajudando a acentuar a participação dos investidores na economia nacional, com proteção contra mudanças políticas repentinas; auxiliar a fechar negócios no regime liberal; promover a eficiência econômica global, num ambiente competitivo, por meio de mercados acessíveis e obrigações de tratamento nacional para alguns setores.

Os compromissos do Gats não afetam a capacidade de um membro de realizar objetivos de política nacionais e prioridades, uma vez que o Gats reconhece a regular oferta de serviços no território de cada membro. O Gats estabelece uma estrutura de regras e disciplinas para cada membro disciplinar seu setor de serviços de maneira a evitar restrição rígida.

Os principais propósitos do Gats, um dos relevantes resultados da Rodada do Uruguai, foram inspirados nos mesmos objetivos do Gatt: melhora do comércio e condições de investimento por meio de relações multilaterais; comércio estável, por meio de relações políticas; alcance da liberalização progressiva por meio de negociações. Os serviços ofereciam menores riscos para a comercialização na expansão de bens; porém, dados técnicos, institucionais e obstáculos à regulamentação têm modificado essa visão. A introdução de novas tecnologias que facilitam a oferta de serviços, como, por exemplo, a comunicação por satélites, até mesmo a abertura de monopólios em muitos países e a liberação gradual dos setores de seguro e setores bancários, combinadas com mudanças em benefício do consumidor, ajudam a aumentar os fluxos de comércio de serviços na área internacional. No caso desse tipo de comércio de serviços, há riscos e por isso há necessidade de disciplinar as relações multilaterais.

---

[12] R.L. Silva, *Direito econômico internacional e direito comunitário* (Belo Horizonte: Del Rey, 1995), pp. 97-98.

As normas estabelecidas pelo Gats aplicam-se a todos os serviços, exceto àqueles fornecidos pelo governo. O Gats é responsável pelo fluxo de transação de serviços, normatizando, também, o fornecimento de serviços por meio de estabelecimentos e de pessoas.

O acordo distingue quatro modos de fornecimento de serviços: a) fornecimento internacional, sem deslocamento físico; por exemplo, serviços arquitetônicos ou bancários transmitidos via satélite ou por correspondência; b) fornecimento com deslocamento do consumidor ao local do provedor, referente às situações em que um consumidor de serviço, ou sua propriedade, gera serviço dentro do território de outro membro, como o turismo ou despacho, reparo ou manutenção de aeronave; c) serviços comercializados no território de um Estado membro por entidade dele, com origem do serviço em território de outro Estado membro; d) fornecimento de serviços com deslocamento de pessoas naturais.

A presença comercial implica que um fornecedor de serviços de um membro estabelece presença no território de outro membro para fornecer um serviço, tais como companhias de seguro ou cadeias de hotel. A presença de pessoas consiste na entrada de pessoas de um membro no território de outro membro para fornecer serviços, como no caso de contadores, professores ou médicos.

O Gats é composto por três segmentos: o texto principal, com princípios gerais e obrigações, dividido em seis partes; os anexos, com regras para setores específicos; e o compromisso individual dos países para o acesso a seus mercados. É o primeiro acordo, nas relações multilaterais, a incluir regras internacionais sobre comércio de serviços.

Disposição de partes e artigos do Gats:

>Parte 1 – Alcance e definição
>
>Parte 2 – Obrigações e disciplinas gerais
>
>[...]
>
>Art. 2º – Tratamento da nação mais favorecida
>
>Art. 3º – Transparência
>
>Art. 3º bis – Divulgação de informação confidencial
>
>Art. 4º – Participação crescente dos países em desenvolvimento
>
>Art. 5º – Integração econômica
>
>Art. 5º bis – Acordos de integração dos mercados de trabalho
>
>Art. 6º – Regulamentação nacional
>
>Art. 7º – Reconhecimento
>
>Art. 8º – Monopólios e provedores exclusivos de comércio

Art. 9º – Práticas comerciais
Art. 10 – Medidas de salvaguarda urgentes
Art. 11 – Pagamentos e transferências
Art. 12 – Restrições para proteger a balança de pagamentos
Art. 13 – Contratação pública
Art. 14 – Exceções gerais
Art. 14 bis – Exceções relativas ao seguro
Art. 15 – Subvenções

Parte 3 – Compromissos específicos
Art. 16 – Acesso aos mercados
Art. 17 – Tratamento nacional
Art. 18 – Compromissos adicionais

Parte 4 – Liberalização progressiva
Art. 19 – Negociação de compromissos específicos
Art. 20 – Lista de compromissos específicos
Art. 21 – Modificação das listas

Parte 5 – Disposições institucionais
Art. 22 – Consultas
Art. 23 – Solução de diferenças e cumprimento de obrigações
Art. 24 – Conselho do comércio de serviços
Art. 25 – Cooperação técnica
Art. 26 – Relação com outras organizações internacionais

Parte 6 – Disposições finais
Art. 27 – Negação de vendas
Art. 28 – Definições
Art. 29 – Anexos

Anexos
Isenções de obrigações do art. 2º
Movimento de pessoas físicas provedoras de serviços no marco do acordo
Serviços de transporte aéreo
Serviços financeiros
Negociações sobre os serviços de transporte marítimo
Telecomunicações
Negociações sobre telecomunicações básicas

Em caso de violação do Gats, os fornecedores particulares ou consumidores não podem invocar diretamente a OMC em disputa de procedimentos de acordo. Todos os acordos da OMC são intergovernamentais. Vários Estados membros têm estabelecido procedimentos internos para facilitar consultas e resolução de demandas para os particulares.

Desde fevereiro de 2000, estão ocorrendo negociações por meio da "semana de serviços", envolvendo o conselho de serviços e seus comitês secundários.

Houve uma semana de serviços, de 5 a 14 de julho de 2000, cuja pauta consistiu dos seguintes tópicos:

» 5 de julho – conselho para rever as isenções;
» 7 de julho – controle do Gats;
» 11 de julho – compromissos específicos do comitê;
» 12 de julho – regulamentos domésticos;
» 13 de julho – comitê de serviços financeiros; conselho para o comércio em serviços com sessão especial;
» 14 de julho – continuação da sessão especial.

O bloco da Associação das Nações do Sudeste Asiático (Asean) apresentou conceitos e regras possíveis para as medidas de salvaguarda de emergência para o comércio de serviços, assim como uma lista de discussões. Os Estados membros propuseram a data-limite de 15 de dezembro de 2000 para negociar tais regras.

Na área de subsídios, a União Europeia apresentou uma proposta delineando sua política interna, ficando para posterior discussão: definição de subsídios; evidência de subsídios deturpados; extensão dos subsídios para os serviços; papel dos subsídios para o desenvolvimento.

Houve discussão para o estabelecimento de diretrizes nas negociações, durante a qual a União Europeia apresentou uma proposta informal com elementos de diretrizes.

O Conselho discutiu a taxa de comércio de serviços e concordou na realização de um seminário, para também discutir uma estatística de serviços.

Está em discussão e votação o Relatório do deputado João Hermann Neto à Mensagem nº 750/00, do Poder Executivo brasileiro, que submete à consideração do Congresso Nacional o texto do Protocolo de Montevidéu sobre Comércio de Serviços do Mercosul, concluído em Montevidéu, em 15 de dezembro de 1997, acompanhado de seus quatro anexos setoriais, adotados pela Decisão 9/98, do Conselho Mercado Comum, em 23 de julho de 1998, com relatório favorável e aprovado.

Obrigações e compromissos específicos

Os princípios do Gats, também chamados obrigações, dividem-se em compromissos básicos e específicos.

As obrigações gerais ou básicas aplicam-se direta e automaticamente a todos os Estados membros, apesar da existência de compromissos setoriais. Os compromissos específicos são limitados aos setores e às atividades em que um membro assume mercado acessível e obrigações de tratamento nacional.

As obrigações gerais são o tratamento da nação mais favorecida e transparência.

O Gats é a regra para todos os Estados membros no que se refere aos serviços ou fornecedores de serviços. Há, contudo, exceção para essa obrigação, pois, no primeiro anexo do Gats, foi permitido listar isenções antes de o acordo ter entrado em vigor. Novas isenções foram concedidas unicamente para novos Estados membros em desenvolvimento ou aos Estados membros integrantes do Gats. Todas as isenções devem ser revistas e em princípio não podem vigorar por mais de dez anos.

A transparência é garantida por meio da publicação de todas as medidas gerais para os serviços, e um membro deve informar a solicitação de outro membro; há também o estabelecimento de revisão administrativa e procedimentos e regras para monopólios e fornecedores exclusivos.

Os compromissos específicos são o acesso a mercados e o tratamento nacional.

O acesso a mercados é um compromisso negociado por Estados membros individualmente e em setores específicos, com seis limitações; por exemplo, limitações impostas ao número de fornecedores de serviços, operações de serviços ou empregados em um setor, valor de transações, formulário legal do fornecedor ou participação de capital estrangeiro.

O tratamento nacional não impõe a obrigação de assumir acesso ao mercado ou compromisso de tratamento nacional em um setor particular. Os Estados membros estão liberados para estender seus compromissos ou modificar obrigações, e devem participar das rodadas de negociações com visão para uma progressiva liberalização.

Os compromissos específicos podem ser modificados após três anos de vigência. Os países passíveis de serem afetados por essas modificações podem solicitar ao membro que as efetuou a negociação de adaptações e compensações.

Anexos do Gats

Os anexos do acordo revelam uma ideia simples: um produto é transportado de um país para outros.

O comércio de serviços, porém, é muito mais diverso. Há as companhias telefônicas, bancos, empresas aéreas, turismo, agências de turismo e outros que prestam seus serviços de inúmeras formas.

Os anexos listados a seguir refletem uma parte da diversidade existente na área de serviços.[13]

» Circulação de pessoas – diz respeito às negociações dos direitos dos indivíduos para ficarem temporariamente em um país com o propósito de serviço. Isso especifica que o acordo não se aplica a pessoas procurando emprego permanente ou para obter cidadania, residência permanente ou emprego permanente. Esse anexo está completo desde julho de 1995.

» Serviços financeiros – esse anexo intitula Estados membros, define a proteção aos investidores, aos depositantes ou devedor de um fornecedor de serviço financeiro, e firma o compromisso de assegurar a integridade e a estabilidade do sistema financeiro. A instabilidade no sistema bancário afeta a economia inteira. Estão excluídos os acordos quando um governo exercita sua autoridade no sistema financeiro por meio dos bancos centrais. As negociações para os serviços financeiros estão sem terminar. Em 2000, o comitê examinou a condição de aceitação do quinto protocolo de serviços financeiros. Nove Estados membros não aceitaram esse protocolo, ainda. Baseados numa proposta da Austrália, alguns membros sugeriram regras gerais, incluindo medidas específicas. Foi feita proposta para que o comitê procurasse mais informações com organizações internacionais; assim o comitê decidiu conduzir consultas informais para a retomada de discussões no próximo encontro.

» Telecomunicações – esse setor é distinto da atividade econômica. Nesse anexo afirma-se que os governos devem assegurar aos fornecedores de serviços estrangeiros acesso às redes de telecomunicações públicas, sem discriminação. Negociações

---

[13] Cf. V. Thorstensen, *OMC: Organização Mundial do Comércio, as regras do comércio internacional e a rodada do milênio* (São Paulo: Aduaneiras, 1999), p. 197. Segundo a autora, uma avaliação do acordo, realizada em Genebra, em 1998, na conferência ministerial, indicou que as negociações anteriores conseguiram poucos avanços com relação ao item movimento de pessoas físicas. Também foi salientada a importância do prosseguimento das negociações – suspensas – sobre transporte marítimo e sobre salvaguarda, subsídios, compras governamentais e serviços profissionais.

sobre compromissos específicos foram feitas na Rodada do Uruguai. As negociações para a área de telecomunicações básicas foram concluídas em 1997.
» Transportes aéreos – o direito de tráfego está excluído da cobertura do Gats, pois é tratado em outros acordos bilaterais. Esse anexo aplica-se aos serviços de reparação e manutenção de aeronaves, venda e comercialização de serviços de transportes aéreos e aos serviços de sistemas de reserva por computadores.
» Transporte marítimo – foram agendadas para terminar em julho de 1996, mas os participantes firmaram um pacote de compromissos. Alguns compromissos já estão agendados, como nas áreas de serviços auxiliares e transporte em oceano. As negociações para os transportes marítimos estão suspensas.

Turismo no Gats da OMC

Como descrição de setor, para o Gats na OMC, o turismo e os serviços de viagem estão na categoria 9 da lista de classificação setorial de serviços MTN.GNS/W/120. A categoria é dividida em quatro subsetores. Outras subclassificações podem existir, uma vez que a atividade turística abrange muitas categorias de serviços diferentes, notadamente nas áreas de transportes, negócios, distribuição de serviços, recreação, cultura e esportes:
» classificação provisória de produtos turísticos, ou seja, Central Product Classification (CPC) – engloba a definição de hotel e de outros serviços afins, dividos em: serviço de quarto de hotel, serviço de quarto de motel e outros serviços de quarto, como, por exemplo, acampamentos e albergues;
» classificação de serviço de refeições, abarcando todos os serviços de restaurante, de restaurante com autoatendimento, de bufê e outros;
» classificação de entretenimento, que define a composição de serviços de entretenimento;
» classificação de agências e operadoras de turismo e de guias de turismo.

Em março de 1998, no IV Fórum Empresarial das Américas, em San José da Costa Rica, houve discussões sobre o turismo no mundo por meio de *workshops*, a partir das quais chegou-se a alguns princípios para o setor, como o de que os serviços turísticos devem ser acessíveis ao maior número de pessoas do hemisfério; que, para isso, devem ser eliminadas todas as barreiras e gravames que afetem a prestação de serviços turísticos; finalmente, que o turismo é uma atividade econômica multissetorial promotora do bem-estar social de nossos povos, razão pela qual requer a criação de evento para seu estudo específico.[14]

O turismo internacional é definido pela Organização Mundial do Turismo (OMT) como sendo a ocasião em que um viajante cruza as fronteiras internacionais. O Gats definiu o turismo em geral, como refletido na W/120, na classificação apresentada anteriormente. O turismo inclui muitos serviços, como reserva de passagens via computador, transporte, construção de hotéis, aluguel de carros, entre outros. A OMT não estava satisfeita com as classificações e nomenclaturas do Gats e começou suas negociações a partir de 2000.[15] Em encontro do comitê de compromissos específicos em 2000, os Estados membros constataram a necessidade de novas classificações para novos serviços, como, por exemplo, os ambientais e de energia. O comitê também está revisando as diretrizes agendadas.

Na terceira conferência ministerial, realizada em Seattle, em 1999, vários países apresentaram propostas para delimitar a abrangência dos setores e dos subsetores a serem liberalizados. Essas propostas, provavelmente, serão a base para a definição de políticas comerciais sobre serviços. Os serviços de turismo envolvem, como subsetores, os serviços imobiliários relacionados com turismo, serviço de aluguel, serviços de viagens, agências de viagens, guias de turismo, entretenimento e serviços voltados para a cultura e esporte, entre outros.[16]

A República Dominicana, El Salvador e Honduras sugeriram um anexo sobre turismo ao Gats; o então secretário de turismo mundial, Francesco Frangialli, pediu o reconhecimento específico do serviço de turismo, com a redação de um anexo só para essa área. Os Estados membros estão preparando um seminário sobre serviços de turismo.

Conclusões

» O conceito de serviço é incerto; tem-se como serviço aquilo que serve para o consumidor, mas que não é um produto concreto. O turismo enquadra-se nesse conceito.

» O comércio internacional de serviços está em ascensão. Quanto mais exigente se torna o consumidor, mais suas necessidades aumentam e mais os serviços serão solicitados.

---

[14] Sistema de Informação sobre Comércio Exterior, *IV Foro Empresarial das Américas*, cit.
[15] WTO, *Tourism services*, disponível em http://www.wto.org/wto/english/tratop_e/serv_e/w51.doc., acesso em 25-7-2002.
[16] C. Proner, "Comércio de serviços", em W. Barral (org.), *O Brasil e a OMC* (2ª ed. Curitiba: Juruá, 2002), pp. 75-81.

» Quanto mais aumenta a qualidade de vida, mais as necessidades aumentam e variam; em decorrência desse processo, o interesse pelo lazer e pelo turismo também se ampliam.
» O Gats é um documento que faz parte da Organização Mundial do Comércio e o Conselho do Comércio de Serviços está vinculado ao Conselho Geral da OMC.
» As obrigações do Gats estão em consonância com os objetivos da OMC e os compromissos específicos; seus anexos estão em negociação. A Organização Mundial do Turismo não concorda com as definições dadas aos termos do turismo em geral pelo Gats na OMC e está se organizando para estudos e eventos específicos sobre o setor. Na terceira conferência ministerial da OMC, realizada em Seattle, a tendência manifesta foi a de que o setor de turismo seja um anexo específico no Gats devido a sua importância e a seu crescimento.

BIBLIOGRAFIA

BARRAL, W. (org.) *Brasil e a OMC: interesses brasileiros e as futuras negociações multilaterais*. Florianópolis: Diploma legal, 2000.

BARRAL, W & PRONER, C. *O setor de serviços e a Alca*, comunicação apresentada no Fórum Continental Área de Livre Comércio das Américas: atores sociais e políticos nos processos de integração, São Paulo, 27 a 29 novembro 2000.

CASSONE, V. *Direito tributário*. 12ª ed. São Paulo: Atlas, 2000.

GONÇALVES, R. et al. *A nova economia internacional: uma perspectiva brasileira*. Rio de Janeiro: Campus, 1998.

GRIECO, F. A. *O Brasil e o comércio internacional*. São Paulo: Aduaneiras, 1994.

LIMA, M. C. "A caixa de pandora da globalização: o futuro do comércio internacional e o Mercosul". Em LIMA, M. C. & MEDEIROS, M. A. (org.) *O Mercosul no limiar do século XXI*. São Paulo: Cortez, 2000.

MARTINS, F. Comércio. Em *Enciclopédia Saraiva de Direito*. São Paulo: Saraiva, 1978. vol.16.

ORGANIZACIÓN MUNDIAL DEL COMERCIO. *Facilitación del comercio*. Disponível em http://www.wto.org/spanish/tratop_s/tradfa_s/tradfac_s.htm. Acesso em 24 abr. 2014.

PORTER, M. E. *A vantagem competitiva das nações*. Trad. Waldemar Dutra. Rio de Janeiro: Campus, 1989.

PRONER, C. "O futuro do GATS". Em BARRAL, W. (org.) *Brasil e a OMC: interesses brasileiros e as futuras negociações multilaterais*. Florianópolis: Diploma legal, 2000.

_____. "Comércio de serviços". Em BARRAL, W. (org.) *O Brasil e a OMC*. 2ª ed. Curitiba: Juruá, 2002.

QUARTO FORO EMPRESARIAL DAS AMÉRICAS. Realizado em San José da Costa Rica em mar. 1998. Disponível em http://www.sice.oas.org/Ftaa/costa/forum/workshops/conclus/wks5_p.asp. Acesso em 24 abr. 2014.

REQUIÃO, R. *Curso de direito comercial.* vol.1, 20ª ed. São Paulo: Saraiva, 1991.

SILVA, R. L. *Direito econômico internacional e direito comunitário.* Belo Horizonte: Del Rey, 1995.

SILVA, P. *Vocabulário jurídico.* vol.4. Rio de Janeiro: 1991.

THORSTENSEN, V. *OMC: Organização mundial do comércio, as regras do comércio internacional e a rodada do milênio.* São Paulo: Aduaneiras, 1999

WORLD TRADE ORGANIZATION. *Tourism Services.* Disponível em http://www.wto.org/wto/english/tratop_e/serv_e/w51.doc. Acesso em 24 abr. 2014.

_____. *The agreements: services: rules for the growth and investment.* Disponível em http://www.wto.org/english/thewto_e/whatis_e/tif_e/agrm5e.htm. Acesso em 24 abr. 2014.

_____. "General Agreement on Tariffs and Trade: the Results of the Uruguay Round of Multilateral Trade Negotiations. Market Acess for Goods and Services: Overview of the Results", disponível em http://www.wto.org. Acesso em 24 abr.14.

Turismo e direito: convergências identificáveis
EM QUATRO CONVENÇÕES INTERNACIONAIS*

Jorge Luís Mialhe**

Num de seus trabalhos mais instigantes acerca da formação das elites em Veneza e Amsterdã no século XVII, o historiador e professor de Cambridge, Peter Burke,[1] nos revela que uma etapa crucial na formação dos jovens das elites dessas duas cidades de comerciantes passava, necessariamente, pelas viagens a bordo dos navios mercantes, no contato com culturas completamente diversas das suas e no desenvolvimento do respeito à diversidade étnica, linguística, religiosa; o respeito era tido, então, como valor essencial na construção de uma sociedade internacional.

A negociação comercial possui elementos de uma relação diplomática. Um desses elementos, a virtude da tolerância, entendida como respeito à alteridade, é decisivo para a manutenção e o aprofundamento do diálogo entre civilizações, entre povos que não professam o mesmo credo, que não partilham da mesma cultura, do mesmo ponto de vista em relação aos problemas cotidianos, mas que, todavia, podem identificar objetivos comuns e conceber formas integradas para atingi-los.

Inicio minha comunicação com essa referência a Peter Burke num momento da história contemporânea das relações internacionais impregnado de discursos que pregam exatamente o oposto: a intolerância; o choque, não o diálogo entre civilizações; o combate ao denominado "eixo do mal". Ora, o direito internacional nasceu no século XVII

---

* Comunicação apresentada no I Encontro de Direito do Turismo – Editur, organizado pelas Faculdades Senac, realizado em 5 de setembro de 2002, na Faculdade Senac de Turismo e Hotelaria de Águas de São Pedro.
** Advogado e historiador, mestre em direito internacional e doutor em história social pela Universidade de São Paulo, pós-doutorado na área interdisciplinar de direito e história pela Universidade de Paris III – Sorbonne-Nouvelle, professor da Universidade Estadual Paulista e dos Programas de Mestrado em Direito da Universidade Metodista de Piracicaba, da Universidade de Franca e da Universidade do Estado do Amazonas.
[1] P. Burke, *Veneza e Amsterdã: um estudo das elites do século XVII* (São Paulo: Brasiliense, 1991), pp. 138-139.

exatamente para afastar a ideia de que apenas uma nação ou um grupo restrito de nações, arrogantemente, pudesse ditar suas normas ao resto do mundo.

Um dos pais do direito internacional, o holandês Huig van Goot, mais conhecido como Hugo Grotius (1583-1645), teórico de um direito natural racional, defensor da liberdade de navegação, do respeito à alteridade, autor do clássico *De Jure Belli ac Pacis*,[2] publicado em 1625, tinha, certamente, uma visão mais clara e equilibrada das relações internacionais que os atuais assessores do homem que hoje, desafortunadamente, comanda o país mais poderoso do mundo. Escrevo essas linhas, mais uma vez, motivado pelos órgãos da imprensa internacional, que noticiam a indisfarçável negociação empreendida pelos Estados Unidos na obtenção de apoio dos países europeus à invasão do Iraque. Países como a Alemanha e a França já se manifestaram contrários à intervenção militar em território iraquiano, posição inversa daquela representada pelo governo britânico, indefectível aliado dos Estados Unidos em ações ilegais de intervenção armada contra a integridade territorial ou a independência política de alguns Estados.[3] Tais ações são flagrantemente incompatíveis com os propósitos da Organização das Nações Unidas (ONU), conforme disposto no artigo 1º da Carta da ONU; vale dizer, a manutenção da paz e da segurança internacionais e o desenvolvimento de relações amistosas entre as nações, baseadas no respeito ao princípio da igualdade de direito e de autodeterminação dos povos.

A ficção jurídica da igualdade soberana entre os Estados[4] não oculta a brutal assimetria entre seus sistemas econômicos, políticos e de poderio militar. Essas diferenças determinam o funcionamento de um sistema internacional desequilibrado, dominado pelos cinco Estados com assento permanente no Conselho de Segurança da ONU que,

---

2   Como lembrou R.F. Mello, Grotius sustenta em sua obra que "as relações internacionais se regulam pelo direito inspirado na razão e na moral, *mas que existem outras vinculações, que recebem sua força obrigatória do consentimento de todas as nações, ou de grande parte delas*" (grifo nosso). *Dicionário de direito internacional público* (Rio de Janeiro: Iguassu, 1962), p. 196.

3   Esse pedido de apoio dos Estados Unidos ao Reino Unido contraria a máxima de Cícero, redigida em 44 a.C.: "A primeira lei que se deve instaurar em amizade é não pedir a nossos amigos senão coisas honestas". M.T. Cícero, "Capítulo XIII", parágrafo 44, em *Da amizade* (Porto Alegre: L&PM, 2000).

4   Como salienta K. Zemanek, "Essa igualdade soberana é um dos princípios fundamentais do sistema internacional, contido no artigo 2º, parágrafo 1º, da Carta [da ONU] e elaborado na Declaração de Relações Amigáveis. É também um dos mais antigos princípios da lei internacional, já exposto no *Tractus Repressaliarum* de Bartolus, em 1354. É fonte de uma série de outros princípios que proíbem a interferência na soberana existência de iguais, como não intervenção ou autodeterminação. O princípio gerou também algumas normas instrumentais, como as que dizem respeito à imunidade do Estado", "The Legal Foundations of the International System: General Course on Public International Law", em *Recueil des Cours de la Académie de Droit International 1997* (Haia: Martinus Nijhoff, 1998), p. 43.

desde a Guerra do Golfo, em 1991, confirmaram a hegemonia estadunidense nas relações internacionais.[5]

Numa situação de insegurança como a que vivemos, o ramo do turismo acaba sendo um dos setores da economia mais vulneráveis, principalmente após o impacto dos acontecimentos de 11 de setembro de 2001. Afinal, não pode haver turismo sustentável sem a estabilidade, fruto da paz – mas não a paz dos cemitérios.[6]

A presente comunicação objetiva estabelecer pontos de convergência entre turismo e direito, identificados em quatro das mais importantes convenções internacionais, de caráter universal e regional, das quais o Brasil é signatário. Nesse sentido, serão analisados dispositivos presentes nas Cartas da ONU e da Organização dos Estados Americanos (OEA) e nos Tratados da Bacia do Prata e de Cooperação Amazônica.

No caso da ONU, seu primeiro propósito, repito, é exatamente manter a paz e a segurança internacionais (cf. art. 1º da Carta da ONU)[7] Ao mesmo tempo, essa organização internacional, a única de caráter universal que, agora com a entrada de Timor, soma 191 Estados membros, deve, ainda, fomentar o desenvolvimento de relações amistosas entre as nações, baseadas no respeito ao princípio de igualdade de direito e de autodeterminação dos povos; conseguir uma cooperação internacional de caráter econômico, social, cultural ou humanitário e promover e estimular o respeito aos direitos humanos e às liberdades fundamentais para todos – sem distinção de raça, sexo, língua ou religião – e ser um centro destinado a harmonizar a ação das nações para a consecução desses objetivos comuns.

Para a realização desses propósitos, várias entidades especializadas (cf. art. 57 da Carta da ONU) foram criadas por acordos intergovernamentais, com amplas responsabilidades internacionais definidas, em seus instrumentos básicos, nos campos econômico, social, cultural, educacional, sanitário e conexos, vinculados às Nações Unidas. Dentre elas,

---

[5] Nesse sentido, cf. J.L. Mialhe, "Brasil–EUA: solidariedade, sim; subserviência, não", em *Cadernos de Direito: Cadernos de Direito do Curso de Mestrado em Direito da Universidade Metodista de Piracicaba*, 1(1), 2001, p. 64.

[6] A "*pax*" americana, por analogia à "*pax*" romana, deve ser entendida como valor imperial. Nas palavras de Hardt e Negri: "O conceito de império é apresentado como um concerto global, sob a direção de um único maestro, um poder unitário que mantém a paz social e produz suas verdades éticas. E, para atingir esses objetivos, ao poder único é dada a força necessária para conduzir, quando for preciso, 'guerras justas' nas fronteiras contra os bárbaros e, no plano interno, contra os rebeldes". M. Hardt & A. Negri, *Império* (3ª ed. Rio de Janeiro: Record, 2001), p. 28. Todavia, aceitar essa lógica e, como ensina D. De Masi, "eximir-se da busca de uma sociedade mais justa equivale a aceitar, acrítica e fatalisticamente, o único modelo hegemônico: o norte-americano". *O ócio criativo* (Rio de Janeiro: Sextante, 2000), p. 310.

[7] Assinada a 26 de junho de 1945, foi aprovada pelo Decreto-lei nº 7.935, de 4 de setembro de 1945. Ratificada pelo governo brasileiro a 12 de setembro do mesmo ano. Depósito de ratificação brasileira efetuado a 21 de setembro de 1945. Promulgada pelo Decreto nº 19.841, de 22 de outubro de 1945. Cf. V.M. Rangel, *Direito e relações internacionais* (2ª ed. São Paulo: Revista dos Tribunais, 1981), p. 14.

destaca-se a Organização Mundial de Turismo (OMT) que, desde 1976, foi convertida em organismo de execução do Programa das Nações Unidas para o Desenvolvimento (PNUD) e que, atualmente, está em fase de se constituir juridicamente como agência especializada da ONU.

O objetivo da OMT[8] é estimular o crescimento econômico e a criação de empregos, incentivar a proteção do meio ambiente e do patrimônio dos destinos turísticos e promover a paz e o entendimento entre todas as nações do mundo. É, ainda, responsável pelo incremento de políticas e normas do setor de viagens e de turismo, em nível mundial. Representa, finalmente, um foro internacional para a discussão de questões de política turística e uma fonte prática de conhecimentos especializados.

No âmbito da OEA, o Conselho Interamericano Econômico e Social (cf. art. 94 da Carta da OEA)[9] tem por finalidade promover a cooperação entre os países americanos, com o objetivo de conseguir seu desenvolvimento econômico e social. Para além disso, o Conselho Interamericano de Educação, Ciência e Cultura (cf. art. 100 da Carta da OEA) amplia a atuação da OEA no sentido da promoção das relações amistosas e do entendimento mútuo entre os povos da América, mediante cooperação e intercâmbio educacionais, científicos e culturais entre os Estados membros, com o objetivo de elevar o nível cultural de seus habitantes.

Para realizar os seus fins, o Conselho Interamericano de Educação, Ciência e Cultura deverá (cf. art. 101, *g*, da Carta da OEA) "promover a educação dos povos americanos para a convivência internacional e para o melhor conhecimento das fontes histórico-culturais da América a fim de realçar e preservar sua comunhão de espírito e destino". Nesse particular, o turismo tem muito a contribuir, proporcionando aos turistas o contato com diferentes culturas, estreitando e consolidando laços entre pessoas de diferentes origens e regiões, encorajando o diálogo Norte–Sul, enfim, consistindo num importante elemento de construção da paz.

Também cabe ao referido Conselho (cf. art. 101, *k*) estabelecer relações de cooperação com os órgãos correspondentes das Nações Unidas e com outras entidades nacionais e internacionais. Esse dispositivo coaduna-se com o art. 3º, inciso XVI, da Lei nº 8.181, de 28 de março de 1991, que, além de alterar a denominação da Empresa Brasileira de

---

[8] Cf. *site* oficial da OMT: www.world-tourism.org.
[9] Assinada a 30 de abril de 1948, no decurso da IX Conferência Interamericana (Bogotá), a Carta da OEA foi emendada pelo Protocolo de Buenos Aires de 1967 e promulgada pelo Decreto nº 67.542, de 12 de novembro de 1970 (*DOU*, 16-11-1970). O Protocolo de Buenos Aires entrou em vigor em 27 de fevereiro de 1970. Aprovado pelo Decreto Legislativo nº 2, de 29 de janeiro de 1968, foi promulgado pelo Decreto nº 66.774, de 24 de junho de 1970 (*DOU*, 26-6-1970). Cf. V. M. Rangel, *Direito e relações internacionais*, cit., p. 59.

Turismo (Embratur) para Instituto Brasileiro de Turismo, dá competência ao instituto para "participar de entidades nacionais e internacionais de turismo" e, portanto, da OMT.

Uma convenção internacional, importante para a convergência entre turismo e direito internacional, não de alcance hemisférico, mas de âmbito sub-regional, da qual nosso país é signatário, é o pouco estudado Tratado da Bacia do Prata,[10] celebrado entre Argentina, Bolívia, Brasil, Paraguai e Uruguai, em cujo artigo 1º, *e* e *h*, explicita-se a necessidade de os países membros do tratado conjugarem esforços objetivando a promoção do "desenvolvimento harmônico" e da "integração física da bacia do Prata", identificando áreas de interesse comum e a realização de estudos, programas e obras, bem como a formulação de entendimentos operativos que estimem necessários e que propendam:

e) à complementação regional mediante a promoção e estabelecimento de indústrias de interesse para o desenvolvimento da bacia;

h) à promoção de outros projetos de interesse comum e em especial daqueles que se relacionam com o inventário, a avaliação e o aproveitamento dos recursos naturais da área.

Dessas duas alíneas, pode-se inferir a vontade de os Estados membros do tratado realizarem projetos de ecoturismo sustentável, claramente adequados à realidade geográfica e à rica diversidade biológica da região da bacia do Prata.

Outra convenção sub-regional, dessa vez celebrada com os nossos vizinhos da região amazônica, é o Tratado de Cooperação Amazônica.[11] Participam dessa convenção as Repúblicas da Bolívia, do Brasil, da Colômbia, do Equador, da Guiana, do Peru, do Suriname e da Venezuela.

Tendo em vista a necessidade de se manter um equilíbrio entre o crescimento econômico e a preservação do meio ambiente na região amazônica, os países signatários do Tratado de Cooperação Amazônica, conforme disposição expressa em seu artigo XIII, "cooperarão para incrementar as correntes turísticas, nacionais e de terceiros países, em seus respectivos territórios amazônicos, sem prejuízo das disposições nacionais de proteção às culturas indígenas e aos recursos naturais". Sem dúvida, dos tratados até agora destacados, esse é o único que não deixa dúvidas sobre a necessidade de uma exploração sustentável do potencial turístico da região.

---

[10] Assinado em Brasília em 23 de abril de 1969. Cf. V.M. Rangel, *Direito e relações internacionais*, cit., p. 113.

[11] Assinado em Brasília, em 3 de julho de 1978. Aprovado no Brasil pelo Decreto Legislativo nº 69/78. Em 3 de julho de 1980 foi depositado em Brasília o último instrumento de ratificação (do governo da Venezuela), tendo o tratado passado a vigorar em 3 de agosto do mesmo ano. Cf. Rangel, *Direito e relações internacionais*, cit., p. 117.

Como é do conhecimento de todos, desenvolvimento sustentável é o desenvolvimento capaz de garantir as necessidades do presente sem comprometer a capacidade das gerações futuras de atenderem as suas necessidades. O desenvolvimento sustentável significa que a soma dos recursos naturais e dos criados pelo homem não deve diminuir de uma geração a outra.[12]

Enfim, como destaca o Preâmbulo do Código Mundial de Ética do Turismo da OMT,

> [...] sempre que se respeitem determinados princípios e se observem certas normas, o turismo responsável e sustentável não é de modo algum incompatível em conciliar economia e ecologia, meio ambiente e desenvolvimento, abertura a intercâmbios internacionais e proteção das identidades sociais e culturais.[13]

Nesse sentido, as convergências entre turismo e direito internacional, como tentou-se demonstrar, são cada vez mais acentuadas e, após os atentados de 11 de setembro, essenciais para, conforme disposição no artigo 1º do referido código,

> [...] a compreensão e a promoção dos valores éticos comuns da humanidade, com tolerância e respeito pela diversidade das crenças religiosas, filosóficas e morais, entendidos como fundamento e consequência de um turismo responsável.[14]

BIBLIOGRAFIA

CÍCERO, C.T. *Da amizade*. Porto Alegre: L&PM, 2000

DE MASI, D. *O ócio criativo*. Rio de Janeiro: Sextante, 2000.

HARDT, M & NEGRI, A. *Império*. 3ª. ed. Rio de Janeiro: Record, 2001.

MELLO, R.F. *Dicionário de direito internacional público*. Rio de Janeiro: Iguassú, 1962.

MIALHE, J.L. "Brasil-EUA: solidariedade sim, subserviência não". Em *Cadernos de Direito*. 1 (1), 2001.

MIALHE, J.L. "Dos crimes internacionais em matéria ambiental: uma abordagem do direito intergerações". Em *Anais do Congresso Internacional de Direito Ambiental*. São Paulo: Imprensa Oficial, 1997.

---

[12] Cf. G.E.N. Silva, *Direito ambiental internacional* (Rio de Janeiro: Thex, 1995), p. 48, e J.L. Mialhe, "Dos crimes internacionais em matéria ambiental: uma abordagem do direito intergerações", em *Anais do Congresso Internacional de Direito Ambiental* (São Paulo: Imprensa Oficial, 1997), p. 361.

[13] WTO, "Resolution", em *Approval of the Global Code of Ethics for Tourism*, disponível em www.world-tourism.org/frameset/frame_project_ethics.html.

[14] WTO, "Principles", em *Global Code of Ethics for Tourism*, disponível em www.world-tourism.org/frameset/frame_project_ethics.html.

RANGEL, V.M. *Direito e relações internacionais*. 2ª ed. São Paulo: Revista dos Tribunais, 1981.

SILVA, G.E.N. *Direito ambiental internacional*. Rio de Janeiro: Thex Editora, 1995.

WORLD TRADE TOURISM. *Código Ético Mundial para el Turismo*. Disponível em http://www.world-tourism.org/espanol. Acesso em, 24. Abr. 2014.

ZEMANEK, K. "The Legal Foundations of the International Sistem. General Course on Public International Law". Em *Recueil des Cours de la Académie de Droit International 1997*. Haia: Martinus Nijhoff Publishers, 1998.

OMT, ONGs e a construção da *soft norm* turística

Rui Aurélio de Lacerda Badaró

> A influência histórica e a importância absoluta de uma ideia não dependem nunca da sua novidade, mas sim da profundidade e da força com que foi compreendida e vivida.
>
> *Werner Jaeger, Paideia, 1936*

O crescimento do turismo é um dos principais fenômenos políticos, culturais, econômicos[1] e sociais do século XX e XXI, atingindo uma dimensão relevante na economia global. Nesse contexto, o turismo representa verdadeiro motor essencial das sociedades modernas, visto que colabora diretamente para um desenvolvimento sustentável.[2]

A fim de assegurar a sustentabilidade da atividade turística[3] e promover seu desenvolvimento sadio, a ineficiente União Internacional dos Organismos Oficiais de Turismo

---

[1] Segundo a Organização Mundial do Turismo (OMT), atualmente, o volume de negócios turísticos iguala ou supera as exportações de petróleo, produtos alimentícios ou automóveis. O turismo converteu-se em um dos principais atores do comércio internacional e representa, ao mesmo tempo, uma das principais fontes de receita de muitos países em desenvolvimento. Em United Nations: World Tourism Organization, disponível em http://www.unwto.org/aboutwto/why/sp/why.php?op=1. Acesso em 5 de fevereiro de 2014.

[2] De acordo com a OMT, durante décadas o turismo experimentou um contínuo crescimento e uma profunda diversificação até converter-se em um dos setores econômicos que crescem com maior rapidez no mundo. O turismo mundial guarda estreita relação com o desenvolvimento e esta dinâmica converteu o turismo em um motor chave para o progresso socioeconômico. Em *United Nations: World Tourism Organization*, disponível em http://www.unwto.org/aboutwto/why/sp/why.php?op=1. Acesso em 5 de fevereiro de 2014.

[3] "La contribución del turismo al bienestar económico depende de la calidad y de las rentas que el turismo ofrezca. La OMT ayuda a los destinos a posicionarse, de forma sostenible, en unos mercados nacionales e internacionales cada vez más complejos. Como organismo de las Naciones Unidas dedicado al turismo, la OMT insiste en que los países en desarrollo pueden beneficiarse especialmente del turismo sostenible y actúa para que así sea". Em *United Nations:*

(Uioot), criada em 1947, foi transformada em instituição intergovernamental em 1975, sob a denominação Organização Mundial do Turismo (OMT), relacionando-se com as Nações Unidas desde 1976.

A OMT é a principal organização internacional do setor, servindo de tribunal mundial para questões políticas e fonte de conhecimento especializado.[4] Agência especializada da ONU desde 2004, a OMT busca estimular o desenvolvimento econômico e a oferta de empregos, encorajar a proteção do meio ambiente, do patrimônio histórico-cultural e favorecer a paz e o entendimento entre as nações.

Em sintonia com o Sistema das Nações Unidas[5] e seus objetivos, a OMT promove o cumprimento do Código Mundial de Ética do Turismo, *soft norm*,[6] em matéria turística que visa garantir que os Estados membros, os destinos e as empresas maximizem os efeitos positivos socioeconômicos e culturais do turismo e minimizem os impactos negativos ambientais e sociais.

Para obter sucesso em seus objetivos, a OMT conta com os esforços de, atualmente, 161 Estados membros e mais de 400 membros afiliados, que representam o setor privado, as instituições de ensino, as ONGs representativas dos setores e as autoridades turísticas locais.

Desde sua constituição, em 1975, a OMT reconhece que a colaboração entre os setores público e privado é essencial para o desenvolvimento sadio do turismo. Assim, a missão dos Membros Afiliados,[7] geralmente ONGs representativas dos diversos setores de turismo, é desenvolver um projeto de turismo sustentável, com vistas à inovação e expansão

---

World Tourism Organization, disponível em http://www.unwto.org/aboutwto/why/sp/why.php?op=1. Acesso em 5 de fevereiro de 2014.

[4] R.A.L. Badaró, *Direito internacional do turismo: o papel das organizações internacionais no turismo* (São Paulo: Senac, 2008), p. 147.

[5] A OMT está comprometida com os objetivos de desenvolvimento das Nações Unidas para o milênio, cujo fim é reduzir a pobreza e fomentar o desenvolvimento sustentável. Em United Nations: World Tourism Organization, disponível em: http://www.unwto.org/afiliados/index_s.php. Acesso em 5 de fevereiro de 2014.

[6] Segundo Varella: "Em português, a expressão *Soft Norm* seria traduzida por direito leve ou direito frouxo, expressões utilizadas para marcar a oposição ao conceito tradicional de "Hard Law", direito rígido, imponível. Inicialmente, utilizava-se a expressão *Soft Law* inapropriadamente pois a expressão *Law* encerra em si um conceito de cogência. Gradativamente, a teoria jurídica cedeu ao conceito inglês *soft norm*. Não se trata apenas de uma questão de denominação, mas a expressão tem um grande conteúdo conceitual, em razão da diferença essencial entre uma lei internacional, obrigatória, e uma norma não obrigatória. Claro, o termo escolhido não lhe dá seu valor, mas é melhor utilizar um expressão mais próxima da realidade", em M.D. Varella, *Direito internacional público* (São Paulo: Saraiva, 2010), p. 61.

[7] Segundo o artigo 7 e itens 1 a 5 do Estatuto da OMT, pode ser membro afiliado qualquer empresa, pública ou privada, organização, ONG, instituição de ensino ou organismo cujas atividades estejam relacionadas com o turismo. Os membros afiliados participam de comitês de trabalho nas assembleias e eventos da OMT, colaborando consultivamente para a elaboração de políticas e regras de desenvolvimento do turismo. R.A.L. Badaró, *op. cit.*, p. 153.

de empresas ou organizações, contribuindo para a realização dos objetivos estabelecidos para o milênio, segundo as Nações Unidas.

A participação de pessoas privadas, precisamente as ONGs,[8] representou verdadeira condição para a aprovação e o sucesso do código de conduta turístico aprovado em outubro de 1999 no Chile. As ONGs, em sintonia com a Resolução Ecosoc 1996/31, desempenharam papel consultivo durante a elaboração da *soft norm* turística e apontaram claramente os caminhos a ser observados para alcançar cada um dos nove princípios que integram o documento.

Logo, a atuação da OMT para desenvolver o turismo de maneira responsável, sadia e sustentada, compreende o reconhecimento da importância da atuação das pessoas privadas, em especial, as ONGs,[9] bem como da maior maleabilidade dos instrumentos normativos internacionais relacionados ao turismo.

Desenvolvimento

A OMT entende que os poderes públicos são essenciais para o turismo, existindo para ajudar os países de todo o mundo a maximizar os efeitos positivos desse setor, ou seja, criação de empregos, aplicação prática da nova infraestrutura do turismo, entrada de divisas, tudo primando pela minimização dos efeitos negativos sobre o meio ambiente e a sociedade.[10]

Sendo a atividade que mais se desenvolve em todo o mundo, nada justificaria sua estagnação em pleno século XXI. Nos últimos vinte anos, as receitas do turismo, em nível internacional, chegaram à ordem dos trilhões de dólares por ano.[11]

O turismo internacional é a atividade que melhor descreve os benefícios da exportação e se configura como importante fator na balança comercial de diversos países. Em 2000, as receitas provenientes do turismo internacional ultrapassaram as exportações de

---

[8] Dinh, Daillier e Pellet afirmam que determinadas ONGs adquiriram independência total e estão aptas a negociar com os governos, sendo que outras fazem o papel de verdadeiros serviços públicos internacionais: o Comitê Internacional da Cruz Vermelha, reunindo essas duas características, viu serem-lhe confiadas responsabilidades acrescidas pelas convenções humanitárias de Genebra de 1949 e seus protocolos de 1977. N.Q Dinh; P. Daillier; A. Pellet, *Direito internacional público*, trad. V.M. Coelho (2ª ed. Lisboa: Calouste Gulbenkian, 2003), p. 660.

[9] Apesar dos apelos em favor de um estatuto internacional que garantisse um tratamento mínimo às ONGs – Cf. resoluções de 1923 e de 1950 do Institute Du Droit International –, nenhuma convenção internacional regulamenta globalmente suas atividades ou impõe limitação séria às ações dos Estados a seu respeito. *Ibid.*, p. 661.

[10] WTO: activités regionales, *Le fonctionnement de l'OMT* (v. 1Madri, 2010.), disponível em: http://www.unwto.org/activities.htm. Acesso em: 5 de fevereiro de 2014.

[11] R.A.L. Badaró, *Direito internacional do turismo* (São Paulo: Senac, 2008), p. 148.

produtos petrolíferos, de veículos automotores, de material de telecomunicações e, em sentido amplo, de qualquer produto ou serviço.[12]

O setor de viagens é fonte abastecedora de trabalho, empregando mais de 180 milhões de pessoas no mundo, a maioria delas nas pequenas e médias empresas.[13] Estudos mostram que, no turismo, a criação de empregos progride 150% mais rápido que qualquer outro ramo de atividade.

Enormes investimentos em infraestrutura são empregados pelo setor em todo o mundo, facilitando a vida da população fixa e não somente a dos turistas. Os projetos turísticos, como por exemplo, aeroportos, rodovias, marinas, rede de esgotos, instalações de tratamento de água, restauração de monumentos históricos, museus e centros de preservação ambiental denotam a função social da atividade turística.[14]

Com 10% do PIB mundial, o turismo interno e internacional representa mais que o PIB de muitos pequenos países, e mesmo países em desenvolvimento.[15]

Atividades regionais

Os representantes regionais da OMT objetivam ações diretas que reforçam e apoiam os esforços das administrações nacionais do turismo.[16] Cada uma dessas regiões do mundo (África, América, Ásia, Europa e Oriente Médio) tem, no seio da OMT, um representante nomeado que atua em prol de sua região.

Certa vez na OMT, os representantes regionais tornam-se o "esquadrão de vanguarda" para criar o contato com os Estados membros.[17] Eles estão constantemente em viagens, atuando, sob certo aspecto, como embaixadores itinerantes, encontrando-se com o alto escalão do turismo de cada um dos países de sua região para estudar os problemas e ajudar a encontrar soluções.[18]

Os representantes atuam também na organização de seminários nacionais sobre temas que se mostram de interesse para um dado país.[19] Conferências regionais sobre os

---

[12] UNWTO, *op. cit.* 2010.
[13] *Ibidem.*
[14] *Ibidem.*
[15] *Ibidem.*
[16] *Ibidem.*
[17] *Ibidem.*
[18] Resta, dessa maneira, assegurado o liame entre as autoridades do turismo e o Programa das Nações Unidas para o Desenvolvimento, uma vez que a atividade turística finca-se na base de projetos determinados do programa. R.A.L. Badaró, *op. cit*, p. 149.
[19] Por exemplo, tal qual a promoção do turismo no México ou do ecoturismo no Quirguistão.

problemas advindos do setor também fazem parte das atribuições dos representantes da OMT, visando que os participantes troquem experiências e mirem objetivos comuns.[20]

Os representantes regionais da OMT estão presentes nas manifestações turísticas nacionais e regionais, se empenham em facilitar possíveis contatos frutíferos entre as autoridades turísticas e de outras instâncias, frequentemente no nível presidencial. Todas essas atividades buscam contribuir para o crescimento da importância dos organismos públicos do turismo em seus próprios países, melhorando dessa forma o setor turístico de cada nação.[21]

As seis comissões regionais da OMT se reúnem ao menos uma vez por ano para discutir as atividades e prioridades da organização no futuro. Nessas reuniões, os Estados membros e membros afiliados participam de uma conferência sobre um tema turístico particular que é trazido por especialistas mundiais.[22]

A OMT está excepcionalmente bem localizada para atingir os projetos especiais que objetivam a promoção do turismo junto a um grupo de países membros. Os projetos da "Rota da Seda"[23] e da "Rota dos Escravos",[24] executados em parceria com a Unesco,[25] são dois exemplos de sucesso nesse sentido.

---

[20] *Ibidem. Levando os direitos a sério* (São Paulo: Martins Fontes, 1999), *passim*.
[21] Unesco, *Notícias*, disponível em http:\\www.unesco.org. Acesso em 5 de fevereiro de 2014.
[22] Em 2000, essas conferências regionais tiveram por temas a parceria da iniciativa pública e privada para o desenvolvimento do turismo (Ásia), a promoção de viagens para a África, a gestão integrada da qualidade (Oriente Médio), o turismo e o transporte aéreo (Europa) e as estratégias de promoção turística comum (América). Em 2001, os temas foram relacionados à questão da segurança e das atitudes contra o terrorismo. Em 2002, as temáticas giraram em torno do ecoturismo e em 2003 retornaram para a questão do terrorismo e da busca pela paz, como em 2001. Já nos anos seguintes, 2004 a 2010, as temáticas relacionaram-se ao desenvolvimento sustentado, notadamente por conta da transformação da OMT em agência especializada da ONU. WTO, *op. cit.* 2010.
[23] Lançado em 1994, o projeto da OMT visa revitalizar, por meio do turismo, as antigas estradas utilizadas por Marco Polo e mercadores de caravanas que vieram depois dele. A Rota da Seda se estende por 12 mil km, da Ásia à Europa. Dezesseis países da Rota da Seda se juntaram para esse projeto: Japão, Coreia do Sul, Coreia do Norte, China, Cazaquistão, Quirguistão, Paquistão, Uzbequistão, Tadjiquistão, Turcomenistão, Irã, Azerbaidjão, Turquia, Geórgia, Grécia e Egito. Dentre as iniciativas promocionais conjuntas, estão um folheto e um vídeo, viagens de familiarização e eventos especiais em grandes feiras turísticas. Em R.B. Ritchie; C.R. Goeldner; W.R. Mcintosh, *Turismo: princípios, práticas e filosofia* (Porto Alegre: Bookman, 2002) p. 83.
[24] A Rota dos Escravos, iniciada em 1995, como parte do Ano Internacional da Tolerância da ONU, destina-se a estimular o turismo cultural nas nações da África Ocidental. Seus objetivos imediatos são restaurar monumentos, fazer melhorias em museus de história e lançar campanhas promocionais conjuntas em mercados geradores selecionados, que irão motivar os visitantes estrangeiros a aprender sobre a história desses países e a descobrir suas raízes. O projeto deve se expandir no futuro, para incluir outras nações no Sul e Leste da África, bem como em países no Caribe. *Ibidem*.
[25] Unesco, *op. cit.* 2010.

O modus operandi da OMT

A OMT é financiada essencialmente por meio de contribuições dos Estados membros e dos membros associados e afiliados.[26] Os Estados membros efetivos pagam uma contribuição anual calculada em função do nível de seu desenvolvimento econômico e da importância de seu turismo.[27] Os membros associados pagam anualmente uma contribuição fixa, e os membros afiliados, um valor calculado pela secretaria específica. O orçamento da OMT é engrossado com apoio direto da ONU, para elaboração de projetos de cunho cultural em parceria com a Unesco, em consonância com o previsto pelo PNUD e outros programas do Sistema das Nações Unidas.

Os principais órgãos da Organização Mundial do Turismo são:

1. Assembleia Geral: órgão supremo da OMT. Ela se reúne a cada dois anos para aprovar o orçamento, o programa de trabalho e para discutir os temas de importância econômica para o setor turístico, e a cada quatro anos para eleger o Secretário-Geral. É composta de delegados que representam os Estados membros e os membros associados e que têm direito a voto. Os membros afiliados e os representantes de outros organismos internacionais também participam na qualidade de observadores.

2. Conselho Executivo: conselho de direção da OMT, encarregado de velar pelo bom funcionamento da organização e por tudo que é colocado em prática por ela, bem como pelo seu programa de trabalho e pela rigorosa execução do orçamento. Ele se reúne duas vezes por ano e é composto por 26 membros eleitos pela Assembleia Geral na razão de um conselheiro a cada cinco Estados membros. Os membros associados e afiliados participam na qualidade de observadores.

3. Comissões Regionais: a OMT possui seis comissões regionais, para África, América, Ásia Ocidental, Ásia Oriental, Europa e Oriente Médio. Elas se reúnem no mínimo uma vez por ano e são compostas cada uma pela união dos Estados membros e dos

---

[26] A Resolução da Assembleia Geral da ONU A/RES/58/232 (Transformação da OMT em Agência especializada da ONU) estabelece no artigo 17 de seu anexo as questões orçamentárias e financeiras entre as duas organizações internacionais. United Nations Resolutions, disponível em http://www.un.org. Acesso em 5 de fevereiro de 2010.

[27] O Estatuto da OMT, em seu artigo 25, estabelece sobre o orçamento: "1. O orçamento da Organização abrangerá suas atividades administrativas e de programa geral e será custeado pelas contribuições dos Membros Efetivos, Associados e Afiliados segundo uma escala de rateio de despesas aceita pela Assembleia e por outras fontes eventuais de receita da Organização, conforme as disposições de Regulamento de Financiamento anexo aos presentes Estatutos dos quais formam parte integrante. 2. O orçamento preparado pelo Secretário-Geral deverá ser submetido à Assembleia pelo Conselho, para exame e aprovação". Estatuto da OMT, disponível em http://www.unwto.org/about.htm. Acesso em 5 de fevereiro de 2014.

membros associados de cada região. Os membros afiliados assistem suas regiões na qualidade de observadores.
4. Comitês: os comitês especializados dos membros da OMT fornecem os dados necessários à elaboração e execução de projetos e programas em todas as áreas, como a orçamentária, financeira, estatística e outras.
5. Secretariado: funciona sob a figura do secretário-geral e tem por objetivo colocar em prática o programa de trabalho da OMT e de responder às necessidades dos Estados membros.

Os membros da OMT

A OMT possui três categorias de membros: os membros efetivos ou Estados membros, os membros associados e os membros afiliados.

A qualidade de membro efetivo é acessível a todos os Estados soberanos; a qualidade de membro associado é acessível a todos os territórios que não têm responsabilidade sobre suas relações exteriores. A candidatura depende da obtenção de apoio de um Estado que se responsabiliza por suas relações internacionais e, por fim, a qualidade de membro afiliado[28] compreende uma larga escala de organismos não governamentais e empresas que trabalham diretamente com o setor de viagens e turismo ou em setores conexos.

Observa-se que a OMT é a única agência especializada do Sistema das Nações Unidas onde o setor operacional pode fazer sua adesão.[29] A categoria dos membros afiliados participa ativamente, uma vez que possui seu próprio programa de atividades que compreende reuniões anuais e seminários regionais sobre temas de estudos particulares, bem como participação em Comissões e Comitês consultivos da Organização internacional.[30]

Nesse sentido, corrobora Cretella Neto ao afirmar que

> os membros afiliados são uma categoria especial prevista exclusivamente no tratado constitutivo (Estatuto) da OMT (Art. 7), a qual, devido a seu passado como ONG, atribui esse status a entidades internacionais, governamentais ou não governamentais, voltadas a

---

[28] "Il s'agit de compagnies aériennes et d'autres entreprises de transport, d'hôtels et de restaurants, de voyagistes, d'agents de voyages détaillants, d'établissements bancaires, de groupes d'édition, de cabinets-conseils, d'établissements d'enseignement et d'instituts de recherche, de conseils du tourisme locaux et régionaux et d'associations des professionnels du voyage..." P. Py, *Droit du tourisme* (Paris: Dalloz, 2002), *passim*.

[29] J.C. Neto, *Teoria geral das organizações internacionais* (2ª ed. São Paulo: Saraiva, 2007), pp. 125-126.

[30] Os artigos 7 (itens 5 e 6), 9 (item 3), 14 (item 3) e 35 (item 3) do Estatuto da OMT tratam da atuação consultiva exercida pelos membros afiliados. UNWTO, *op. cit.*, 2010.

atividades turísticas, as quais têm o direito de participar das atividades da organização a título individual ou agrupadas nos Comitês dos Afiliados. Os direitos dos membros afiliados são mais reduzidos, em comparação aos dos demais associados titulares, mas mais amplos do que o dos observadores. São representados em pelo menos um dos órgãos da organização, e figuram no rol dos contribuintes da entidade.

Na mesma linha, Díez de Velasco esclarece sobre a participação dos membros afiliados:[31]

> Ao participar como membros ordinários, a maioria das organizações fornece estatutariamente ou desenvolve empiricamente diversas formas de participação limitada. Às vezes são situações temporárias que levam à participação plena, outras, no entanto, são definitivas e levam em conta a natureza jurídica específica do assunto sobre a qual ele é aplicado. Essas situações variam de uma organização para outra e são classificadas de maneiras diferentes, como a dos membros associados, afiliados, parciais, observadores, de assessoria, etc. Todas elas, no entanto, tem em comum não conceder todos os direitos e obrigações derivados da condição de membro de pleno direito, e, ao mesmo tempo, permitir, em maior ou menor grau, intervir nas atividades da organização.

Continuam Dinh, Daillier e Pellet sobre a participação de pessoas e grupos de interesses sobre a elaboração do direito derivado de certas organizações:[32]

> As organizações internacionais têm, mais do que os Estados, sentido a necessidade de uma colaboração regular com associações transnacionais. Contudo o peso dos Estados nas organizações internacionais favoreceu as reações negativas e reforçou o controle sobre as ONGs. [...] Certas ONGs – e cada vez mais, as grandes empresas ou associações profissionais – participam igualmente nos trabalhos de conferências diplomáticas que podem desembocar na adopção de actos concertados não convencionais, os próprios na origem de futuras convenções internacionais.

Sobre a participação de pessoas privadas, especialmente ONGs, no seio da OMT, cabe ainda lembrar que a atividade turística é transcendente e maleável, envolvendo intervenção da administração pública estatal e também participação da iniciativa privada no desenvolvimento sadio do turismo. Eis aí, a justificativa[33] para a OMT ter previsto em

---

[31] N.da E. Tradução livre retirada de M.D. de Velasco. *Las organizaciones internacionales* (14ª ed. Madri: Tecnos, 2007), pp. 96-97.
[32] N.Q. Dinh; P. Daillier; A. Pellet, *op. cit.*, pp. 670-671.
[33] Segundo Badaró, a maleabilidade do turismo, bem como as conexões entre as esferas públicas e privadas, podem ser

seu tratado-constitutivo (Estatuto) o membro afiliado. Lembra-se também que os membros afiliados possuem participação consultiva na elaboração das *soft norms* emanadas da Organização, *v.g.*, o Código Mundial de Ética do Turismo que foi construído pelos Estados membros e membros afiliados, bem como sua implantação, por meio do Comitê Mundial de Ética do Turismo, contou com relevante atuação dos membros afiliados, notadamente as ONGs representativas dos diversos setores de turismo.

---

assim compreendidas: "O turismo envolve processo migratório, encontros e descobertas. Ele é por conseguinte fundamentalmente terra das liberdades e, enquanto expressão delas, o turismo não pode se desenvolver ou mesmo existir sem elas. A prática do turismo pressupõe de início a existência das liberdades públicas essenciais, peculiarmente o direito de ir e vir. O Estado, exercendo sua soberania, é quem, enquanto vetor, limita as possibilidades de acesso a certas partes de seu território, suprimindo ou frenando por ele mesmo, o desenvolvimento do turismo. O desenvolvimento do turismo está entremeado a outras liberdades como a liberdade de associação e a liberdade do comércio e da indústria. O turismo pode, sem dúvida, aparecer simplesmente como excludente do intervencionismo estatal. A exclusão do turismo do campo do intervencionismo deve ser analisada empiricamente, pois é sabido que ele é objeto de preocupação singular por parte do Estado, através dos poderes públicos e órgãos especializados na atividade turística. Efetivamente, torna-se claro que o Estado e os poderes públicos, consequentemente o direito, exercem dois papéis fundamentais junto ao turismo: de um lado, a proteção contra conflitos e abusos que o turismo pode causar e, de outro lado, o desenvolvimento do turismo. O turismo, como qualquer outra atividade, pode ameaçar a ordem pública, podendo também ser fonte de abusos nos casos específicos de direito privado. O direito esforça-se para remediar estes tipos de desordens. Enquanto atividade, o turismo, pressupondo deslocamento e concentração de populações, distração, lazeres diversos, pode constituir ameaça à ordem pública, consoante os três aspectos clássicos da segurança, da tranquilidade e da salubridade pública, que entram na esfera da polícia administrativa geral. Podem-se levantar diversos exemplos de ameaças à ordem pública quando se trata da área do turismo, *verbi gratia*, o camping pode ser fonte de poluição, que coloca em perigo a higiene, o meio ambiente (fauna e flora); os parques temáticos podem colocar em risco todo um meio ambiente, bem como a tranquilidade pode ser abalada por ele; o turismo é uma atividade consumidora de espaços raros e frágeis, como uma montanha mais alta, o litoral e locais pitorescos. Convém à administração pública zelar por esses espaços, impondo limites ao turismo, enquanto atividade consumidora, e estabelecer garantias a ele. Assim, a intervenção da administração pública no domínio do turismo torna-se indispensável para a garantia da segurança, da tranquilidade e da salubridade pública visto que, sob diversos aspectos, a atividade turística põe em risco a coletividade, ou seja, a sociedade, suscitando, pois, um instrumento regulador para si. De outro lado, o turista é um consumidor particularmente vulnerável. Ele compra um produto à distância sem realmente conhecê-lo. Ele está, portanto, em situação de inferioridade, podendo ser objeto de publicidade enganosa e também pode se deparar com a falência da empresa prestadora dos serviços que adquiriu ou mesmo a insolvência do prestador de serviço. A necessidade de uma proteção eficaz do turista mostra-se obrigatória na atual circunstância, ou seja, de desenvolvimento do turismo acelerado, movimentação de grandes somas de dinheiro e número cada vez maior de turistas. Ao lado da proteção eficaz do turista, é necessário atentar para os aspectos trabalhistas e de cunho empresarial, assegurando, deste modo, a correta regulamentação profissional, evitando a proliferação de falsos profissionais do setor turístico, protegendo o setor comercial da concorrência desleal, garantindo, pois, a competência, a honestidade, a solvência dos prestadores de serviços e empresas", em R.A.L. Badaró, *Direito do turismo: história e legislação no Brasil e no exterior* (2ª ed. São Paulo: Senac, 2005), pp. 105-108.

Código Mundial de Ética do Turismo[34]

O Código Mundial de Ética do Turismo[35] foi referência para o desenvolvimento responsável e sustentável do turismo mundial no início deste milênio. O texto foi inspirado[36] em numerosas declarações[37] e códigos profissionais similares que o precederam, e somou novas ideias que refletem a mudança da nossa sociedade nos finais do século XX.

Com a previsão de que o turismo internacional quase triplicará o seu volume nos próximos anos, os membros da OMT estão convencidos de que o Código será necessário para ajudar a minimizar os efeitos negativos do turismo no meio ambiente e no patrimônio cultural, aumentando, simultaneamente, os benefícios para os residentes nos destinos turísticos.[38]

A preparação do código advém de uma resolução adotada na Assembleia Geral da OMT de 1997, em Istambul. Nos dois anos posteriores, formou-se um comitê especial

---

[34] Os princípios enunciados pela *Soft Norm* turística são: 1) Contribuição do Turismo para a compreensão e o respeito mútuo entre homens e sociedades; 2) Turismo, enquanto instrumento de desenvolvimento individual e coletivo; 3) Turismo como fator de desenvolvimento sustentável; 4) Turismo como fator de aproveitamento e enriquecimento do patrimônio cultural da humanidade; 5) Turismo como atividade benéfica para os países e para as comunidades de destino; 6) Obrigações dos agentes de desenvolvimento turístico; 7) Direito ao turismo; 8) Liberdade do deslocamento turístico; 9) Direito dos trabalhadores e dos empresários da indústria turística; 10) Aplicação dos princípios do Código Mundial de Ética do Turismo.

[35] Segundo H. Nasser: "Os códigos de conduta podem consistir em instrumentos concertados diretamente produzidos pelos Estados. [...] De fato, a característica que talvez justifique uma diferenciação entre os códigos de conduta e outros instrumentos não obrigatórios consiste em dirigirem-se aqueles tanto aos Estados quanto às sociedades transnacionais". S.H. Nasser, *Fontes e normas do direito internacional* (São Paulo: Atlas, 2006), p. 135.

[36] "O Código mundial de ética para o turismo embasou-se em diversos instrumentos legais de cunho internacional que resultaram em seus dez princípios, a saber: Declaração Universal dos Direitos Humanos de 1948; Pacto Internacional dos Direitos Econômicos, Sociais e Culturais de 1966; Pacto Internacional dos Direitos Civis e Públicos de 1966; Convenção de Varsóvia, sobre o transporte aéreo, de 1929; Convenção Internacional da Aviação Civil de Chicago de 1944, bem como às Convenções de Tóquio, Haia e Montreal com ela relacionadas; Convenção sobre as facilidades alfandegárias para o turismo de 1954 e o Protocolo associado; Convenção sobre a proteção do patrimônio cultural e natural mundial de 1972; Declaração de Manila sobre o Turismo Mundial de 1980; Resolução da 6ª Assembleia Geral da OMT (Sofia) adotando a Carta do Turismo e o Código do Turista de 1985; Convenção relativa aos Direitos da Criança de 1990; Resolução da 9ª Assembleia Geral da OMT (Buenos Aires) relativa às matérias de facilidades das viagens e segurança dos turistas de 1991; Declaração do Rio de Janeiro sobre o Meio Ambiente e o Desenvolvimento de junho de 1992; Resolução da 11ª Assembleia Geral da OMT (Cairo) sobre a prevenção do turismo sexual organizado de 1995; Declaração de Estocolmo contra a exploração sexual de crianças com fins comercial de 1996; Declaração de Manila sobre os Efeitos Sociais do Turismo 1997; Convenções e recomendações adotadas pela Organização Internacional do Trabalho (OIT) em matéria de convenções coletivas, de proibição do trabalho forçado e do trabalho infantil, de defesa dos direitos dos povos autóctones, de igualdade de tratamento e de não discriminação no trabalho", em R.A.L. Badaró, "Direito internacional do turismo e a atuação da Organização Mundial do Turismo", em W. Menezes (org.), *Estudos de Direito Internacional*. vol. VIII, Anais do 3º Congresso Brasileiro de Direito Internacional (Curitiba: Juruá, 2006), pp. 343-365.

[37] "Dentre as produzidas pelas Organizações internacionais, as de maior relevância são as resultantes dos trabalhos da Assembleia Geral das Nações Unidas, frisando que são essas as que provocaram maiores polêmicas e discussões em torno de seu valor normativo", em J. Salmon, *Dictionnaire de droit international public* (Bruxelas: AUF, 2001), p. 312.

[38] R.A.L. Badaró, *op. cit.*, p. 153.

para prepará-lo, tendo como base um documento preliminar elaborado pelo secretário-geral e o conselheiro jurídico da OMT, após consultas ao conselho empresarial, às comissões regionais e ao conselho executivo da organização.[39]

A comissão das Nações Unidas para o Desenvolvimento Sustentável, reunida em Nova York em abril de 1999, aprovou o conceito do Código[40] e pediu à OMT que solicitasse novas sugestões ao setor privado, às ONGs[41] e às organizações sindicais. Foram recebidas contribuições por parte de mais de setenta Estados membros da OMT, membros afiliados e de outras entidades.

É, assim, a coroação de um processo de consulta geral, tendo dez princípios[42] aprovados por unanimidade na Assembleia Geral da OMT de Outubro de 1999, em Santiago do Chile.[43]

O código compreende nove princípios que enunciam as "regras do jogo" para os destinos, governos, operadores turísticos, promotores, agentes de viagens, empregados

---

[39] *Ibid.*, pp. 153-154.

[40] A própria OMT confirma que o Código Mundial de Ética não vincula seus Estados membros, tem natureza recomendatória. Nesse sentido, o item 6 do informe do Conselho Econômico e Social da ONU à Assembleia Geral da ONU afirma: "Le Code n'étant pas un instrument juridiquement contraignant, l'adhésion s'effectue à titre volontaire, un aspect auquel l'OMT accorde une importance particulière. Il est cependant possible de promouvoir l'application du Code en intégrant son contenu et ses dispositions dans des lois, règlements et codes professionnels appropriés, mesure que les Assemblées générales de l'OMT et de l'ONU (cette dernière dans sa résolution 56/212) ont invité les gouvernements et les autres acteurs du secteur du tourisme à envisager. Ces instruments, qui s'appuieraient sur le Code et seraient adoptés au niveau de l'État ou d'un secteur de l'économie, auraient force obligatoire en vertu du mandat accordé à l'instance qui les adopterait. Néanmoins, ils ne changeraient en rien la nature volontaire de l'adhésion au Code, lequel demeure un document de référence et d'orientation".

[41] O Conselho Econômico e Social das Nações Unidas adotou a Resolução 1996/31, resultado do processo de revisão sobre o sistema consultivo da ONU. O novo ordenamento inclui: requerimento à Assembleia Geral para que reexamine a questão da participação de ONG nas demais áreas de trabalho da ONU, não apenas no Ecosoc; torna as ONGs nacionais, regionais e sub-regionais, bem como as nacionais afiliadas a ONGs internacionais, capacitadas para pleitear o *status* consultivo; modifica a nomenclatura das categorias de *status* consultivo – de Categoria I e II para Geral e Especial; estabelece um procedimento padrão para a participação de ONG nas conferências internacionais realizadas pela ONU; e, por fim, expande a competência do Comitê de Organizações Não Governamentais da Ecosoc. S. Szurek & H. Gherari, *La societé civile internationale* (Paris: Pédone, 2002), *passim*.

[42] Os princípios podem ser entendidos, segundo R. Alexy, como "mandamentos de otimização em face das possibilidades jurídicas e fáticas. A máxima da proporcionalidade em sentido estrito, ou seja, exigência de contrabalanceamento, decorre da relativização em face das possibilidades jurídicas", *Teoria dos direitos fundamentais*, trad. Virgílio Afonso da Silva (São Paulo: Malheiros, 2008), p. 117.

[43] "Recalling that based on these initial considerations, the draft Global Code of Ethics for Tourism was prepared by the Secretary-General, with the assistance of the Legal Adviser to WTO and was studied by the WTO Business Council, the Regional Commissions and finally by the Executive Council at its sixtieth session, all of which were invited to formulate their observations", em UNWTO. *Approval of the global code,* disponível em: http:\\www.unwto.org\approval.htm. Acesso em 5 de fevereiro de 2014.

e para os próprios turistas.[44] O décimo princípio[45] refere-se à resolução de litígios; sendo a primeira vez que um código deste tipo é dotado de semelhante mecanismo de aplicação. Esse mecanismo será fundamentado na conciliação, por intermédio de um Comitê Mundial de Ética do Turismo, que será constituído por representantes de cada uma das regiões do mundo e de cada um dos grandes grupos de agentes do setor turístico: governos, setor privado, trabalhadores e ONGs.

O Código Mundial de Ética para o Turismo reafirmando os objetivos enunciados no artigo 30 dos Estatutos da Organização Mundial do Turismo, e consciente do papel "decisivo e central", reconhecido à organização pela Assembleia Geral das Nações Unidas, na promoção e desenvolvimento do turismo, visando contribuir para a expansão econômica, a compreensão internacional, a paz e a prosperidade dos países, bem como para o respeito universal e a observância dos direitos do homem e das liberdades fundamentais, sem distinção de raça, sexo, língua ou religião,[46] ousou ao buscar uma linha mestra a ser seguida pelos Estados que veem no turismo uma atividade social, política e cultural.

Ao permitir contatos diretos, espontâneos e imediatos entre homens e mulheres de culturas e modos de vida diferentes, o turismo representa uma força viva a serviço da paz, bem como um fator de amizade e compreensão entre os povos do mundo.

A OMT, em consonância com os princípios encaminhados para conciliar de forma sustentável a proteção ambiental, o desenvolvimento econômico e a luta contra a pobreza, como a formulada pelas Nações Unidas, em 1992, quando da "Cimeira da Terra", no Rio de Janeiro, expressada na Agenda 21, adotado naquela ocasião, reservou dispositivo ao desenvolvimento sustentável, harmonizando, destarte, o turismo e o meio ambiente.

Levando em consideração o crescimento rápido e contínuo, não só passado como o previsível, da atividade turística, resultante de motivações de lazer, negócios, cultura, religião ou saúde, e que produz poderosos efeitos, positivos e negativos, no meio ambiente,

---

[44] Segundo o Informe da OMT à Assembleia Geral da ONU sobre a aplicação do Código Mundial de Ética do Turismo (A/60/167): "El Código Ético constituye un conjunto amplio de principios básicos cuya finalidad consiste en guiar el desarrollo del turismo y servir de marco de referencia para los diferentes interesados en el sector del turismo, con el objetivo de reducir al mínimo los efectos negativos del turismo sobre el medio ambiente y el patrimonio cultural al tiempo que se aprovechan al máximo los beneficios del turismo en la promoción del desarrollo sostenible y responsable y el alivio de la pobreza, así como el entendimiento entre las naciones". UN. United Nations. Informe del Consejo Económico y Social A/60/167 de 27 julio de 2005, disponível em http://www.un.org/docs.htm. Acesso em 5 de fevereiro de 2014.

[45] "A World Committee on Tourism Ethics shall be created comprising twelve eminent persons independent of governments and twelve alternates, selected on the basis of their competence in the field of tourism and related fields; they shall not receive any orders or instructions from those who proposed their nomination or who designated them and shall not report to them", em UNWTO. *Draft protocol of implementations*, disponível em: http:\\www.unwto.org\resolutions.htm. Acesso em 5 de fevereiro de 2014.

[46] *Resolution 406 (XIII) General Assembly – Thirteenth session – Approval of the global code of ethics for tourism. Agenda item 16*, (Chile, 1999).

na economia e na sociedade dos países emissores e receptores de fluxos turísticos, nas comunidades locais e populações autóctones e nas relações e trocas internacionais, objetivou, nos princípios do código, externar de forma clara os princípios que regem a atividade turística, bem como demonstrar suas características.

Os princípios proclamados também reservaram espaço para preconizar a responsabilidade e a sustentabilidade da atividade turística, de maneira acessível a todos, em harmonia com a Declaração Universal dos Direitos do Homem, que estabelece o direito ao lazer[47] e o respeito ao princípio da alteridade.

Observa-se que o turismo é uma atividade dos mercados globais de capital e, certo de que sua indústria desenvolve tanto a seara privada como a pública, o código elencou, nesse contexto, a atividade laboral do turismo e sua alta capacidade em gerar empregos.

Nesse processo, todos os agentes do desenvolvimento turístico – administrações nacionais, regionais e locais, empresas, associações profissionais, trabalhadores do setor, ONGs e outros organismos da indústria turística –, bem como as comunidades receptoras, os órgãos de informação e os próprios turistas, exercem responsabilidades diferenciadas, mas interdependentes, na valorização individual e social do turismo, e que a identificação dos direitos e deveres de cada um contribuirá para a realização deste objetivo.[48]

Ao promover a colaboração entre os setores públicos e privados do desenvolvimento turístico, com base na Resolução 364 (XII) adotada pela Assembleia Geral de 1997, Istambul, e ao desejar ver uma associação e uma cooperação da mesma natureza estenderem-se, de modo aberto e equilibrado, às relações entre países emissores e receptores e seus respectivos setores turísticos, surge o Código Mundial de Ética para o Turismo, harmonizando as relações e trazendo novo instrumento de parceria entre os setores públicos e privados.[49]

---

[47] "Le droit à une limitation raisonnable de la durée du travail et à des congés payés périodiques, garanti par l'article 24 de la Déclaration universelle des droits de l'homme et l'article 7.d du Pacte international relatif aux droits économiques, sociaux et culturels.", em UNWTO, *Principes du code mondial d'éthique*, disponível em: http:\\www.unwto.org\resolutions.htm. Acesso em 5 de fevereiro de 2010.

[48] "Considering that, with such an approach, all the stakeholders in tourism development – national, regional and local administrations, enterprises, business associations, workers in the sector, non-governmental organizations and bodies of all kinds belonging to the tourism industry, as well as host communities, the media and the tourists themselves, have different albeit interdependent responsibilities in the individual and societal development of tourism and that the formulation of their individual rights and duties will contribute to meeting this aim", em *Resolution 406 (XIII). General Assembly – Thirteenth session – Approval of the global code of ethics for tourism. Agenda 16* (Chile, 1999).

[49] Segundo P. Neto: "Os Estados têm reconhecido repetidamente a força e influência do Terceiro Setor e, de várias formas, criado meios de participação das ONGs em suas atividades, incluindo-as em debates, painéis, encontros regulares e diálogos com governantes. Nesse contexto, a decisão de fevereiro de 1993 da ECOSOC prevê uma revisão geral dos requisitos do *status* consultivo, com a finalidade de atualizá-los. Além disto, a revisão deve abordar as atribuições do Comitê de Organizações Não Governamentais da ECOSOC, órgão subsidiário responsável pelo monitoramento de

Assim, o direito do turismo⁵⁰ ganha forças e atua oferecendo suporte à continuidade dos projetos já desenvolvidos, tais como as Declarações de Manila de 1980 sobre o turismo mundial e de 1997 sobre o impacto do turismo na sociedade, bem como da Carta do Turismo e do Código do Turista, adotados em Sofia, em 1985, sob a égide da OMT.

Para que os princípios do código tenham a mais ampla abrangência, foram utilizadas as definições e classificações aplicáveis às viagens e em especial as noções de "visitante", "turista" e "turismo", adotadas pela Conferência Internacional de Ottawa, realizada em 1991, e aprovadas em 1993, pela Comissão de Estatística das Nações Unidas em sua 27ª Sessão.

O Código Mundial de Ética do Turismo pretende ser um documento vivo⁵¹, mas somente com a cooperação será possível proteger o futuro do setor turístico e aumentar a

---

status consultivo, e da Unidade de Organizações Não Governamentais da Secretaria das Nações Unidas, que serve ao Comitê, devendo, ainda, estabelecer regras coerentes de participação de ONG nas conferências da ONU", em Pellaes Neto. *O papel das organizações não governamentais na proteção internacional aos direitos humanos* (Teresina: Jus Navigandi, ano 8, nº 157, 2003), disponível em: http://jus2.uol.com.br/doutrina/texto.asp?id=4587. Acesso em: 5 de fevereiro de 2014.

50 Como propõe Mamede e Badaró "se o direito do turismo não pode ser definido por seu regime jurídico, com certeza é possível a busca de uma definição pela especialidade de seu objeto. A base disso é principiológica (princípio da hospitalidade, da tolerância, da alteridade, entre outros), cujo objetivo-mor é o aproveitamento hermenêutico. Nesse sentido, François Servoin (*Institutions touristiques et droit du tourisme*, cit.) já defendia o direito do turismo: 'A originalidade do turismo no seio do direito é muito acentuada. Seria possível resgatar uma teoria geral da hospedagem a partir de uma inovação da noção de ocupação temporária (contrato de hospedagem, contrato hoteleiro e contrato de tempo compartilhado). Um novo capítulo da teoria geral da liberdade fundamental de ir e vir poderia ser escrito a partir da modalidade de deslocamento turístico' (o Código Mundial de Ética do Turismo o fez em seu artigo 8, e as justificativas do direito de ir e vir com finalidade turística remetem aos princípios da hospitalidade, da tolerância e da alteridade). O turismo apresenta diversos problemas específicos e dificuldades particulares, ensejando soluções originais, oriundas de um processo de interpretação e aplicação dos princípios inerentes ao direito do turismo, harmonizando, assim, as diversas disciplinas jurídicas. O direito do turismo rompe o dualismo fundamental do direito, abordando de modo transversal, por meio de seus princípios, a divisão clássica do direito, observando-se a unicidade do direito. Detalhe: essa construção torna possível a autonomia desse ramo jurídico, notadamente porque seus princípios permitem uma interpretação condizente com as características do objeto e porque soluções originais (levando em conta que a base principiológica adequada se prestaria à compatibilização das diversas disciplinas jurídicas). Os princípios adequados ao direito do turismo possuem uma tendência a estabilidade e permanência maior que as regras em geral, e, como afirma Emilio Betti (*Interpretação da lei e dos atos jurídicos*), representam contraponto conceitual àquilo que representa consequência, portanto, às normas completas e formuladas. Os princípios, segundo Ronald Dworkin (*Taking rights seriously*), são os estandartes que devem ser observados, não porque favoreçam ou assegurem uma situação econômica, política ou social considerada desejável, mas porque é uma exigência da justiça, da equidade ou alguma outra dimensão da moralidade. Com os princípios do direito do turismo identificados e estabelecidos, ocorrerá a justificativa da autonomia desse ramo jurídico, visto que oferecem a melhor conduta possível segundo suas possibilidades fáticas e jurídicas. Além dos princípios balizadores do direito do turismo, urge um arcabouço de normas voltadas às especificidades do setor, estabelecendo, como Gladston Mamede e Rui Badaró afirmam, os parâmetros comportamentais específicos, mas infelizmente o arremedo construído no passado não atingiu seu objetivo e sequer garantiu segurança ao turismo brasileiro, mas, pelo contrário, representou verdadeiro grilhão ao desenvolvimento efetivo da atividade". R.A.L. Badaró (org.), *Estudos de direito do turismo* (São Paulo: IBCDTur, 2008), p. 92.

51 Nesse sentido, sobre a aplicação do Código, a OMT afirma: "Les résultats de l'enquête sur l'application du Code montrent enfin que, pour donner suite à une recommandation de l'OMT, 50 États membres avaient désigné, au sein de leur

sua contribuição para a prosperidade econômica, a paz e o entendimento entre todas as nações do mundo.⁵²

Conclusão

Procurou-se demonstrar que a Organização Mundial do Turismo é uma organização internacional *sui generis* no seio do sistema das Nações Unidas, uma vez que é a única a possibilitar a participação de membros afiliados (ONGs e outras pessoas privadas).

A OMT, desde sua criação em 1975, realizou um trabalho muito importante no desenvolvimento sadio do turismo internacional, promovendo o intercâmbio cultural e os direitos humanos comparativamente à globalização comercial que se opera no mundo, observando as diretrizes das Nações Unidas.

A participação de pessoas privadas no seio da OMT contribuiu para que os planos, programas, ações, bem como as *soft norms* – códigos de conduta, declarações e recomendações –, recebessem a atenção devida tanto da esfera estatal quanto da esfera privada, permitindo um crescimento vertiginoso da atividade nas últimas décadas.

Exemplo de *soft norm* turística produzida com a participação das pessoas privadas – membros afiliados – é o Código Mundial de Ética do Turismo, aprovado em 1999 pela Assembleia da OMT, no Chile. Oriundo de um real processo de consulta das esferas pública e privada, o código de conduta tem sido diretriz para os Estados membros da OMT galgarem o desenvolvimento sustentado da atividade.

O código ético da OMT provou ser imprescindível para o diálogo entre sujeitos do direito internacional (Estados) e atores internacionais que não possuem tal estatuto (ONGs), uma vez que logrou êxito em ser um documento vivo, maleável e interessante para Estados e pessoas privadas conexas direta ou indiretamente com a atividade turística.

---

administration nationale du tourisme, un coordonnateur des activités de suivi de l'application du Code dans le pays. Trois autres pays ont assigné cette tâche à un département ou à une division entière de leur administration du tourisme. Dans encore trois autres pays, un comité national pour l'application du Code a été constitué avec des représentants des pouvoirs publics et de l'industrie du tourisme".

52 Py, P. *Op. cit.*, *passim*: "Le Code Mondial d'Éthique pour le tourisme a pour but promouvoir un ordre touristique mondial, équitable, responsable et durable, au bénéfice partagé de tous les secteurs de la société, dans un contexte d'économie internationale ouverte et libéralisée".

BIBLIOGRAFIA

ALEXY, R. *Teoria dos direitos fundamentais*. Trad. Virgílio Afonso da Silva. São Paulo: Malheiros, 2008.

BETTI, E. *Interpretação da lei e dos atos jurídicos*. São Paulo: Martins Fontes, 2007.

BADARÓ, R.A.L. *Direito do turismo: história e legislação no Brasil e no exterior*. 2ª ed. São Paulo: Senac, 2005.

_____. *Direito internacional do turismo*. São Paulo: Senac, 2008.

_____ (org.). *Estudos de direito do turismo*. São Paulo: IBCDTur, 2008.

_____. "Direito internacional do turismo e a atuação da Organização Mundial do Turismo". Em MENEZES, W. (org.). *Estudos de direito internacional: anais do 3º. Congresso Brasileiro de Direito Internacional*. vol.8, Curitiba: Juruá, 2006.

CRETELLA NETO, J. *Teoria geral das organizações internacionais*. 2ª ed. São Paulo: Saraiva, 2007.

DÍEZ DE VELASCO, M. *Las organizaciones internacionales*. 14ª ed. Madri: Tecnos, 2007.

DINH, N.Q.; DAILLIER, P.; PELLET, A. *Direito internacional público*. Trad. Vitor Marques Coelho. 2ª ed. Lisboa: Calouste Gulbenkian, 2003.

DWORKIN, R. *Taking Rights seriously*. Londres: Duckworth, 1978.

HIKMAT NASSER, S. *Fontes e normas do direito internacional*. São Paulo: Atlas, 2006.

PELLAES NETO, H.M. "O papel das organizações não governamentais na proteção internacional aos direitos humanos". Em *Jus Navigandi*, 157 (8), Teresina, 2003. Disponível em: http://jus2.uol.com.br/doutrina/texto.asp?id=4587. Acesso em 24 abr. 2014.

PY, P. *Droit du tourisme*. 5ª ed. Paris: Dalloz, 2002.

SALMON, J. *Dictionnaire de droit international public*. Bruxelas: AUF, 2001.

SZUREK,S & GHERARI, H. *La societé civile internationale*. Paris: Pédone, 2002.

UNESCO. "United Nations Educational, Scientific and Cultural Organization. Notícias". [online]. Disponível em http:\\www.unesco.org. Acesso em 8 de março de 2010.

UNITED NATIONS. "United Nations. Informe del Consejo Económico y Social A/60/167" de 27 jul. de 2005. Disponível em http://www.un.org/docs.htm. Acesso em 24 abr. 2014.

UNWTO. "United Nations: World Tourism Organization. About WTO". Disponível em http://www.unwto.org/aboutwto/why/sp/why.php?op=1. Acesso em 24 abr. 2014.

_____. "Documents. Estatuto da OMT". Disponível em http://www.unwto.org/about.htm. Acesso em 24 abr. 2014.

_____. "Principes du code mondial d'éthique". Disponível em http:\\www.unwto.org\resolutions.htm. Acesso em 24 abr. 2014.

_____. "Draft protocol of implementations". Disponível em http:\\www.unwto.org\resolutions.htm. Acesso em 24 abr. 2014.

_____. "Tourism Market Trends". Madri: UNWTO, 2009.

VARELLA, M.D. *Direito internacional público*. São Paulo: Saraiva, 2010.

A liberdade de circulação turística entre os direitos fundamentais e humanos
BREVE ESTUDO SOBRE O PRISMA DA TEORIA DE ROBERT ALEXY

Rui Aurélio de Lacerda Badaró

O conceito de norma jurídica: questão semântica ou filosófica?[1]

> Il faut chercher en toutes choses la fin principale, et puis après les moyens d'y parvenir. Or, la définition n'est autre chose que la fin du sujet qui se présente : et si elle n'est bien fondée, tout ce qui sera bâti sur [elle] se ruinera bientôt après. pourvu qu'il fasse tout ce qu'il doit pour y atteindre. Mais qui ne sait la fin et définition du sujet qui lui est proposé, celui-là est hors d'espérance de trouver jamais les moyens d'y parvenir, non plus que celui qui donne en l'air sans voir la butte.
>
> *Jean Bodin, Les six livres de la République, 1576*

Uma série de doutrinadores de escola[2] dedicaram seus estudos a tentar desvendar o significado bem como a estrutura da norma jurídica, sua vigência e interpretação, posto que a vida em sociedade impõe a regulação de seus quadrantes, sob pena de colapso.[3]

---

[1] Cf. R.A.L. Badaró & G.O. Sanches, "Diálogo das fontes e liberdade de circulação de pessoas: entre normas de direitos humanos e fundamentais", em R.A.L. Badaró, *Direito internacional: anais do Congresso Brasileiro de Direito Internacional* (São Paulo: ABDI/FUNAG/Reino, 2010), pp. 267-280.

[2] Dentre os filósofos, destacam-se Platão, Aristóteles, Santo Agostinho, Santo Tomás de Aquino, Kant, Schopenhauer, Hegel, Karl Marx, Habermas, John Rawls e Alasdair MacIntyre, cabendo destacar também os jusfilósofos mais influentes: Karl Larenz, Savigny, Alf Ross, Jhering, Hans Kelsen, Gustav Radbruch, Evgeny Pachukanis, Carl Schmitt, Friedrich Muller, Ronald Dworkin, Klaus Gunther, Norberto Bobbio, Michel Villey, Georges Kalinowski, Robert Alexy, John Finnis, Miguel Reale, entre outros.

[3] Não se pretende aqui realizar uma análise sobre as diferentes e diversas teorias que explicam o funcionamento do siste-

O vocábulo "norma", etimologicamente, de origem latina, advém do grego *gnorimos*, que significa esquadro.[4] Em seu sentido literal possui múltiplas designações, podendo ser definido como regra, modelo, preceito, paradigma, padrão de comportamento[5] ou, simplesmente, como "aquilo que se estabelece como base ou medida para a realização ou a avaliação de alguma coisa".[6]

A norma pode ser definida, segundo Kelsen, como "um imperativo ou uma proposição de *dever-ser*"[7], que tem como essencial o fato de que uma conduta seja estatuída como *devida*[8]. Para ele, ainda que o ato de fixação da norma seja um *dever-ser*, seu objetivo é um *ser*, qual seja, a conduta existente na realidade.[9]

Já para Alf Ross, dois são os grupos de normas jurídicas: normas de conduta e normas de competência. No primeiro grupo, encontram-se aquelas que prescrevem certa linha de ação, *v.g.* a regra jurídica que determina a indenização do empregado quando se procede a demissão sem justa causa. Já no segundo grupo, as normas de competência são aquelas que criam uma competência, poder ou autoridade, como por exemplo, as Constituições que estabelecem o Poder Legislativo e seu modo de atuação.[10]

Em contrapartida, Karl Engisch em sua *Introdução ao pensamento jurídico*, também realiza uma análise[11] sobre a norma e seus elementos, utilizando-se, entretanto, do termo "regra jurídica". Seguindo o ensinamento de Del Vecchio, "o direito tem um caráter ao mesmo tempo hipotético e categórico":[12] hipotético, no sentido (diversamente do

---

ma ou da sociedade, e menos ainda criar nova teoria. Parte o presente trabalho do pressuposto que a sociedade conhece a regulação, por normas e regras, mas que essas não detêm exclusivamente a prerrogativa de organizar, modular e constranger o comportamento dos atores sociais.

[4] Segundo M. Correas, é sabido que a palavra "norma" deriva diretamente do termo latino idêntico, que significa o esquadro com que os artesãos verificavam se os produtos de seus esforços encontravam-se em ordem, direitos e retos. Tal como ocorreu com outras palavras, também "norma" (latim ou outros idiomas) passou de seu significado originário técnico-material a conotar realidades de caráter ético, que guardam certa semelhança metafórica com seu uso inicial, passando a significar a regra, ou melhor, as regras da conduta humana, notadamente as que a conduta deve ajustar-se ou comensurar-se para atingir a retidão. Massini Correas. *Filosofia del derecho. Tomo I – El derecho, los derechos humanos y el derecho natural* (Buenos Aires: Abeledot-Perrot, 2005), p. 51.

[5] M.H. Diniz, *Dicionário Jurídico* (v. 3. São Paulo: Saraiva, 1998), p. 366.

[6] A.B.H. Ferreira, *Novo dicionário Aurélio de língua portuguesa* (2ª ed. São Paulo: Nova Fronteira, 1986), p. 1198.

[7] *Op.cit.*, p. 2.

[8] Continua a explicar o jurista austríaco que "No fato de que uma norma *deve* ser cumprida e, se não cumprida, *deve* ser aplicada, encontra-se sua *validade*, e esta constitui sua específica *existência*", *op.cit.*, p. 4.

[9] *Op.cit.*, p. 16.

[10] R. Vigo, *Perspectivas iusfilosóficas contemporâneas* (Buenos Aires: Abeledo-Perrot, 2006), pp. 46-51.

[11] K. Engisch diz que se pode distinguir "nos conceitos jurídicos indeterminados um núcleo conceitual e um halo conceitual. Sempre que temos uma noção clara do conteúdo e da extensão dum conceito, estamos no domínio do núcleo conceitual. Onde as dúvidas começam, começa o halo do conceito", em *Introdução ao pensamento jurídico*, trad. J.B. Machado (7ª ed. Lisboa: Fundação Calouste Gulbenkian, 1996), p. 209.

[12] *Op.cit.*, p. 52.

kantiano)[13] de serem os imperativos jurídicos "conexionados a determinados pressupostos, em parte expressivamente fixados, em parte tacitamente subentendidos";[14] e categóricos quanto à sua substância, pois prescrevem de maneira incondicional.

Já para Herbert Hart, afirmar que a norma é essencialmente um imperativo sancionador, como faz Hans Kelsen, é eleger a sanção como elemento fundamental para seu caráter vinculante. Há normas[15] que preveem sanção, podendo-se falar em imperativos respaldados em ameaças. Contudo, nem todos os imperativos são respaldados em ameaças.[16]

Conforme sua teoria da norma jurídica, Norberto Bobbio define norma jurídica como "aquela cuja execução é garantida por uma sanção externa e institucionalizada". Esse conceito direciona a concepção do direito como ordenamento, pois, ao defini-lo por meio da noção de sanção organizada e institucionalizada, pressupõe um complexo orgânico de normas – e não apenas um elemento individual da norma.[17]

Em oposição ao juspositivismo e, criticando inicialmente a teoria de Herbert Hart, Ronald Dworkin propõe uma teoria do direito[18] com base normativa e com fundamento nos direitos individuais. Propõe-se a aproximação e relação do pensamento moral com o jurídico,[19] afastando-se desse modo a interpretação analítica que havia estancado esse relacionamento, e por isso Dworkin evidencia o caráter fragmentário e insatisfatório das teses que fazem repousar a validade do sistema de fontes do direito em critérios normativos.[20] Pode-se compreender por meio de Dworkin que todo o ordenamento jurídico

---

[13] Preocupado para que não se confunda sua teoria com a de Kant, Engisch denomina seu "imperativo hipotético" de "imperativo condicional", referindo-se à relação de condicionalidade existente entre os elementos da regra jurídica. Para ele, são elementos constitutivos da regra jurídica tanto a hipótese legal como a estatuição (consequência jurídica). Assim, a relação de condicionalidade reside no fato de que "a hipótese legal, como elemento constitutivo abstrato da regra jurídica, define conceitualmente os pressupostos sob os quais a estatuição da consequência jurídica intervém, a consequência jurídica é desencadeada". H. Engisch. *Op.cit.*, p. 58.

[14] *Op.cit.*, p. 54.

[15] Hart afirma que "as normas jurídicas, em sua grande maioria, são mais desse segundo tipo. Ou são ou pressupõem normas de competência, que apenas determinam o agente capaz para a realização de certos atos. Assim, ensaia uma classificação: normas primárias de obrigação e secundárias de reconhecimento, em face da carga valorativa dessas expressões. A validade das regras primárias decorre de sua compatibilização com a regra secundária que em si não é válida nem inválida, mas simplesmente adequada para fundamentar o sistema jurídico. Hart prescreve a natureza fática da norma de reconhecimento com base na adesão que lhe emprestam aqueles que a invocam, sejam os tribunais e os funcionários públicos, sejam os particulares". H.L.A. Hart, *El concepto de derecho* (Buenos Aires: Abeledo-Perrot, 1963), p. 224.

[16] "A diferença entre a ordem de um ladrão ao caixa do banco: 'passe-me o dinheiro ou eu o mato!' e a ordem que ele dá a seu capanga: 'vigie a porta!' Ambas são imperativas. A primeira vem respaldada em ameaça: a sanção lhe é essencial; a segunda, não, pressupõe hierarquia, relação institucionalizada de autoridade: a sanção é aí secundária", em T.S. Ferraz Júnior, *Introdução ao estudo do direito* (São Paulo: Atlas, 2003), p.114.

[17] N. Bobbio, *Teoria do ordenamento jurídico* (4ª ed. Brasília: EdUNB, 1994), p. 25.

[18] R. Dworkin, *O império do direito* (São Paulo: Martins Fontes, 1999), *passim*.

[19] *Ibidem*, *Levando os direitos a sério* (São Paulo: Martins Fontes, 2002), *passim*.

[20] Segundo S. Honeyball e J. Walter: "Ronald Dworkin has had a great and beneficial influence on legal thought. He has frontally challenged legal positivism and moral scepticism, and has scouted economic analysis and critical legal studies.

está integrado por um "conjunto de princípios, medidas políticas e regras normativas específicas".

Em manifestação mais recente, ao reconhecer que o conceito de norma é um dos mais fundamentais no direito, senão o mais fundamental de todos,[21] Robert Alexy inicia sua tese com um alerta acerca da importância de se diferenciar a norma de um simples enunciado normativo. Neste aspecto, a norma é o significado de um enunciado normativo, pois uma única norma (conceito primário) pode ser expressa por meio de diversos enunciados. Ao mesmo tempo, salienta que elas também podem ser expressas sem o auxílio de tais enunciados, como ocorre, por exemplo, com as luzes de um semáforo.[22]

Sobre a conceituação da norma jurídica o jusfilósofo John Finnis entende que o objeto da norma[23] é a conduta cuja justiça ou injustiça não está totalmente nas mãos do legislador. Assim, sobre a importância daquilo que é especificamente técnico-jurídico, Rodolfo Luis Vigo lembra o seguinte sobre a teoria de Finnis:[24]

> Es que el derecho es una realidad que ha ido adquiriendo y consolidando notas formales o específicas que una definición completa no puede ignorar. Hay medios instrumentales o procedimentales, respecto a los cuales no se justifica su violación aduciendo beneficios de orden axiológico o sustancial. Un caso central de derecho debe receptar los ocho desiderata del imperio del derecho bajo riesgo de perder fuerza explicatoria práctica. No solo hay una racionalidad práctica jurídica que atiende aspectos sustanciales (p.ej. derechos morales), sino también una más vinculada a los aspectos formales o técnicos del derecho con los que están familiarizados los profesionales del derecho (p. ej. Características del debido proceso).

He has advanced a view of law deeply imbued with moral principles, and yet has done so in a manner that bypasses the mainstream of natural law theorizing. He has allied himself with hermeneutics, especially the thought of Hans-Georg Gadamer, but has done so in a way that exhibits continuity with the 'Legal Process' school from which he emerged. He has been intellectually his own man, with no visible school of followers or acolytes, and yet his work is everywhere at the storm's eye of controversy. Many have disagreed with him, but have done so invariably with respect", em S. Honeyball & J. Walter, *Integrity, community and interpretation: a critical analysis of Ronald Dworkin's theory of law* (Aldershot: Ashgate Publishing Company, 1998), p. 175.

[21] R. Alexy, *Teoria dos direitos fundamentais*, trad. Virgílio Afonso da Silva (São Paulo: Malheiros Editores, 2008), p. 51.

[22] *Ibid.*, p. 54. Neste ponto, Alexy demonstra certa afinidade com a teoria de Hans Kelsen, pois, considerando que as normas regulam o comportamento humano, acordam que elas significam que algo deve ser ou acontecer, basicamente que uma pessoa deve conduzir-se de determinada maneira, em H. Kelsen, *Teoria pura do direito*, trad. João Baptista Machado (7ª ed. São Paulo: Martins Fontes, 2006), p. 5. Por esta razão, afirma Alexy que "parece haver relações estreitas entre o modelo aqui utilizado e a concepção de Kelsen", *op.cit.*, p. 53, nota 10.

[23] J. Finnis, *Natural law and natural rights* (Oxford: Clarendon Press, 1992), pp. 15, 103.

[24] R.L. Vigo, *Perspectivas iusfilosóficas contemporáneas* (2ª ed. Buenos Aires: Abeledo-Perrot, 2006), p. 382.

Deste modo, conforme referenciado inicialmente, a tarefa de conceituar a norma jurídica e adequar esse conceito ao estudo que se pretende realizar é árdua, mas em que pese a advertência doutrinária quanto à inadequação do conceito semântico de norma a toda e qualquer finalidade, conforme assinala Alexy,[25] não deixa de ser o mais adequado quando se trata de questões de dogmática jurídica e aplicação do direito, conforme poderá se detrair em seguida.

Dispersão dos enfoques, tendência inflacionária e terminologia dos direitos inerentes à pessoa humana

DISPERSÃO DOS ENFOQUES

O embate entre o positivismo e o historicismo, durante o século XIX, sobre os pressupostos dos direitos humanos[26] conduziram ao enfraquecimento do consenso até então existente a seu respeito.[27]

Essa perda do consenso originário sobre os pressupostos dos direitos humanos gerou uma multiplicidade de vontades de fundamentação que vão desde as afirmações teológicas de Brunner ao marxismo estrito dos teóricos soviéticos; do utilitarismo de Scannon ao axiologismo de Goldschmidt; do Tomismo de Pizzorni ao neovitalismo erótico de J. Lo Ducca; do positivismo-normativista de Peces-Barba ao neokantismo de Höffe; do ultraindividualismo de Nozick ao hegelianismo de Bourgeois.

Em alguns casos parece que os autores se referem a uma problemática distinta, tão heterogêneas que são as linguagens, os traços e os pressupostos empregados nos diversos ensaios/estudos de justificativas para os direitos humanos.

---

[25] R. Alexy, *op.cit*, p. 60.

[26] Segundo Massini, "la noción de 'derechos humanos' nació en el marco de relativa unidad doctrinal: aceptación de un 'estado de naturaleza' en el que el hombre gozaba de derechos innatos; postulación de un 'contrato social' como origen de la sociedad política; consenso acerca de la nómina de los derechos fundamentales de los hombres: libertad, igualdad ante la ley, propiedad, resistencia a la opresión; convicción acerca de la existencia de una naturaleza humana, fundamento a su vez de la *dignidad del hombre*", em C.I. Massini, *Los derechos humanos* (2ª ed. Buenos Aires: Abeledo-Perrot, 1994), p. 170.

[27] J. Rivero esclarece sobre o enfraquecimento do consenso sobre os pressupostos dos direitos humanos que "Marxismo, personalismo, positivismo jurídico... han atacado, el uno la idea de permanencia de la naturaleza humana independientemente del curso de la historia, el otro el individualismo inherente a la teoría del contrato social, el último, en fin, a la noción de un derecho transcendente a los ordenamientos positivos", em J. Rivero; C.I. Massini, *Los derechos humanos* (2ª ed. Buenos Aires: Abeledo-Perrot, 1994), pp. 170-171.

As consequências dessa dispersão são negativas para a fundamentação dos direitos humanos, já que conduzem ao enfraquecimento das doutrinas e, em definitivo, no esvaecer dos fundamentos desses direitos.

Em última instância, proposições que objetivam justificar direitos de maneira tão diferente e até contraditória tendem a firmar-se como mera afirmação dogmática,[28] sendo que a imposição ideológica tem pouca probabilidade de obter o respeito necessário para que não se torne mera declamação vazia de conteúdo.

TENDÊNCIA INFLACIONÁRIA

Outra característica da literatura contemporânea sobre os direitos humanos se encontra na tendência em incrementar o número e a qualidade dos direitos a serem satisfeitos. Assim, sabe-se que nos "direitos do homem" é possível distinguir várias gerações no processo de sua proclamação e tematização:

- » Direitos-liberdades
- » Direitos sociais
- » Direitos difusos
- » Jusnaturalismo libertário ou direito ao erotismo
- » Direitos infra-humanos

Da enumeração dos direitos integrantes das diversas gerações, detrai-se que a noção de direito utilizada é equivocada. Pouco pode existir em comum entre a liberdade de imprensa e o direito às férias; o direito à paz e o direito ao aborto, dentre outros. Nesses casos, nem o *sujeito* (homem até os seres inanimados); nem o *obrigado* (Estado, comunidade, particulares e associações); nem o *objeto* (desenvolvimento, paz), em muitos casos, indeterminável; nem o *fundamento* que em certas ocasiões pode ser a natureza humana, em outros os animais, em outros o erotismo e assim sucessivamente, podem ser considerados uma categoria unitária. Observa-se ainda que o fato de ampliar o âmbito de aplicação de um conceito, de forma desmedida, conduz a um esfacelamento conceitual, visto ser menor sua precisão significativa.

Tudo isso leva à degradação de uma ideia que, pretendendo significar tudo, termina sem significar nada. Por outro lado, essa mesma imprecisão do conceito parece mais

---

[28] *Cf.* J. Freund, «Les droits de l'homme au regard de la science et de la politique», em *Politique et impolitique* (Paris: Sirey, 1987), pp. 189-200.

tentadora ao uso ideológico, à manipulação como instrumento demagógico, sectário e maniqueísta a serviço de algum projeto político determinado.

Essa redução do discurso dos direitos humanos como mera retórica ideologizada é um perigo iminente e já foi denunciada por vários autores, dentre eles, Gregorio Robles[29] e Michel Villey[30]. Segundo Massini, trata-se de um perigo, pois desqualifica a noção de direitos humanos e permite sua utilização a serviço de causas que pouco têm a ver com a intenção original da declaração dos direitos: a proteção do cidadão contra o abuso de poder.

TERMINOLOGIA DOS DIREITOS INERENTES À PESSOA HUMANA[31]

O reconhecimento do ser humano como tal, bem como a compreensão acerca da existência de direitos a ele imanentes remonta ao período cingido entre os séculos VIII e II a.C., também denominado período axial, conforme lição de Fábio Konder Comparato.[32] Nessa época de personagens como Zaratustra, Confúcio, Pitágoras e Isaías surge a concepção de uma igualdade essencial entre todos os homens ligada à lei escrita, que como preceito a ser observado indistintamente por todos, torna-se alicerce da sociedade política concomitantemente ao costume e as chamadas leis universais.[33]

---

[29] G. Robles, *Análisis crítico de los supuestos teóricos y del valor político de los derechos humanos* (Milão: R.I.F.D., 1980), p. 479.

[30] M. Villey, *Le droit et les droits de l'homme* (Paris: PUF, 1983), *passim*.

[31] « Depuis la fin du XXᵉ siècle, nombreux sont ceux qui préfèrent le terme de « droits humains » (qu›ils trouvent moins sexiste et plus cohérent, et qui se trouve être la traduction littérale de l›équivalent dans les autres langues romanes ou en anglais: « diritti umani » (italien), « derechos humanos » (espagnol), « direitos humanos » (portugais), « human rights » (anglais). La dénomination française héritée du XVIIIᵉ siècle est la seule parmi les langues romanes à véhiculer l›ambiguïté entre droits de l›homme «mâle» et droit de l›homme « être humain », alors que le mot latin homo dont elle découle étymologiquement désignait plutôt l'être humain (l'homme mâle étant désigné par le mot vir). La commission française consultative des droits de l'homme a réfuté ces arguments dans un avis daté du 19 décembre 1998 et la dénomination traditionnelle reste la plus utilisée en France. Cela dit, les Français utilisent souvent l'expression « droits des femmes » lorsqu'il est explicitement question de femmes, ce qui rajoute à l'ambiguïté d'origine en suggérant que les femmes auraient des droits différents de ceux des hommes. Pour sortir de ces ambiguïtés, même en France certains, comme le Mouvement français pour le planning familial MFPF, proposent de parler de « droits de la personne », comme on le fait au Canada; Amnesty international en France a explicitement choisi de parler de « droits humains » comme le fait la section suisse de cette organisation dans ses publications en français. Il est à noter que les autorités suisses utilisent régulièrement, au plus haut niveau, l'expression « droits humains » plutôt que « droits de l'homme ». Enfin, l'usage « droits de l'Homme » avec un « H » majuscule à « Homme » n'est guère attesté dans les dictionnaires de langue française, il est par contre constant chez les juristes ainsi que dans l'ensemble des textes normatifs français. Comme les directives « Norma » émises par le Conseil d'État et suivies par le secrétariat général du Gouvernement et les Journaux officiels. Dans un texte juridique français l'omission de la majuscule change le sens du terme et constitue donc une faute de rédaction comme pour plusieurs termes juridiques. », em N. Mandelstam, *La protéction internationale des droits de l'Homme* (vol 3. Paris: R.C.A.D.I., 2009), pp. 129-231.

[32] F.K. Comparato, *A afirmação histórica dos direitos humanos* (2ª ed. São Paulo: Saraiva, 2001), pp. 8-11.

[33] *Ibdem*.

O conceito dessa categoria de direitos está interligado à ideia de algo essencial à vida das pessoas. Para os jusnaturalistas, por exemplo, seriam esses inerentes à pessoa humana simplesmente por ela assim se caracterizar, incumbindo ao Estado somente o seu reconhecimento e formalização. A denominação destinada a eles, porém, gera discussões, posto que invariavelmente as expressões "direitos fundamentais" e "direitos humanos" são utilizadas como sinônimos em detrimento ao alerta majoritário da doutrina que estabelece clara distinção.[34]

Assim, embora ambas as expressões se atenham aos direitos de titularidade do ser humano,[35] consideram-se "direitos fundamentais"[36] os direitos positivados na Constituição estatal e "direitos humanos" aqueles reconhecidos em tratados ou em costumes de caráter internacional, "que se pretendem universais, independentemente de sua relação com o ordenamento constitucional de determinado Estado".[37]

Normas de direitos fundamentais na teoria de Robert Alexy[38]

As normas de direitos fundamentais, ou seja, positivadas em uma Constituição, são estruturalmente classificadas em dois modelos distintos: a denominada "construção de

---

[34] A respeito disto, prescreve W.S.G. Filho que: "De um ponto de vista histórico, ou seja, na dimensão empírica, os direitos fundamentais são, originalmente, direitos humanos. Contudo, estabelecendo um corte epistemológico, para estudar sincronicamente os direitos fundamentais, devemos distingui-los, enquanto manifestações positivas do direito, com aptidão para a produção de efeitos no plano jurídico, dos chamados direitos humanos, enquanto pautas ético-políticas, situadas em dimensão suprapositiva, deonticamente diversa daquela em que se situam as normas jurídicas – especialmente aquelas de Direito interno", em W.S. Guerra Filho, *Dos direitos humanos aos direitos fundamentais* (Porto Alegre: Livraria do Advogado, 1997), p. 12.

[35] W. Sarlet, *apud* F.F.C. Veçoso, "O poder judiciário e os direitos humanos", em A. Amaral Júnior & L. Jubilut (orgs.), *O STF e o direito internacional dos direitos humanos* (São Paulo: Quartier Latin, 2009), p. 80, nota 1.

[36] Segundo M. Novelino, a expressão "direitos fundamentais" (*droits fondamentaux*") surgiu na França em 1770, no movimento político e cultural que deu origem à "Declaração dos Direitos do Homem e do Cidadão" (1789). *Apud* D.A. Rodrigues Mendes, "A eficácia dos direitos fundamentais nas relações entre particulares e a atuação do Poder Judiciário", disponível em http://intertemas.unitoledo.br/revista/index.php/ETIC/article/viewFile/1620/1544. Acesso em 5 de fevereiro de 2014.

[37] *Ibidem*. Conforme assinala V.O. Mazzuoli, a Constituição Federal brasileira utilizou-se precisamente de tal terminologia, pois quando fez referência aos direitos nela previstos referiu-se a "direitos fundamentais", como, por exemplo, no §1º do artigo 5º ("As normas definidoras dos direitos e garantias fundamentais têm aplicação imediata"); e quando relacionou os direitos do ser humano à ordem internacional, tratou-os como "direitos humanos", consoante disposição do §3º do supracitado artigo ("Os tratados e convenções internacionais sobre direitos humanos (...)"), em V.O. Mazzuoli, *Curso de direito internacional público* (4ª ed. São Paulo: Editora Revista dos Tribunais, 2010), p. 751.

[38] Parte integrante do texto de minha coautoria R.A.L. Badaró & G.O. Sanches, "Diálogo das fontes e liberdade de circulação de pessoas: entre normas de direitos humanos e fundamentais", em R.A.L. Badaró, em *Direito internacional: Anais do Congresso Brasileiro de Direito Internacional* (São Paulo: ABDI/FUNAG/Reino, 2010), pp. 267-280.

regras", estreita e exata, e a "construção de princípios", larga e ampla.[39] Para entendê-las, no entanto, é necessário distinguir entre o que se concebe por regras e por princípios.

Consideram-se regras as normas que determinam a realização de determinada conduta exatamente como prescrito, de forma que podem ser satisfeitas ou não satisfeitas. Princípios, por sua vez, são mandamentos (normas) de otimização que ordenam a realização de algo, conforme as possibilidades fáticas e jurídicas existentes, caracterizando-se por sua possibilidade de satisfação em graus variados.[40]

Feita esta distinção, tem-se que, para a construção de regras, as normas de direitos fundamentais não se diferenciam essencialmente de outras que compõem o ordenamento jurídico, tendo como peculiaridade apenas o fato de protegerem os direitos dos cidadãos em face do Estado. Para a construção de princípios, porém, tais normas possuem sentido mais abrangente, posto que além de aludir à relação Estado-cidadão possuem efeito irradiador sobre os demais âmbitos do direito.

Ambas as teorias consideradas isoladamente, no entanto, mostram-se insuficientes à análise do cerne da questão, motivo pelo qual o mais adequado quando se examina estrutura das disposições de direitos fundamentais é considerar que apresentam caráter dúplice,[41] na medida em que reúnem em seu conteúdo regras e princípios, ou seja, na hipótese de inclusão, na norma constitucional, de "uma cláusula restritiva com a estrutura de princípios",[42] a fim de contrabalancear os princípios colidentes por meio do critério da ponderação. Desta forma, às normas de direitos fundamentais são atribuídos tanto regras quanto princípios.

---

[39] R. Alexy, "Direitos fundamentais, ponderação e racionalidade", trad. Luís Afonso Heck, em *Revista de Direito Privado* (São Paulo, nº 24, out-dez 2005) pp. 334-344. Ainda segundo o autor são normas de direitos fundamentais aquelas expressas por disposições de direitos fundamentais, que por sua vez são os enunciados presentes na Constituição, *op. cit.*, 2008, p. 65.
[40] R. Alexy, *op. cit.*, p. 90.
[41] *Ibid.*, p. 144.
[42] *Ibid.*, p. 141.

As normas de direitos humanos entre o *jus cogens* e a *soft law*[43]

A evolução da sociedade internacional no século XX trouxe consigo o surgimento de normas de caráter excepcional: o *jus cogens*[44] e a *soft law*,[45] que reformularam o rol das fontes do direito internacional público. Assim, quanto à sua força vinculativa, as normas de direito internacional são classificadas em *hard law* e *soft law*.

Entende-se por *hard law* as chamadas normas tradicionais, possuidoras de poder coercitivo em face dos sujeitos que as firmam, como as convenções e tratados internacionais, os princípios gerais de direito, as decisões judiciárias e as decisões normativas das organizações internacionais, por exemplo.

Soft law[46] (ou modernamente, *soft norm*), por sua vez, são as normas com cumprimento apenas recomendado, posto que desprovidas de obrigatoriedade, de modo que não acarretam sanções em caso de descumprimento, sendo adotadas "especialmente nos casos em que é impossível avançar com regras impositivas ou em que a regulação por normas jurídicas tradicionais não alcançaria êxito".[47] São exemplos de *soft law* as resoluções ou declarações das organizações internacionais, os acordos sem força vinculativa e as diretrizes.

Quanto a essa classificação, as normas de direitos humanos por muito tempo foram catalogadas, principalmente pelos Estados, como normas *soft law*, como é o caso, por

---

[43] Cf R.A.L. Badaró & G.O. Sanches,"Diálogo das fontes e liberdade de circulação de pessoas: entre normas de direitos humanos e fundamentais", em R.A.L. Badaró, *Direito internacional: anais do congresso brasileiro de direito internaciona* (São Paulo: ABDI/FUNAG/Reino, 2010), pp. 267-280.

[44] Segundo P.B. Casella: "O termo *jus cogens* se usa para designar o núcleo de normas consuetudinárias de direito internacional geral, que se reveste de características materiais e formais precisas: de ponto de vista formal, o fato de acarretarem a nulidade absoluta de quaisquer atos que tencionem derrogá-las e, de ponto de vista material, o fato de protegerem interesses da comunidade internacional como todo, consequentemente a sua violação acarreta ilícito *erga omnes* contra todos os obrigados pela norma violada", em P.B. Casella, *Fundamentos do direito internacional pós-moderno* (São Paulo: Quartier Latin, 2009), p. 724.

[45] Segundo H. Nasser, seriam *soft* aquelas normas gerais e princípios que não podem ser imediatamente interpretados em termos de direitos e obrigações específicos, e, assim, não podem ser lidos como regras. S. Hikmat Nasser, *Fontes e normas de direito internacional* (São Paulo: Atlas, 2006), p. 102.

[46] Segundo Varella, em português, a expressão *soft norm* seria traduzida por direito leve ou direito frouxo, expressões utilizadas para marcar a oposição ao conceito tradicional *hard law*, direito rígido, imponível. Inicialmente, utilizava-se a expressão *soft law* inapropriadamente pois a expressão law encerra em si um conceito de cogência. Gradativamente, a teoria jurídica cedeu ao conceito inglês *soft norm*. Não se trata apenas de uma questão de denominação, mas a expressão tem um grande conteúdo conceitual, em razão da diferença essencial entre uma lei internacional, obrigatória, e uma norma não obrigatória. Claro, o termo escolhido não lhe dá seu valor, mas é melhor utilizar uma expressão mais próxima da realidade. M.D. Varella, *Direito internacional público* (São Paulo: Saraiva, 2010), p. 61.

[47] R.S. Oliveira, "A evolução normativa da proteção internacional do meio ambiente e a presença da *Soft Law*", em W. Menezes (coord.), *Estudos de direito internacional: anais do 3º Congresso Brasileiro de Direito Internacional* (Curitiba: Juruá, 2005), p. 264.

exemplo, da Declaração Universal dos direitos humanos, que apesar de sua importância não era vista como instrumento revestido de obrigatoriedade de implementação.[48] A tendência cada vez mais dominante, no entanto, sobretudo em razão do fortalecimento do direito Internacional dos direitos Humanos, é de se classificar tais normas como *jus cogens*, que representam, em sentido diametralmente oposto ao de *soft law*, uma norma imperativa de direito internacional geral, da qual nenhuma derrogação é permitida e que só pode ser modificada por norma ulterior da mesma natureza.[49]

O reconhecimento de normas desta espécie transcendeu à teoria, e elas têm sido aplicadas aos casos concretos, consoante jurisprudência da Corte Interamericana de Direitos Humanos. O primeiro julgamento da referida corte a mencioná-las é o caso Blake *vs.* Guatemala de 1998[50], em que o juiz brasileiro Antonio Augusto Cançado Trindade pioneiramente defendeu a natureza das normas de direitos humanos como *jus cogens*, bem como a aplicação jurisprudencial nesse sentido. Segundo o jurista brasileiro:

> La consagración de obligaciones *erga omnes* de protección, como manifestación de la propia emergencia de normas imperativas del derecho internacional, representaría la superación del patrón erigido sobre la autonomía de la voluntad del Estado. El carácter absoluto de la autonomía de la voluntad ya no puede ser invocado ante la existencia de normas del *jus cogens*. No es razonable que el derecho contemporáneo de los tratados siga apegándose a un patrón del cual aquél propio buscó gradualmente liberarse, al consagrar el concepto de *jus cogens* en las dos Convenciones de Viena sobre Derecho de los Tratados. No es razonable que, por la aplicación casi mecánica de postulados del derecho de los tratados erigidos sobre la autonomía de la voluntad estatal, se frene – como en el presente caso – una evolución alentadora, impulsada sobre todo por la *opinio juris* como manifestación de la conciencia jurídica universal, en beneficio de todos los seres humanos.

---

[48] Noticiam Accioly, Silva e Casella que o governo dos Estados Unidos, por exemplo, "evitou reconhecer o sentido obrigatório dos dispositivos da Carta em relação aos estados, preferindo considerá-los declarações genéricas e, consequentemente, que os estados continuariam a ter o direito de regular os seus negócios de acordo com a sua conveniência e as suas instituições políticas e econômicas", em H. Accioly; G.E.N. Silva; P.B. Casella, *Manual de direito internacional público* (16ª ed. São Paulo: Saraiva, 2008), p. 455.

[49] Definição do artigo 53 da Convenção de Viena sobre o Direito dos Tratados de 1969, em vigor na sociedade internacional de 1980 e ratificado pelo Brasil por meio do Decreto nº 7.030, de 14 de dezembro de 2009. Disponível em: http://www2.mre.gov.br/dai/dtrat.htm. Acesso em 5 de fevereiro de 2014. A emergência das normas *jus cogens*, consoante afirmação de Guido Fernando da Silva Soares (*Curso de direito internacional público*. v.1. São Paulo: Atlas, 2002, p. 128.) representa um abandono das teorias voluntaristas, que viam na vontade dos Estados o fundamento do Direito Internacional, ou seja, sua obrigatoriedade.

[50] A.L.B. Aguiar & G.G. Godoy, *Corte Interamericana de Direitos Humanos e a ampliação do conteúdo material do conceito normativo de jus cogens*. Disponível em http://www.corteidh.or.cr/tablas/21857.pdf. Acesso em 5 de fevereiro de 2014.

(...)

> No es razonable que, a pesar de los esfuerzos de la doctrina contemporánea, e inclusive de los representantes de los Estados que participaron del proceso de elaboración de tratados como la Convención Interamericana sobre Desaparición Forzada de Personas, se deje de impulsar tales desarrollos, en razón de la aplicación desagregadota – en relación con la desaparición forzada de personas, como en el presente caso – de un postulado rígido del derecho de los tratados. Los derechos humanos están requiriendo una transformación y revitalización del derecho de los tratados.[51]

A partir deste voto histórico, a defesa em favor de normas imperativas de direito internacional em âmbito dos direitos humanos se consolidou, de sorte que a doutrina e a jurisprudência têm se posicionado neste caminho.[52]

Acrescenta-se à argumentação de Cançado Trindade, a consideração de que tanto as normas *jus cogens* quanto o respeito universal dos direitos humanos são considerados princípios gerais do direito, portanto, fonte do direito internacional, consoante disposição expressa do artigo 38 do Estatuto da Corte Internacional de Justiça.[53]

A liberdade pessoal[54]

O termo liberdade, do latim *libertas*, exprime "a faculdade ou o poder outorgado à pessoa para que possa agir segundo sua própria determinação, respeitadas, entretanto, as regras legais instituídas".[55] Em seu âmbito de aplicação abrange conteúdo praticamente ilimitado, pois, conforme denota Alexy "quase tudo aquilo que, a partir de algum ponto de vista, é considerado como bom ou desejável é associado ao conceito de liberdade".[56]

---

[51] Corte Interamericana de Direitos Humanos. Caso Blake vs. Guatemala. Sentença de 24 de janeiro de 1998. Disponível em: <http://www.corteidh.or.cr/docs/casos/articulos/seriec_36_esp.pdf>. Acesso em 5 de fevereiro de 2014.

[52] *Cf.* casos de Villagrán Morales y otros vs. Guatemala, Cantoral Benavides vs. Peru, Barrios Altos vs. Peru, todos datados do ano de 2001; Yatama vs. Nigaragua de 2005; Ximenes Lopes vs. Brasil de 2006, entre outros.

[53] Prescreve o referido dispositivo: "Artigo 38 - A Corte, cuja função seja decidir conforme o direito internacional as controvérsias que sejam submetidas, deverá aplicar: (...) os princípios gerais do direito reconhecidos pelas nações civilizadas".

[54] *Cf* R.A.L. Badaró & G.O. Sanches, "Diálogo das fontes e liberdade de circulação de pessoas: entre normas de direitos humanos e fundamentais", em R.A.L. Badaró, *Direito internacional: anais do Congresso Brasileiro de Direito Internacional* (São Paulo: ABDI/FUNAG/Reino, 2010), pp. 267-280.

[55] D.P. Silva, *op. cit.*, p. 84.

[56] R. Alexy, *op. cit.*, 2008, p. 218.

Esse conceito, ainda segundo o supracitado autor, tem por base uma relação triádica entre o titular de uma liberdade, um obstáculo à liberdade e um objeto da liberdade.[57]

No que tange ao direito à liberdade pessoal, expressão empregada no mesmo sentido de liberdade física ou de locomoção,[58] essa tríade é compreendida da seguinte maneira: o titular da liberdade é o cidadão; o obstáculo à liberdade é o direito subjetivo do Estado de controlar os fluxos migratórios; e o objeto da liberdade é a alternativa de ação de emigrar ou não emigrar.

A inegável importância de tal prerrogativa foi reconhecida originariamente por Immanuel Kant, que, ao defender o direito cosmopolita (*ius cosmopoliticum*) como terceira espécie de direito limitado às condições de hospitalidade universal[59], teria, conforme assinala Norberto Bobbio, "prefigurado o direito de todo homem a ser cidadão não só do seu próprio Estado, mas do mundo inteiro".[60]

Historicamente, tem-se que o primeiro documento que garantiu a liberdade de ingresso e saída do país, bem como a livre locomoção no âmbito de suas fronteiras, foi a *Magna Carta Libertatum* de 1215, em seus artigos 41 e 42[61]. Desde então, formalizada a proteção à liberdade do indivíduo, uma série de outros documentos foi editada com disposições semelhantes, como é o caso da Constituição Francesa de 1791, que em seu Título I garantia ao indivíduo o direito de ir, ficar ou sair sem ser impedido ou preso.

A tutela internacional do direito de ir e vir, no entanto, foi prevista inicialmente pela Declaração Americana dos Direitos e Deveres do Homem (*The American Declaration of the Rights and Duties of Man*), de 1948, que em seu artigo VIII dispôs sobre esse direito da seguinte forma: "Artigo VIII - Toda pessoa tem direito de fixar sua residência no território do Estado de que é nacional, de transitar por ele livremente e de não abandoná-lo senão por sua própria vontade".

---

[57] *Ibid.*, p. 220.
[58] D.P. Silva, *op.cit.*, p. 84.
[59] O termo hospitalidade, em Kant, refere-se ao "direito que tem um estrangeiro de não ser tratado hostilmente pelo fato de estar em um território alheio", em I. Kant, "Para a paz perpétua", trad. Bárbara Kristensen (vol. 5. Instituto Galego de Estudos de Segurança Internacional e da Paz / Ensaios sobre paz e conflitos, 2006), p. 79. Disponível em http://www.igesip.org/publicacions.htm. Acesso em 5 de fevereiro de 2014.
[60] N. Bobbio, *A era dos direitos*, trad. Carlos Nelson Coutinho (Rio de Janeiro: Campus, 1992), p.138.
[61] Embora outorgada ao rei João Sem Terra em 1215 pelos barões que ocuparam Londres, conforme ressalta José Afonso da Silva, essa Carta somente se tornou definitiva em 1225, sendo reconhecida como um símbolo das liberdades públicas. O referido autor reconhece sua importância, mas rechaça sua natureza constitucional com base na doutrina de Albert Noblet, segundo o qual "longe de ser a Carta das liberdades nacionais, é, sobretudo, uma carta feudal, feita para proteger os privilégios dos barões e os direitos dos homens livres. Ora, os homens livres, nesse tempo, ainda eram tão poucos que podiam contar-se, e nada de novo se fazia a favor dos que não eram livres", em J.A. Silva, *Direito Constitucional Positivo* (São Paulo: Malheiros Editores, 2005), p.152.

Posteriormente, ainda em 1948, a liberdade de circulação de pessoas foi alçada à condição de princípio de direitos humanos e assim se consolidou com a Declaração Universal dos Direitos Humanos (DUDH) que em seu artigo 13 previu que "1. Todo ser humano tem direito à liberdade de locomoção e residência dentro das fronteiras de cada Estado. 2. Todo ser humano tem o direito de deixar qualquer país, inclusive o próprio, e a este regressar".

Posteriormente a esse marco do direito internacional dos direitos humanos, firmaram-se o Protocolo nº 4 da Convenção Europeia para a Proteção dos Direitos Humanos e Liberdades Fundamentais de 1963,[62] a Convenção Internacional sobre a Eliminação de Todas as Formas de Discriminação Racial de 1965,[63] o Pacto Internacional de Direitos Civis e Políticos de 1966,[64] a Convenção Americana sobre Direitos Humanos de 1969,[65]

---

[62] O protocolo nº 4 à European Convention for the Protection of Human Rights and Fundamental Freedoms (ECHR), de 1963, dispõe no artigo 2(3) que esse direito pode ser limitado, de acordo com a lei, para os interesses do Estado tais como segurança nacional, segurança pública, mantença de ordem pública, prevenção de crime, proteção de saúde e moral e proteção dos direitos e liberdades dos outros: "Article 2 – Freedom of movement – 1. Everyone lawfully within the territory of a State shall, within that territory, have the right to liberty of movement and freedom to choose his residence. 2. Everyone shall be free to leave any country, including his own. 3. No restrictions shall be placed on the exercise of these rights other than such as are in accordance with law and are necessary in a democratic society in the interests of national security or public safety, for the maintenance of order public, for the prevention of crime, for the protection of health or morals, or for the protection of the rights and freedoms of others. 4. The rights set forth in paragraph 1st may also be subject, in particular areas, to restrictions imposed in accordance with law and justified by the public interest in a democratic society. Article 3 – Prohibition of expulsion of nationals – No one shall be expelled, by means either of an individual or of a collective measure, from the territory of the State of which he is a national. No one shall be deprived of the right to enter the territory of the state of which he is a national. Article 4 – Prohibition of collective expulsion of aliens", em Hee Moon, "Livre circulação internacional de pessoas, turismo e terrorismo internacional: o caso Brasil x EUA", em R.A.L. Badaró, *Estudos de direito do turismo* (São Paulo: IBCDTur, 2008), p. 75.

[63] A Convenção Internacional sobre a Eliminação de Todas as Formas de Discriminação Racial (The International Convention on the Elimination of All Forms of Racial Discrimination), de 1966, dispõe no seu artigo V que: Artigo V - De conformidade com as obrigações fundamentais enunciadas no artigo 2, os Estados Partes comprometem-se a proibir e a eliminar a discriminação racial em todas suas formas e a garantir o direito de cada um à igualdade perante a lei sem distinção de raça, de cor ou de origem nacional ou étnica, principalmente no gozo dos seguintes direitos: (...) d) outros direitos civis, principalmente, i) direito de circular livremente e de escolher residência dentro das fronteiras do Estado; ii) direito de deixar qualquer país, inclusive o seu, e de voltar a seu país.

[64] Afirma Hee Moon Jo que o Pacto Internacional sobre Direitos Civis e Políticos (PIDCP) é o instrumento internacional vinculativo mais importante que dispõe expressamente o direito de liberdade de circulação. O artigo 12 do PIDCP dispõe: Artigo 12 – 1. Toda pessoa que se ache legalmente no território de um Estado terá o direito de nele livremente circular e escolher sua residência. 2. Toda pessoa terá o direito de sair livremente de qualquer país, inclusive do seu. 3. Os direitos supracitados não poderão constituir objeto de restrição, a menos que estejam previstas em lei e no intuito de proteger a segurança nacional e a ordem, a saúde ou a moral pública, bem como os direitos e liberdades das demais pessoas, e que sejam compatíveis com os outros direitos reconhecidos no presente pacto. 4. Ninguém poderá ser privado do direito de entrar em seu próprio país. Ver sobre a interpretação do artigo 12 do PIDCP, em H. Hannum, *The Right to Leave and Return in International Law and Practice* (Martinus Nijhoff Publishers, 1987), p. 24.

[65] O artigo 22 da Convenção Americana para a Proteção dos Direitos Humanos é mais específico quanto ao direito de circulação: Artigo 22 – Direito de Circulação e de Residência – 1. Toda pessoa que se ache legalmente no território de um Estado tem direito de circular nele e de nele residir em conformidade com as disposições legais. 2. Toda pessoa tem

a Carta Africana dos Direitos Humanos e das Pessoas de 1981, a Convenção sobre os Direitos da Criança (*The Convention on the Rights of the Child*) de 1989, além da legislação interna e dos numerosos tratados bilaterais ajustados entre os países.

Liberdade de circulação de pessoas como princípio geral do direito[66]

Considerando o que até aqui tem sido analisado, observa-se que ao mesmo tempo em que o direito à liberdade pessoal é um direito fundamental também é um direito humano, na medida em que é tutelado tanto na ordem jurídica interna[67] quanto na internacional.

Essa liberdade, entendida como norma de direito fundamental em sua estrutura de princípio, não contém apenas o caráter subjetivo de defesa contra o Estado, mas também um caráter objetivo que influencia por completo e de forma abrangente o sistema jurídico.[68]

A obtenção do conteúdo objetivo de um princípio se faz da abstração de seu caráter subjetivo. Assim, se o cidadão possui o direito de ir e vir em face do Estado, este último possui um dever quanto a este direito em face do cidadão, qual seja, o de abster-se de intervir nesta liberdade.[69] Esse dever estatal é o conteúdo do princípio objetivo, que por ser

---

o direito de sair livremente de qualquer país, inclusive do próprio. 3. O exercício dos direitos acima mencionados não pode ser restringido senão em virtude de lei, na medida indispensável, numa sociedade democrática, para prevenir infrações penais ou para proteger a segurança nacional, a segurança ou a ordem públicas, a moral ou a saúde públicas, ou os direitos e liberdades das demais pessoas. 4. O exercício dos direitos reconhecidos no inciso 1 pode também ser restringido pela lei, em zonas determinadas, por motivo de interesse público. 5. Ninguém pode ser expulso do território do Estado do qual for nacional, nem ser privado do direito de nele entrar. 6. O estrangeiro que se ache legalmente no território de um Estado-Parte nesta Convenção só poderá dele ser expulso em cumprimento de decisão adotada de acordo com a lei. 7. Toda pessoa tem o direito de buscar e receber asilo em território estrangeiro, em caso de perseguição por delitos políticos ou comuns conexos com delitos políticos e de acordo com a legislação de cada Estado e com os convênios internacionais. 8. Em nenhum caso o estrangeiro pode ser expulso ou entregue a outro país, seja ou não de origem, onde seu direito à vida ou à liberdade pessoal esteja em risco de violação por causa da sua raça, nacionalidade, religião, condição social ou de suas opiniões políticas. 9. É proibida a expulsão coletiva de estrangeiros.

[66] Cf R.A.L. Badaró & G.O. Sanches, "Diálogo das fontes e liberdade de circulação de pessoas: entre normas de direitos humanos e fundamentais", em R.A.L. Badaró, *Direito internacional: anais do Congresso Brasileiro de Direito Internacional* (São Paulo: ABDI/FUNAG/Reino, 2010), pp. 267-280.

[67] No Brasil, o direito de ir e vir encontra amparo na Constituição Federal, artigo 5º, inciso XV, segundo o qual "é livre a locomoção no território nacional em tempo de paz, podendo qualquer pessoa, nos termos da lei, nele entrar, permanecer ou dele sair com seus bens".

[68] R. Alexy, *op. cit.*, 2008, p. 526.

[69] Nessa perspectiva, dessume-se que o ato de emigrar traz em seu conteúdo duas ideias antagônicas que necessitam de harmonização para a garantia de ir e vir: a) o direito a autodeterminação pessoal (direito do indivíduo dispor de sua própria pessoa); e b) o direito de controle das migrações pelo Estado (objetivando impedir um possível despovoamento ou a entrada de elementos perigosos). T.T. Cavarzere, *Direito internacional da pessoa humana* (Rio de Janeiro: Renovar, 2001), p. 48.

"muito especial para ter efeitos em todos os ramos do sistema jurídico"[70] exige mais duas abstrações, de maneira que à abstração em relação ao titular do direito deve ser adicionada uma abstração relativa ao destinatário do direito (aquele que possui um dever – o obrigado) e uma abstração referente a particularidades de seu objeto (no caso em análise, a abstenção de intervenções por parte do Estado),[71] razão pela qual se conclui que a liberdade de circulação de pessoas é um princípio de nível máximo de abstração ou ainda um princípio triplamente abstraído.

Segundo Albuquerque Mello, dois são os princípios a se ressaltar no tocante à circulação de pessoas: a admissão do *jus communicationis* e o direito do Estado de regulamentar a imigração no seu território. No primeiro, observa-se o direito migratório no plano internacional, fulcrado na própria necessidade de comércio internacional e na liberdade do indivíduo. No segundo, encontra-se a soberania estatal na prática internacional já consagrada.

Entende ainda Albuquerque Mello: "tem-se afirmado que as limitações impostas à imigração devem ser genéricas, isto é, sem discriminação de raça, religião e nacionalidade".[72] Assim, as limitações devem observar os princípios da tolerância e da alteridade ao estipular suas condições, de modo a assegurar a livre circulação de pessoas.[73]

A adoção do princípio da liberdade de circulação[74] de pessoas como de nível máximo de abstração tem como vantagem a característica irradiadora desses princípios, "aplicáveis como pontos de partida para fundamentações dogmáticas das mais variadas exigências estruturais e substanciais no âmbito dos direitos fundamentais, em todos os campos

---

[70] R. Alexy., *op. cit.*, 2008, p. 526.
[71] *Ibdem.*
[72] C. A. Mello, *Curso de direito internacional público* (Rio de Janeiro: Freitas Bastos, 2000).
[73] Nesse sentido, mesmo que o Estado não tenha obrigação jurídica de admitir estrangeiros, possui obrigação moral, de modo a não ensejar represálias. Ora, a admissão de estrangeiros por parte dos Estados acolhedores é um beneplácito regrado pela cortesia, sem o qual se dificultam as relações entre os Estados. T.T. Cavarzere, *op. cit*, p. 51.
[74] Vattel afirma: "Il est des cas dans lesquels un citoyen est absolument en droit, par des raisons prises du pacte même de la société politique, de renoncer à as patrie et de l'abandonner: 1er – Si le citoyen ne peut trouver as subsistance dans as patrie, il lui est permis san doute de la chercher ailleurs; car la société politique, ou civile, n'étant contractié que dans la vue de faciliter à un chacun les moyens de vivre et de se faire un sort heureux et assuré, il serait absurde de prétendre qu'un membre, à qui elle ne pourra procurer les choses les plus nécessaires, ne sera pas en droit de la quitter; 2 – Si le corp de la société, ou celui qui la représente, manque absolument à ses obligations envers un citoyen celui-ci peut se retirer. Cas si l'un des contractans n'observe point ses engagements, l'autre n'est plus tenu à remplir les siens, et le contrat est réciproque entre la société et ses membres. C'est sur ce fondement que l'on peut aussi chasser de la société un membre qui en viole les lois. 3 – Si la majeure partie de la Nation, ou le souverain qui la représente, veut établir des lois sur des choses à l'égard desquelles le pacte de société ne peut obligertout citoyen à se soumettre, ceux à qui ces lois déplaisent sont en droit de quitter la société pour s'établir ailleurs.", em E. Vattel, *Le droit de gens ou principes de la loi naturelle appliqués à la conduite et aux affaires des nations et des souverains* (Paris: Guillaumin, 1863), p 511.

do sistema jurídico".⁷⁵ Assim, sua disposição possui uma espécie de poder paralisante ante as normas que prescrevam de maneira adversa e influem de maneira decisiva na interpretação do ordenamento jurídico.

Essa característica irradiadora tem como um de seus resultados a ascensão do princípio reconhecido no direito interno à ordem internacional, passando a integrar o rol das fontes do direito internacional público,⁷⁶ produzindo efeitos neste plano.

A liberdade de circulação turística na *soft law* do turismo⁷⁷

O princípio oitavo do Código Mundial de Ética do Turismo⁷⁸ traz uma nova forma de interpretação do direito universal de ir e vir ao dispor sobre a "liberdade do deslocamento turístico". Os turistas e visitantes se beneficiarão, respeitando-se o direito internacional e as legislações nacionais, da liberdade de circulação, quer no interior do seu país, quer de um Estado para outro, em conformidade com o artigo 13 da Declaração Universal dos Direitos Humanos. Além disso, poderão ter acesso às zonas de trânsito e de estada, bem como aos locais turísticos e culturais, sem exageradas formalidades e sem discriminações.⁷⁹

---

[75] R. Alexy, *op. cit.*, 2008, p. 527.
[76] Sobre o tema, escreve Mazzuoli que: "Existindo dúvida sobre ser determinado princípio um princípio geral de direito internacional, deve o intérprete verificar se o mesmo se encontra positivado na generalidade dos ordenamentos internos estatais". *Op. cit.*, p. 115.
[77] Para uma leitura aprofundada sobre o direito internacional do turismo, recomenda-se: R.A.L. Badaró, *Direito internacional do turismo* (São Paulo: Senac, 2008).
[78] O Código Mundial de Ética para o Turismo embasou-se em diversos instrumentos legais de cunho internacional que resultaram em seus dez princípios, a saber: Declaração Universal dos Direitos Humanos de 1948; Pacto Internacional dos Direitos Econômicos, Sociais e Culturais de 1966; Pacto Internacional dos Direitos Civis e Públicos de 1966; Convenção de Varsóvia sobre o transporte aéreo, de 1929; Convenção Internacional da Aviação Civil de Chicago de 1944, bem como as Convenções de Tóquio, Haia e Montreal com elas relacionadas; Convenção sobre as facilidades alfandegárias para o turismo de 1954 e o Protocolo associado; Convenção sobre a proteção do patrimônio cultural e natural mundial de 1972; Declaração de Manila sobre o Turismo Mundial de 1980; Resolução da 6ª Assembleia Geral da OMT (Sofia) adotando a Carta do Turismo e o Código do Turista de 1985; Convenção relativa aos Direitos da Criança de 1990; Resolução da 9ª Assembleia Geral da OMT (Buenos Aires) relativa às matérias de facilidades das viagens e segurança dos turistas de 1991; Declaração do Rio de Janeiro sobre o Meio Ambiente e o Desenvolvimento, de junho de 1992; Resolução da 11ª Assembleia Geral da OMT (Cairo) sobre a prevenção do turismo sexual organizado de 1995; Declaração de Estocolmo contra a exploração sexual de crianças com fins comercial de 1996; Declaração de Manila sobre os Efeitos Sociais do Turismo 1997; Convenções e recomendações adotadas pela Organização Internacional do Trabalho (OIT) em matéria de convenções coletivas, de proibição do trabalho forçado e do trabalho infantil, de defesa dos direitos dos povos autóctones, de igualdade de tratamento e de não discriminação no trabalho. R.A.L. Badaró, "Direito internacional do turismo e a atuação da Organização Mundial do Turismo", em W. Menezes (org), *Estudos de direito internacional* (vol. 8. Anais do 3º Congresso Brasileiro de Direito Internacional, Curitiba: Juruá, 2006), pp. 343-365.
[79] M. Giuliano, T. Scovazzi, T. Treves, *Diritto internazionale: parte generale* (Milão: Giuffrè, 1999), *passim*.

Assim, o direito do turismo[80] ganha forças e atua oferecendo suporte à continuidade dos projetos já desenvolvidos, tais como as Declarações de Manila de 1980 sobre o turismo mundial e de 1997 sobre o impacto do turismo na sociedade, bem como da Carta do Turismo e do Código do Turista, adotados em Sofia, em 1985, sob a égide da OMT, todos objetivando a facilitação da circulação de turistas.

Os turistas e visitantes devem ter reconhecida a faculdade de utilizar todos os meios de comunicação disponíveis, interiores ou exteriores, beneficiar-se de um pronto e fácil acesso aos serviços administrativos judiciários e de saúde locais, bem como ao livre contato com as autoridades consulares do seu país de origem em conformidade com as convenções diplomáticas vigentes.

Os turistas e visitantes serão beneficiados com os mesmos direitos dos cidadãos do país visitado quanto à confidencialidade dos dados e informações pessoais que lhes respeitem, sobretudo as armazenadas sob forma eletrônica.

Os procedimentos administrativos do cruzamento de fronteira, estabelecidos pelos Estados ou resultantes de acordos internacionais, como vistos, ou formalidades sanitárias

---

[80] Se o direito do turismo não pode ser definido por seu regime jurídico, com certeza é possível a busca de uma definição pela especialidade de seu objeto. A base disso é principiológica (princípio da hospitalidade, da tolerância, da alteridade, entre outros), cujo objetivo-mor é o aproveitamento hermenêutico. Nesse sentido, François Servoin (*Institutions touristiques et droit du tourisme*, cit.) já defendia o direito do turismo: "A originalidade do turismo no seio do direito é muito acentuada. Seria possível resgatar uma teoria geral da hospedagem a partir de uma inovação da noção de ocupação temporária (contrato de hospedagem, contrato hoteleiro e contrato de tempo compartilhado). Um novo capítulo da teoria geral da liberdade fundamental de ir e vir poderia ser escrito a partir da modalidade de deslocamento turístico" (o Código Mundial de Ética do Turismo o fez em seu artigo 8º, e as justificativas do direito de ir e vir com finalidade turística remetem aos princípios da hospitalidade, da tolerância e da alteridade). O turismo apresenta diversos problemas específicos e dificuldades particulares, ensejando soluções originais, oriundas de um processo de interpretação e aplicação dos princípios inerentes ao direito do turismo, harmonizando, assim, as diversas disciplinas jurídicas. O direito do turismo rompe o dualismo fundamental do direito, abordando de modo transversal, por meio de seus princípios, a divisão clássica do direito, observando-se a unicidade do direito. Detalhe: essa construção torna possível a autonomia desse ramo jurídico, notadamente porque seus princípios permitem uma interpretação condizente com as características do objeto e porque soluções originais (levando em conta que a base principiológica adequada se prestaria à compatibilização das diversas disciplinas jurídicas). Os princípios adequados ao direito do turismo possuem uma tendência a estabilidade e permanência maior que as regras em geral, e, como afirma Emilio Betti (*Interpretação da Lei e dos atos jurídicos*), representam contraponto conceitual àquilo que representa consequência, portanto, às normas completas e formuladas. Os princípios, segundo Ronald Dworkin (*Taking rights seriously*), são os estandartes que devem ser observados, não porque favoreçam ou assegurem uma situação econômica, política ou social considerada desejável, mas porque é uma exigência da justiça, da equidade ou de alguma outra dimensão da moralidade. Com os princípios do direito do turismo identificados e estabelecidos, ocorrerá a justificativa da autonomia desse ramo jurídico, visto que oferecem a melhor conduta possível segundo suas possibilidades fáticas e jurídicas. Além dos princípios balizadores do direito do turismo, urge um arcabouço de normas voltadas às especificidades do setor, estabelecendo, como Gladston Mamede e Rui Badaró afirmam, os parâmetros comportamentais específicos, mas infelizmente o arremedo construído no passado não atingiu seu objetivo e sequer garantiu segurança ao turismo brasileiro, mas, pelo contrário, representou verdadeiro grilhão ao desenvolvimento efetivo da atividade. R.A.L. Badaró (org.), *Estudos de direito do turismo* (São Paulo: IBCDTur, 2008), p. 92

e alfandegárias, devem ser adaptados de modo a facilitar ao máximo a liberdade de viajar e o acesso do maior número de pessoas ao turismo internacional.

Portanto, os acordos entre grupos de países visando harmonizar e simplificar os procedimentos das formalidades sanitárias e alfandegárias devem ser encorajados. Os impostos e os encargos específicos que penalizem o turismo e atentem contra a sua competitividade devem ser progressivamente eliminados ou reduzidos.[81]

Considerações finais

Sempre houve uma restrição prática no direito de excluir não nacionais, ou seja, a exclusão de estrangeiros pode ser considerada como ofensa e hostilidade pelos países que tiveram seus nacionais barrados nas fronteiras de outros países, tornando os Estados inóspitos e suscetíveis de todas as consequências oriundas de tal rejeição.

Assim, ainda que o Estado não tenha obrigação jurídica de admitir estrangeiros, detém obrigação moral, para evitar retaliações. A admissão de estrangeiros por parte dos Estados acolhedores é um beneplácito regrado pelo *comitas gentium*, sem o qual se dificultam as relações entre os Estados.

Desse modo, constatou-se que a liberdade de circulação de pessoas, entendida como princípio geral do direito interno e internacional, posto que prevista tanto por normas de direito fundamental quanto de direito humano, produz efeitos em ambos os sistemas.

Seu reconhecimento, em quaisquer das esferas, possui efeito irradiador sobre as demais normas, de maneira a reger a interpretação do ordenamento jurídico, justificando a afirmação de Alexy de que questões referentes à liberdade "não são questões apenas de um ramo do direito, elas permeiam todos os ramos".[82]

O artigo 8º do Código Mundial de Ética do Turismo inaugura uma nova forma de se interpretar a liberdade fundamental de circulação de pessoas, agora, pelo prisma da atividade turística, cujas características transitam pelos princípios da hospitalidade, alteridade e tolerância.

Portanto, o direito, em sua unicidade, deve fazer dialogar suas normas em prol da proteção do ser humano, tendo em vista ser este sua razão e finalidade de existência. Eis aí a justificativa em defesa da liberdade de circulação de pessoas, como direito fundamental e humano.

---

[81] Desde que a situação econômica dos países de origem o permita, os turistas devem dispor do crédito de divisas conversíveis necessários aos seus deslocamentos. P. Py, *Droit du tourisme* (Paris: Dalloz, 2002), *passim*.

[82] R. Alexy, *op. cit.*, 2008, p. 582.

BIBLIOGRAFIA

ACCIOLY, H; SILVA, G.E.N.; CASELLA, P.B. *Manual de direito internacional público*. 16ª ed. São Paulo: Saraiva, 2008.

AGUIAR, A.L.B & GODOY, G.G. *Corte interamericana de direitos humanos e a ampliação do conteúdo material do conceito normativo de jus cogens*. Disponível em http://www.corteidh.or.cr/tablas/21857.pdf. Acesso em 24 abr. 2014.

ALBUQUERQUE MELLO, C. *Curso de direito internacional público*. Rio de Janeiro: Freitas Bastos, 2000.

ALEXY, R. *Teoria dos direitos fundamentais*. Trad. Virgílio Afonso da Silva. São Paulo: Malheiros Editores, 2008.

_____. "Direitos fundamentais, ponderação e racionalidade". Trad. Luís Afonso Heck. Em *Revista de Direito Privado*, São Paulo, nº 24, out./dez. de 2005.

AMARAL JÚNIOR, A & JUBILUT, L.L. (orgs.). *O STF e o direito internacional dos direitos humanos*. São Paulo: Quartier Latin, 2009.

BADARÓ, R.A.L. *Estudos de direito do turismo*. São Paulo: IBCDTur, 2008.

_____. *Direito internacional do turismo*. São Paulo: Senac, 2008

_____. "Direito internacional do turismo e a atuação da Organização Mundial do Turismo". Em MENEZES, W. (org.). *Estudos de direito internacional: anais do 3º. Congresso Brasileiro de Direito Internacional*. vol. 8, Curitiba: Juruá, 2006.

BADARÓ, R.A.L. & SANCHES, G.O. "Diálogo das fontes e liberdade de circulação de pessoas: entre normas de direitos humanos e fundamentais". Em BADARÓ, R.A.L. *Direito internacional: anais do Congresso Brasileiro de Direito Internacional*. São Paulo: ABDI/FUNAG/Reino, 2010.

BOBBIO, Norberto. *A era dos direitos*. Trad. Carlos Nelson Coutinho. Rio de Janeiro: Campus, 1992.

_____. *Teoria do ordenamento jurídico*. 4ª ed. Brasília: EdUNB, 1994.

CASELLA, P.B. *Fundamentos do direito internacional pós-moderno*. São Paulo: Quartier Latin, 2009.

CAVARZERE, T.T. *Direito internacional da pessoa humana*. Rio de Janeiro: Renovar, 2001.

CIJ. "Estatuto da Corte Internacional de Justiça". Disponível em: http://www.trf4.jus.br/trf4/upload/arquivos/ji_cortes_internacionais/cij-estat._corte_intern._just.pdf. Acesso em 24 abr. 2014.

COMPARATO, F.K. *A afirmação histórica dos direitos humanos*. 2ª ed. São Paulo: Saraiva, 2001.

Convenção de Viena sobre direito dos tratados. Disponível em http://www2.mre.gov.br/dai/dtrat.htm. Acesso em 24 abr. 2014.

CORTE IDH – Corte Interamericana de Direitos Humanos. "Caso Blake *vs.* Guatemala. Sentença de 24 de janeiro de 1998". Disponível em http://www.corteidh.or.cr/docs/casos/articulos/seriec_36_esp.pdf. Acesso em 24 abr. 2014.

DINIZ, M.H. *Dicionário jurídico*. vol. 3. São Paulo: Saraiva, 1998.

DOLLOT, L. *Les migrations humaines*. Paris: PUF, 1999

DWORKIN, R. *O império do direito.* São Paulo: Martins Fontes, 1999.

_____. *Levando os direitos a sério.* São Paulo: Martins Fontes, 2002.

ENGISCH, K. *Introdução ao pensamento jurídico.* Trad. João Baptista Machado. 7ª ed. Lisboa: Fundação Calouste Gulbenkian, 1996.

FAUCHILLE, P. *Traité de droit international public.* 44ª ed. Paris: A-Rousseau, 2000.

FERREIRA, A.B.H. *Novo dicionário Aurélio de língua portuguesa.* 2ª ed. São Paulo: Nova Fronteira, 1986.

FINNIS, J. *Natural law and natural rights.* Oxford: Clarendon Press, 1992.

FREUND, J. "Les droits de l'homme au regard de la science et de la politique". Em *Politique et impolitique.* Paris: Sirey, 1987.

GUERRA FILHO, W.S. (org.). *Dos direitos humanos aos direitos fundamentais.* Porto Alegre: Livraria do Advogado, 1997.

GOODWIN-GILL, G. *International Law and The Movement of Persons Between the States.* Oxford: Clarendon Press, 2000.

HANNUM, H. *The Right to Leave and Return in International Law and Practice.* s/l: Martinus Nijhoff Publishers, 1987.

HART, H.L.A. *El concepto de derecho.* Buenos Aires: Abeledo-Perrot, 1963.

HIKMAT NASSER, S. *Fontes e normas de direito internacional.* São Paulo: Atlas, 2006.

HONEYBALL, S. & WALTER, J. *Integrity, Community and Interpretation: a Critical Analysis of Ronald Dworkin's Theory of Law.* Inglaterra / EUA: Ashgate Publishing Company, 1998.

JO, H.M. "Livre circulação internacional de pessoas, turismo e terrorismo internacional. O caso Brasil x EUA". Em BADARÓ, R.A.L. *Estudos de direito do turismo.* São Paulo: IBCDTur, 2008.

KANT, I. *Para a paz perpétua.* Trad. Bárbara Kristensen. Rianxo. vol.5, s/l: Instituto Galego de Estudos de Segurança Internacional e da Paz (Ensaios sobre Paz e Conflitos), 2006. Disponível em: http://www.igesip.org/publicacions.htm. Acesso em 24 abr. 2014.

KELSEN, H. *Teoria geral das normas.* Trad. José Florentino Duarte. Porto Alegre: Sérgio Antonio Fabris, 1986.

_____. *Teoria pura do direito.* Trad. João Baptista Machado. 7ª ed. São Paulo: Martins Fontes, 2006.

MANDELSTAM, N. *La protéction internationale des droits de l'homme.* vol.38. Paris: RCADI, 2009.

MASSINI CORREAS, C.I. *Filosofia del derecho. Tomo I – El derecho, los derechos humanos y el derecho natural.* Buenos Aires: Abeledot-Perrot, 2005.

_____. *Los derechos humanos.* 2ª ed. Buenos Aires: Abeledo-Perrot, 1994.

MAZZUOLI, V.O. *Curso de direito internacional público.* 4ª ed. São Paulo: Editora Revista dos Tribunais, 2010.

MENEZES, W. (org.). *Estudos de direito internacional: anais do 3º Congresso Brasileiro de Direito Internacional.* Curitiba: Juruá, 2005.

PY, P. *Droit du tourisme.* Paris: Dalloz, 2002.

ROBLES, G. *Análisis crítico de los supuestos teóricos y del valor político de los derechos humanos.* Milão: RIFD, 1980.

RODRIGUES MENDES, D.A. "A eficácia dos direitos fundamentais nas relações entre particulares e a atuação do Poder Judiciário". Disponível em http://intertemas.unitoledo.br/revista/index.php/ETIC/article/viewFile/1620/1544. Acesso em 24 de abr. 2014.

SILVA, J.A. *Direito Constitucional Positivo.* 24ª ed. São Paulo: Malheiros Editores, 2005.

SOARES, G.F.S. *Curso de direito internacional público.* vol.1, São Paulo: Atlas, 2002.

VARELLA, M.D. *Direito internacional público.* São Paulo: Saraiva, 2010.

VATTEL, E. *Le droit de gens ou principes de la loi naturelle appliqués à la conduite et aux affaires des nations et des souverains.* Paris: Guillaumin, 1863.

VIGO, R.L. *Perspectivas jusfilosóficas contemporâneas.* Buenos Aires: Abeledo-Perrot, 2006.

VILLEY, M. *Le droit et les droits de l'homme.* Paris: PUF,1983.

WEIL, P. Écrits de droit international. Paris: PUF, 2000.

Direito do consumidor e turismo

Fabio Calheiros do Nascimento[*]

Uma das definições que podemos encontrar no dicionário acerca de turismo corresponde ao conjunto dos serviços necessários para atrair aqueles que fazem viagem ou excursão por prazer a locais que despertam interesse, o que envolve atendimento por meio de provisão de itinerários, guias, acomodações, transporte, etc.[1] Dessa definição, pode se dizer que o turista é aquele viajante ou excursionista que visita um local diverso daquele em que reside e, por isso, consome produtos e serviços do local visitado, baseado em informações que lhe são dadas pelos locais.

O turista não precisa ser alguém que vem de outro país, mas é certo que a presença de um estrangeiro cria situações jurídicas muito mais complexas do que ocorreria com um turista nacional; em primeiro lugar, em razão da extensão de certos direitos e deveres aos estrangeiros, e, em segundo lugar, pelas dificuldades decorrentes da usual diferença linguística. Por conta disso, sem desprezar o turista nacional, no presente artigo vamos estudar com mais enfoque o turista estrangeiro, que vem para o Brasil e consome produtos ou serviços do país.

O artigo está dividido em três partes. Na primeira, estudaremos os conceitos de consumidor existentes em nossa lei a fim de verificar se e em quais deles se encaixa o turista estrangeiro. Afinal de contas, somente se o turista puder encaixar-se em um desses conceitos é que lhe serão atribuídos certos direitos. A segunda parte será focada nos direitos do consumidor; o que parece ser o principal deles, em se tratando de um turista, é o direito à informação. Em razão das dificuldades linguísticas, verificaremos como é o regramento desse direito na nossa lei e quais as dificuldades que poderão surgir daí no que diz respeito ao turista estrangeiro. A terceira parte tratará rapidamente da possibilidade

---

[*] Mestre em direito constitucional pela Universidade Presbiteriana Mackenzie e juiz de direito.
[1] A.B.H. Ferreira, *Novo Aurélio século XXI: o dicionário da língua portuguesa* (3ª ed. Rio de Janeiro: Nova Fronteira, 1999), p. 2018.

de normas não previstas no Código de Defesa do Consumidor anteverem direitos do consumidor, sendo que destacaremos, à guisa de exemplo, os direitos do torcedor.

Turista como consumidor

ESFERA CONSTITUCIONAL

Não passou ao largo do constituinte brasileiro de 1988 a noção de que vivia em uma sociedade de consumo[2] e que, em razão disso, precisava proteger o consumidor na presumivelmente desequilibrada relação jurídica estabelecida com o fornecedor.

Em meio aos direitos fundamentais previstos no artigo 5º da Constituição Federal, ficou estabelecido no inciso XXXII que o Estado promoveria, na forma da lei, a defesa do consumidor.[3] Dada a forma de positivação adotada pelo constituinte, não havia dúvida que, a par da aplicação imediata prevista no § 2º desse mesmo artigo 5º, a regulação direta das relações sociais ficaria condicionada à criação da referida lei. Para que isso não ficasse indefinido por prazo indeterminado, o próprio constituinte estabeleceu no artigo 48 do Ato das Disposições Constitucionais Transitórias que o Congresso Nacional deveria elaborar o Código de Defesa do Consumidor em 180 dias, a contar da promulgação da Constituição.

Embora não tenha sido respeitado esse prazo de 180 dias, haja vista que a Constituição Federal de 1988 foi promulgada em 05 de outubro de 1988 e o Código de Defesa do Consumidor somente em 11 de setembro de 1990,[4] para entrada em vigor após 180 dias disso, conforme artigo 118 desse diploma legal, o fato é que o constituinte atingiu seu

---

[2] A sociedade se caracteriza pela massiva produção de bens e disponibilização de serviços e que, justamente por essa característica, precisam e efetivamente acabam sendo consumidos em massa, servindo a propaganda como veículo propulsor dessa necessidade de consumo. A respeito do tema vale ressaltar a anotação de Fernando Costa de Azevedo no sentido de que "não existe a sociedade de consumo, mesmo em tempos tão globalizados. Isso, porque cada Estado apresenta seu modelo de sociedade, que possui características específicas capazes de distingui-lo – seja qualitativa, seja quantitativamente – dos outros modelos sociais", em "Considerações sobre a proteção jurídica dos consumidores: o Código de Defesa do Consumidor e a realidade sociopolítica brasileira", *Revista do Direito*, vol. 2(1), jan.-dez. 2001), pp. 49-64.

[3] Seguindo a mesma linha de raciocínio de Marcelo Benacchio, entendemos que a norma inserta no inciso XXXII do artigo 5º da Constituição tem clara natureza de direito fundamental de 2ª dimensão, uma vez que "exige não uma abstenção do Estado como antes, mas sim uma intervenção de molde a assegurar os direitos do consumidor, portanto, tratam-se de obrigações de fazer e dar do Estado que acabam por transformar o direito à igualdade num direito de tornar-se igual nas condições de acesso à completa cidadania", em *Valoração constitucional da proteção do consumidor* (v. 7. Faculdades Integradas Toledo de Araçatuba, 2007), p. 293.

[4] Lei Federal nº 8.078/1990.

intento inicial de criar uma lei para proteger o consumidor, a qual será melhor examinada no próximo tópico.

No tocante à proteção jurídica estabelecida em favor do consumidor na esfera constitucional, o que nos interessa num primeiro momento é verificar se ela se estende ou não aos estrangeiros que visitam o nosso país. Afinal de contas, de nada vale dizer que se trata de um direito fundamental se ele não servir ao turista, que é o sujeito que nos importa no presente estudo.

Pois bem, o *caput* do artigo 5º da Constituição Federal de 1988 dispõe expressamente que os direitos fundamentais estabelecidos nesse dispositivo e nos seguintes são garantidos aos brasileiros e aos estrangeiros residentes no país. Segundo André Ramos Tavares[5], "há dois problemas na redação desse enunciado. Em primeiro lugar, da incidência do comando estariam excluídos os estrangeiros não residentes no país, como os turistas ou pessoas em trânsito para outros Estados. Em segundo lugar, a parte final da expressão acabaria por beneficiar os estrangeiros ilegalmente residentes no país".

A propósito desse primeiro problema enunciado acima, André Ramos Tavares lembra de Dimitri Dimoulis para enumerar quatro correntes de interpretação. A primeira, denominada "argumento do óbvio", segundo André Ramos Tavares, "simplesmente ignora o sentido gramatical mínimo das palavras do texto em análise, aduzindo que é evidente que todos estariam protegidos, inclusive o estrangeiro não residente". A segunda, chamada "argumento dos direitos naturais", vincula os direitos fundamentais a esses direitos naturais para concluir que o constituinte não restringiria certos direitos inerentes ao ser humano. A terceira corrente, do "argumento dos direitos decorrentes", busca na parte final do § 2º do artigo 5º da Constituição Federal, que toca nos tratados internacionais como fonte dos direitos fundamentais, para mostrar o caráter universal desses direitos, não sendo cabível a exclusão dos estrangeiros não residentes. Por fim, a quarta corrente, do "argumento da dignidade humana", ressalta esse fundamento do Estado Democrático de Direito, previsto no artigo 1º, inciso III, da Constituição Federal, para alargar a amplitude do *caput* do artigo 5º desse diploma em favor dos estrangeiros não residentes no país.[6]

Respeitadas as opiniões, penso que nenhuma das correntes acima está correta. Como ensina Elival da Silva Ramos, na busca do sentido e do alcance da norma o intérprete não pode desprender-se totalmente do texto-base.[7] Ora, tendo constado do *caput* do artigo 5º

---

[5] A.R. Tavares, *Curso de direito constitucional* (São Paulo: Saraiva, 2012), p. 525-526.
[6] *Ibidem.*
[7] "O primeiro e principal desses parâmetros consiste na exigência de que toda e qualquer interpretação constitucional seja compatível com a amplitude de sentidos projetada pelo texto da norma. Se a interpretação-aplicação de natureza jurídica consiste na construção de normas reguladoras de conduta a partir de textos prescritivos, que vinculam a atividade do

da Constituição Federal de 1988 que os direitos fundamentais seriam garantidos apenas aos brasileiros e estrangeiros residentes no país, não se pode simplesmente fingir que o constituinte não diferenciou os residentes dos não residentes para efeito de atribuição daqueles direitos. É como dizem Dimitri Dimoulis e Leonardo Martins, com a clareza que lhes é peculiar:

> a tentativa de parte da doutrina de propor uma interpretação extensiva considerando que é residente qualquer estrangeiro que se encontre em trânsito no território nacional carece de fundamento constitucional, pois equipara os não residentes aos residentes. Se a Constituição objetivasse oferecer tal garantia seria suficiente se referir a 'estrangeiros' sem incluir o requisito da residência.[8]

Pelo ponto de vista constitucional, portanto, o turista não pode ser considerado titular de direitos fundamentais e, consequentemente, não foi alvo do constituinte quando ele visou proteger o consumidor no artigo XXXII do artigo 5º da Constituição Federal de 1988. O constituinte, no entanto, também não proibiu o legislador ordinário de incluir quem quer que fosse como consumidor, o que nos remete à análise do Código de Defesa do Consumidor.

ESFERA LEGAL

No intuito de criar um microssistema jurídico, o Código de Defesa do Consumidor elegeu dois protagonistas, o fornecedor e o consumidor, e dois objetos que se situam entre esses protagonistas, o produto e o serviço. Embora o turista, a rigor, não venha ao país com o intuito de negociar produtos ou serviços, e, por conta disso, nos interesse mais de perto a conceituação de consumidor, para saber se o turista se encaixará ou não em uma relação de consumo, faz-se necessária a análise de todas essas definições básicas.

De acordo com o artigo 3º do referido diploma legal "fornecedor é toda pessoa física ou jurídica, pública ou privada, nacional ou estrangeira, bem como os entes despersonalizados, que desenvolvem atividades de produção, montagem, criação, construção, transformação, importação, exportação, distribuição ou comercialização de produtos ou serviços".

---

intérprete-aplicador, é absolutamente inaceitável que a norma por este concretizada não revele a aderência à textualidade do dispositivo aplicado. O texto normativo é, pois, ao mesmo tempo, o ponto de partida do processo hermenêutico e o mais expressivo balizador da adequação de seus resultados", em E.S. Ramos, *Ativismo judicial: parâmetros dogmáticos* (São Paulo: Saraiva, 2010), p. 168.

[8] D. Dimoulis & L. Martins, *Teoria geral dos direitos fundamentais* (São Paulo: RT, 2009), p. 72.

Embora a lei não diga expressamente, seguindo a linha da doutrina que nos parece dominante, para a caracterização do fornecedor dois detalhes devem ser acrescentados à definição acima. O primeiro é que pelo fato de a lei ter usado a expressão "atividade" se compreende que somente será considerado fornecedor aquele que realizar um dos atos elencados na lei de forma habitual. Não basta, portanto, a colocação de certo produto ou a disponibilização de certo serviço no mercado de forma esporádica para que alguém seja considerado fornecedor.[9]

O segundo ponto a ser observado é que somente será considerado fornecedor aquele que colocar no mercado produto ou serviço mediante remuneração. Embora isso não conste expressamente do *caput* do artigo 3º mencionado acima, pode-se assim compreender observando-se a definição de produto e serviço exposta nos §§ 1º e 2º desse mesmo dispositivo legal.

Dispõe o referido § 1º que "produto é qualquer bem, móvel ou imóvel, material ou imaterial". O § 2º do artigo supracitado, por sua vez, dispõe que "serviço é qualquer atividade fornecida no mercado de consumo, mediante remuneração, inclusive as de natureza bancária, financeira, de crédito e securitária, salvo as decorrentes das relações de caráter trabalhista".

Ora, quando a lei estipulou a necessidade de remuneração para a caracterização do serviço claramente comunicou ao intérprete que o mercado de consumo que ela visa regular, ao menos num primeiro momento, é aquele em que existe remuneração ao fornecedor pelo serviço prestado. Como não existe qualquer razão de ser para que o produto seja tratado de forma diversa, malgrado a lei não tenha sido clara acerca disso, entendemos que também será considerado fornecedor apenas aquele que for remunerado pelo produto colocado no mercado.

Mais um argumento favorável a esse posicionamento é que na definição de consumidor exposta no artigo 2º do Código de Defesa do Consumidor, como será analisado mais adiante, o legislador usa o verbo "adquirir", que novamente passa a ideia de remuneração. Não que a lei se limite a isso, já que também prevê a simples utilização do produto ou do serviço na caracterização do consumidor, mas entendemos que ela o faz somente para abarcar as situações posteriores à aquisição propriamente dita, e não porque, em absoluto, dispense a remuneração.

---

[9] Não é demais lembrar que essa mesma observação é válida para a conceituação do empresário e da sociedade empresária, respectivamente, nos artigos 966 e 981 do Código Civil, que também se valem da expressão "atividade" para demonstrar a necessidade de habitualidade no exercício de atos empresariais para que uma pessoa seja considerada empresária ou sociedade empresária.

Dito isso, mais uma observação acerca da remuneração antes que passemos à análise do consumidor. Ela não precisa ser direta. Consoante vem entendendo a jurisprudência, e a súmula nº 130 do C. STJ nos parece o exemplo mais bem acabado disso, a remuneração indireta também permite a caracterização do fornecedor.[10]

Vistas as definições de fornecedor, produto e serviço, nos resta analisar os quatro conceitos de consumidor previstos no Código de Defesa do Consumidor para averiguar em qual dela o turista pode se encaixar.

CONSUMIDOR TRADICIONAL

Dispõe o artigo 2º, *caput*, do Código de Defesa do Consumidor que "consumidor é toda pessoa física ou jurídica que adquire ou utiliza produto ou serviço como destinatário final". Antes de entrar no mérito da discussão acerca do que consiste a destinação final, o primeiro ponto é considerar que o consumidor não é apenas aquele que adquire um produto ou um serviço junto a um estabelecimento, seja ele físico ou meramente virtual. A lei é clara no sentido de que aquele que simplesmente se utiliza de um produto ou de um serviço, que foi previamente adquirido, mediante remuneração, por outra pessoa, também é considerado consumidor.[11]

O segundo ponto que deve ser mencionado é que as pessoas jurídicas também podem ser consideradas consumidoras. Como ensina José Geraldo Brito Filomeno, prevaleceu a inclusão das pessoas jurídicas durante as discussões ocorridas no trajeto entre a preparação do projeto de lei e a sua promulgação como Código de Defesa do Consumidor.[12] No entanto, segundo o referido autor, para que o sistema mantenha a sua racionalidade somente deveriam ser consideradas como consumidoras as pessoas jurídicas "equiparadas aos consumidores hipossuficientes, ou seja, as que não tenham fins lucrativos, mesmo porque, insista-se, a conceituação é indissociável do aspecto da mencionada hipossuficiência".[13]

Feitas essas análises, verifiquemos a questão relativa à destinação final, que, ao fim e ao cabo, é o que acaba por definir quem deve e quem não deve ser considerado consumidor.

---

[10] É o caso dos furtos e roubos de veículos ou de objetos deixados dentro de veículos no interior de *shopping centers* ou de outros estabelecimentos comerciais. A jurisprudência vem entendendo que embora os estacionamentos sejam gratuitos, eles são indiretamente remunerados pelos clientes que fazem as compras no estabelecimento ou deles se utilizam para outras atividades lucrativas para os fornecedores.

[11] É o caso, por exemplo, das pessoas que ingerem alimentos adquiridos por uma terceira pessoa, o consumidor original; elas não foram os adquirentes, mas também devem ser consideradas consumidoras.

[12] J.G.B. Filomeno, *Código brasileiro de defesa do consumidor: comentado pelos autores do anteprojeto* (Rio de Janeiro: Forense Universitária, 2001), p. 29.

[13] *Ibid.*, p. 29.

Pois bem, são inúmeras as correntes de interpretação acerca do tema, mas podem ser destacadas três:

1. Finalista: é o destinatário fático e econômico do produto ou do serviço, ou seja, aquele que de forma alguma visa a lucro com a retirada desse produto ou desse serviço do mercado. "Restringe a figura do consumidor àquele que adquire (utiliza) um produto para uso próprio e de sua família; consumidor seria o não profissional, pois o fim do CDC é tutelar de maneira especial um grupo da sociedade que é mais vulnerável".[14]

2. Maximalista: trata-se do destinatário final, aquele que retira o produto do mercado e o utiliza, o consome. Por exemplo, a fábrica de toalhas que compra algodão para transformar a matéria-prima ou a fábrica de celulose que compra carros para o transporte dos visitantes, "o advogado que compra uma máquina de escrever para o seu escritório, ou mesmo o Estado, quando adquire canetas para uso nas repartições, e, é claro, a dona de casa que adquire produtos alimentícios para a família".[15] A destinação econômica aqui desaparece, pois também pode ser considerado consumidor aquele que adquire produto ou serviço com finalidade lucrativa.

3. Finalista aprofundada ou moderada: a vulnerabilidade da pessoa natural não profissional é presumida, porém a pessoa jurídica e o profissional se presumem, em regra, não vulneráveis. "Todavia, essa presunção é relativa, podendo ser afastada mediante a demonstração de vulnerabilidade em face de determinadas circunstâncias do caso concreto".[16]

A propósito, malgrado ainda exista intenso debate na jurisprudência e acreditemos que seria exagerado dizer que uma dessas correntes é pacífica, o que, vale dizer, seria frutífero pelo ponto de vista da segurança jurídica, nos parece que é essa terceira que predomina no âmbito do Superior Tribunal de Justiça, o que acabará, cedo ou tarde, refletindo nas decisões dos Tribunais de Justiça dos Estados e do Distrito Federal, nos Tribunais Regionais Federais, bem como dos juízes.[17]

---

[14] C.L. Marques; A.H.V. Benjamin; B. Miragem. *Comentários ao Código de Defesa do Consumidor* (São Paulo: RT, 2013), p. 116.
[15] *Ibidem*, p. 116.
[16] M.V.A. Maia. Disponível em *http://www.cavalcantimedeiros.adv.br/pdf/as_teorias_sobre_o_conceito_de_consumidor.pdf*. Acesso em 5 de fevereiro de 2014.
[17] "Direito civil e direito do consumidor. Transporte aéreo internacional de cargas. Atraso. CDC. Afastamento. Convenção de Varsóvia. Aplicação.1. A jurisprudência do STJ se encontra consolidada no sentido de que a determinação da qualidade de consumidor deve, em regra, ser feita mediante aplicação da teoria finalista, que, numa exegese restritiva do

O fundamento para esse posicionamento está ligado à vulnerabilidade, que é presumida em favor do consumidor no mercado de consumo, a teor do artigo 4º, inciso I, do Código de Defesa do Consumidor, e que corresponde a um dos princípios da Política Nacional de Relações de Consumo. Consoante ensinamento claro e preciso de Luiz Antônio Rizzato Nunes, a vulnerabilidade consiste no reconhecimento de que

> o consumidor é a parte fraca da relação jurídica de consumo. Essa fraqueza, essa fragilidade, é real, concreta, e decorre de dois aspectos: um de ordem técnica e outro de cunho econômico. O primeiro está ligado aos meios de produção, cujo conhecimento é monopólio do fornecedor. E quando se fala em meios de produção não se está apenas referindo aos aspectos técnicos e administrativos para a fabricação e distribuição de produtos e prestação de serviços que o fornecedor detém, mas também ao elemento fundamental da decisão: é o fornecedor que escolhe o que, quando e de que maneira produzir, de sorte que o consumidor está à mercê daquilo que é produzido. (...) O segundo aspecto, o econômico, diz respeito à maior capacidade econômica que, por via de regra, o fornecedor tem em relação ao consumidor.[18]

Dando uma amplitude maior à vulnerabilidade econômica mencionada acima para chama-la fática, Cláudia Lima Marques acrescenta ainda a vulnerabilidade jurídica a esse rol para dizer que:

> a vulnerabilidade fática é aquela desproporção fática de forças, intelectuais e econômicas, que caracteriza a relação de consumo. Já a relação jurídica ou científica foi identificada e protegida pela corte suprema alemã, nos concretos de empréstimo bancário e financiamento, afirmando que o consumidor não teria suficiente 'experiência ou conhecimento

---

artigo 2º do CDC, considera destinatário final tão-somente o destinatário fático e econômico do bem ou serviço, seja ele pessoa física ou jurídica. 2. Pela teoria finalista, fica excluído da proteção do CDC o consumo intermediário, assim entendido como aquele cujo produto retorna para as cadeias de produção e distribuição, compondo o custo (e, portanto, o preço final) de um novo bem ou serviço. Vale dizer que só pode ser considerado consumidor, para fins de tutela pela Lei nº 8.078/90, aquele que exaure a função econômica do bem ou serviço, excluindo-o de forma definitiva do mercado de consumo. 3. Em situações excepcionais, todavia, esta Corte tem mitigado os rigores da teoria finalista, para autorizar a incidência do CDC nas hipóteses em que a parte (pessoa física ou jurídica), embora não seja tecnicamente a destinatária final do produto ou serviço, se apresenta em situação de vulnerabilidade. 4. Na hipótese em análise, percebe-se que, pelo panorama fático delineado pelas instâncias ordinárias e dos fatos incontroversos fixados ao longo do processo, não é possível identificar nenhum tipo de vulnerabilidade da recorrida, de modo que a aplicação do CDC deve ser afastada, devendo ser preservada a aplicação da teoria finalista na relação jurídica estabelecida entre as partes. 5. Recurso especial conhecido e provido", em STJ, 3ª T., Resp 1358231 / SP, rel. Min. Nancy Andrighi, j. 28.05.2013, DJE 17-6-2013.

[18] L.A.R. Nunes, *Curso de direito do consumidor: com exercícios* (4ª ed. São Paulo: Saraiva, 2009), pp. 129-130.

econômico nem a possibilidade de recorrer a um especialista'. É a falta de conhecimentos jurídicos específicos, de conhecimentos de contabilidade ou de economia.[19]

Pois bem, segundo a posição predominante no Superior Tribunal de Justiça, como regra geral, consumidor é apenas o destinatário final fático e econômico do produto ou do serviço. Ele não pode recolocar o produto ou serviço no mercado de consumo, ainda mais com intuito de lucro. Excepcionalmente, no entanto, se comprovada uma das espécies de vulnerabilidade do consumidor mencionadas acima, também pode ser considerado consumidor o destinatário final meramente fático, mas não econômico.

Visto de forma sucinta o que é dito pela doutrina com relação a este primeiro conceito de consumidor previsto na lei, e o entendimento que nos parece predominante no tribunal superior incumbido de dar a última palavra acerca das questões infraconstitucionais, podemos então tratar do turista, embora, de certa forma, as explicações acima sejam mais do que suficientes para se compreender se um turista deverá ou não ser considerado como consumidor em uma situação específica.

Tendo o turista adquirido ou utilizado produtos e/ou serviços como destinatário final, e tendo feito negócio jurídico com alguém que, pelas características com que atua no mercado, sobretudo pela remuneração e pela habitualidade, pode ser considerado fornecedor, não há dúvida nenhuma de que ele deve ser considerado como consumidor para os efeitos de aplicação do Código de Defesa do Consumidor. Sendo assim, de acordo com o artigo 6º desse diploma legal, ele terá direito à informação adequada e clara, como se verá em um tópico exclusivo mais adiante, à proteção contra publicidade enganosa ou abusiva, à modificação de cláusulas contratuais ou à revisão de obrigações contratuais em certas situações específicas, à facilitação da defesa de seus direitos, inclusive com possível inversão do ônus da prova, dentre outros direitos.

A questão, certamente, recairá sobre a destinação final do produto ou do serviço nos aspectos fático e econômico, como visto acima. A depender da corrente adotada, poderá o turista ser ou não considerado consumidor. Um exemplo que vale ser citado porque recorrente é o do turista que adquire produtos com o fim precípuo de revendê-los posteriormente em sua terra natal, que pode inclusive ser outro país, tal como fazem os ditos "sacoleiros". A rigor, um turista que esteja nessa circunstância não será considerado consumidor, pois não é destinatário fático nem econômico dos produtos adquiridos. Dessa forma, a par de podermos ter um fornecedor típico e bens que possam ser considerados como produtos pelo Código de Defesa do Consumidor, esse diploma não poderá incidir

---

[19] C.L. Marques; A.H.V. Benjamin; B. Miragem, *op. cit.*, p. 229.

em favor do turista, que terá que recorrer ao Código Civil para resolver eventuais violações aos seus direitos.

CONSUMIDOR EQUIPARADO

O segundo conceito de consumidor que o Código de Defesa do Consumidor expõe está previsto no parágrafo único do mesmo artigo 2º de que tratamos acima, que tem a seguinte redação: "Equipara-se a consumidor a coletividade de pessoas, ainda que indetermináveis, que haja intervindo nas relações de consumo". Consoante Luiz Antônio Rizzato Nunes, essa regra

> permite o enquadramento da universalidade ou conjunto de pessoas, mesmo que não se constituam em pessoa jurídica. Por exemplo, a massa falida pode figurar na relação de consumo como consumidora ao adquirir produtos, ou, então, o condomínio, quando contrata serviços.[20]

Tendo em vista que esse conceito de consumidor tem na coletividade o seu foco, e considerando que nas relações jurídicas feitas por turistas haverá a plena possibilidade de identificação de cada uma dessas pessoas, tendo elas atuado em nome próprio ou como representantes de pessoas jurídicas estrangeiras, o fato é que não conseguimos imaginar a aplicabilidade desse conceito no contexto do turismo.

CONSUMIDOR VÍTIMA DO EVENTO

A terceira conceituação de consumidor certamente se adequa à condição do turista.

Dentro da Seção II do Código de Defesa do Consumidor, que trata da responsabilidade pelo fato do produto ou do serviço, dispõe o artigo 17 que "para os efeitos desta seção, equiparam-se aos consumidores as vítimas do evento".

O evento de que trata a lei é o fato do produto ou do serviço, também conhecido como acidente de consumo. É o dano causado ao consumidor, que muito bem pode ser um turista, ainda que ele não tenha adquirido ou utilizado qualquer produto ou serviço. Embora exista alguma divergência acerca de que danos podem ser incluídos no conceito de fato ou acidente, entendemos que todos aqueles danos que extrapolem o valor intrínseco do produto ou do serviço, ainda que meramente patrimonial.[21]

---

[20] L.A.R. Nunes, *op. cit.*, p. 84.
[21] O exemplo dado por Luiz Antônio Rizzato Nunes acerca desse evento danoso é muito propício para a utilização no presente contexto. Diz ele: "Assim, por exemplo, na queda de um avião, todos os passageiros (consumidores do serviço) são atingidos pelo evento danoso (acidente de consumo) originado no fato do serviço da prestação do transporte aéreo. Se o avião cai em área residencial, atingindo a integridade física ou o patrimônio de outras pessoas (que não tinham

Como expõe com bastante clareza o desembargador José Carlos Maldonado de Carvalho,

> o defeito, além de impedir o correto funcionamento do produto ou do serviço, causa um dano maior ao consumidor, ultrapassando o limite valorativo do produto ou do serviço. Revela-se como fato do produto ou serviço o acontecimento externo que, em razão de um defeito de concepção, de produção ou de comercialização, cause dano material ou moral ao consumidor.[22]

CONSUMIDOR EXPOSTO ÀS PRÁTICAS COMERCIAIS

O quarto conceito de consumidor é o do artigo 29 do Código de Defesa do Consumidor, que tem a seguinte redação: "Para os fins deste Capítulo e do seguinte, equiparam-se aos consumidores todas as pessoas determináveis ou não, expostas às práticas nele previstas".

Seguindo o princípio norteador exposto no artigo 4º, inciso VI, do Código de Defesa do Consumidor, o referido artigo tem por finalidade afastar do mercado de consumo toda e qualquer prática abusiva, seja no âmbito contratual, seja fora dele.

As práticas a que se refere esse artigo consistem basicamente na oferta, na publicidade, nas práticas abusivas, na cobrança de dívidas, na inserção do nome do consumidor em bancos de dados ou cadastros. Pelo fato de haver menção expressa à valia para o próximo capítulo, também devem ser considerados consumidores todos aqueles que são expostos a práticas indevidas por parte dos fornecedores no âmbito contratual.

Esse conceito de consumidor, sem dúvida, tem larga aplicação no âmbito do turismo, pois o turista-consumidor pode ter sido atraído a adquirir certo produto ou serviço por conta de uma oferta que lhe foi feita, ou mesmo em razão de publicidade que depois se relevou enganosa. Como toda informação passada pelo fornecedor o vincula, integrando então o contrato, nos termos do artigo 30 do Código de Defesa do Consumidor, é certo que, se o consumidor consegue demonstrar que recebeu certa oferta por parte do fornecedor que acabou não sendo cumprida, isso significa, por exemplo, violação de seu direito, embora não esteja expresso nem mesmo no contrato assinado pelas partes.

Um exemplo que vem se repetindo na jurisprudência consiste na celebração de contratos por parte de turistas para a estada em hotéis com certo padrão, mas que depois

---

participado da relação de consumo), estas são, então, equiparadas ao consumidor, recebendo todas as garantias legais instituídas no CDC", em L.A.R. Nunes, *op. cit.*, p. 85.

[22] J.C.M. Carvalho. Disponível em http://www.tj.rj.gov.br/institucional/dir_gerais/dgcon/pdf/artigos/direi_consu/decadencia_prescricao_cdc.pdf, p. 4. Acesso em 5 de fevereiro de 2014.

acabam se revelando de padrão inferior. Tendo o padrão superior do hotel sido informado ao consumidor por oferta direta do fornecedor ou mesmo por meio de publicidade em geral, essa informação passou a integrar o contrato firmado entre as partes, ainda que isso não tenha sido incluído expressamente no instrumento contratual. Dessa forma, não só deve ser reconhecida a violação do direito do consumidor como também lhe deve ser concedida indenização por danos morais em razão do engodo, embora seja discutível a existência de danos morais com efeito punitivo.[23]

Aliás, no tocante ao desrespeito dos direitos dos turistas-consumidores que contrataram pacotes turísticos em agências de viagens, importa salientar que o Superior Tribunal de Justiça tem posição pacífica no sentido de que a operadora de turismo tem responsabilidade solidária com as pessoas físicas ou jurídicas contratadas para a prestação de serviços ou o fornecimento de produtos. Sendo assim, havendo problemas com a empresa aérea ou com a empresa que faria o transporte até certo local turístico, tanto essas empresas diretamente envolvidas com o problema quanto a operadora de turismo são civilmente responsáveis pelos danos causados aos consumidores.[24]

---

[23] "Prestação de Serviços – Indenizatória – Pacote turístico – Danos materiais e imateriais – Configuração hospedagem em hotel diverso do contratado e de padrão inferior – Falta de entrega adequada do serviço – Ressarcimento em valor correspondente à diferença das diárias pertinência valor reconhecido nos autos – Danos morais configurados – Constrangimento da autora – Valor da compensação arbitramento judicial – Redução pertinência – R$ 10.000,00 – Princípios da proporcionalidade e razoabilidade respeitados recurso da ré parcialmente provido, rejeitado o adesivo da autora. I- É devido o pagamento de diferença de diária em hotel, decorrente da necessidade de transferência do originalmente ofertado, em razão de impossibilidade de acomodação; II- Devidamente comprovada nos autos a falta de entrega adequada na prestação dos serviços pela ré, que comercializou o pacote turístico adquirido pela autora, em comemoração familiar, em viagem internacional, e ao chegarem ao destino lhe foi vedada a hospedagem no hotel contratado, sendo alojados em outro de padrão inferior, implicando em uma série de transtorno à autora e sua família, além de outras sensações negativas, de rigor o ressarcimento da diferença de diária, além da sua condenação em indenização por danos morais; III- A valoração do dano moral há que ser determinada pelo prudente arbítrio judicial, considerando os princípios da proporcionalidade e razoabilidade e, uma vez desatendidos, sendo eleito em valor exacerbado, de rigor a sua redução. TJSP – 31ª Câmara de Direito Privado, Apelação nº 0008375-40.2011.8.26.0281, rel. Des. Paulo Ayrosa, j.14.05.2013.

[24] "Direito civil e do consumidor. Ação de indenização por danos materiais. Pacote turístico. Má prestação de serviço. Responsabilidade objetiva da operadora. Artigo 14 do CDC. Contrato de seguro saúde para viagem. Contratação casada. Negativa indevida de cobertura no exterior. Cadeia de consumo. Solidariedade legal entre a operadora e a seguradora. Artigo 7º do CDC. Ressarcimento das despesas com transporte em UTI aérea para o Brasil e demais despesas médicas. Cabimento. 1 – O Tribunal de origem, analisando os fatos concluiu tratar-se de má prestação de um serviço, sendo a operadora de turismo, portanto, prestadora de serviço, como tal responde, independentemente de culpa pela reparação dos danos causados aos consumidores, nos termos do artigo 14º do Código de Defesa do Consumidor. 2 – Acresce que o parágrafo único do artigo 7º do Código consumerista adotou o princípio da solidariedade legal para a responsabilidade pela reparação dos danos causados ao consumidor, podendo, pois, ele escolher quem acionará. E, por tratar-se de solidariedade, caberá ao responsável solidário acionado, depois de reparar o dano, caso queira, voltar-se contra os demais responsáveis solidários para se ressarcir ou repartir os gastos, com base na relação de consumo existente entre eles. 3 – Desse modo, a distinção que pretende a recorrente fazer entre sua atuação como operadora dissociada da empresa que contratou o seguro de viagem não tem relevância para a solução do caso e não afastaria jamais a sua responsabilidade. 4 – Recurso Especial improvido." (STJ – 3ª T., Resp. 1102849/RS, rel. Min. Sidnei Beneti, j. 17.04.2012)

Direito à informação

Verificados os elementos de uma relação de consumo, especialmente o consumidor, entendemos ter ficado razoavelmente claro quando o turista pode ser considerado consumidor. Nesse diapasão, como já foi assinalado, fica fácil compreender quando o turista passa a ter os direitos previstos no Código de Defesa do Consumidor.

Neste tópico pretendemos analisar um pouco mais detidamente o direito à informação, por entendermos que ele é o mais importante de todos os direitos e se mostra ainda mais sensível no campo do turismo internacional, haja vista a diferença linguística.

Como ensina Cláudia Lima Marques, o direito à informação está ligado ao princípio da transparência, o qual, por sua vez,

> rege o momento pré-contratual e rege a eventual conclusão do contrato. É mais do que um simples elemento formal, afeta a essência do negócio, pois a informação repassada ou requerida integra o conteúdo do contrato (arts. 30, 31, 33, 35, 46 e 54) ou, se falha, representa a falha na qualidade do produto ou serviço oferecido (arts. 18, 20 e 35). Resumindo, como reflexo do princípio da transparência temos o novo dever de informar o consumidor.[25]

Considerando que o objetivo do Código de Defesa do Consumidor foi o de reequilibrar a presumivelmente desequilibrada relação jurídica formada por consumidor e fornecedor, não há dúvida de que o direito à informação é um dos pilares básicos desse mecanismo de reequilíbrio. Quanto mais bem informado o consumidor, menos desequilibrada é a relação, e vice-versa.

O Código de Defesa do Consumidor começa a tratar do direito à informação no inciso III do artigo 6º, que estabelece que essa informação deve ser "adequada e clara sobre os diferentes produtos e serviços, com especificação correta de quantidade, características, composição, qualidade e preço, bem como sobre os riscos que apresentem".

A adequação e a clareza da informação passada ao consumidor é repetida de forma mais detalhada no artigo 31 do diploma legal supracitado, que acrescenta a essas duas características da informação a necessidade de ela ser precisa, ostensiva e em língua portuguesa. Pois é justamente essa obrigação de informar na língua portuguesa que nos interessa mais de perto.

Sendo o turista estrangeiro, muito provavelmente não entenderá perfeitamente o que está sendo ofertado a ele, o que consta da publicidade e tampouco os termos do eventual

---

[25] C.L. Marques; A.H.V. Benjamin; B. Miragem, *op. cit.*, p. 282.

contrato escrito. E daí poderia decorrer outro problema, pois como o artigo 46 do Código de Defesa do Consumidor dispõe que não obrigam o consumidor os contratos cujo conteúdo não for previamente conhecido por ele, ou que forem redigidos de modo a dificultar a compreensão de seu sentido e alcance, seria viável a interpretação no sentido de que aquele que se dispõe a informar consumidor estrangeiro com vistas à obtenção de lucro deve fazê-lo na sua língua ou, no mínimo, em inglês.

Como qualquer pessoa, no entanto, o fornecedor somente é obrigado a fazer ou deixar de fazer o que está na lei. Ela é clara no sentido de que o fornecedor somente é obrigado a informar em língua portuguesa, e, portanto, também é um direito do fornecedor, que não pode ser obrigado a informar em outra língua.

Mas e se o fornecedor resolve se valer de língua estrangeira, ainda que apenas de algumas expressões, para informar os consumidores sobre o produto? Ele assume a responsabilidade pela correta compreensão por parte do consumidor com relação ao que está escrito nessa outra língua. Não temos dúvida de que a resposta agora é positiva. Ora, se de um lado o fornecedor não tem o dever de informar em outra língua, se o fizer assume a obrigação de informar de forma clara e adequada, sob pena de o contrato não obrigar o turista-consumidor.

Outros direitos do consumidor

Dispõe o artigo 7º do Código de Defesa do Consumidor que

> os direitos previstos nesse Código não excluem outros decorrentes de tratados ou convenções internacionais de que o Brasil seja signatário, da legislação interna ordinária, de regulamentos expedidos pelas autoridades administrativas competentes, bem como dos que derivem dos princípios gerais do direito, analogia, costumes e equidade.

Entendemos que a melhor interpretação que deve ser dada ao dispositivo legal acima consiste na ideia de agregação, ou seja, o Código de Defesa do Consumidor não é o único diploma que prevê direitos do consumidor. Outros direitos podem ser agregados àqueles previstos no referido Código.

Não é essa a interpretação, no entanto, que parece prevalecer na doutrina. Com fulcro na teoria denominada "diálogo das fontes", que é capitaneada pela renomada e tantas vezes citada Cláudia Lima Marques, a doutrina passou a aceitar uma interpretação que vai além da agregação supracitada. Diz a referida autora:

Diante da pluralidade atual de leis, há que se procurar o diálogo, utilizando a lei mais favorável ao consumidor. Assim, no caso do CC/2002, o ideal não é mais perguntar somente qual o campo de aplicação do novo Código Civil de 2002, quais seus limites, qual o campo de aplicação do CDC e quais seus limites, mas visualizar que a relação jurídica de consumo é civil e é especial, tem uma lei geral subsidiária por base e uma (ou mais) lei especial para proteger o sujeito de direito, sujeito de direitos fundamentais, o consumidor. Nesta ótica, ambas as leis se aplicam à mesma relação jurídica de consumo e colaboram com a mesma finalidade, concorrendo, dialogando, protendo, com luzes e eficácia diferentes caso a caso, mas com uma mesma finalidade, a cumprir o mandado constitucional. Neste sentido, não é o CDC que limita o Código Civil, é o Código Civil que dá base e ajuda ao CDC, e, se o Código Civil for mais favorável ao consumidor que o CDC, não será esta lei especial que limitará a aplicação da lei geral (art. 7º CDC), mas sim dialogarão à procura da realização do mandamento constitucional de proteção especial do sujeito mais fraco. Assim, por exemplo, se o prazo prescricional ou decadencial do CC/2002 é mais favorável ao consumidor, deve ser este o usado, pois, ex vi artigo 7º do CDC, deve-se usar o prazo prescricional mais favorável ao consumidor.[26]

Com a devida vênia, não concordamos com esse posicionamento. Pensamos que ele é antidemocrático e, por conseguinte, inconstitucional. Na medida em que o legislador disciplinou uma matéria, tal como o prazo prescricional, eventual conflito de normas deve ser resolvido pelos usuais métodos em que a lei posterior revoga a anterior ou a especial revoga a geral. E se esse prazo previsto no Código de Defesa do Consumidor é menos benéfico do que o previsto no Código Civil, que se declare a inconstitucionalidade do artigo do Código de Defesa do Consumidor por contrariar o artigo 5º, inciso XXXII da Carta Magna.

O Código de Defesa do Consumidor não se sobrepõe a qualquer outro, nem mesmo os direitos do consumidor são mais fundamentais que outros direitos previstos na Constituição Federal para autorizar o intérprete a fazer uma escolha casuística da norma que mais beneficia o consumidor. Isso causa insegurança jurídica e parece contrário ao ideal de harmonização previsto no artigo 170 da Carta Magna.

A par disso, entendemos ser importante a menção a esse posicionamento doutrinário, pois em sendo acolhido, alarga o espectro dos direitos do consumidor, beneficiando o turista que se adequar ao conceito de consumidor, como visto ao início do presente artigo.

---

[26] *Ibid.*, p. 358.

Um exemplo de direitos do consumidor que não está no Código de Defesa do Consumidor e que, independentemente da adoção ou não da teoria acima, pode ser considerado como tal, são aqueles previstos na Lei nº 10.671, de 15 de maio de 2003, conhecida como "Estatuto do Torcedor", que é realçado neste contexto do turismo uma vez que o Brasil sediou e sediará importantes jogos e campeonatos esportivos.[27]

Dispõe o artigo 2º do referido diploma legal que "torcedor é toda pessoa que aprecie, apoie ou se associe a qualquer entidade de prática desportiva do país e acompanhe a prática de determinada modalidade esportiva". Um turista, sem dúvida, pode ser considerado torcedor, desde que compareça a um ginásio, um estádio, uma quadra em que ocorre uma competição esportiva, uma vez que se o faz é porque, no mínimo, aprecia o evento.

Pois bem, sendo o turista considerado torcedor e, consequentemente, consumidor, ele tem inúmeros direitos, tais como que o regulamento, as tabelas da competição e o nome do ouvidor da competição sejam divulgados até sessenta dias antes de seu início (art. 9º), que a participação das entidades de prática desportiva em competições organizadas pelas entidades de que trata o artigo 5º seja exclusivamente em virtude de critério técnico previamente definido (art. 10), que o árbitro e seus auxiliares entreguem, em até quatro horas contadas do término da partida, a súmula e os relatórios da partida ao representante da entidade responsável pela organização da competição (art. 11), além de segurança (art. 13, *caput*), acessibilidade (art. 13, par. único), entre outros.

Conclusão

Tendo o presente artigo o propósito de compreender a relação entre o turismo e o direito de consumidor, a proposta foi analisar, em primeiro plano, se o turista poderia ser considerado consumidor no nosso sistema jurídico. Se no âmbito constitucional não parece que ele deveria ser considerado consumidor, no âmbito legal ao menos em três dos quatro conceitos de consumidor previstos no Código de Defesa do Consumidor o turista se encaixa, de tal modo que pode ser titular de direitos e deveres.

Quanto aos direitos, que em sua quase totalidade foram apenas elencados, em destaque está o direito à informação clara e precisa ao consumidor, que se espraia por vários dispositivos do Código de Defesa do Consumidor e pode levar à não vinculação do

---

[27] Esta lei não se aplicou à Copa das Confederações da FIFA que ocorreu em 2013 e nem à Copa do Mundo de Seleções da FIFA que ocorrerá em 2014, uma vez que foi votada e promulgada lei específica para regular esses eventos, a qual, segundo se acompanhou pela imprensa, decorreu de imposição da própria FIFA. Trata-se da Lei Federal nº 12.663, de 5 de junho de 2012.

fornecedor quanto ao contrato do consumidor celebrado com ele. Compreendemos que, no tocante à linguagem em que o consumidor deve ser informado, a única obrigação que o fornecedor tem no Brasil é de fazê-lo em língua portuguesa. Em outras palavras, o fornecedor não deve prestar informações em língua estrangeira, pouco importando que o turista seja estrangeiro. No entanto, de outro lado, observamos que existe fundamento para se entender que, se o fornecedor resolve prestar informação em língua estrangeira, assume a obrigação de fazer o consumidor compreender perfeitamente o conteúdo da informação.

Ainda nesse contexto dos direitos, foi apresentado o artigo 7º do Código de Defesa do Consumidor como porta de entrada de novos direitos dos consumidores, que pode ser ainda mais alargada com a adoção da teoria do "diálogo das fontes". Nesse diapasão, fizemos questão de ressaltar o Estatuto do Torcedor como fonte de novos direitos do consumidor, inclusive do turista-consumidor.

BIBLIOGRAFIA

AZEVEDO, F.C. "Considerações sobre a proteção jurídica dos consumidores: o Código de Defesa do Consumidor e a realidade sócio-política brasileira". Em *Revista do Direito*, 2(1), Pelotas, jan./dez de 2001.

BENACCHIO, M. *Valoração constitucional da proteção do consumidor*. s/l. Faculdades Integradas Toledo de Araçatuba: 2007.

CARVALHO, J.C.M. "Decadência e prescrição no CDC: vício e fato do produto e do serviço". Disponível em http://www.tj.rj.gov.br/institucional/dir_gerais/dgcon/pdf/artigos/direi_consu/decadencia_prescricao_cdc.pdf. Acesso em 24 abr. 2014.

DIMOULIS, D & MARTINS, L. *Teoria geral dos direitos fundamentais*. 2ª ed. São Paulo: RT, 2009.

FERREIRA, A. B. de H. *Novo Aurélio século XXI: o dicionário da língua portuguesa*. 3ª ed. Rio de Janeiro: Nova Fronteira, 1999.

FILOMENO, J.G.B. "Código brasileiros de defesa do consumidor: comentado pelos autores do anteprojeto". Em GRINOVER A. P. *et al.* (org.) 7ª ed. Rio de Janeiro: Forense Universitária, 2001.

MAIA, M.V,A. "As teorias sobre o conceito de consumidor". Disponível em http://www.cavalcantimedeiros.adv.br/pdf/as_teorias_sobre_o_conceito_de_consumidor.pdf. Acesso em 24 abr. 2014.

MARQUES, C.L; BENJAMIN, A.H.V.; MIRAGEM, B. *Comentários ao Código de Defesa do Consumidor*. 4ª ed. São Paulo: RT, 2013.

NUNES, L.A.R. *Curso de direito do consumidor: com exercícios* 4ª ed. São Paulo: Saraiva, 2009.

RAMOS, E.S. *Ativismo judicial: parâmetros dogmáticos*. São Paulo: Saraiva, 2010.

TAVARES, A.R. *Curso de direito constitucional*. 10ª ed. São Paulo: Saraiva, 2012.

Conflitos entre fornecedor e consumidor no mercado de serviços turísticos
E SUA INTERPRETAÇÃO À LUZ DOS PRINCÍPIOS CONSTITUCIONAIS

*Eduarda Cotta Mamede**

Um erro de enfoque

Os fornecedores de serviços turísticos – hotéis, agências de viagem, organizadores de eventos, etc. – estão submetidos à Lei nº 8.078/90, Código de Defesa do Consumidor.

A expressão direito do consumidor é infeliz, parecendo que o direito se preocupa apenas com um lado da relação jurídica, o que não pode ser verdadeiro, já que, na vigência do Estado democrático de direito, não há um direito do consumidor sem um direito do fornecedor, como não há um dever do fornecedor sem um dever do consumidor. A relação de consumo é bilateral, e ambas as partes assumem obrigações e faculdades, direitos e deveres. O hotel assume a obrigação de hospedar como contratado, o hóspede, o dever de pagar o preço combinado e de se comportar de acordo com as regras do estabelecimento. Por isso, melhor seria dizer "direito das relações de consumo" ou "direito do consumo", não privilegiando nenhum dos lados da relação e colocando uma distância igual e imparcial entre as partes, de acordo com o artigo 5º da Constituição, que iguala todos perante a lei.

A ideia de um direito *apenas* do consumidor levou-nos a avaliações desairosas dos empresários, os fornecedores nas relações de consumo, como se fossem eles pessoas predispostas ao ilícito. Mas fornecedores são sujeitos de direitos e deveres tanto quanto os consumidores, e se há fornecedores que cometem abusos e ilegalidades, há consumidores também. Qualquer gerente de hotel, qualquer agente de viagem já viveu situações revoltantes, em que turistas mal-intencionados invocam a condição de consumidores

---

* Advogada, diretora administrativa do Instituto Pandectas (Belo Horizonte) e membro do Núcleo de Estudos do Direito do Turismo.

para justificar seus absurdos, tais como desistências em cima da hora, alterações fora do tempo e até argumentos subjetivos como "não era o que eu queria". Esses são excessos de um direito *apenas* do consumidor que provocam injustiças e prejuízos. Por exemplo, uma desistência de última hora, quando já foram feitos gastos para receber um grupo de turistas numa pousada, pode criar um rombo significativo na contabilidade da empresa.

Não se quer com isso dizer que todos os fornecedores são bons nem se pretende pregar o fim da legislação vigente. O importante é fixar que não são maus todos os fornecedores nem são bons todos os consumidores. É preciso cuidado para perceber quem está certo e quem está errado; o fornecedor não pode ser o bode expiatório deste tempo, sobre o qual recaem todos os pecados do povo, sendo por isso sacrificado.[1] Desempenha ele um papel econômico importante e não pode ficar à margem da lei.

O direito das relações de consumo precisa ser pensado como legislação voltada para a elevação da qualidade das relações de fornecimento e consumo, preservando a relação jurídica e não a pessoa do consumidor. A relação deve se conformar à lei e não a lei ao consumidor. Não é preciso, aliás, mudar a lei, mas sua interpretação, abandonando a ideia de que o fornecedor explora o consumidor, de que o consumidor é sempre uma vítima, o que nem sempre é verdadeiro. É preciso garantir que a relação seja justa e amparada na lei, hábil à produção dos resultados contratados. Atualmente, em qualquer caso, pressupõe-se que o consumidor foi lesado. Mas há muitos consumidores desleais, que procuram obter vantagens desonestas ou mesmo ilícitas. Sabemos que são primitivas, quase sempre, as tendências de estabelecer posições fixas de bem e mal, pois representam incapacidade para a reflexão dos fatos, de seus componentes e características, a partir dos quais se deve formar uma convicção.

A prevalência de um direito das relações de consumo, portanto, começa por uma mudança de olhar. É fundamental que se defenda a qualidade e a licitude da relação entre fornecedor e consumidor, considerando o fato em si e apurando o respeito ao direito por parte do fornecedor e do consumidor. A proposta é a criação de um direito que não tenha favoritos, mas que atenda ao que é justo e razoável, considerando as dificuldades, os desafios, os problemas das partes, as possibilidades físicas e jurídicas do que se pretende – um direito sem arbítrio, preconceito e intolerância.

---

[1] Levítico (16: 5-10). E quanto maior o fornecedor, melhor para os "sacerdotes" que vivem de anunciar demônios aqui e acolá. Curiosamente, segundo J. Chevalier e A. Gheerbrant, "a tradição do bode expiatório é quase universal [...]. Representa essa profunda tendência do homem a projetar sua própria culpabilidade sobre outrem, assim satisfazendo a sua consciência, sempre a necessitar de um castigo, uma vítima". *Dicionário de símbolos* (14ª ed. Rio de Janeiro: José Olympio, 1999), p. 136.

Esse é o caminho para uma elevação da qualidade no consumo, pois fornecedor e consumidor ficam obrigados a respeitar suas obrigações específicas. Ganha a sociedade, atendida a demanda de consumo e preservados o esforço e o investimento dos que produzem, barateando as atividades empresariais, ampliando as oportunidades de emprego e melhorando a qualidade do mercado.

O mito da inferioridade do consumidor

A Lei nº 8.078/90 reconhece a vulnerabilidade do consumidor no mercado de consumo. Muitos afirmam que o consumidor é sempre a parte mais fraca e que as obrigações contratadas deveriam ser interpretadas a seu favor, presumida sua desvantagem. É preciso, porém, muito cuidado no emprego da presunção, tendo a lei distinguido dois casos para evitar injustiças. A presunção absoluta (*iuris et de iure*) não comporta prova em contrário;[2] a presunção relativa (*iuris tantum*) comporta prova em contrário.[3] Por sua gravidade, a presunção absoluta é rara no direito, ao contrário da presunção relativa, que abunda.

No direito de consumo, a presunção de vulnerabilidade do consumidor deve ser compreendida como relativa. Existem casos em que o consumidor é inferior, casos em que as partes negociam em igualdade de condições, devendo o contrato ser interpretado de forma equânime, e casos em que o fornecedor está em posição de inferioridade, oprimido por um consumidor que lhe impõe cláusulas e condições, como são exemplos os proprietários de pequenas pousadas. É preciso investigar, em cada caso, quem está em posição de vantagem e quem está em posição de desvantagem. Isso, porém, não está ocorrendo. O que mais se vê são consumidores que escondem os próprios vícios e abusos sob o argumento de constituírem a "parte mais fraca".

Há outros casos que não se resolvem olhando a inferioridade, mas aplicando a lei. Nem tudo o que está contratado foi imposto e a maioria dos casos independe de força ou fraqueza, não sendo justo estender uma "interpretação benéfica" a tais limites. Hoje em dia, qualquer um que não honra seus compromissos quer culpar o fornecedor pelo seu inadimplemento. Alguns tribunais entendem ser direito do turista desistir da viagem em cima da hora ou da estadia antes do término da contratação; como essa desistência é

---

[2] Por exemplo, presume-se que o menor de 16 anos seja absolutamente incapaz; mesmo um menor que aos 15 anos seja um modelo de responsabilidade, que se sustente e a outros, etc., será considerado incapaz.

[3] Por exemplo, presume-se que o locador que pede o imóvel para uso próprio irá, efetivamente, usá-lo, embora possa o locatário provar que não irá, impedindo a retomada do imóvel locado.

possível, cria-se um novo custo para os produtos turísticos, encarecendo-os. Perde a economia nacional e perdem os consumidores honestos, que honram seus compromissos, pois têm inevitavelmente embutidos no preço de suas viagens os riscos da irresponsabilidade de terceiros.

Essa posição jurídica se baseia na tendência natural de apiedar-se do polo mais fraco de qualquer relação. Porém, o hotel, a agência de viagens e qualquer outro prestador de serviços, entre dívidas e créditos, mantêm, como qualquer pessoa, uma situação de risco, gerando, diante dessa verdadeira inadimplência legal, instabilidade. Ademais, o mercado é competitivo e as margens de lucro são calculadas em níveis baixos, todos se esforçando para reduzir custos e aumentar a qualidade em um mercado extremamente competitivo. Não há, portanto, gordura para queimar; se um novo elemento de custo surge, ainda que fruto de interpretação jurídica, terá de compor a planilha que determina o valor do negócio.

O artigo 53, parágrafo único, do Código de Defesa do Consumidor, garantia ao consumidor que desistia do negócio "compensação ou restituição das parcelas quitadas à data da resolução contratual, monetariamente atualizadas". No entanto, foi vetado pelo presidente da República (veto mantido pelo Congresso) sob a seguinte justificativa: "a venda dos bens mediante pagamento em prestações acarreta diversos custos para o vendedor, que não foram contemplados na formulação do dispositivo". Assim, não há previsão legal para a restituição integral das parcelas pagas pelo devedor inadimplente (aquele que não cumpre o contrato), sendo regida a matéria pelo Código Civil e não pelo Código de Defesa do Consumidor. Ademais, foi reconhecido, por meio do veto, o dever do consumidor de indenizar amplamente as despesas experimentadas pelo fornecedor.

Assim, quem dá causa à rescisão do contrato fora das hipóteses de arrependimento imediato dispostas no Código do Consumidor deve assumir as consequências de seus atos; deve compensar os prejuízos da quebra contratual, como despesas de administração do empreendimento, gastos com publicidade, custos financeiros e contábeis da rescisão, valores que se deixou de ganhar negociando com outro, despesas específicas como comissões, entre outros. Seria injusto e ilegal, em tais circunstâncias, que o fornecedor suportasse todos os prejuízos do cancelamento a que não deu causa, pois suas perdas são muitas: os salários dos diversos empregados, os custos operacionais da empresa, o valor do capital investido e seu custo financeiro, etc.

Para o mercado imobiliário, por exemplo, o Superior Tribunal de Justiça arbitrou em 20% sobre o valor até então desembolsado pelo consumidor a indenização pelos prejuízos advindos do rompimento do contrato. Mas a fixação de um percentual não pode ser considerada como solução final, sob pena de chegarmos a situações em que o valor a ser recebido será ínfimo, caracterizando um desrespeito ao fornecedor.

Outro ponto de injustiça está no entendimento de alguns de que apenas os consumidores poderiam se beneficiar da teoria da imprevisão, ou seja, do instituto jurídico que permite a modificação ou revisão das cláusulas contratuais quando fatos supervenientes, imprevisíveis, as tornem excessivamente onerosas para uma das partes. O erro nasce na leitura do artigo 6º, V, da Lei nº 8.078/90 – Código das Relações de Consumo –, pois se refere à revisibilidade das cláusulas que imprevisivelmente se tornem onerosas como um direito básico do consumidor. Afinal, não exclui o direito do fornecedor, que também se beneficia do direito, conforme estabelecem os princípios gerais do direito civil desde o direito romano, que considera a chamada cláusula *rebus sic stantibus* faculdade de qualquer pessoa, desde que presentes as condições para seu reconhecimento, notoriamente a ocorrência de um fato cuja previsão não era razoável exigir da parte, mas que, tendo sido verificado, tornou impossível o cumprimento da obrigação ou a tornou excessivamente onerosa.

O episódio de 11 de setembro de 2001, lamentável sob qualquer ótica, é um fato perfeito para ilustrar a teoria da imprevisão, já que a visão das torres em chamas não foi imaginada sequer pelas inventivas mentes do cinema americano, quanto mais por agentes de viagens e turismo que ficaram inertes diante da absoluta impossibilidade de cumprir qualquer contrato ou programa firmado àquela época tendo por destino ou área de execução Nova York. Uma ocorrência que possa ser enquadrada como não previsível em um determinado contexto pode, sim, ser invocada pelo fornecedor para que este reveja ou rescinda a contratação firmada, sendo no mínimo antijurídico pensar em tal prerrogativa somente para os consumidores.

O que não se pode admitir é a aplicação da teoria da imprevisão a favor dos consumidores de forma distorcida. De fato, algumas decisões parecem fundamentar-se na crença de que a imprevidência é um direito do consumidor, afrouxando seu dever de contratar com seriedade. Muitos turistas contratam viagem e serviço no exterior e querem que as agências e operadoras respondam por desvalorizações cambiais, empurrando para elas despesas que foram feitas por quem viajou e se beneficiou dos serviços de transporte, hotelaria, etc. Também não deve ser reconhecida a imprevisão quando os fatos são próprios dos consumidores e não da sociedade, pois o que se faz é transferir os riscos pessoais do turista para os fornecedores, que não podem responder pelo desemprego ou outros fatos danosos. A notícia de que alguns tribunais aceitam tais entendimentos estimula novas inadimplências, o que prejudica a todo o mercado e, consequentemente, aumenta o desemprego no país.

Há distorção também na interpretação das obrigações dos serviços que envolvem risco. Os incisos I a III do artigo 6º da Lei nº 8.078/90 garantem ao consumidor a proteção da vida, saúde e segurança contra os riscos provocados por práticas no fornecimento de produtos ou serviços nocivos. Os consumidores devem ser informados sobre os riscos que esses produtos e serviços eventualmente apresentem. Muitos consumidores, contudo, pretendem a partir de tais regras tornar os fornecedores responsáveis por todo fato danoso envolvendo o produto ou serviço, desvirtuando a regra. O dever de informação relaciona-se a uma expectativa média de ignorância, não alcançando o óbvio, cuja lista pode ser tão grande que desanime a leitura dos pontos verdadeiramente importantes. Por isso, clubes recreativos não são obrigados a informar que a água pode causar afogamento, como não é preciso avisar que o fogo queima ou que uma queda de uma elevada altura causa a morte. Deve-se informar apenas o que normalmente não se conhece ou o que, nas circunstâncias, poderia passar despercebido.

Também não é razoável exigir a advertência do que é inusitado, imprevisível. Existem diversas situações trágicas que não podem sequer ser previstas – situações absurdas, intrigantes, que se concretizam apesar da lógica. A experiência não registra casos similares e a ciência não adverte para a probabilidade de sua ocorrência. Ainda assim, sobrevêm como se atendessem apenas às leis do destino e nunca às leis da lógica. Não se pode exigir que o fornecedor informe sobre a possibilidade de ocorrência de situações insólitas, pois teria de construir hipóteses ao infinito. Por outro lado, também não se pode pretender um dever de previsão de riscos que ultrapassem o previsível. A necessidade de precaução com a segurança contém-se no âmbito dos sinistros cuja verificação seja provável, levados em conta fatores de perigo plausíveis. Foge ao direito a exigência de considerar aquilo que ninguém, desde técnicos até leigos, espera que vá suceder.

Há produtos e serviços que, embora nocivos, são de fornecimento lícito, cabendo ao empreendedor apenas impedir a maximização dos riscos. Venenos, bebidas alcoólicas, esportes radicais, etc. são notoriamente perigosos, assumindo um risco o consumidor que os adquire ou contrata. Essa notoriedade do risco assumido impede a transferência da responsabilidade por um dano eventualmente verificado para o fornecedor, o que exigiria o reconhecimento de que o próprio fornecimento constitui ato ilícito, caracterização privativa da lei, segundo o artigo 5º, II, da Constituição Federal. A afirmação da responsabilidade do fornecedor pelo evento danoso seria um ato correspondente, isto é, inconstitucional, pois tornaria o fornecimento do produto ou serviço um ato ilícito, o que não fez o legislador.

Limitações ao exercício empresarial

Outra fonte de abusos das teorias acerca do direito do consumidor são as desarrazoadas limitações ao exercício empresarial. Por exemplo, fala-se muito em propaganda enganosa. É uma acusação repetida com habitualidade, mas, na maioria das vezes, de forma equivocada, o que provoca problemas que justificam um debate mais aprofundado sobre o tema.

Pensemos na publicidade possível, antes de pensar na enganosa. Os anúncios, hoje, são caracterizados pela concisão de texto e proliferação de imagens. É isso o que a publicidade pode ser, pois é isso que a sociedade aceita. Televisão, rádio, jornais e revistas seriam insuportáveis se os anúncios fossem uma lista detalhada de minúcias técnicas, de riscos eventuais, de particularidades jurídicas. Toleramos anúncios por serem agradáveis e por "falarem" pouco. Qualquer um, mesmo uma criança, sabe que anúncios devem apenas dizer da existência do produto, chamando a atenção dos consumidores. Não servem como uma descrição, mas apenas como um convite. As minúcias estão na embalagem, no contrato, no manual, etc.

Também, quando se fala em publicidade possível, da qual se destacaria a publicidade enganosa – que deve pertencer ao terreno da possibilidade, nunca ao da impossibilidade –, deve-se reconhecer a evolução havida em meados do século passado, que conduziu os anúncios, e o ato de anunciar, para o plano das boas emoções. Assim, situações felizes, personagens bonitas, dias ensolarados, etc. não caracterizam propaganda enganosa. Não há engano na imagem de um casal caminhando feliz por uma praia ensolarada ou bebendo um refrigerante, mesmo se o consumidor não ficar feliz na mesma praia ou bebendo o mesmo refrigerante. Não pode sentir-se enganado quem vai a Paris e não se apaixona. Por outro lado, há engano quando a publicidade apresenta um cenário deslumbrante, mas que não corresponde à realidade.

Obviamente, o fato de a publicidade ser um mero convite envolvendo pessoas bonitas e felizes não a torna uma terra de ninguém. Há limites para esse breve convite ao consumo. Será enganosa a publicidade que, no pouco apresentado do produto ou serviço, afirmar características, vantagens e qualidades inexistentes. Caso típico é aquele em que, veiculada a imagem de um *resort*[4] em publicidade televisiva, jornais e revistas, na realida-

---

[4] Cf. G. Mamede, *Direito do turismo: legislação específica aplicada* (São Paulo: Atlas, 2001), pp. 113-114. O autor conceitua *resorts* como "empreendimentos hoteleiros que, ainda segundo a Embratur, devem estar situados em áreas com conservação ou equilíbrio ambiental, tendo sua construção precedida de estudo sobre o impacto ambiental que causará, bem como precedida por um estudo e planejamento da ocupação do solo, também com vistas à preservação do meio ambiente". E ainda "Para a Embratur os *resorts* diferenciam-se também por sua área total e por sua área não edificada,

de chega-se a uma pousada tímida. Portanto, é enganosa a publicidade que foi planejada para fraudar o consumidor, para ludibriá-lo.

Coloca-se, então, o problema do engano por omissão, no qual se pretende ilícito o comportamento do anúncio que deixa de afirmar algum aspecto a partir do qual teria se equivocado o consumidor – isso, independentemente da vontade do anunciante de enganar, sem que tenha havido má-fé na publicidade. Esse entendimento é perigosamente equivocado, pois nos empurra para o âmbito do imponderável e, até, do impossível, tornando a profissão de publicitário uma atividade de alto risco, já que para cada anúncio seria necessário imaginar todos os equívocos que as mais diversas pessoas poderiam cometer. Não se pode desconhecer que o universo do "eu achei que" é tão vasto quanto o universo do "se", aproximando-se muito do infinito.

Eis por que foi sábio o Tribunal de Alçada de Minas Gerais quando afirmou, por meio dos destacados magistrados Brandão Teixeira, Lopes de Albuquerque e Eduardo Andrade, não ser defensável que "algum fornecedor possa praticar propaganda enganosa por omissão. É ato comissivo por sua própria natureza".[5] Os julgadores ainda listaram uma outra referência fundamental, asseverando ser indispensável que a publicidade, "havida como enganosa, tenha atuado decisivamente na motivação psicológica do ato de contratar".[6]

Essas referências precisam ficar bem claras, para o bem do mercado de publicidade, dos publicitários, dos veículos que compõem a mídia e dos anunciantes. Não se pode esquecer que as pessoas – físicas ou jurídicas – possuem o direito de ter consciência do que seja certo e do que seja errado, sendo condenadas apenas quando desrespeitem aquilo que claramente é tido como ilícito. Afinal, já evoluímos dos séculos escuros em que todos os comportamentos traziam implícita uma condenação por um motivo que só no futuro se conheceria.

Indenizações indevidas

Melhor é o direito quanto mais cuidadosa é sua concretização; essa ideia deve nortear todos os operadores do direito, a fim de que se garanta uma prestação de qualidade. Esse cuidado é fundamental para que haja uma distribuição sempre equilibrada e adequada

---

que são significativamente maiores do que as áreas normalmente ocupadas pelos demais meios de hospedagem; por fim, entende que *resorts* são aqueles com condição de se classificar nas categorias luxo ou luxo superior (4 ou 5 estrelas)".

[5] Apelação Cível 301.564-9, j. em 4-5-2000.
[6] Apelação Cível 301.564-9, j. em 4-5-2000.

de ônus e bônus, de obrigação e faculdade, de punição e recompensa. Afinal, mais do que simplesmente prever modelos de comportamento, a lei é um parâmetro a partir do qual serão distribuídos vantagem e desvantagem, poder e dever. Em cada norma, em cada decisão, o direito outorga a um o poder de exigir e a outro o dever de respeitar – que pode corresponder ao restante da sociedade. O exercício da justiça é a realização equilibrada de tais atribuições, dando a cada um o que é seu – "Iustitia suum cuique distribuit" –, como dito pelos juristas romanos.[7]

A lembrança dessa referência permite rever um tema que se tornou querido à sociedade brasileira: a responsabilidade civil. Vivemos tempos de frenética busca por indenizações; não há semana em que não sejam noticiadas pretensões as mais variadas.

Curiosamente, poucas regras no direito possuem tamanha clareza quanto a responsabilidade civil – aquele que lesa direito alheio por ato ou omissão, voluntária ou culposa, deve indenizar os prejuízos causados. Três elementos, portanto, justificam o dever de indenizar: primeiro, a existência de um dano, sofrido por quem pede a indenização; segundo, a existência de um comportamento ilícito (um ato ou uma omissão), praticado por aquele de quem se pede a indenização; e, terceiro, a identificação de uma relação nítida de causa e efeito entre o comportamento ilícito e a ocorrência do dano. É preciso ficar claro que foi o comportamento do réu que causou o dano, ou não se pode responsabilizá-lo. Se qualquer desses elementos estiver ausente, não há que se falar em responsabilidade civil, tampouco em indenização.

A compreensão do que seja dano e prejuízo, do que seja lesão a direito, no entanto, tornou-se objeto de enganos. No afã de serem indenizados, muitos confundem insatisfação com dano, o que não é certo. Indubitavelmente, muitos fatos e aspectos dos negócios nos desagradam; esse desagrado, porém, não constitui lesão jurídica. Para que haja dano, antes de mais nada, é preciso que haja um direito que componha o patrimônio de quem se diz vítima. Direito com existência completa, adquirido ou deferido, que pode ser aferido objetivamente, estando, assim, no gozo de proteção jurídica. A insatisfação pura e simples, porém, liga-se em geral ao plano das expectativas. A insatisfação nada mais é do que a frustração de um desejo, de um sonho que se estendeu sobre a realidade, sendo ilegítima a pretensão de vincular terceiros.

Pode parecer óbvio, mas o cotidiano revela, na torrente de pedidos indenizatórios que inunda o Judiciário, incontáveis exemplos de pedidos de indenização que não se fundam em danos a bens jurídicos, mas em mera frustração de expectativas, nem sempre

---

[7] Cícero, *De natura deorum*.

legítimas, dos peticionários. São pessoas que, num primeiro momento, assumiram negócios e riscos, contando tirar proveito dos mesmos, mas depois, levianamente, pretendem que outras pessoas suportem os prejuízos das opções que fizeram. Isso acontece principalmente em relação às empresas, para muitos, culpadas simplesmente por seu porte econômico, como se a esse porte não correspondessem deveres para com inúmeras famílias empregadas, para com o fisco e para com a sociedade.

Isso nos remete a um segundo e terceiro aspectos do problema. Somente tem obrigação de indenizar quem praticou um ato contrário ao direito. Praticou, destaque-se, em sentido largo: fez (ação) o que não deveria fazer, ou deixou de fazer (omissão) o que deveria fazer. Embora pareça igualmente óbvio, muitos se esquecem ou se esforçam por esquecer que não há dever de indenizar sem que tenha havido, previamente, a prática de um ato contrário à lei. Não há responsabilidade civil por comportamentos lícitos, pelo exercício regular de direito. Não há responsabilidade civil daquele que faz o que a lei permite ou comanda, assim como do que cumpre o contrato.

Essas bases precisam ser ressaltadas. O Judiciário, que num país de balbúrdia legislativa como o nosso, assumiu a condição de última fronteira para a defesa do direito, precisa deixar claro, de forma pedagógica, que as indenizações serão concedidas sempre que os elementos componentes da responsabilidade civil estiverem presentes. É preciso aclarar, principalmente por meio da imprensa, que só deve indenizar quem praticou um ato que é ilícito e que causou, direta e inequivocamente, um prejuízo a direito titularizado por outro. Não há responsabilidade sem dano a direito, adquirido ou deferido; não há indenização se o comportamento é lícito, se é permitido, se é exigido, se foi contratado; não há indenização se não se desenha uma linha clara entre um comportamento ilícito e um dano a bem jurídico.

Nessa linha de raciocínio, não deve ser esquecido o chamado dano moral, que sem dúvida alguma está na moda e é o grande pleito dos consumidores, ainda mais se o fornecedor de serviços ou produtos atua na área de turismo e entretenimento. O consumidor de serviços de turismo cria uma elevada expectativa diante da "tão sonhada viagem", buscando nos serviços contratados uma satisfação inatingível no plano real, o que o leva a se sentir lesado, a ponto de buscar uma indenização motivada por uma fantasia e não por um ato considerado ilícito. Informalmente, chega-se a falar num crescimento anual de pedidos de indenização por danos morais que supera a taxa de 25%, o que é assombroso.

O modismo se explica, em boa medida, pela novidade. Embora autores já falassem em dano moral havia muito tempo, apenas depois da Constituição de 1988 houve um razoável consenso de que era devida a indenização pelos danos morais, esclarecendo o

Superior Tribunal de Justiça a possibilidade de cumulação com a indenização por danos materiais. Uma vez estabelecida essa nova alternativa jurídica, uma demanda reprimida ao longo dos anos fez-se sentir em ações trazidas ao Judiciário, considerando a prescrição vintenária em grande parte dos casos.

Essa fase, porém, já passou. Atualmente, vivemos uma outra, bem menos nobre. Depois que a imprensa de massa começou a noticiar demandas vitoriosas, em que cidadãos lesados receberam alguns milhares de reais pela morte de um ente querido, por lesões corporais sofridas, por aleijões, pela ofensa a seu nome e a sua honra, muitos viram nas ações de indenização um novo eldorado. "Sofrer" um dano moral e ser indenizado ganhou o contorno de uma loteria moderna; assim, por qualquer motivo se reclama judicialmente de danos morais, pleiteando "ganhar um dinheirinho ou vantagem extra".

Coloca-se, portanto, o desafio de definir com precisão o que é dano moral, ou seja, de esclarecer as situações passíveis de indenização. A ideia de dano moral relaciona-se diretamente à ideia de patrimônio moral, na mesma proporção em que o dano material relaciona-se com o patrimônio econômico. No direito clássico, cuja matriz é romana e cuja vigência se estende até nossos dias, alcançando o Código Civil ainda em vigor no Brasil, o patrimônio de cada sujeito de direitos e deveres é formado por coisas com expressão econômica: bens móveis e imóveis, créditos, direitos autorais, etc. Segundo aquele sistema, se houvesse uma lesão a esses direitos, calculava-se o prejuízo econômico sofrido e mandava-se que fossem indenizados os danos morais. Mas há um conjunto de direitos dos seres humanos que, embora constituam bens juridicamente protegidos, não possuem expressão econômica: a vida, a liberdade, a integridade física e psicológica, a saúde, o bom nome, etc. Esses bens constituem um patrimônio moral, não econômico, e, se sofrem lesão, deverá haver uma indenização do dano moral; como, porém, o patrimônio moral não possui expressão econômica, essa indenização é arbitrada pelo Judiciário.

Diante de tal referência, vê-se que a maioria esmagadora dos pedidos de indenização por danos morais não possui sustentação jurídica. Urge esclarecer à comunidade jurídica e leiga essa verdade simples, a fim de evitar que a pauta judiciária seja inviabilizada pelo excesso de demandas desprovidas de fundamento. É preciso noticiar as incontáveis decisões que julgam tais pedidos improcedentes, para acabar com a ideia generalizada de que essa é uma forma fácil de ganhar dinheiro. Não há dano moral no descontentamento, na insatisfação pessoal, na mera frustração. Não há uma relação direta entre descumprimento de obrigação contratual e dano moral, assim como não há uma relação direta entre dano material e dano moral. Para que o dano moral seja caracterizado é preciso demonstrar que um bem que componha o patrimônio não econômico, um direito personalíssimo, foi lesado. Sem isso, qualquer pedido será improcedente.

A propósito, há pouco tempo noticiou a *Gazeta Mercantil* que "cinco anos depois da explosão do Osasco Plaza Shopping, em Osasco (SP), a Companhia Ultragaz é alvo de várias ações de familiares e vítimas do acidente"; são 24 feitos, quatro dos quais já julgados improcedentes em primeira instância, entendendo os juízes que a rede interna não era de responsabilidade da companhia, que fornecia gás para o empreendimento.[8] Ações como essas estão se tornando comuns atualmente. Na maioria dos casos, pessoas que se julgam lesadas, mas que percebem que não conseguirão ser indenizadas pelo verdadeiro causador do dano, seja pela pouca capacidade econômica deste, seja por ter falido ou encerrado suas atividades, seja por qualquer outro motivo, buscam responsabilizar outros que tenham maior capacidade financeira, urdindo argumentos com pouca juridicidade. Há casos, inclusive, em que se pretendem duas indenizações. Lamentavelmente, esses excessos criam uma nova fonte de insegurança nas relações jurídicas.

Há um princípio moral muito antigo, segundo o qual todos somos responsáveis por nossos atos. Somos constantemente convidados a refletir sobre as consequências de nosso comportamento, pois deveremos responder por elas. Desse princípio moral, o direito retirou e elaborou a regra da responsabilidade jurídica, seja civil, penal, trabalhista, etc. No caso examinado, trata-se de responsabilidade civil, tratada sob o enfoque particular das relações de consumo.

Como resultado direto da evolução das relações humanas, o direito tornou-se mais complexo, como complexa tornou-se a vida. Surgiram, então, regras como a responsabilidade solidária e a responsabilidade subsidiária, entre outras. Aprendemos haver responsabilidade pela escolha de alguém, assim como responsabilidade pelo dever de vigiar. Sabemos hoje que um hotel pode ser condenado a responder pelos danos causados por seus empregados, pois os escolheu e tem o dever de vigiá-los. Sabemos, também, que os pais são responsáveis pelos atos de seus filhos porque têm, igualmente, o dever de vigiá-los.

Essas extensões, no entanto, devem ser cuidadosas, para não se tornarem injustas. É fundamental não perder jamais o contato com o princípio elementar de que somos responsáveis pelo que fazemos. Essa regra, vista por outro ângulo, nos leva a concluir ser absolutamente injusto e injurídico responsabilizar alguém por algo acerca de que não tem responsabilidade, direta ou indireta, como ocorre nas situações em que nada fez e nada poderia licitamente fazer, certo que o comportamento do causador do dano não

---

[8] "Vítimas de explosão em *shopping* acionam Ultragaz", em *Gazeta Mercantil*, nº 22.135, São Paulo, 30-7-2001, p. A-12.

está submetido a seu controle, à sua *potestas*, como diriam os romanos. É esse o absurdo que muitos pretendem levar adiante, para azar de nossa sociedade.

Precauções como essas são fundamentais para a garantia do império do direito e da justiça, o que é ansiado por todos. Não duvidamos que institutos como a desconsideração da personalidade jurídica e as responsabilidades subsidiária e solidária, definidas no artigo 28 do Código das Relações de Consumo, são importantes instrumentos jurídicos. Criticamos é sua utilização cega, determinada pela procura de bodes expiatórios. Há um excesso de pretensões afoitas, verdadeiros malabarismos retóricos que propõem absurdos jurídicos para a apreciação do Judiciário. É aviltante ver essas tentativas de responsabilização de pessoas e empresas que não agiram contra a lei, nem deixaram de agir como a lei determina, mas que são caçadas por sua capacidade financeira.

Inconstitucionalidade do neointervencionismo

Ainda não nos livramos da ilusão tola de que o Estado pode gerir com eficácia a economia e assim produzir resultados eficientes, garantindo o desenvolvimento. Nossa jovem democracia ainda manifesta uma aceitação da ingerência estatal nos assuntos privados, sem perceber que o Estado, na verdade, contamina a iniciativa privada com sua incompetência, sua visão torta e equivocada dos fatos.

Exemplo de uma economia dominada pelo Estado é a medieval, em que o feudo trabalha para o seu senhor, lenta e primitivamente, numa vida sem criatividade, sem inovação e, por consequência, tendente à imobilidade. Isso conduz a sociedade à pobreza generalizada, na qual apenas os governantes não se incluem, devido às benesses de que desfrutam. Ao longo da história, a realidade medieval contrasta com as maravilhas do Renascimento, tempo de grande explosão de criatividade comercial, científica e artística, resultado direto da concessão de espaços para múltiplas iniciativas individuais.

No século XX, assistimos a um retorno à esperança de que uma economia fortemente dirigida pelo Estado poderia produzir desenvolvimento. Diversos países optaram por regimes intitulados comunistas, com acentuada direção estatal das iniciativas produtivas, colhendo como resultado um grande atraso e, com ele, a miséria. A situação da Rússia é conhecida por todos, como também o é a da Albânia, Romênia e outras. O povo sofreu as consequências dessa política, ao mesmo tempo que viu se beneficiarem funcionários e governantes, grandes favorecidos do modelo implantado.

Há uma incompatibilidade entre o modo de funcionamento do Estado e o das demandas econômicas. As iniciativas públicas são lentas, o que é causado pela burocratização própria dos ambientes sem dono, onde lucros e prejuízos não premiam, respectivamente, quem trabalha bem e quem trabalha mal, mas sempre os cofres públicos. Trata-se de ambientes sem estímulo, com raras inovações positivas e baixa criatividade.

No Brasil, o intervencionismo estatal foi a tônica do modelo implantado pela ditadura militar nas décadas de 1960 e 1970, cujos resultados foram tão terríveis que a vigente Constituição colocou como um dos fundamentos do Estado democrático de direito o valor social da iniciativa privada. Nesse novo sistema, as pessoas físicas e jurídicas deveriam ter garantido espaço para criar, agir e inovar, gerando o desenvolvimento de que precisamos. O comando constitucional, porém, não conseguiu mudar as práticas intervencionistas do Estado brasileiro, que, a partir de interpretações extensivas das pequenas exceções traçadas na Constituição, voltou a pretender uma forte ascendência sobre a economia, por meio do controle da iniciativa privada, ou seja, da limitação do espaço para o agir livre.

A nova fase do intervencionismo brasileiro revela uma pretensão diferente daquela manifestada pelo intervencionismo do governo militar. O Estado agora quer se apresentar como um fiscalizador dos negócios privados e tenta justificar sua ingerência na atuação dos empreendedores por uma suposta necessidade de impedir abusos dos agentes econômicos contra a sociedade – mais um equívoco nefasto, infelizmente, que nos tomará um tempo precioso na recuperação do atraso econômico em que vivemos.

A lógica do Estado não é a lógica da economia, mas a lógica da burocracia. Não é dinâmica, mas estática. O servidor público, seja o ministro, o fiscal ou qualquer outro, vive a ilusão de que o poder resolve; porém, há anos que as políticas estatais pretendem produzir soluções, mas sem resultado – o motivo disso é a incapacidade da lógica estatal de responder às demandas do mercado e do desenvolvimento econômico. Por isso, urge reestabelecer o regime previsto pela Constituição, que tem na livre-iniciativa um dos fundamentos da ordem econômica nacional – artigo 1º, III, e artigo 170. É imprescindível que se reduzam os espaços para a intervenção estatal, pois há sempre um novo regulamento, portaria ou norma administrativa, todos estabelecidos sem o debate legislativo, assim como multas que não são antecedidas do devido processo legal judiciário. Desde Montesquieu sabemos que a segurança do Estado moderno se assenta na divisão harmônica de poderes. É o Legislativo que deve estabelecer normas, nunca o Executivo; é o Judiciário que deve examinar conflitos e aplicar o direito, principalmente sanções. Assim, é indispensável conter a fome de poder dos ministérios, secretarias, procuradorias, etc., afastando a lógica burocrática dos domínios destinados à iniciativa privada.

Por outro lado, o Estado está, como enunciado no artigo 4º, III, da Lei nº 8.078/90, obrigado a harmonizar "os interesses dos participantes das relações de consumo" e a compatibilizar a "proteção do consumidor com a necessidade de desenvolvimento econômico e tecnológico, de modo a viabilizar os princípios nos quais se funda a ordem econômica", como prescreve o artigo 170 da Constituição Federal. Portanto, o Estado deveria equilibrar os interesses, preservando os direitos do consumidor à qualidade, saúde e segurança, com os direitos das empresas à livre-iniciativa e à livre concorrência, pois são esses princípios que impulsionam a economia e garantem o desenvolvimento essencial à erradicação da pobreza. Hoje, porém, a administração pública apenas se beneficia da crença generalizada de que os problemas econômicos são o simples resultado de uma maldade que seria intrínseca à condição de fornecedor de bens ou produtos.

A administração pública, ao contrário do que vem fazendo, deveria esforçar-se para criar "mecanismos alternativos de solução de conflitos de consumo" (art. 5º, V, da Lei nº 8.078/90), instaurando vias de resolução pacífica de dúvidas e problemas, forma adequada de estimular a produção e proteger a qualidade dos produtos e serviços fornecidos, desarmando a tendência demandista que inunda o Judiciário de ações. A ampliação de câmaras de mediação, com profissionais treinados para o trabalho, capazes de formular alternativas viáveis, compreendendo as necessidades de ambos os polos, constituiria uma evolução qualitativa sem precedentes. O Estado não está trabalhando pela "racionalização e melhoria dos serviços públicos" (art. 5º, VII, da Lei nº 8.078/90), nem se desincumbindo do dever de "estudo constante das modificações do mercado de consumo" (art. 5º, VIII, da Lei nº 8.078/90). Foge, uma vez mais, a seu papel de planejador e organizador da sociedade.

Os agentes de Estado precisam parar de culpar a iniciativa privada pelos problemas de consumo, pelo desemprego, pela carestia, etc., e evoluir para um estágio em que o trabalho se concentrará na qualidade, nos elementos que devem caracterizá-la, bem como na necessidade de transparência e harmonia, com o compromisso mútuo de consumidores, fornecedores e do Estado. É preciso respeitar a Constituição, que reconhece o valor social da iniciativa privada como fundamento da República em seu primeiro artigo. Não se constrói uma sociedade sem trabalho nem sem empreendedores que, agindo livremente, arriscam seu patrimônio em negócios lícitos, empregando muitos e movimentando a economia, garantindo o desenvolvimento nacional.

O artigo 170 da Constituição, aliás, garante a liberdade de atuação dos agentes econômicos privados, protegidos não apenas pela liberdade de atuação (livre-iniciativa), mas pela liberdade de concorrência, de exercício de qualquer atividade econômica, etc., o que é equilibrado por outros interesses públicos, como a função social da propriedade, a defesa do consumidor, do meio ambiente, etc. São duas ordens de interesses públicos que devem ser equilibradas.

Entretanto, em vez de resguardar esse equilíbrio, o Estado brasileiro insiste em alimentar uma máquina inchada que, para justificar sua existência, tem a pretensão de controlar a vida privada, desconhecendo as garantias fundamentais há muito vigentes.

Vemos aí a consequência de um engano do legislador constituinte, que se preocupou muito com o Judiciário e pouco com ministérios, secretarias, procuradorias, etc. Mais de quinze incisos do artigo 5º da Constituição têm por função limitar a atuação do Judiciário, garantindo, por exemplo, a inexistência de tribunais de exceção, a anterioridade obrigatória da lei e das sanções penais, sua irretroatividade e o estabelecimento de um rígido mecanismo de individualização das penas, entre outros direitos fundamentais.

O Judiciário, porém, é órgão vocacionado para o julgamento dos litígios, para o exame das acusações, formado por pessoal qualificado e preparado para tais funções. Possui mecanismos internos, processuais e administrativos, para controle desse poder e, assim, as garantias anotadas na Constituição são mera afirmação do que é vivido no cotidiano do foro.

Assim, o grande problema da atualidade não está na atuação judiciária, mas no ingresso de órgãos não judiciários na atividade de julgar. Referimo-nos às punições administrativas aplicadas pelos Procons, que começam a se multiplicar no setor de turismo e que atingem, principalmente, as empresas que trabalham diretamente com o consumidor – hotéis e agências de viagens, etc.

Ressuscitando a estrutura inquisitorial, em que uma única pessoa fiscaliza, acusa e julga, tais órgãos administrativos não possuem nem a tradição judiciária nem o cuidado e atenção dos magistrados. São afoitos, nitidamente preocupados em garantir a condenação administrativa daqueles que acusam e julgam. Os processos administrativos correspondentes são toscos, já que não investigam, mas argumentam. Repetem a Inquisição, no âmbito da qual qualquer contestação era vista não como defesa, mas como prova de manifestação e revolta demoníaca; o olhar do inquisidor tem a sentença pronta no primeiro momento, e o processo é apenas um caminho para construir uma justificação, nem sempre plausível, do veredicto – que de *vero*, de verdadeiro, pouco tem, em muitos dos casos.

O que agrava essa situação é que o Judiciário, mesmo para as pequenas penas, julga com rigor e isenção, analisando os fatos e comparando-os com leis precisas, nas quais a correspondência a um modelo legal deve ser perfeita para que haja condenação, ao passo que os órgãos administrativos, em contrapartida, são simultaneamente fiscais, policiais, acusadores e julgadores, não possuindo, por isso, qualquer isenção, além de ter a mídia constantemente em consideração. O processo administrativo correspondente não faz uma análise dos fatos, mas seleciona eventos para justificar uma condenação que estava implícita no momento da autuação. E, pior de tudo, não seguem leis precisas, mas interpretações extensivas de leis, além de decretos, portarias e circulares, que constituem normas não submetidas ao debate e aprovação do Legislativo, não sendo portanto democráticas, porém simples manifestação da vontade arbitrária do Poder Executivo – e que fundamentam, todavia, a aplicação de multas que chegam a três, quatro, cinco milhões de reais.

Isso está errado, e é preciso reagir urgentemente, a fim de garantir a predominância do direito sobre o arbítrio.

As disciplinas da comunicação comercial nos mercados turísticos
APONTAMENTOS DE DIREITO COMUNITÁRIO EUROPEU E DE DIREITO COMPARADO*

*Manuel David Masseno***

Colocação do problema

No intento de aproveitar da melhor maneira esta oportunidade de contato direto com os colegas brasileiros, proponho-me a ensaiar uma aproximação do direito comunitário europeu do turismo.

Como é de comum conhecimento, não existe uma base jurídica própria no tratado que institui a Comunidade Europeia nem, muito menos, uma política comunitária de turismo.[1] Ainda assim, afigura-se-me viável uma reconstrução dogmática da disciplina assente nos diplomas legais que regulam matérias pertinentes para o direito do turismo, atendendo aos respectivos enunciados e trabalhos preparatórios, bem como à delimitação da matéria constante dos instrumentos de natureza política aprovados pelas instâncias comunitárias com a finalidade de promover o desenvolvimento do setor.[2]

---

* Comunicação apresentada no 1º Encontro de Direito do Turismo, em Águas de São Pedro – SP, em 6 de setembro de 2002. As respectivas atas encontram-se em publicação pela Editora Senac São Paulo.

** Professor adjunto do Instituto Politécnico de Beja, Portugal.

[1] Apenas em 1992, com o Tratado de Maastricht, foi introduzida uma brevíssima referência a "medidas [no setor] do turismo", na última alínea do artigo 3º (atual art. 3º, nº 1, *u*) do tratado que institui a Comunidade Europeia (atual União Europeia).

[2] Como já foi repetidamente analisado pela doutrina, cf. M.C. Payeras, "La protección jurídica del turista en el derecho comunitario europeo", em vv.aa., *Turismo y defensa del consumidor* (Palma de Maiorca: Direcció General de Consum del Govern Balear, 1991), p. 31 ss.; C. Notarstefano, "Legislation communautaire en matière de tourisme", em *Revue de Tourisme*, nº 1, Saint-Gall, 1994, p. 2 ss., e "Esquisse de la legislation touristique communautaire relative a la protection du touriste", em *Cahiers du Tourisme*, série C, nº 184 (Aix-en-Provence: Centre des Hautes Études Touristiques, 1984); M. Fragola, *Profilo comunitario del turismo* (Pádua: Cedam, 1996) e "L'azione comunitaria em materia di turismo", em V. Franceschelli & G. Silingardi (orgs.), *Manuale di diritto del turismo* (Turim: Giappichelli, 1999), p. 40 ss.; J. Downes,

Contudo, é meu intento ir um pouco além e dar conta da transposição do direito comunitário europeu para os ordenamentos dos Estados membros,³ mostrando a harmonização⁴ em curso do direito europeu do turismo, numa perspectiva explicitamente comparatística.⁵

Porém, as limitações próprias de uma comunicação impõem-me que restrinja o objeto desse tentame. Assim, centrar-me-ei em alguns dos institutos jurídicos⁶ basilares do direito do turismo: o contrato de viagem organizada, o direito de utilização de imóveis a tempo parcial (*time-sharing*) e a classificação dos estabelecimentos hoteleiros. Em cada um, fixar-me-ei apenas nas disciplinas relativas à comunicação comercial, limitando-me a expor os regimes vigentes nos Estados membros da Europa do sudoeste, isto é, Espanha, França, Itália e Portugal, os quais são ao mesmo tempo os mais próximos culturalmente do Brasil e os principais destinos turísticos europeus.

Como última nota desse introito, permito-me ainda avançar com a possibilidade de a disciplina específica da comunicação comercial nos mercados de serviços turísticos

---

"European Union Progress on a Common Tourism Sector Policy", em *Travel & Tourism Analyst*, nº 1, Nova York, 1997, p. 74 ss., e "EU Legislation and the Travel Industries", em *Travel & Tourism Analyst*, nº 5, Nova York, 2000, p. 49 ss.; K. Tonner, "Politique du tourisme de l'Union Européenne et protection des consommateurs", em *Revue Européenne de Droit de la Consommation*, nº 1, Louvain-la-Neuve, 1998, p. 1 ss.; e ainda a síntese de R.A.L. Badaró, "Direito do turismo na União Europeia: breves considerações", em *Cadernos de Direito: Cadernos do Curso de Mestrado em Direito da Universidade Metodista de Piracicaba*, 1(2), 2002, p. 93 ss.

³ Sobre essa matéria tenham-se em consideração as perspectivas diversificadas de: G.F. Mancini, "L'incorporazione del diritto comunitario nel diritto interno degli stati membri delle Comunità Europee", em *Rivista di Diritto Europeo*, nº 1, Roma, 1988, p. 87 ss.; R. Alonso García, *Derecho comunitario, derechos nacionales y derecho común europeo* (Madri: Civitas, 1989), sobretudo p. 33 ss.; e M. Rebelo de Sousa, "A transposição das diretivas comunitárias para a ordem jurídica nacional", em *Legislação: Cadernos de Ciência da Legislação*, nᵒˢ 4 e 5, Oeiras, 1992, p. 69 ss., e "A transposição das diretivas comunitárias na ordem jurídica portuguesa", em vv.aa., *O direito comunitário e a construção europeia* (Coimbra: Faculdade de Direito da Universidade de Coimbra/Coimbra Editora, 1999), p. 65 ss.

⁴ Para um aprofundamento da temática da harmonização dos regimes nacionais pelo direito comunitário europeu, cf. L. Millán Moro, *La armonización legislativa en la C.E.E.* (Madri: Centro de Estudios Constitucionales, 1986), *passim*; D. Vignes, "The Harmonisation of National Legislation and the EEC", em *European Law Review*, Londres, 1990, p. 358 ss.; P. J. Slot, "Harmonisation", em *European Law Review*, nº 4, Londres, 1996, p. 378 ss.; e N. Ruiz, "A harmonização de legislações na Comunidade Econômica Europeia", em *Assuntos Europeus*, nº 1, Lisboa, 1985, p. 51 ss.

⁵ Cf. F. Servoin, "Principes généraux relatifs au contrat de voyage en droit allemand, français et anglais", em *Tourisprudence*, nº 2, Paris, 1990, p. 45 ss.; F. Maniet, "La tutela del turista nei principali paesi europei e le iniciative comunitarie"; e L. Righi, "La dimensione comunitaria del turismo ed il sua impatto sull'ordinamento italiano", ambos em G. Silingardi & V. Zeno-Zencovich (orgs.), *La tutela del turista* (Roma: Edizioni Scientifiche Italiane, 1993), pp. 53 e 73 ss.; C. Notarstefano, *Les droits du touriste européen: analyse juridique comparée dans les États membres de l'UE* (Bari: Cacucci, 2001); e, sobretudo, F. Boulanger, *Tourisme et loisirs dans les droits privés européens* (Paris: Economica, 1996).

⁶ Sobre o conteúdo e alcance construtivo dessa noção, cf. K. Larenz, *Metodologia da ciência do direito*, trad. José Lamego (Lisboa: Fundação Calouste Gulbenkian, 1989), p. 12 ss.; M. Reale, *Lições preliminares de direito* (Coimbra: Almedina, 1982), pp. 190-191; J. de Oliveira Ascensão, *O direito: introdução e teoria geral. Uma perspectiva luso-brasileira* (Coimbra: Almedina, 1993), pp. 400-401; e A.M. Cordeiro, *Tratado de direito civil português*, vol. I, Parte Geral, tomo I (Coimbra: Almedina, 1999), p. 15 ss.

constituir um dos pontos de apoio para a construção de algo que podemos designar, um tanto barbaramente aliás, como direito turístico industrial ou direito industrial do turismo,[7] de acordo com a perspectiva adotada.

A disciplina da comunicação comercial nos mercados

Antes de iniciar propriamente a análise concreta dos regimes, entendo ser necessário assentar nalguns pontos firmes. O primeiro deles relaciona-se à compreensão dos mercados como unidades jurídicas de relações de troca e não como realidades prévias

---

[7] Este permitiria uma reconstrução sistemática dos regimes especiais sobre os sinais distintivos das empresas turísticas que encontramos, por exemplo, no direito português em atenção ao teor do artigo 4º do Decreto-lei nº 209/97, de 13 de agosto, no que se refere às firmas das agências de viagens e aos nomes dos respectivos estabelecimentos, preceito análogo ao vigente no ordenamento espanhol com base na Orden de 14 de abril de 1988, pela qual se aprovam as normas reguladoras das agências de viagens. Cf. A. Recalde Castells, "Las agencias de viages", em R.G. Macho & A.R. Castells (orgs.), *Lecciones de derecho del turismo* (Valência: Tirant lo Blanch, 2000), pp. 173-174. No direito italiano, nesse caso com base no artigo 9º, parágrafos 8º e 9º, da Lei nº 217 de 17 de maio de 1983 – Legge Quadro per il Turismo e Interventi per il Potenziamento e la Qualificazione dell'Offerta Turistica, cf.: G. Cogo, *Diritto dell'economia per il turismo* (Milão: Franco Angeli, 1989), p. 220; M. Cartella & F. Morandi, "Pubblicità commerciale e segni distintivi nelle attività turistiche", em V. Franceschelli & G. Silingardi (orgs.), *Manuale di diritto del turismo* (Turim: Giappichelli, 1999), pp. 282-288. Cf. também as *denominaciones geoturísticas* criadas pela Ordem do Ministério de Informação e Turismo de 31 de março de 1964, disponível em http://www.ual.es/Congresos/Turismo-Mediterraneo/panel3-6.pdf, examinadas por Mª M. Gómez Lozano, "La denominación geoturística como herramienta estratégica de la promoción de los destinos turísticos en España: consideraciones sobre su régimen jurídico", em *Revista de Derecho Mercantil*, nº 236, Madri, 1999, p. 695 ss., questão retomada e desenvolvida pela autora em *Los signos distintivos en la promoción de destinos turísticos* (Cizur Menor: Aranzadi, 2002); cf. ainda a possibilidade de proteção jurídica das obras gastronômicas analisada por J.-P. Branlard, *Droit et gastronomie: aspect juridique de l'alimentation et des produits gourmands* (Paris: LGDJ/Gualino, 1999), p. 250 ss. Na consideração do direito industrial como o ramo do direito que tem por objeto a regulação da informação nos mercados, e incluindo as disciplinas relativas à apropriação da informação, cf. P. Perlingieri, "L'informazione come bene giuridico", em *Rassegna di Diritto Civile*, parte II, Nápoles, 1990, p. 326 ss.; R. Pardolesi & C. Motti, "L'informazione come bene", em G. De Nova (org.), *Dalle res alle new properties* (Milão: Franco Angeli, 1991), p. 37 ss.; Mª E. Gonçalves, *Direito da informação* (Coimbra: Almedina, 1994), p. 7 ss.; e A. C. Santos et al., *Direito econômico* (Coimbra: Almedina, 1995), p. 565 ss.; modifico a posição que havia expresso a propósito das construções dogmáticas do direito industrial em "Novas variações sobre um dos temas do direito agrário industrial", em *Boletim do Ministério da Justiça: Documentação e Direito Comparado*, nº 77/78, 1999, pp. 310-312, disponível também em http://www.gddc.pt/actividade-editorial/pdfs-publicacoes/7778-c.pdf, aproximando-me das teses de V. Menesini, *Introduzione al diritto industriale: la libertà espressiva e i suoi princìpi* (Turim: Giappichelli, 1995), sobretudo p. 67 ss.; e ainda mais de E. Bocchini, "Il diritto industriale nella società dell'informazione", em *Rivista di Diritto Industriale*, parte I, Milão, 1994, p. 23 ss., sobretudo pp. 37-49, embora não acompanhando o autor em sua recente análise do direito comercial como o direito da microeconomia da informação, conforme expressa em sua *Introduzione al diritto commerciale della new economy* (Pádua: Cedam, 2001), p. 19 ss. Para uma panorâmica do estado da doutrina em diversos ordenamentos, cf. H. Baylos Corroza, *Tratado de derecho industrial* (Madri: Civitas, 1993), p. 45 ss.; A. Chavanne & J.-J. Burst, *Droit de la propriété industrielle* (Paris: Dalloz, 1998), p. 1 ss.; G. Ghidini, *Profili evolutivi del diritto industriale: proprietà intellettuale e concorrenza* (Milão: Giuffrè, 2001), p. 8 ss.; e, entre os portugueses, P. Sendim, "Uma unidade do direito de propriedade industrial", em *Direito e Justiça*, vol. II, Lisboa, 1981-1986, p. 161 ss.; C. Olavo, *Propriedade industrial* (Coimbra: Almedina, 1997), p. 31 ss.; e J.O. Ascensão, *O direito: introdução e teoria geral. Uma perspectiva luso-brasileira*, cit., p. 65 ss. e 87 ss.

e exteriores, simplesmente reguladas pelo direito.[8] Em outras palavras, cada mercado consiste num estatuto de normas positivas, e à pluralidade de estatutos normativos corresponde uma multiplicidade de mercados. Mais, a emergência de uma economia de mercado numa determinada sociedade resulta sempre de uma decisão política à qual o direito confere substantividade.[9] Aliás, a consideração de mercados sem regulação apenas pode ser tida em conta enquanto ponto de referência contrafactual, ao não corresponder a qualquer realidade historicamente registada,[10] mesmo no quadro do atual processo

---

[8] Na linha dos resultados do debate sobre as relações entre o direito e o mercado desencadeado por N. Irti, "Persona e mercato", em *Rivista di Diritto Civile*, parte I, Pádua, 1995, p. 289 ss., e retomado em "Concetto giuridico di mercato e dovere di solidarietà", em *Rivista di Diritto Civile*, parte I, Pádua, 1997, p. 185 ss., em *L'ordine giuridico del mercato* (Roma: Laterza, 1998), e ainda em "Teoria generale del diritto e problema del mercato", em *Rivista di Diritto Civile*, parte I, Pádua, 1999, p. 1 ss., dele participando autores de primeira grandeza, como N. Lipari, "Riflessioni di un giurista sul rapporto tra mercato e solidarietà", em *Rassegna di Diritto Civile*, parte I, Nápoles, 1995, p. 24 ss., "Il mercato: attività privata e regole giuridiche", em E. Rook Basile & A. Germanó (orgs.), *Agricoltura e diritto: scritti in onore di Emilio Romagnoli*, vol. I (Milão: Giuffrè, 2000), p. 37 ss., e "Diritto e mercato della concorrenza", em *Rivista di Diritto Commerciale*, parte I, Milão, 2001, p. 315 ss.; A. Jannarelli, "L'attività: profili generali. La disciplina dell'atto e dell'attività: i contratti tra imprese e tra imprese e consumatori", em N. Lipari (org.), *Diritto privato europeo*, vol. II (Pádua: Cedam, 1997), p. 489 ss., e *Il diritto dell'agricoltura nell'era della globalizzazione* (Bari: Cacucci, 2001), p. 35 ss.; G. Oppo, "Impresa e mercato", em *Rivista di Diritto Civile*, parte I, Pádua, 2001, p. 421 ss.; ou P. Schlesinger, "Persona e mercato", em *Rivista Trimestrale di Diritto e Procedura Civile*, Milão, 1996, p. 797 ss., e que levou à realização de uma obra coletiva, *Il dibattito sull'ordine giuridico del mercato* (Roma: Laterza, 1999), com a contribuição de alguns dos melhores juristas transalpinos, como G. Azzariti, p. 3 ss.; L. Elia, p. 17 ss.; P. Schlesinger, p. 29 ss.; G. Tremonti, p. 39 ss.; G. Iudica, p. 45 ss.; A. Baldassare, p. 53 ss.; G. Rossi, p. 63 ss.; S. Veca, p. 73 ss; M. Draghi, p. 81 ss.; M. Libertini, p. 95 ss.; B. Libonati, p. 103 ss.; e G. Chririchiello, p. 141 ss.; nada comparável é a capitulação da doutrina francesa diante do pensamento econômico dominante, cf., por exemplo, J. Beauchard, *Droit de la distribution et de la consommation* (Paris: PUF, 1996), p. 77 ss.; ou B. Remiche, "Direito econômico, mercado e interesse geral", em vv.aa., *Filosofia do direito e direito econômico: miscelâneas em honra de Gérard Farjat*, trad. Jorge Pinheiro (Lisboa: Instituto Piaget, 2001), p. 281 ss.

[9] Como é demonstrado pelo próprio processo de construção do mercado interno pela Comunidade Europeia; para um aprofundamento do conteúdo e implicações desta, cf. as considerações essencialmente prospectivas de N. Forwood & M. Clough, "The Single European Act and Free Movement. Legal Implications of the Provisions of the Completion of the Internal Market", em *European Law Review*, nº 6, Londres, 1986, p. 383 ss., e de C. D. Ehlermann, "The Internal Market Following the Single European Act", em *Common Market Law Review*, nº 24, Londres, 1987, p. 361 ss., e o balanço de N. Stoffel Vallotton, "Algunas consideraciones sobre las nociones de 'mercado común' y 'mercado interior' en el Tratado de la Comunidad Europea", em *Gaceta Jurídica de la CE y de la Competencia*, série D, Madri, 1995, p. 155 ss., bem como A. Souto de Miranda, "A livre prestação de serviços e a realização do mercado interno", em *Temas de direito comunitário* (Coimbra: Almedina, 1990), p. 123 ss., sobretudo pp. 164-169, a propósito do artigo 8º-A (atual art. 14º) – "2. O mercado interno compreende um espaço sem fronteiras internas, no qual a livre circulação das mercadorias, das pessoas, dos serviços e dos capitais é assegurada de acordo com as disposições do presente Tratado", introduzido pelo Ato Único Europeu, de 1986, no Tratado que institui a Comunidade Europeia, complementado, em 1992, com o Tratado de Maastricht, no qual, a propósito da união econômica e da união monetária, fica explícito no artigo 4º: "1. Para alcançar os fins enunciados no artigo 2º, a acção dos Estados membros e da comunidade implica, nos termos do disposto no presente tratado, a adopção de uma política baseada na estreita coordenação das políticas econômicas dos Estados membros, no mercado interno e na definição de objectivos comuns, e conduzida de acordo com o princípio de uma economia de mercado aberto e de livre concorrência".

[10] Como bem demonstra M. S. Giannini, *Diritto publico dell'economia* (Bolonha: Il Mulino, 1989), p. 21 ss.; aliás, mesmo durante os tempos de domínio político e cultural do liberalismo econômico, os mercados foram juridicamente conformados de acordo com as decisões de regime econômico assumidas; cf., na perspectiva do direito público, M. S. Giannini,

de globalização econômica.[11] Nesses termos e em síntese extrema, em cada mercado encontramos sempre regras relativas ao acesso dos operadores e à admissibilidade dos bens à transação, ao respectivo funcionamento e ainda à informação passível de nele circular.[12]

A assimetria informativa nos mercados e sua regulação

A última referência conduz-nos ao papel fulcral que a informação desempenha nos mercados, a ponto de estes poderem ser entendidos como sistemas de informação a serviço da alocação de recursos. Essa perspectiva justifica uma breve aproximação do

---

Diritto publico dell'economia, cit., p. 26 ss., e V. Moreira, *A ordem jurídica do capitalismo* (Lisboa: Caminho, 1987), p. 39 ss., e, entre os comercialistas, J. Girón Tena, "Las transformaciones en los presupuestos ideológicos y socio-económicos de la época de la codificación", em *Tendencias actuales y reforma del derecho mercantil (Estudios)* (Madri: Civitas, 1986), p. 45 ss., e sobretudo de F. Galgano, *Lex mercatoria* (Bolonha: Il Mulino, 2001), p. 87 ss., ausente das constituições formais, a ordenação dos mercados cabia então aos códigos civil e comercial, os quais assumiam uma relevância constitucional ao polarizarem o sistema de fontes do direito privado; a esse propósito, e apenas como apontamento, é interessante verificar que em Portugal o primeiro Código Comercial (1833) antecedeu numa larga geração o primeiro Código Civil (1867), enquanto no Brasil a dilação foi de quase três gerações, de 1850 para 1917. Isso, apesar de a Constituição brasileira de 25 de março de 1824 e a Carta Constitucional portuguesa de 1826 estabelecerem, ambas, "Organizar-se-há, quanto antes, hum Codigo Civil, e Criminal, fundado nas solidas bazes da Justiça e Equidade", respectivamente no nº 18º do artigo 179º e no parágrafo 17º do artigo 145º; sobre a relevância constitucional dos códigos, cf. F. Tomás y Valiente, *Códigos y constituciones (1808-1978)* (Madri: Alianza Editorial, 1989), p. 111 ss., N. Irti, *L'età della decodificazione* (Milão: Giuffrè, 1979), p. 5 ss., e M.R. Marques, *O liberalismo e a codificação do direito civil em Portugal: subsídios para o estudo da implantação em Portugal do direito moderno* (Coimbra: Almedina, 1987), sobretudo p. 120 ss., além da contribuição fundamental de N. Irti, "L'età della decodificazione", em *Diritto e Società*, Pádua, 1978, p. 613 ss.

[11] Na ausência de uma regulação pública e a exemplo do que ocorrera sete séculos antes, os agentes econômicos construíram sua própria ordem; a propósito dessa nova *lex mercatoria* e além do escrito fundamental de B. Goldman, "Frontières du droit et *lex mercatoria*", em *Archives de Philosophie du Droit*, nº 9, Paris, 1964, p. 177 ss., cf. as reflexões de J. M. Gondra Romero, "La moderna *lex mercatoria* y la unificación de derecho del comercio internacional", em *Revista de Derecho Mercantil*, nº 127, Madri, 1973, p. 7 ss., e de M. E. Kleckner, "*Lex mercatoria* e l'oltre", em M. Costanza (org.), *Oltre il diritto* (Pádua: Cedam, 1994), p. 97 ss., e a síntese de F. Galgano, *Lex mercatoria*, cit., p. 232 s., e ainda, em língua portuguesa, os desenvolvimentos de L. de Lima Pinheiro, *Contrato de empreendimento comum (joint venture) em direito internacional privado* (Lisboa: Cosmos, 1998), p. 605 ss., e as contextualizações de J. E. Faria, *O direito na economia globalizada* (São Paulo: Malheiros, 1999), em especial p. 160 ss., e de Mª R. Ferrarese, *Le istituzioni della globalizzazione* (Bolonha: Il Mulino, 2000), *passim*.

[12] É sabido que a doutrina tem dado pouca atenção ao estudo institucional dos mercados; ainda assim podem referir-se os trabalhos de R. Franceschelli, "Il mercato em senso giuridico", em *Giurisprudenza Commerciale* 5 (5), Milão, 1979, p. 501 ss.; M. Libertini, "Il mercato: i modelli di organizzazione", em F. Galgano (org.), *Trattato di diritto commerciale e di diritto pubblico dell'economia*, vol. III (Pádua: Cedam, 1979), p. 337 ss.; J. Beauchard, *Droit de la distribution et de la consommation*, cit., p. 66 ss. e 82 ss.; bem como a amplíssima reconstrução diacrônica de V. Donativi, "Concorrenza e mercato nel prisma dell'ordinamento giuridico: appunti per una ricostruzione storica", em *Rivista di Diritto Industriale*, parte I, Milão, 1992, p. 260 ss.; mais correntes são os que do mesmo se ocupam desde uma de suas dimensões basilares, a disciplina da concorrência, entre estes e ficando-nos pelos autores portugueses, cf. J.S. Patrício, *Direito da concorrência (aspectos gerais)* (Lisboa: Gradiva, 1982); A. C. Santos *et al.*, *Direito econômico*, cit., sobretudo p. 297 ss.; e E. Mendes, "Direito da concorrência desleal e direito da concorrência", em vv.aa., *Concorrência desleal* (Coimbra: Almedina, 1997), p. 87 ss.

pensamento econômico que se ocupa dessa questão, mas com finalidades simplesmente interpretativas dos regimes positivos e não já para defender posições de política legislativa, como é, aliás, comum entre os economistas.[13]

Em concreto e no quadro da incerteza sobre a qualidade dos bens objeto de negociação, releva a assimetria informativa, isto é, a distribuição desigual da informação entre os agentes econômicos, suscetível de condicionar as decisões destes. Nessa matéria, a distinção fundamental estabelece-se entre os bens de pesquisa, os bens de experiência e os bens de confiança. Muito sucintamente, temos que na primeira categoria se inserem os bens cuja qualidade pode ser previamente apreciada pelo adquirente; na segunda, aqueles cuja qualidade só pode ser apreciada após a compra e, na última, estamos perante bens não suscetíveis de apreciação organoléptica, pelo menos para a generalidade das pessoas. Se atentarmos especificamente para os serviços, sobretudo os turísticos, resulta patente que os mesmos não são enquadráveis entre os bens de pesquisa. Mais ainda, a eventual recolha direta de informações sobre a qualidade dos serviços turísticos implicaria custos desproporcionados em atenção às distâncias envolvidas.

Consequentemente, nesse setor adquire especial relevo a denominada sinalização da qualidade, a qual pode assumir diversas modalidades, todas elas com nítidas implicações jurídicas. Assim, a idoneidade dos prestadores pode ser assegurada por meio do controle do respectivo acesso ao mercado ou com o estabelecimento de garantias, voluntárias ou legais. Porém, limitar-nos-emos a abordar a disciplina do discurso dirigido pelos operadores profissionais aos consumidores, isto é, a que se refere ao discurso publicitário em sentido amplo.[14] Pois, ainda que essa disciplina não possa ser desligada daquela que concerne à concorrência desleal, a qual regula essencialmente a comuni-

---

[13] Atentando essencialmente aos trabalhos fundamentais de G. J. Stiegler, "The Economics of Information", em *Journal of Political Economy*, vol. 69, Chicago, 1961, p. 213 ss., e de G. A. Akerlof, "The Market for 'lemons': Quality Uncertainty and the Market Mecanism", em *Quarterly Journal of Economics*, nº 84, Cambridge, 1970, p. 488 ss., complementados pelos de H. Beales *et al.*, "Information Remedies for Consumer Protection", em *American Economic Review*, vol. 71, Nashville, 1970, p. 410 ss., de P. Nelson, "Information and Consumer Behavior", em *Journal of Political Economy*, vol. 78, Chicago, 1970, p. 311 ss., e M. Darby & E. Karni, "Free Competition and the Optimal Amount of Fraud", em *Journal of Law and Economics*, nº 16, Chicago, 1973, p. 67 ss.; mesmo não partilhando as orientações aí assumidas, uma boa explanação dos argumentos do debate sobre a questão pode ser encontrada em F. Araújo, "Uma nota sobre carros usados", em vv.aa., *Estudos jurídicos e econômicos em homenagem ao professor João Lumbrales* (Coimbra: Faculdade de Direito da Universidade de Lisboa/Coimbra Editora, 2000), p. 181 ss., sendo ainda de se referir a síntese operada por J. Tirole, *Théorie de l'organization industrielle*, tomo I (Paris: Economica, 1993), p. 209 ss.

[14] Sobre essa questão a bibliografia é desmesurada, pelo que me limito a referir os estudos de C. Reis, "Análise do discurso publicitário", em *Técnicas de análise textual* (Coimbra: Almedina, 1981), p. 449 ss.; de J. Martins Lampreia, *A publicidade moderna* (Lisboa: Presença, 1995), p. 68 ss.; de A.G. Pinto, *Publicidade: um discurso de sedução* (Porto: Porto Editora, 1997), p. 25 ss.; e a incisiva síntese de M. Ataíde-Ferreira, "O consumidor e a publicidade", em *O comércio: um setor chave*, *Economia & Prospectiva*, II (1), Lisboa, 1998, p. 135 ss.

cação nos mercados atendendo aos interesses dos demais operadores profissionais,[15] as assimetrias informativas legitimam não apenas a imposição de deveres reforçados de veracidade, como também de obrigações positivas de informar e, ainda, a consideração específica dos efeitos do discurso no que se refere à parte mais débil, o consumidor.[16]

A DISCIPLINA DA COMUNICAÇÃO NO DIREITO COMUNITÁRIO EUROPEU

Colocando-nos agora no quadro geral dos tratados constitutivos da Comunidade Europeia (atual União Europeia), temos que toda a disciplina assenta na liberdade de informação, tanto ativa como passiva, isto é, na liberdade de comunicar ideias e recebê-las sem constrangimentos por parte de poderes públicos ou privados.[17]

Na esfera propriamente econômica, a liberdade de informação é considerada no âmbito do mercado interno e no da proteção dos interesses dos consumidores,[18] em ar-

---

[15] Em torno da articulação entre ambas as considerações, cf. os trabalhos de T. Ascarelli, "Teoria della concorrenza e interesse del consumatore", em *Rivista Trimestrale di Diritto e Procedura Civile*, Milão, 1954, p. 877 ss.; de P. G. Jaeger, "Valutazione comparativa di interessi e concorrenza sleale", em *Rivista di Diritto Industriale*, parte I, Milão, 1970, p. 7 ss.; de G. Schricker, "Concorrenza sleale e tutela dei consumatori", em *Rivista di Diritto Industriale*, parte I, Milão, 1974, p. 114 ss.; de J. Azema, "La protection des intérêts économiques des consommateurs par le droit français de la concurrence", em J.-P. Pizzio (org.), *Droit des consommateurs: sécurité, concurrence, publicité. Droit français et droit communautaire* (Louvain: Story Scientia, 1987), p. 71 ss.; e ainda, na doutrina portuguesa, as contribuições de J.C.M. Almeida, "Publicidade e os direitos do consumidor", em *Progresso do Direito*, nº 2, Lisboa, 1984, p. 29 ss.; de A.M. Vitorino, "Visão integrada da concorrência desleal", e M.M. Leitão, "A concorrência desleal e o direito da publicidade", ambos em vv.aa., *Estudos jurídicos e económicos em homenagem ao professor João Lumbrales*, cit., pp. 127 ss. e 137 ss.; de J.O. Ascensão, *Concorrência desleal* (Coimbra: Almedina, 2002), p. 137 ss.; e ainda de J.S. Patrício, *Direito da concorrência (aspectos gerais)*, cit., p. 66 ss.

[16] Para uma perspectiva múltipla dos dados fundamentais do problema e além da panorâmica de N. Reich, "L'information du consommateur", em N. Reich & H.-W. Micklitz, *Le droit de la consommation dans les pays membres de la CEE: une analyse comparative* (Wokingham: Van Nostrand Reinhold, 1981), p. 32 ss., cf. as contribuições de P. G. Jaeger, "Pubblicità e 'principio di verità'", em *Rivista di Diritto Industriale*, parte I, Milão, 1971, p. 331 ss.; de J. A. Gómez Segade, "Notas sobre el derecho de información del consumidor", em *Revista Jurídica de Cataluña*, nº 3, Barcelona, 1980, p. 699 ss.; de P. Netto Lôbo, "A informação como direito fundamental do consumidor", em *Estudos de Direito do Consumidor*, nº 3, Coimbra, 2001, p. 23 ss.; de C.F. Almeida, *Os direitos dos consumidores* (Coimbra: Almedina, 1982), pp. 179-183; e de J. F. Sinde Monteiro, *Responsabilidade por conselhos, recomendações ou informações* (Coimbra: Almedina, 1989), p. 371 ss., entre a doutrina portuguesa.

[17] Ainda que sob uma perspectiva desligada dos mercados e centrada na liberdade de informação como um direito fundamental, para a visão dogmática do tema é muito significativa a contribuição de L. Pignataro, "La tutela dell'informazione nel diritto comunitario", em *Rivista di Diritto Europeo*, nº 1, Roma, 1992, p. 35 ss.

[18] Para uma panorâmica diacrónica dessa intervenção, cf. a síntese de G. Isaac, "La acción de la comunidad europea para la protección de los intereses económicos y jurídicos de los consumidores", em *Revista de Instituciones Europeas*, Madri, 1979, p. 819 ss.; os estudos de L. Krämer, *La CEE et la protection du consommateur*, trad. Nadine Fallon (Louvain: Story Scientia, 1988); de M. De Solá & M. Jeuniaux, "La politique communautaire en faveur des consommateurs", em *Revue du Marché Unique Européen*, nº 1, Paris, 1992, p. 65 ss.; de J. Stuyk, "European Consumer Law After the Treaty of Amsterdam: Consumer Policy in or Beyond the Internal Market?", em *Common Market Law Review*, nº 37, Londres, 2000, p. 367 ss.; em língua portuguesa, J. Pegado Liz, *Introdução ao direito e à política do consumo* (Lisboa: Notícias, 1999), p. 97 ss.; e, sobretudo, A.M.G. Martins, "O direito comunitário do consumo", em L. Menezes Leitão (org.), *Estudos do Instituto de Direito do Consumo*, vol. I (Coimbra: Faculdade de Direito da Universidade de Lisboa/Almedina, 2002), p. 63 ss.

ticulação mútua.[19] Com esse fundamento, o direito comunitário derivado ocupa-se da disciplina da informação nos mercados, sobretudo a propósito da regulação da publicidade, em especial no tocante à repressão da publicidade enganosa.[20]

Todavia, esse não é o único eixo em que o objetivo de reduzir as assimetrias informativas se manifesta no direito comunitário europeu. Ao estabelecer os regimes dos sinais distintivos, o direito europeu de marcas[21] considera-as essencialmente como canais de comunicação atribuídos exclusivamente aos respectivos titulares e utilizáveis nos limites da disciplina do discurso publicitário,[22] de onde decorre a proibição da deceptividade

---

[19] De forma a conseguir uma consideração contextualizada e além das obras referidas na nota 14, cf. os estudos de L. Krämer, *La CEE et la protection du consommateur*, cit., p. 89 ss., e de M. Blaise, "La protection des consommateurs par le droit communautaire de la concurrence", em J.-P. Pizzio (org.), *Droit des consommateurs: sécurité, concurrence, publicité. Droit français et droit communautaire*, cit., p. 79 ss.

[20] Como resulta cristalinamente do enunciado dos artigos 1º, "A presente directiva tem por objectivo proteger os consumidores e as pessoas que exercem uma actividade comercial, industrial, artesanal ou liberal, bem como os interesses do público em geral, contra a publicidade enganosa e as suas consequências desleais", e 2º, "Publicidade enganosa: a publicidade que, por qualquer forma, incluindo a sua apresentação, induz em erro ou é susceptível de induzir em erro as pessoas a quem se dirige ou que afecta e cujo comportamento económico pode afectar, em virtude do seu carácter enganador ou que, por estas razões, prejudica ou pode prejudicar um concorrente", da Directiva 84/450/CEE, do Conselho de 10 de setembro de 1984, relativa à aproximação das disposições legislativas, regulamentares e administrativas dos Estados membros em matéria de publicidade enganosa, no *Jornal Oficial da Comunidade Europeia*, nº L 250, Luxemburgo, 19-9-1984, p. 17 ss., sucessivamente modificada; sobre essa temática considerem-se as contribuições de G. Alpa & M. Bessone, *Il consumatore e l'Europa* (Pádua: Cedam, 1979), p. 81 ss., em especial pp. 85-86; G. Isaac, "La acción de la comunidad europea para la protección de los intereses económicos y jurídicos de los consumidores", cit., pp. 824-826; C. Lema Devessa, "Nuevas perspectivas del derecho europeo de la publicidad", em *Actas de Derecho Industrial*, nº 6, Madri, 1979-1980, p. 75 ss.; D. Hoffman, "Publicité et protection des consommateurs en droit communautaire", em J.-P. Pizzio (org.), *Droit des consommateurs: sécurité, concurrence, publicité. Droit français et droit communautaire* (Louvain: Story Scientia, 1987), p. 137 ss.; L. Krämer, *La CEE et la protection du consommateur*, cit., pp. 126-129; M. De Solá & M. Jeuniaux, "La politique communautaire en faveur des consommateurs", cit., pp. 95-98, M. Leroy & B. Mouffe, *Le droit de la publicité* (Bruxelas: Bruylant, 1996), p. 389 e ss; e ainda M. P. Tenreiro, "O regime comunitário da publicidade enganosa", em vv.aa., *Comunicação e defesa do consumidor* (Coimbra: Instituto Jurídico da Comunicação/Faculdade de Direito da Universidade de Coimbra, 1996), p. 199 ss.

[21] A Primeira Directiva 89/104/CEE, do Conselho de 21 de dezembro de 1988, que harmoniza as legislações dos Estados membros em matéria de marcas no *Jornal Oficial da Comunidade Europeia*, nº L 040, Luxemburgo, 11-2-1989, p. 1 ss., e o Regulamento (CE) nº 40/94, do Conselho de 29 de dezembro de 1993, sobre a marca comunitária, no *Jornal Oficial da Comunidade Europeia*, nº L 011, Luxemburgo 14-1-1994, p. 1 ss.; sobre o direito europeu de marcas, cf. em geral e por todos M. Abell & M. Antigham, "Trademarks in the European Community", em *The Comparative Law Yearbook of International Business*, vol. 14, The Hague, 1992, p. 279 ss.; C. Fernández-Novoa, *El sistema comunitario de marcas* (Madri: Montecorvo, 1995), C. Heath, "Trademark Rights in Europe", em *European Review of Private Law*, The Hague, 1996, p. 289 ss.; F. Benussi, *Il marchio comunitario* (Milão: Giuffrè, 1996), p. 25 ss.; e M.L. García-Miján, *La marca comunitaria* (Bolonha: Real Colegio de España, 1997); já em língua portuguesa cf. M.N. Serens, *A "vulgarização" da marca na Directiva 89/104/CEE, de 21 de dezembro de 1988 (id est, no nosso direito futuro)* (Coimbra: Almedina, 1995); H.-G. Koppensteiner, "Aspectos da marca comunitária", em *Boletim da Faculdade de Direito da Universidade de Coimbra*, nº 74, 1998, p. 131 ss.; A.S. Carvalho, *Marca comunitária: os motivos absolutos e relativos de recusa* (Coimbra: Coimbra Editora, 1999); J.O. Ascensão, "A marca comunitária", em *Estudos de Direito do Consumidor*, nº 3, Coimbra, 2001, p. 93 ss.; e A. V. Muhlendahl, "A protecção das marcas na Europa: o sistema da marca comunitária seis anos depois", em *A propriedade industrial, Economia & Prospectiva*, nº 19, Lisboa, 2002, p. 25 ss.

[22] É essa uma concepção que tem se afirmado nos últimos anos, cf. M. Lehman, "Rafforzamento della tutela del marchio

originária ou superveniente da marca em face dos destinatários da comunicação como um de seus principais traços caracterizadores.[23] Acrescente-se que essa perspectiva é confirmada pelo teor do recente Livro Verde da Comissão, no qual a noção de comunicação comercial é proposta como um conceito operatório suscetível de integrar "todas as formas de comunicação destinadas a promover produtos, serviços ou a imagem de uma empresa ou organização junto dos consumidores finais e/ou distribuidores".[24]

Sempre no âmbito do direito comunitário europeu, penso poder ser estabelecido um paralelismo muito útil entre a temática que nos ocupa e a mais desenvolvida das disciplinas setoriais: a que tem por objeto a comunicação comercial nos mercados de gêneros

---

attraverso le norme sulla concorrenza sleale", em *Rivista di Diritto Industriale*, parte I, 1988, pp. 27-29; C. Gielen, "Harmonisation of Trade Mark Law in Europe: the First Trade Mark Harmonisation Directive of the European Council", em *European Intellectual Property Review*, nº 8, Londres, 1992, p. 264; A. Kamperman Sanders & S. M. Maniatis, "A Consumer Trade Mark: Protection Based on Origin and Quality", em *European Intellectual Property Review*, nº 11, Londres, 1993, p. 406 ss.; G. Sena, *Il nuovo diritto dei marchi* (Milão: Giuffrè, 1998), pp. 22-24; C. Galli, *Funzione del marchio e ampiezza della tutela* (Milão: Giuffrè, 1996), pp. 111-113; C. G. D. Pickering, *Trade Marks in Theory and Practice* (Oxford: Hart, 1999), pp. 36 ss. e 85 ss.; na doutrina portuguesa, M.N. Serens, "A proibição da publicidade enganosa: defesa dos consumidores ou protecção (de alguns) dos concorrentes", em vv.aa., *Comunicação e defesa do consumidor*, cit., p. 229 ss., sobretudo p. 238.

[23] Conforme o artigo 3º da Primeira Directiva, "1. Será recusado o registo ou ficarão sujeitos a declaração de nulidade, uma vez efectuados, os registos relativos: g) As marcas que sejam susceptíveis de enganar o público, por exemplo, no que respeita à natureza, à qualidade ou à proveniência geográfica do produto ou do serviço;", e os correspondentes artigos 7º, "1. Será recusado o registo: g) De marcas susceptíveis de enganar o público, por exemplo sobre a natureza, a qualidade ou a proveniência geográfica dos produtos ou serviços;" e 50º do Regulamento, "1. Será declarada a perda dos direitos do titular da marca comunitária, na sequência de pedido apresentado ao instituto ou de pedido reconvencional em acção de contrafacção: c) Se, na sequência da utilização feita pelo titular da marca ou com o seu consentimento em relação aos produtos ou serviços para que foi registada, a marca puder induzir o público em erro, nomeadamente acerca da natureza, da qualidade ou da proveniência geográfica desses produtos ou serviços"; sobre essa questão, e para um panorama de várias doutrinas nacionais, cf. I.M.-R. Boubee, *Les marques déceptives* (Paris: Litec, 1992), sobretudo p. 69 ss. e 316 ss.; G. Sena, "Veridicità e decettività del marchio", em *Rivista di Diritto Industriale*, parte I, Milão, 1993, p. 331 ss. e "Ancora sulla decettività del marchio", em *Rivista di Diritto Industriale*, parte II, Milão, 1994, p. 5 ss.; C. G. D. Pickering, *Trade Marks em Theory and Practice*, cit., p. 98 ss.; A. Casado Cerviño, *Derecho de marcas y protección de los consumidores* (Madri: Tecnos, 2000), pp. 74-83; e G. Ghidini, *Profili evolutivi del diritto industriale: proprietà intellettuale e concorrenza*, cit., p. 123 ss.

[24] Livro Verde da Comissão sobre a Comunicação Comercial no Mercado Interno, de 8 de maio de 1996, http://europa.eu.int/comm/internal_market/comcom/docs/greenpt.pdf; sobre este, atente-se ao comentário de C. Miskem & A. Vahrenwald, "Commercial Communications in the Internal Market: At What Price?", em *European Intellectual Property Review*, nº 11, Londres, 1996, p. 621 ss.; para um maior aprofundamento do alcance previsto e obtido com a comunicação em causa, é especialmente significativo o teor do Documento de Trabalho sobre a Comunicação Comercial no Mercado Interno que o antecedeu, http://europa.eu.int/comm/internal_market/comcom/docs/comsmen.pdf, bem como a Comunicação da Comissão ao Conselho Europeu, ao Parlamento Europeu e ao Conselho Económico e Social no Seguimento do Livro Verde sobre a Comunicação Comercial no Mercado Interno, de 1998, http://europa.eu.int/comm/internal_market/comcom/docs/follupen.pdf, e ainda o Relatório do Parlamento sobre Comunicação da Comissão ao Conselho Europeu, ao Parlamento Europeu e ao Conselho Económico e Social no Seguimento do Livro Verde sobre a Comunicação Comercial no Mercado Interno, de 1999, http://europa.eu.int/comm/internal_market/comcom/newsletter/edition18/page08_en.htm.

alimentícios,[25] para cuja extensão e densidade muito contribui o fato de para ela confluírem as disciplinas da livre circulação de mercadorias, da política agrícola comum e de defesa dos consumidores.[26]

É esse um setor no qual a assimetria informativa é também acentuada, e onde nos confrontamos ou com bens de experiência ou com bens de confiança.[27] Logo e a par do que teremos a oportunidade de verificar, a propósito dos serviços turísticos, a existência, tal como na disciplina da comunicação comercial cujo objeto são gêneros alimentícios, de regimes específicos no que respeita à comunicação comercial, com uma acentuação dos deveres de veracidade e de informação positiva.[28] Por outro lado, nesses mercados os

---

[25] No que se refere ao direito comunitário da alimentação, e além do Livro Branco sobre a Segurança dos Alimentos, COM (1999) 719, http://europa.eu.int/eur-lex/pt/com/wpr/1999/com1999_0719pt01.pdf, janeiro de 2000, são incontornáveis as monografias de P. Deboyser, *Le droit communautaire relatif aux denrées alimentaires* (Louvain: Story Scientia, 1989); de R. O'Orourke, *European Food Law* (Bembridge: Palidan, 1999); de L. Costato, *Compendio di diritto alimentare* (Pádua: Cedam, 2002), p. 38 ss.; e os estudos de A. Gerard, "Evolution de la réglementation communautaire des aliments", em *Alimentalex: Revista Internacional de Derecho Alimentario*, nº 2E, Madri, 1990, p. 35 ss.; P. Deboyser, "Le marché unique des produits alimentaires", em *Revue du Marché Unique Européen*, nº 1, Paris, 1991, p. 63 ss.; C. Castang, "Politique et droit de l'alimentation dans la CEE", em *Alimentalex: Revista Internacional de Derecho Alimentario*, nº 8, Madri, 1992, p. 39 ss. e "Principes généraux d'une réglementation des denrées alimentaires dans la Communauté Européenne", em *Rassegna di Diritto e Tecnica dell'Alimentazione*, parte I, Milão, 1993, p. 277 ss.

[26] Para uma abordagem integrada dessas vertentes, considerem-se os textos de A. Iannarelli, "La circolazione dei prodotti agricoli nella Comunità Europea: dal principio del mutuo riconoscimento alla tutela della qualità", em E. Rook Basile (org.), *Il sistema agro-alimentare e la qualità dei prodotti: profili tecnici, economici e giuridici* (Milão: Giuffrè, 1992), p. 259 ss.; de C. Blumann, *Politique agricole commune: droit communautaire agricole et agro-alimentaire* (Paris: Litec, 1996), pp. 135 ss., 207 ss. e 223 ss.; de G. Sgarbanti, "Politica di qualità e circolazione delle merci: dal principio del mutuo riconoscimento all'attestato di specificità", em F. Salaris (org.), *I "messaggi" nel mercato dei prodotti agro-alimentari* (Turim: Giappichelli, 1997), p. 94 ss.; e de A. Germanò & E. Rook Basile, *La disciplina comunitaria ed internazionale del mercato dei prodotti agricoli* (Turim: Giappicheli, 2002), p. 49 ss.

[27] A propósito dessa questão e por todos, cf. G. L. Cramer & C. W. Jensen, *Agriculture Economics and Agrobusiness* (Nova York: Wiley, 1991), especialmente p. 52 ss.; L. Pilati & G. Ricci, "Concezioni di qualità del prodotto ed asimmetria informativa lungo il sistema agro-alimentare", em *Rivista di Economia Agraria*, nº 3, Roma, 1991, p. 431 ss.; M. Chambolle, "L'information des consommateurs sur les aspects nutritionnels et technologiques des aliments", em F. Nicolas & E. Valceschini (orgs.), *Agro-alimentaire: une économie de la qualité* (Paris: Inra/Economica, 1995), p. 106 ss.; e B. Ruffieux & E. Valceschini, "Biens d'origine et compétence des consommateurs: les enjeux de la normalisation dans l'agro-alimentaire", em *Revue d'Économie Industrielle*, nº 75, Paris, 1996, p. 133 ss.

[28] Em concreto, o artigo 16º do muito recente Regulamento (CE) nº 178/2002, do Parlamento Europeu e do Conselho, de 28 de janeiro de 2002, que determina os princípios e normas gerais da legislação alimentar, cria a Autoridade Europeia para a Segurança dos Alimentos e estabelece procedimentos em matéria de segurança dos gêneros alimentícios, em *Jornal Oficial da Comunidade Europeia*, nº L 03, Luxemburgo, 1-2-2002, p. 1 ss., enuncia a regra fundamental na matéria ao dispor que "Sem prejuízo de disposições mais específicas da legislação alimentar, rotulagem, a publicidade e a apresentação dos gêneros alimentícios ou dos alimentos para animais, incluindo a sua forma, aparência ou embalagem, os materiais de embalagem utilizados, a maneira como estão dispostos e o local onde estão expostos, bem como a informação que é posta à disposição acerca deles através de quaisquer meios de comunicação, não devem induzir em erro o consumidor", e a Directiva 2000/13/CE do Parlamento Europeu e do Conselho, de 20 de março de 2000, relativa à aproximação das legislações dos Estados membros respeitantes à rotulagem, apresentação e publicidade dos gêneros alimentícios, em *Jornal Oficial da Comunidade Europeia*, nº L 109, Luxemburgo, 6-5-2000, p. 29 ss., a qual veio substituir a repetidamente modificada Directiva 79/112/CEE do Conselho, de 18 de dezembro de 1978, desenvolve os regimes;

segmentos mais elevados caracterizam-se por integrar essencialmente bens de confiança, como tal necessitados de regimes de certificação da respectiva qualidade, como ocorre com os produtos da agricultura biológica[29] ou com os produtos tradicionais.[30]

---

sobre essa problemática e além do apontamento de G. Isaac, "La acción de la comunidad europea para la protección de los intereses económicos y jurídicos de los consumidores", cit., pp. 830-831, cf. os estudos de P. Deboyser, "Le marché unique des produits alimentaires", em *Revue du Marché Unique Européen*, cit., p. 193 ss.; de G. Crippa: "L'informazione del consumatore nella politica alimentare della CEE", em *Rassegna di Diritto e Tecnica dell'Alimentazione*, parte I, Milão, 1991, p. 137 ss.; de M. V. Jeannin, "La publicité pour les denrées alimentaires", em *Alimentalex: Revista Internacional de Derecho Alimentario*, nº 9, Madri, 1993, p. 469 ss.; de M. Gabriotti, "Etichettatura, presentazione e pubblicità dei prodotti alimentari", em *Rivista Giuridica del Ambiente*, nº 2, Milão, 1994, p. 381 ss.; de C. Barros, "La información alimentaria y el consumidor", em *Alimentalex: Revista Internacional de Derecho Alimentario*, nº 15, Madri, 1996, p. 33 ss.; de A. Di Lauro, "La comunicazione pubblicitaria comparativa nel settore agro-alimentare tra verità e suggestione", em *Rivista di Diritto Agrario*, parte I, Milão, 2000, p. 87 ss.; bem como as contribuições contextualizadas de R. O'Orourke, *European Food Law*, cit., p. 25 ss.; de L. Costato, *Compendio di diritto alimentare*, cit., pp. 209-212 e 239 ss.; e de A. Germanò & E. Rook Basile, *La disciplina comunitaria ed internazionale del mercato dei prodotti agricoli*, cit., p. 111 ss.

[29] O Regulamento (CEE) nº 2092/91, do Conselho de 24 de junho de 1991, relativo ao modo de produção biológico de produtos agrícolas e à sua indicação nos produtos agrícolas e nos géneros alimentícios, em *Jornal Oficial da Comunidade Europeia*, nº L 198, Luxemburgo, 22-7-1991, p. 1 ss.; sobre esse diploma, cf. I. Caro-Patón Carmona, "La protección de los consumidores en la PAC: en particular, el Reglamento 2092/91 sobre la producción agrícola ecológica", em *Revista de Derecho Agrario y Alimentario*, nº 21-22, Madri, 1993, p. 47 ss.; L. Costato, "Il regolamento CEE sul metodo di produzione biologico", em E. Rook Basile (org.), *Il sistema agro-alimentare e la qualità dei prodotti: profili tecnici, economici e giuridici*, cit., p. 289 ss.; F. Salaris, "Attestazioni concorrenziali: il *label* di biologicità", em F. Salaris (org.), *I "messaggi" nel mercato dei prodotti agro-alimentari*, cit., p. 115 ss.; e os apontamentos de J. C. Dias, "A agricultura biológica: o que é e como está regulada", em *Vida Rural*, nº 12, Lisboa, 1992, p. 12 ss., e "A agricultura biológica: produção, venda e sistemas de fiscalização", em *Vida Rural*, nº 1, Lisboa, 1993, p. 13 ss.

[30] O Regulamento (CEE) nº 2081/92, do Conselho, de 14 de julho de 1992, relativo à proteção das indicações geográficas e denominações de origem dos produtos agrícolas e dos géneros alimentícios, e o Regulamento (CEE) nº 2082/92, do Conselho, de 14 de julho de 1992, relativo aos certificados de especificidade dos produtos agrícolas e dos géneros alimentícios, ambos em *Jornal Oficial Comunidade Europeia*, nº L 208, Luxemburgo, 24-7-1992, pp. 1 ss. e 9 ss.; no que concerne a esses regimes e por todos, cf. R. Pellicer Zamora, "Les premiers pas d'une politique communautaire de défense de la qualité des denrées alimentaires: la nouvelle réglementation sur les spécificités, les appellations d'origine et les dénominations géographiques", em *Revue du Marché Unique Européen*, nº 4, Paris, 1992, p. 127 ss.; Mª M. Maroño Margallo, "El Reglamento (CEE) número 2081/1992, del Consejo, del 14 de julio, relativo a la protección de las indicaciones geográficas y de las denominaciones de origen de los productos agrícolas y alimentícios", em *Actas de Derecho Industrial*, nº 14, Madri, 1991-1992, p. 793 ss.; M. Kolia, "Monopolising Names in Foodstuffs: The New Legislation", em *European Intellectual Property Review*, 1992, nº 7, Londres, p. 333 ss.; C. Lister, "The Naming of Foods: the European Community's Rules for Non-Brand Food Product Names", em *European Law Review*, nº 2, Londres, 1993, p. 179 ss.; L. Sordelli, "Le indicazioni geografiche e le denominazioni di origine dei prodotti agro-alimentari alla luce del Regolamento CEE nº 2081/92", em *Il diritto industriale*, Milão, 1994, p. 837 ss.; G. G. La Villa, "Denominazioni di origine e indicazioni geografiche nel diritto comunitario", em *Il diritto industriale*, Milão, 1995, p. 154 ss.; L. Petrelli, "Prodotti dop e igp e certificazione", em *Rivista di Diritto Agrario*, parte I, Milão, 1999, p. 72 ss.; e A.R. Almeida, *Denominação de origem e marca* (Coimbra: Coimbra Editora, 1999), p. 249 ss.

Os regimes da comunicação nos mercados turísticos

Fazendo um breve ponto de ordem, fixar-nos-emos em seguida nas disciplinas da comunicação comercial constantes dos dois diplomas mais relevantes no que concerne ao direito comunitário privado do turismo: as diretivas[31] sobre viagens organizadas[32] e sobre o *time-sharing*.[33] A exposição completar-se-á mediante a apreciação contextualizada da Recomendação[34] sobre a Informação Hoteleira[35] com as disciplinas nacionais vigentes. Em todo caso, cumpre não perder de vista a circunstância de estarmos perante diplomas que pretendem alcançar uma harmonização mínima, isto é, os Estados membros podem conservar ou aprovar regimes mais exigentes para os consumidores.[36]

Acrescento ainda duas necessidades. Em primeiro lugar, malgrado ser certo que uma explanação completa da matéria exigiria também um estudo da articulação dos regimes da comunicação comercial com as disciplinas das cláusulas contratuais, tanto em geral

---

[31] Nos precisos termos do artigo 249º (anteriormente o art. 189º) do Tratado que institui a Comunidade Europeia, "A directiva vincula o Estado membro destinatário quanto ao resultado a alcançar, deixando, no entanto, às instâncias nacionais a competência quanto à forma e aos meios". (parágrafo 3); a bibliografia disponível sobre estas matérias é quase inexaurível; ainda assim, e por todos, cf. a síntese de E. Grabitz, "As fontes do direito comunitário: os actos das instituições comunitárias", em vv.aa., *Trinta anos de direito comunitário* (Luxemburgo: Comissão das Comunidades Europeias, 1981), pp. 89-91; J.-V. Louis, *A ordem jurídica comunitária* (Luxemburgo: Comissão Europeia, 1993), pp. 110-114; K.-D. Borchardt, *O ABC do direito comunitário* (Luxemburgo: Comissão Europeia, 2000), pp. 65-69, e http://www.estig.ipbeja.pt/~ac_direito/abc.pdf; assim como J. Mota de Campos, *Direito comunitário*, vol. II (Lisboa: Fundação Calouste Gulbenkian, 1990), p. 111 ss.; e, especificamente, L.M. Moro, *La armonización legislativa en la CEE*, cit., p. 272 ss.

[32] A Directiva 90/314/CEE, do Conselho, de 13 de junho, relativa às viagens organizadas, férias organizadas e circuitos organizados, em *Jornal Oficial da Comunidade Europeia*, nº L 158, Luxemburgo, 23-6-1990, p. 59 ss.

[33] A Directiva 94/47/CE, do Parlamento Europeu e do Conselho de Ministros das Comunidades Europeias, de 26 de outubro, relativa à protecção dos adquirentes quanto a certos aspectos dos contratos de aquisição de um direito de utilização a tempo parcial de bens imóveis, em *Jornal Oficial da Comunidade Europeia* nº L 280, Luxemburgo, 29-10-1994, p. 83 ss.

[34] Nos termos do artigo 249º do Tratado que institui a Comunidade Europeia, "As recomendações e os pareceres não são vinculativos" (parágrafo 5); também sobre esses atos a doutrina é vasta; ainda assim, atente-se para a abordagem monográfica de E. Cortese Pinto, "Le raccomandazioni nel diritto della CEE", em *Rivista di Diritto Europeo*, nº 2, Roma, 1989, p. 339 ss.; bem como para as referências constantes das obras gerais de E. Grabitz, "As fontes do direito comunitário: os actos das instituições comunitárias", cit., pp. 91-92; de L. Millán Moro, *La armonización legislativa en la CEE*, cit., p. 339 ss.; de J.-V. Louis, *A ordem jurídica comunitária*, cit., p. 115; de K.-D. Borchardt, *O ABC do direito comunitário*, cit., pp. 70-71, e http://www.estig.ipbeja.pt/~ac_direito/abc.pdf; e ainda de J.M. Campos, *Direito comunitário*, cit., p. 131 ss.

[35] Por extenso, a Recomendação do Conselho, de 22 de dezembro de 1986, relativa à informação normalizada nos hotéis existentes, em *Jornal Oficial da Comunidade Europeia*, nº L 384, Luxemburgo, 31-12-1986, p. 54 ss.

[36] Como agora permite expressamente o artigo 153º, nº 5 (anterior art. 129ºA, nº 5) do Tratado que institui a Comunidade Europeia, "As medidas adoptadas nos termos do nº 4 não obstam a que os Estados membros mantenham ou introduzam medidas de protecção mais estritas. Essas medidas devem ser compatíveis com o presente Tratado e serão notificadas à Comissão"; a propósito do alcance dessa noção vejam-se as contribuições de K. Mortelmans, "Harmonisation minimale et droit de la consommation", em *Revue Européenne de Droit de la Consommation*, nº 1, Louvain-la-Neuve, 1988, p. 3 ss.; e de M. Dougan, "Minimum Harmonization and the Internal Market", em *Common Market Law Review*, nº 37, Londres, 2000, p. 853 ss.

como no que tange aos diplomas em análise, afigura-se-me fundamental distinguir entre a determinação do regulamento contratual objeto dos regimes das cláusulas contratuais gerais e os aplicáveis aos procedimentos de formação do contrato, sobretudo atendendo à especialmente acentuada assimetria informativa que se verifica entre o profissional e o consumidor nesses mercados.[37] Por outro lado – e apesar de as diretivas em análise constituírem também pontos de apoio fundamentais para a construção de um direito europeu dos contratos –, ultrapassa em muito o objetivo deste estudo tentar ao menos um esboço de enquadramento desse regime naquele direito.[38]

NAS VIAGENS TURÍSTICAS

Anteriormente à adoção da Directiva sobre as Viagens Organizadas, efetuada em 1990, verificava-se uma grande diversidade de regimes entre os Estados membros da Comunidade Europeia (atual União Europeia).[39] Contrariando essa fragmentação, ape-

---

[37] Nessa matéria rege a Directiva 93/13/CEE do Conselho, de 5 de abril de 1993, relativa às cláusulas abusivas nos contratos celebrados com os consumidores, em *Jornal Oficial da Comunidade Europeia*, nº L 095, Luxemburgo, 21-4-1993, p. 29 ss.; a bibliografia sobre essa questão é infindável, pelo que me limito a indicar os estudos em língua portuguesa de J.S. Ribeiro, *O problema do contrato. As cláusulas contratuais gerais e o princípio da liberdade contratual* (Coimbra: Almedina, 1999), em especial p. 585 ss.; e de A. Pinto Monteiro, "Contratos de adesão/cláusulas contratuais gerais", em *Estudos de Direito do Consumidor*, nº 3, Coimbra, 2001, p. 131 ss., onde podem ser encontradas informações bibliográficas exaustivas, sobretudo na primeira das obras referidas; ainda que essa dimensão não tenha escapado à doutrina, cf., por exemplo, M. Arato, "Le condizioni generali di contratto ed i viaggi turistici organizzati", em *Rivista di Diritto Commerciale*, parte I, Milão, 1982, p. 357 ss.; E. Roppo, "Contratti turistici e clausole vessatorie", em G. Silingardi & V. Zeno-Zencovich (org.), *La tutela del turista*, cit., p. 95 ss.; e M.M. Casals, "Las condiciones generales del contrato de viaje combinado (Algunos aspectos de los llamados 'Clausulado 2000' y 'Clausulado del consenso')", em A.A. Martín (org.), *Derecho y turismo (III Jornadas de Derecho Turístico, Málaga, 2000)* (Sevilha: Consejería de Turismo y Deporte, 2000), p. 3 ss.

[38] A propósito dessa problemática e além da Comunicação da Comissão ao Conselho e ao Parlamento Europeu sobre o direito europeu dos contratos, COM (2001) 398, de 11 de julho de 2001, http://europa.eu.int/comm/consumers/policy/developments/contract_law/cont_law_02_pt.pdf, também são incontornáveis as referências a R. Sacco, "Il sistema del diritto privato europeo: le premesse per un codice europeo", e O. Lando, "European Contract Law", ambos em L. Moccia (org.), *Il diritto privato europeo: problemi e prospettive* (Milão: Giuffrè, 1993), pp. 87 ss. e 117 ss., bem como os balanços de A. Schwachtgen, "Nouveau droit des contrats et protection des consommateurs. Concepts de réglementation de l'Union Européenne et leurs répercussions sur les ordres juridiques nationaux: une introduction", em W. Heusel (org.), *Neues europäisches Vertragsrecht und Verbraucherschutz* (Trier: ERA, 1999), p. 15 ss., e ainda S. Grundman, "La struttura del diritto europeo dei contratti", em *Rivista di Diritto Civile*, parte I, Pádua, 2002, p. 365 ss., inclusive para referências bibliográficas adicionais; e, em Portugal, as sínteses de G. Alpa, "Il codice civile europeo: *e pluribus unum*", em *Estudos de Direito do Consumidor*, nº 2, Coimbra, 2000, p. 141 ss., e de J. Simões Patrício, *Do euro ao código civil europeu: aspectos da convergência legislativa* (Coimbra: Coimbra Editora, 2001), p. 91 ss.

[39] Uma análise aprofundada da situação anterior consta da Proposta de Directiva do Conselho relativa às viagens organizadas, incluindo férias organizadas e circuitos organizados, COM (1988) 41 final, em *Jornal Oficial da Comunidade Europeia*, nº C 96, Luxemburgo, 12-4-1998, p. 5 ss.; sobre o conteúdo da mesma e além das perspectivas explicitamente comparativas de F. Servoin, "Principes généraux relatifs au contrat de voyage en droit allemand, français et anglais", cit., pp. 45-47, e de J. Downes, "Legal Liabilities in the European Travel Trade: the EC Package Travel Directive, Part 1", em *Travel & Tourism Analyst*, nº 1, Nova York, 1993, p. 83 ss., cf. G. Cogo, *Diritto dell'economia per il turismo*, cit., pp. 243-246, K. Tonner, "La directive européenne sur les voyages à forfait", em *Revue Européenne de Droit de la Consommation*,

nas a Bélgica e a Itália haviam aprovado e ratificado a Convenção Internacional Relativa ao Contrato de Viagem (CCV), enquanto Portugal limitou-se a aprová-la.[40]

Como é demonstrado pela base jurídica em que assenta,[41] essa diretiva se enquadra numa perspectiva integrada de construção do mercado interno, ao procurar a superação das disparidades entre as legislações nacionais suscetíveis de criar obstáculos à livre prestação de serviços e distorcer a concorrência no setor, para além de intentar a atenuação da desconfiança dos nacionais de um Estado membro para adquirir viagens noutro Estado membro devido à desigual proteção dos consumidores, bem como ultrapassar a situação de inferioridade dos consumidores em relação aos organizadores e distribuidores.

---

nº 2, Louvain-la-Neuve, 1990, pp. 102-104; A. Aurioles Martín, "La directiva sobre viajes combinados y la adaptación a la normativa española de Agencias de viajes", em *Revista de Derecho Mercantil*, nº 206, Madri, 1992, pp. 830-831; S. Zunarelli, "La Direttiva CEE nº 90/314 del 13 giugno 1990 concernente i viaggi, le vacanze ed i circuiti 'tutto compreso'", em G. Silingardi & V. Zeno-Zencovich (orgs.), *La tutela del turista*, cit., p. 27 ss.; M. Fragola, *Profilo comunitario del turismo*, cit., p. 266 ss.; P. De La Haza Díaz, *El contrato de viaje combinado. La responsabilidad de las agencias de viajes* (Madri: Marcial Pons, 1997), p. 39 ss., e R. Árcarons i Simón, "Lex turística: l'aplicació de la directiva comunitària sobre viages combinats", em *Estudis de Turisme de Catalunya*, nº 6, Barcelona, junho de 2000, pp. 18-19, também disponível em http://www.gencat.es/turisme/etc/etc_6/lex.pdf, além de M. Miranda, *O contrato de viagem organizada* (Coimbra: Almedina, 2000), pp. 68-69.

[40] Sobre a origem, o conteúdo e a relevância da Convenção Internacional Relativa ao Contrato de Viagem (CCV), Bruxelas, de 23 de abril de 1970, cf. G. Minervini, "Le contrat touristique", em vv.aa., *Rapports généraux au IXe Congrès International de Droit Comparé: Téhéran 27 septembre – 7 octobre 1974* (Bruxelas: Bruylant, 1977), p. 437 ss., em especial pp. 443-445; E. Roppo, "Commento della convenzione internazionale relativa al contratto di viaggio ratificata con legge 27-12-1977, nº 1984", em *Le Nouve Leggi Civili Commentate*, Pádua, 1978, pp. 1757 ss.; C. Notarstefano, "Lineamenti giuridici dei rapporti turistici", em *Rivista di Diritto Commerciale*, parte I, Milão, 1993, pp. 593-597; F. Boulanger, *Tourisme et loisirs dans les droits privés européens*, cit., pp. 7-88; e M. Miranda, *O contrato de viagem organizada*, cit., pp. 45-46 e 68-69.

[41] O artigo 100º-A (atual art. 95º) do Tratado que institui a Comunidade Europeia, introduzido pelo Acto Único Europeu em 1986 e em cujos termos "1. Em derrogação do artigo 100º e salvo disposições contrárias do presente Tratado, aplicam-se as disposições seguintes para a realização dos objectivos enunciados no artigo 8ºA. O Conselho deliberando por maioria qualificada, sob proposta da Comissão, em cooperação com o Parlamento Europeu e após consulta do Comité Económico e Social, adoptará as medidas relativas à aproximação das disposições legislativas, regulamentares e administrativas dos Estados membros que têm por objecto o estabelecimento e o funcionamento do mercado interno. [...] 3. A Comissão, nas suas propostas em matéria de [...] protecção dos consumidores, basear-se-á num nível de protecção elevado"; a propósito do sentido e implicações desse preceito como instrumento ao serviço da efetivação do mercado interno prevista para 1992, cf. H. J. Glaesner, "L'article 100A: un nouvel instrument pour la realisation du marché commun", em *Cahiers de Droit Européen*, nº 25, Bruxelas, 1989, p. 615 ss.; B. Langeheine, "Le rapprochement des législations nationales selon l'article 100A du traité CEE: L'harmonisation communautaire face aux exigences de protection nationales", em *Revue du Marché Commun et de l'Union Européenne*, nº 328, Paris, 1989, p. 347 ss.; R. Adam, "Il diritto del mercato interno: l'art. 100A e l'armonizzazione delle legislazioni", em *Rivista di Diritto Europeo*, nº 3, Roma, 1993, p. 681 ss.; e as considerações gerais de R. Barents, "The Internal Market Unlimited: Some Observations on the Legal Basis of Community Legislation", em *Common Market Law Review*, nº 30, Londres, 1993, p. 85 ss.; de B. Peter, "La base juridique des actes en droit communautaire", em *Revue du Marché Commun et de l'Union Européenne*, nº 378, Paris, 1994, p. 324 ss.; e de G. M. Roberti, "La giurisprudenza della Corte di giustizia sulla 'base giuridica' degli atti comunitari", em *Foro Italiano*, IV, Bolonha, 1991, p. 99 ss.

No que se refere à comunicação comercial,[42] a diretiva parte da prática dos discursos publicitários no mercado das viagens organizadas,[43] em cujas estratégias retóricas releva a produção e a difusão de brochuras suscetíveis de captar a atenção e sobretudo despertar a imaginação dos consumidores.[44]

Assim, e além de acentuar o dever geral de veracidade do discurso[45] e de estabelecer deveres específicos de informação,[46] a disciplina centra-se precisamente na documentação disponibilizada aos consumidores. Embora não exija a entrega de brochuras relativas a cada viagem organizada, a diretiva determina que a informação nelas contida é vinculativa para o organizador e deverá sempre indicar os elementos do contrato a celebrar.[47] Outrossim, e sem reservas, podemos afirmar que a grande novidade desse regime no quadro do direito comunitário consiste em tornar contratualmente vinculativo o discur-

---

[42] Sobre esse regime e por todos, cf. A. Subremon, "Harmonisation des législations en Europe: la directive 'voyages à forfait'", em *Tourisprudence*, 1990, nº 2, pp. 6-7; K. Tonner, "La directive européenne sur les voyages à forfait", cit., p. 98 ss.; J. Downes, "Legal Liabilities em the European Travel Trade: The EC Package Travel Directive, Part 2", em *Travel & Tourism Analyst*, nº 2, Nova York, 1993, p. 69 ss., em especial pp. 74-76; C. Notarstefano, "Lineamenti giuridici dei rapporti turistici", cit., p. 598; M. Fragola, *Profilo comunitario del turismo*, cit., pp. 276-277; F. Boulanger, *Tourisme et loisirs dans les droits privés européens*, cit., pp. 28-29; A. Lezza, "I contratti di viaggio", em N. Lipari (org.), *Diritto privato europeo*, cit., vol. II, pp. 671-676; F. Indovini Fabris, *Legislazione turistica* (Pádua: Cedam, 1997), pp. 291-294 e 298-300; M. Cartella & F. Morandi, "Pubblicità commerciale e segni distintivi nelle attività turistiche", cit., p. 257; e C. Notarstefano, "Lineamenti giuridici dei rapporti turistici", cit., pp. 38-39; e M. Miranda, *O contrato de viagem organizada*, cit., pp. 69-71.

[43] Sobre essa questão e por todos, cf. as obras de referência de Ph. Kotler *et al.*, *Marketing for Hospitality and Tourism* (Upper Saddle River: Prentice Hall, 1999); de N. Morgan & A. Pritchard, *Advertising em Tourisme and Leisure* (Oxford: Butterworth-Heinemann, 2000); e de A. V. Seaton & M. M. Bennett, *The Marketing of Tourism Products: Concepts, Issues and Cases* (Londres: Thomson Learning, 2000).

[44] A propósito dos mecanismos de decisão de compra de viagens e o papel das estratégias de comunicação dos profissionais do setor, vejam-se as contribuições de A. V. Seaton, "Tourism behavior", em A. V. Seaton & M. M. Bennett, *The Marketing of Tourism Products: Concepts, Issues and Cases*, cit., 2000, p. 55 ss.; de J. Swarbrooke & S. Horner, *Consumer Behavior in Tourism* (Oxford: Butterworth-Heinemann, 2001), em especial p. 51 ss.; bem como as considerações tecidas por M. Baptista, *Turismo: desenvolvimento sustentável* (Lisboa/São Paulo: Verbo, 1997), p. 301 ss.

[45] Conforme o artigo 3º, nº 1, da diretiva, "Qualquer descrição de uma viagem organizada comunicada pelo operador ou pela agência ao consumidor, bem como o respectivo preço e as restantes condições do contrato, não devem conter elementos enganadores".

[46] Por força do artigo 4º, nº 1, *a*, da diretiva, em cujos exatos termos "Antes da celebração do contrato, o operador e/ou a agência prestarão ao consumidor, em geral, por escrito ou sob qualquer outra forma adequada, informações de ordem geral referentes às condições aplicáveis aos cidadãos do Estado membro ou dos Estados membros em questão, em matéria de passaportes e vistos, nomeadamente quanto aos prazos necessários para a respectiva obtenção, bem como informações relativas às formalidades sanitárias necessárias para a viagem e a estadia".

[47] Em concreto e de acordo com o artigo 3º, nº 2, da diretiva, "a) Destino, meios, características e categorias de transporte utilizados; b) Tipo de alojamento, sua situação, sua categoria ou nível de conforto e suas características principais, bem como a sua homologação e classificação turística ao abrigo da regulamentação do Estado membro de acolhimento em questão; c) Refeições fornecidas; d) Itinerário; e) Informações de ordem geral referentes às condições aplicáveis aos cidadãos do Estado ou dos Estados membros em questão em matéria de passaportes e vistos e formalidades sanitárias necessárias para a viagem e a estadia; f) Montante ou percentagem do preço a pagar a título de adiantamento e calendário para o pagamento do saldo; g) Número mínimo de pessoas necessárias para a viagem organizada se realizar e, nesse caso, data-limite de informação do consumidor em caso de anulação".

so publicitário dos agentes econômicos profissionais, de forma a impedir a consideração anterior e corrente das mensagens contidas nos documentos como simples convites a contratar.[48]

Sucintamente exposta a disciplina comunitária, cumpre passar a uma breve análise da transposição da diretiva para os ordenamentos objeto deste estudo, isto é, para o espanhol, o francês, o italiano e o português.[49]

Começando pela Espanha, a diretiva foi transposta em 1995[50] e apresenta, como principal traço caraterizador do respectivo regime, a obrigatoriedade de as agências disponibilizarem um programa ou folheto informativo contendo os elementos essenciais de cada

---

[48] Por força do artigo 3º, nº 2 (parágrafo 2), da diretiva, "As informações contidas na brochura vinculam o operador ou a agência, com excepção dos casos em que: a alteração dessas informações tenha sido inequivocadamente comunicada ao consumidor previamente à celebração do contrato; esse facto deve ser expressamente referido na brochura, [ou] surjam posteriormente alterações na sequência de um acordo entre as partes no contrato"; a propósito da integração publicitária do contrato e além das referências que faremos a propósito da transposição da regra constante do preceito para os vários ordenamentos, permito-me remeter para a abordagem geral e comparativa de M. R. Will, "A mensagem publicitária na formação do contrato", em vv.aa., *Comunicação e defesa do consumidor*, cit., p. 259 ss., bem como para as considerações de J.A.T. Lana, "La integración de la publicidad en la oferta contractual turística", em vv.aa., *Turismo y defensa del consumidor*, cit., p. 73 ss., ao articular a disciplina da diretiva com o direito interno espanhol já então vigente.

[49] Sobre essa matéria é em especial relevante o Relatório sobre a aplicação da Directiva 90/314/CEE relativa às viagens organizadas, férias organizadas e circuitos organizados na legislação nacional dos Estados membros da CE, elaborado pela Direcção-Geral Saúde e Protecção do Consumidor, SEC (1999) 1795 final, http://europa.eu.int/comm/consumers/policy/developments/pack_trav/pack_trav02_pt.pdf, ainda que o mesmo se centre na disciplina das garantias e apenas se ocupe tangencialmente do tema objeto do presente estudo; sobre este, cf. M.B. González Fernández, "Revisión del ámbito de aplicación objetivo de la normativa sobre viajes combinados (A propósito del Informe de la Comisión Europea sobre la Transposición de la Directiva 90/314/CEE del Consejo, de 13 de junio de 1990, relativa a los viajes combinados, las vacaciones combinadas y los circuitos combinados)", em A.A. Martín (org.), cit., p. 243 ss.

[50] A transposição foi operada por meio da Lei nº 21/1995, de 6 de julho, reguladora de *los viajes combinados*; além das considerações prospectivas de I. Quintana Carlo, "La adaptación del derecho español a la normativa comunitaria sobre viajes combinados", em *Estudios sobre Consumo*, nº 22, Madri, 1991, p. 43 ss., sobre essa questão têm especial interesse as contribuições de P.M. Espín, "Notas a la Ley 21/1995, de 6 de julio, reguladora de los viajes combinados", em *Revista de Derecho Privado*, nº 6, Madri, 1996, p. 464 ss.; C.L. Alvarez, "Protección al consumidor y carácter vinculante del folleto informativo en los viajes combinados (en torno a la Ley 21/1995, de 6 de julio, y la jurisprudencia precedente)", em *Revista Crítica de Derecho Inmobiliario*, nº 643, Madri, 1997, p. 2197 ss.; M.R. Muñoz, "Guía explicativa de la Ley de Viajes Combinados", em *Estudios sobre Consumo*, nº 37, Madri, 1997, p. 103 ss.; P. Martínez Espin, "La législation des voyages à forfait en droit espagnol", em *Revue Européenne de Droit de la Consommation*, nº 2, Louvain-la-Neuve, 1997, p. 2 ss.; P. De la Haza, *El contrato de viaje combinado. La responsabilidad de las agencias de viajes*, cit., em especial p. 96 ss.; R. Árcarons i Simón, "Lex turística: l'aplicació de la directiva comunitària sobre viages combinats", cit., pp. 20-22, também disponível em http://www.gencat.es/turisme/etc/etc_6/lex.pdf; C. Boldó Roda, "El contrato de viaje combinado", em R. G. Macho & A.R. Castells (orgs.), *Lecciones de derecho del turismo*, cit., 2000, p. 225 ss., em especial pp. 232-234; e ainda A.A. Martín, *Introducción al derecho turístico: derecho privado del turismo* (Madri: Tecnos, 2002), p. 138 ss., em especial pp. 146-150.

viagem proposta apresentados de forma clara e precisa,[51] o qual vincula quem o elabora ou distribui.[52]

Por sua vez, na França a diretiva foi recebida em 1992.[53] Nesse caso, o legislador interno optou por não se referir especificamente à proibição de a comunicação comer-

---

[51] Conforme o artigo 3º da lei, "1. O planejador ou, se for o caso, o organizador deverá colocar à disposição dos consumidores um programa ou folheto informativo contendo por escrito a correspondente oferta de viagem organizada que deverá incluir uma clara e precisa informação sobre os seguintes itens: a. Destinos e meios de transporte, com menção às suas características e classe. b. Duração, itinerário e calendário de viagem. c. Relação de estabelecimentos para alojamento, com indicação do tipo, situação, categoria ou nível de acomodações e suas principais características, bem como sua homologação e classificação turística para os países em que exista uma classificação oficial. d. Número de refeições que serão servidas. e. Informações gerais sobre as condições aplicáveis aos cidadãos dos Estados membros da União Europeia em relação aos passaportes e vistos, e as formalidades sanitárias necessárias para a viagem e estadia. f. Preço da viagem organizada e preço estimado das excursões facultativas, quantia ou porcentagem do preço que deve ser pago como adiantamento do preço total e calendário para o pagamento da parte do preço não coberto pelo adiantamento desembolsado, assim como as condições de financiamento que, no caso, se ofereçam. g. Se para a realização da viagem organizada é necessário um número mínimo de inscrições e, se for o caso, a data-limite para que o consumidor seja informado em caso de cancelamento. h. Cláusulas aplicáveis a possíveis responsabilidades, cancelamentos e outras condições da viagem. i. Nome e domicílio do organizador da viagem organizada bem como, se for o caso, de sua representação legal na Espanha. j. Toda informação adicional e adequada sobre as características da viagem oferecida".

[52] Já de acordo com o artigo 3º da mesma lei, "2. A informação contida no folheto informativo será vinculante para o organizador ou o planejador da viagem organizada, salvo se ocorrer alguma das seguintes circunstâncias: a. Que as mudanças em tal informação tenham sido claramente comunicadas por escrito ao consumidor antes da celebração do contrato e tal possibilidade tenha sido objeto de menção expressa no folheto informativo. b. Que aconteçam modificações posteriores com prévio acordo escrito entre as partes contratantes"; sobre o alcance desse preceito cf. as abordagens de Mª.J.S. Morón, "El folleto o programa informativo y la forma del contrato de viajes combinados", em *Estudios sobre Consumo*, nº 42, Madri, 1997, p. 23 ss.; C.L. Alvarez, "Protección al consumidor y carácter vinculante del folleto informativo en los viajes combinados", cit., p. 2197 ss., e "Contratos turísticos, protección del turista y Ley 7/1998, de 13 de Abril, sobre condiciones generales de la contratación", em A. Aurioles Martín (org.), *Derecho y turismo (I y II Jornadas de Derecho Turístico, Málaga, 1998-99)* (Sevilha: Consejería de Turismo y Deporte, 2000), p. 17 ss.; e P. De La Haza Díaz: "La oferta publicitaria de los viajes combinados", em *Estudios sobre Consumo*, nº 47, Madri, 1998, p. 9 ss.; aliás, chegou a ser defendido por I. Quintana Carlo, "La adaptación del derecho español a la normativa comunitaria sobre viajes combinados", cit., p. 48, que não teria sido necessário enunciar essa regra ao vigorar em Espanha o artigo 8º, "1. A oferta, promoção e publicidade dos produtos, atividades ou serviços se ajustarão a sua natureza, características, condições, utilidade ou finalidade, sem prejuízo do que foi estabelecido nas disposições sobre publicidade. Seu conteúdo, as prestações próprias de cada produto ou serviço, e as condições e garantias oferecidas poderão ser exigidas pelos consumidores ou usuários, mesmo quando não figurem expressamente no contrato celebrado ou no documento ou comprovante recebido" e "2. Não obstante o que foi estabelecido no parágrafo anterior, se o contrato celebrado contiver cláusulas que favoreçam o consumidor, estas prevalecerão sobre o que estiver contido na oferta, promoção ou publicidade", da Lei nº 26/1984, Ley General de Defensa de los Consumidores y Usuarios, a propósito da qual cf. M.G. Amigo, "La defensa de los consumidores desde el derecho privado", em *Revista de Derecho Privado*, nº 5, Madri, 1985, p. 395 ss., em especial pp. 408-410; M. Pascuau Liaño, "Comentario al artigo 8 LCU", em R. Bercovitz Rodríguez Cano & J. Salas Hernández (orgs.), *Comentarios a la Ley General de Defensa de Consumidores y Usuarios* (Madri: Civitas, 1992), p. 143 ss.; e E.C. García: "La protección de los consumidores a través de la eficacia contractual de la publicidad", em *Actualidad Civil*, nº 38, Madri, 2000, p. 1399 ss., sem esquecer a pontualização prospectiva de J. A. Torres Lana, "La integración de la publicidad en la oferta contratual turística", cit., p. 78.

[53] Por meio da Lei nº 92-645, de 13 de julho de 1992, que estabelece as condições de exercício das atividades relativas à organização e à venda de viagens ou de estadias, posteriormente regulamentada pelo Decreto nº 94-490, de 15 de junho de 1994, tomado como aplicação do artigo 31 da Lei nº 92-645, de 13 de julho de 1992, que estabelece as condições de exercício das atividades relativas à organização e à venda de viagens ou de estadias; sobre o conteúdo desses diplomas

cial veicular informações enganadoras, em atenção à disciplina geral da publicidade.⁵⁴ Consequentemente, o regime assenta na previsão de um dever alargado de informação prévia à celebração do contrato por parte das agências de viagens,⁵⁵ a qual as vincula plenamente.⁵⁶

---

    legais cf. D. Rubio-Ayache, *Droit du tourisme: agences de voyages* (Paris: BPI, 1994), p. 66 ss.; M. Deneu & P. Courtin, *Droit et droit du tourisme* (Rosny: Bréal, 1996), p. 293 ss.; e sobretudo P. Py, *Droit du tourisme* (Paris: Dalloz, 2002), p. 301 ss.

⁵⁴ Pelo artigo 44º da Lei nº 73-1193, de 27 de dezembro de 1973, Loi d'Orientation du Commerce et de l'Artisanat, preceito entretanto substituído pela Lei nº 93-949, de 26 de julho de 1993, a qual introduziu a matéria no artigo L121 ss. do Code de la Consommation, em cujos precisos termos "É proibida qualquer publicidade que comporte, sob qualquer forma que seja, alegações, indicações ou apresentações falsas ou de natureza que possa induzir a erro, quando estas estiverem relacionadas a um ou vários dos seguintes dados: existência, natureza, composição, qualidades substanciais, concentração de princípios ativos, espécie, origem, quantidade, modo e data de fabricação, propriedades, preço e condições de venda de bens ou serviços que são a matéria da publicidade, condições de sua utilização, resultados que se podem esperar de sua utilização, motivos ou procedimentos da venda ou da prestação de serviços, alcance dos compromissos assumidos pelo anunciante, identidade, qualidades ou aptidões do fabricante, dos revendedores, dos promotores ou dos prestatários"; sobre esse regime e por todos, cf. J. Beauchard, *Droit de la distribution et de la consommation*, cit., p. 313 ss.

⁵⁵ Conforme o artigo 15º da Lei nº 92-645, "O vendedor deve informar aos interessados, por escrito e antes da celebração do contrato, sobre o conteúdo das prestações propostas relativas ao transporte e à estadia, sobre o preço e formas de pagamento, sobre as condições de cancelamento do contrato, bem como as condições para o cruzamento de fronteiras", ao qual acresce o artigo 64º do Decreto nº 94-490, "Antes da celebração do contrato e com base em documento escrito, com indicação da razão social, endereço e autorização administrativa de exercício, o vendedor deve comunicar ao consumidor as informações sobre preços, datas e outros elementos constitutivos dos serviços prestados por ocasião da viagem ou da estadia tais como: 1º O destino, os meios de transporte, as características e as categorias dos transportes utilizados; 2º A forma de alojamento, sua situação, seu nível de conforto e suas principais características, sua homologação e sua classificação turística correspondente à regulamentação ou aos usos do país de destino; 3º As refeições oferecidas; 4º A descrição do itinerário, quando se tratar de um trajeto; 5º As formalidades administrativas e sanitárias a serem cumpridas, principalmente em caso de travessia de fronteiras, bem como os prazos para seu cumprimento; 6º As visitas, excursões e outros serviços inclusos no pacote ou eventualmente disponíveis mediante pagamento suplementar; 7º O número mínimo ou máximo de pessoas para a realização da viagem ou estadia, bem como – caso a realização da viagem ou da estadia esteja subordinada a um número mínimo de participantes – a data-limite para informar o consumidor em caso de cancelamento da viagem ou estadia, sendo que essa data não pode ser fixada em menos de 21 dias antes da partida; 8º Quantia, ou porcentagem do preço total, que deve ser paga como adiantamento no fechamento do contrato, bem como o calendário para o pagamento do saldo; 9º As modalidades de revisão de preços tal como previstas pelo contrato em aplicação do artigo 100 do presente decreto; 10º As condições de cancelamento de natureza contratual; 11º As condições de cancelamento definidas nos artigos 101, 102 e 103 tratadas mais adiante; 12º Indicações precisas referentes aos riscos assegurados e a importância das garantias acordadas no título do contrato de seguro que cobre as consequências da responsabilidade civil profissional das agências de viagens e da responsabilidade civil das associações e organismos sem fins lucrativos e dos organismos locais de turismo; 13º A informação referente à contratação facultativa de um seguro que cubra as consequências para alguns casos de cancelamento ou de assistência que cubra determinados riscos, em particular os gastos com repatriamento em caso de acidente ou de doença"; ainda a esse propósito é interessante verificar que, diferentemente da diretiva, a lei emprega a expressão *por escrito*, o que conduz a doutrina a entender que, além das brochuras, também os jornais, as revistas, os documentos contratuais e todos os suportes, incluindo o Minitel, precursor francês da internet, estão abrangidos pela previsão, cf. D. Rubio-Ayache, *Droit du tourisme: agences de voyages*, cit., pp. 68-69; F. Boulanger, *Tourisme et loisirs dans les droits privés européens*, cit., p. 31; M. Deneu & P. Courtin, *Droit et droit du tourisme*, cit., pp. 295-296; e P. Py, *Droit du tourisme*, cit., pp. 302-304.

⁵⁶ Conforme o artigo 16º da Lei nº 92-645, "A informação preliminar prevista no artigo 15º é vinculante para o vendedor, a menos que as modificações nessas informações tenham sido levadas ao conhecimento dos interessados antes da conclusão do contrato. Só pode haver modificação na informação preliminar se o vendedor tiver expressamente se reservado

Como referi, ao tempo da adoção da diretiva na Itália vigorava a CCV,[57] havendo aquela sido transposta apenas em 1995 para o ordenamento nacional,[58] a que se seguiu uma profusa legiferação regional em resultado da distribuição constitucional das competências em matéria turística.[59] No que respeita ao conteúdo da disciplina da comunicação comercial e além de acentuar o dever específico de veracidade que impende sobre os operadores profissionais do setor,[60] o legislador regula o teor da documentação distribuída

---

esse direito", também este complementado pelo artigo 97º do Decreto nº 94-490: "A informação preliminar dada ao consumidor vincula o vendedor, a menos que nesta informação o vendedor se tenha expressamente reservado o direito de modificar nela certos elementos. O vendedor deve, neste caso, indicar claramente em que medida esta modificação pode se dar e em quais elementos. Em qualquer caso, as modificações feitas na informação preliminar devem ser comunicadas por escrito ao consumidor antes da celebração do contrato".

[57] O conteúdo normativo da CCV integrou o ordenamento italiano por meio da Lei nº 1.084, de 27 de dezembro de 1977. Ratificação e execução da Convenção Internacional Referente ao Contrato de Viagem (CCV) assinada em Bruxelas, em 23 de abril de 1970; a propósito dessa são incontornáveis as contribuições de V. Cuffaro, "Contratto turistico", em *Digesto IV – Discipline privatistiche – Sezione Civile*, vol. IV (Turim: Utet, 1989), pp. 297-298, e de E. Roppo, "Commento della convenzione internazionale relativa al contratto di viaggio ratificata con legge 27-12-1977, nº 1984", cit., pp. 1772-1773, tendo ainda interesse as referências de C. Notarstefano, "Lineamenti giuridici dei rapporti turistici", cit., pp. 593-594; de G. Silingardi, *Turismo: legislazione e prassi contrattuale* (Milão: Etas, 1993), pp. 107-108 ss.; e ainda, em confronto com o regime introduzido pela diretiva, de F. Indovini Fabris, *Legislazione turistica*, cit., pp. 273 e 283.

[58] Por meio do Decreto Legislativo nº 111, de 17 de março de 1995; sobre o mesmo, cf. A. Lezza, "I contratti di viaggio", cit., vol. II, pp. 683-685; F. Indovini Fabris, *Legislazione turistica*, cit., pp. 333-335; G. Silingardi & F. Morandi, *La "vendita di pacchetti turistici": la direttiva 13 giugno 1990, n. 90/314/CEE, ed il d.lg. 17 marzo 1995, no 111* (Turim: Giappichelli, 1998), em especial p. 8 ss.; G. Ciurnelli, "Il contratto di viaggio e la vendita dei 'pacchetti turistici'", em V. Franceschelli & G. Silingardi (org.), *Manuale di diritto del turismo*, cit., pp. 411-413; M. Cartella & F. Morandi, "Pubblicità commerciale e segni distintivi nelle attività turistiche", cit., pp. 257-259; e ainda G. Castoldi, *Legislazione del turismo* (Milão: Hoepli, 2001), pp. 157-158.

[59] Sobre o conteúdo dessa legislação regional, cf. a exposição de M. Cartella & F. Morandi, "Pubblicità commerciale e segni distintivi nelle attività turistiche", cit., pp. 259-264.

[60] Por força do artigo 8º, nº 4, do Decreto Legislativo nº 111, de 17 de março de 1995, "É proibido fornecer informações enganosas sobre as modalidades do serviço oferecido, sobre o preço e sobre os outros elementos do contrato, qualquer que seja o meio pelo qual tais informações sejam comunicadas ao consumidor", preceito que necessita ser articulado com a disciplina geral da publicidade, constante do Decreto Legislativo nº 72, de 25 de janeiro de 1992, entretanto modificado pelo Decreto Legislativo nº 67, de 25 de fevereiro de 2000. Atuação da Portaria 84/459/CEE em matéria de propaganda enganosa; sobre essa disciplina cf. M.S. Desario & U. Morera, "Riflessioni critiche a margine della nuova disciplina sulla pubblicità ingannevole (Decreto Legislativo nº 74, de 1992)", em *Rivista di Diritto Commerciale*, parte I, Milão, 1993, p. 427 ss.; e as considerações contextualizadas de G. Alpa, *Il diritto dei consumatori* (Roma: Laterza, 1995), p. 77 ss.; nessa matéria, releva ainda a jurisprudência administrativa da *Autorità Garante della Concorrenza e del Mercato*, referida e comentada por M. Cartella & F. Morandi, "Pubblicità commerciale e segni distintivi nelle attività turistiche", cit., pp. 267 ss.

aos consumidores,[61] a qual, embora não sendo de elaboração obrigatória, é vinculativa para as agências que optarem por disponibilizá-la.[62]

Já em Portugal, a diretiva foi transposta em 1993 no âmbito de uma reforma global da disciplina do setor.[63] No que concerne à comunicação comercial, a nova disci-

---

[61] Conforme o artigo 9º, nº 1, do Decreto Legislativo nº 111, de 17 de março de 1995, "O folheto, quando colocado à disposição do consumidor, indica de modo claro e preciso: a) a destinação, o meio, o tipo, a categoria do transporte utilizado; b) a instalação em hotel ou outro tipo de alojamento, a localização, a categoria ou o nível e as características principais, a sua aprovação e classificação pelo Estado hospedeiro; c) as refeições fornecidas; d) o itinerário; e) as informações de caráter geral aplicáveis ao cidadão de um Estado membro da União Europeia sobre passaporte e visto, com indicação dos prazos para o despacho, além das obrigações sanitárias e as relativas formalidades a cumprir para a efetivação da viagem e da estadia; f) o montante ou o percentual do valor a depositar como adiantamento e o prazo para o depósito do saldo; g) a indicação do número mínimo de participantes eventualmente necessário para a efetivação da viagem com tudo incluído e do prazo dentro do qual o consumidor deve ser informado do cancelamento do pacote turístico; h) os prazos, as modalidades, o sujeito em relação ao qual se exerce o direito de desistência nos termos do artigo 5º do Decreto-Legislativo nº 50, de 15 de janeiro de 1992, no caso de contrato negociado fora dos locais comerciais"; essa disciplina não é particularmente inovadora, pois já anteriormente vigorava um sistema de controle público do conteúdo da comunicação comercial no setor, isto é, desde o artigo 16º da Legge 30 dicembre 1937, nº 2650, retomado pelo artigo 8º do Decreto del Presidente della Repubblica nº 630/55 e 2º da Legge 31 luglio 1959, nº 617, os programas, os anúncios relativos à organização de viagens coletivas de caráter turístico ou cruzeiros não poderiam ser publicados nem distribuídos sem aprovação prévia e a indicação da mesma nas próprias publicações; a aprovação dependia do requisito de serem explicitamente precisadas as indicações sobre o itinerário da viagem ou do cruzeiro, o preço, a especificação dos serviços fornecidos, as respectivas classes, qualidades e quantidades, as condições de reembolso dos montantes pagos a data e os termos da autorização, como referem G. Cogo, *Diritto dell'economia per il turismo*, cit., pp. 238-239; G. Silingardi, *Turismo: legislazione e prassi contrattuale*, cit., p. 107; e M. Cartella & F. Morandi: "Pubblicità commerciale e segni distintivi nelle attività turistiche", cit., pp. 264-267.

[62] Em virtude do disposto no artigo 9º, nº 2, do Decreto Legislativo nº 111, de 17 de março de 1995, "As informações contidas no folheto vinculam o organizador e o vendedor em relação às respectivas responsabilidades, a menos que as modificações das condições aí indicadas não sejam comunicadas por escrito ao consumidor antes da celebração do contrato ou venham acordadas pelos contraentes, mediante um acordo escrito específico depois da celebração", o que leva F.I. Fabris, *Legislazione turistica*, cit., pp. 332-334, a reconduzir essa norma à figura da oferta ao público prevista no artigo 1336º do Codice Civile, o qual dispõe que "A oferta ao público, quando contém os elementos essenciais relativos às finalidades do contrato, vale como proposta, salvo se se demonstrar diferente pelas circunstâncias ou pelos usos"; porém, tenho essa aproximação por irrelevante ao ser um dos traços essenciais do instituto a maior facilidade de revogação, como aliás também consta do mesmo preceito "A revogação da oferta, se for feita da mesma forma do que a oferta ou de forma equivalente, é eficaz também em relação a quem não teve notícia" e é exatamente contrário ao regime em análise, sobre a noção de oferta ao público no direito italiano; cf. E. Roppo, *O contrato*, trads. A. Prata & M.J.C. Gomes (Coimbra: Almedina, 1988), pp. 79-81.

[63] Pelo Decreto-lei nº 198/93, de 27 de maio, que regula o regime jurídico das agências de viagens e turismo, substituído pelo Decreto-lei nº 209/97, de 13 de agosto, entretanto modificado pelo Decreto-lei nº 12/99, de 11 de janeiro, alterações que resultaram em retrocessos do grau de proteção inicialmente conferido aos consumidores, o qual em muito ultrapassava os mínimos exigidos pela diretiva, ainda que em aspectos do regime apenas tangencialmente relevantes para o objeto desse estudo; sobre esses diplomas legais, cf. M. Miranda, *O contrato de viagem organizada*, cit., pp. 81-82; M. Frota *et al.*, *Direitos do consumidor de produtos e serviços turísticos* (Lisboa: Instituto Nacional de Formação Turística, 1995), pp. 23-24 e 28-30; os apontamentos de M. Frota, "O contrato de viagens turísticas", em *Revista Portuguesa de Direito do Consumo*, nº 22, Coimbra, 2000, p. 57 ss.; e P. Romano Martinez, *Contratos comerciais* (São João do Estoril: Principia, 2001), pp. 42-48; para o estudo da evolução legislativa portuguesa é incontornável a contribuição de M. Miranda, *O contrato de viagem organizada*, cit., pp. 78-81, tendo também algum interesse referir a disciplina dos cruzeiros, muito esquematicamente regulada no artigo 21º do Decreto-lei nº 349/86, de 17 de outubro, que regula o contrato de transporte de passageiros por mar, com referência explícita no preâmbulo à CCV; sobre esse diploma cf. A.P. Carlos, "O contrato de transporte marítimo", em vv.aa., *Novas perspectivas do direito comercial* (Coimbra: Almedina, 1988), p. 11 ss., em especial p. 15.

plina distingue-se por ampliar o correspondente âmbito de aplicação para além do exigido pela diretiva e consolidar normas antes dispersas. Em concreto, deparamo-nos com a previsão de dois níveis de exigência: do primeiro, aplicável a todas as viagens turísticas, incluindo as viagens por medida,[64] constam deveres positivos de informação,[65] impondo-se que o respectivo conteúdo seja não apenas verdadeiro[66] como

---

[64] Assim, conforme o artigo 17º do Decreto-lei nº 209/97, "1. São viagens turísticas as que combinem dois dos serviços seguintes: a) transporte; b) alojamento; c) serviços turísticos não subsidiários do transporte." e "3. São viagens por medida as viagens turísticas preparadas a pedido do cliente para satisfação das solicitações por este definidas.", cf. M. Miranda, *O contrato de viagem organizada*, cit., p. 102 ss.

[65] Em virtude do artigo 18º, nº 1, do Decreto-lei nº 209/97, "Antes da venda de uma viagem turística a agência deve informar, por escrito ou por qualquer outra forma adequada, os clientes que se desloquem ao estrangeiro sobre a necessidade de passaportes e vistos, prazos para a respectiva obtenção e formalidades sanitárias e, caso a viagem se realize no território de Estados membros da União Europeia, a documentação exigida para a obtenção de assistência médica ou hospitalar em caso de acidente ou doença".

[66] Assim, de acordo com o artigo 18º, "4. Qualquer descrição de uma viagem bem como o respectivo preço e as restantes condições do contrato não devem conter elementos enganadores.", do Decreto-lei nº 209/97, o qual se articula com o princípio da veracidade publicitária, em cujos termos "1. A publicidade deve respeitar a verdade, não deformando os factos.", sendo, consequentemente, "proibida toda a publicidade que, por qualquer forma, incluindo a sua apresentação, e devido ao seu carácter enganador, induza ou seja susceptível de induzir os seus destinatários, independentemente de lhes causar qualquer prejuízo económico, ou que possa prejudicar um concorrente.", conforme os artigos 10º e 11º do Código da Publicidade, aprovado pelo Decreto-lei nº 330/90, de 23 de outubro; sobre essa questão cf. M. Loureiro, *Marketing e comunicação: instrumentos jurídicos* (Lisboa: Texto, 1994), p. 77; M.N. Serens, "A proibição da publicidade enganosa: defesa dos consumidores ou proteção (de alguns) dos concorrentes", cit., p. 243 ss.; M. Menezes Leitão, "A concorrência desleal e o direito da publicidade", cit., p. 145 ss.; e A.M. Cordeiro, *Tratado de direito civil português*, I, *Parte Geral*, cit., pp. 411-412; anteriormente e conforme o artigo 29º na primeira versão do Código da Publicidade, aprovado pelo Decreto-lei nº 421/80, de 30 de setembro, "1. A mensagem publicitária sobre viagens e turismo indicará obrigatoriamente, com detalhe e rigor: a) A entidade responsável pela viagem; b) Os meios de transporte e classe utilizada; c) Os destinos e itinerários previstos; d) A duração exacta da viagem e o tempo de permanência em cada localidade; e) Os preços totais, mínimo e máximo, da viagem, bem como todos os detalhes dos serviços compreendidos nesse preço – alojamento, refeição, acompanhamento, visitas guiadas, excursões, carregador; f) As condições de cancelamento. 2. São dispensáveis as exigências das alíneas do número anterior para a publicidade radiodifundida e televisiva.", de onde decorriam consequências análogas às atuais; cf. as referências de M. Miranda, *O contrato de viagem organizada*, cit., pp. 135-136, nº 230, e, sobretudo, as implicações gerais dele retiradas por C. Ferreira de Almeida, *Os direitos dos consumidores*, cit., p. 905; uma última nota relaciona-se com a eventualidade de se verificarem problemas de transposição da diretiva na segunda versão da disciplina; nesse sentido, M. Miranda, *O contrato de viagem organizada*, cit., pp. 138-139, ao abordar a eliminação no artigo 22º, nº 1, da menção "[...] as agências devem informar o cliente de todas as cláusulas a incluir no contrato" pelo Decreto-lei nº 209/97, de 13 de agosto, entende que tal é irrelevante em consequência do efeito direto que decorreria da própria diretiva; sobre essa noção e por todos cf. K.-D. Borchardt, *O ABC do direito comunitário*, cit., pp. 38-39, e P. Quintas, *Da problemática do efeito directo nas directivas comunitárias* (Porto: Dixit, 2000), sobretudo p. 89 ss., de onde poderia resultar um dever de indenizar por parte do Estado português, a exemplo do que ocorreu com a Alemanha em consequência da Sentença do Tribunal de Justiça de 8 de outubro de 1996, E. Dillenkofer, C. Erdmann, H.-J. Schulte, Werner, Ursula e T. Knor contra a República Federal da Alemanha. Pedido de decisão prejudicial: Landsgericht Bonn. Casos Conjuntos C-178/94, C-179/94, C-188/94, C-189/94 e C-190/94, cf. *Colectânea da Jurisprudência do Tribunal de Justiça e do Tribunal de Primeira Instância* (Luxemburgo: Serviço de Publicações Oficiais da Comunidade Europeia, 1996), p. I-04845, ao não haver este transposto atempadamente o instituto previsto no artigo 7º da diretiva, cf. Mª V. Cuartero Rubio, "Viajes combinados y derecho de los particulares a una indemnización", em *La Ley – Unión Europea*, nº 4.222, Madri, 5-2-1997, pp. 10-12; C.G.C. Talegón, "Normativa comunitaria en materia turística y su aplicación por el Tribunal de Justicia de las Comunidades Europeas", em A. Aurioles Martín (org.), *Derecho y turismo (I y II Jornadas de Derecho Turístico, Málaga, 1998-99)*, cit., p. 37 ss.; C. Notarstefano, "Lineamenti

completo;⁶⁷ do segundo, restrito às viagens organizadas, resulta a obrigatoriedade de os organizadores elaborarem e distribuírem programas das viagens,⁶⁸ os quais são agora inequivocamente vinculativos para as agências de viagens.⁶⁹

---

giuridici dei rapporti turistici", cit., pp. 57-59; M. Miranda, *O contrato de viagem organizada*, cit., pp. 72-74, e M. Fragola, "L'influenza del diritto comunitario nella disciplina del contratto di viaggio 'tutto compreso': la recente giurisprudenza della Corte di Giustizia delle Comunità Europee", em L.M. Leitão (org.), *Estudos do Instituto de Direito do Consumo*, cit., p. 297 ss.; além das considerações prospectivas de G. Porcelli: "Nuovi orientamenti normativi e giurisprudenziali della CEE in materia di applicabilità delle direttive CEE e di tutela dei consumatori: quali consequenze e quali spazi di tutela per gli operatori del turismo", em *Rivista Giuridica del Turismo e delle Comunicazioni*, 1992, nº 2, Roma, p. 3 ss.

⁶⁷ De acordo com o artigo 18º, nº 3, do Decreto-lei nº 209/97, "Considera-se forma adequada de informação ao cliente a entrega do programa de viagem que inclua os elementos referidos nos números anteriores".

⁶⁸ Assim, o artigo 20º do Decreto-lei nº 209/97 determina que "1. As agências que anunciarem a realização de viagens organizadas deverão dispor de programas para entregar a quem os solicite. 2. Os programas de viagem deverão informar, de forma clara e precisa, sobre os elementos referidos nas alíneas a a l do artigo 22º [a) Nome, endereço e número do alvará da agência vendedora e da agência organizadora da viagem; b) Identificação das entidades que garantem a responsabilidade da agência organizadora; c) Preço da viagem organizada, termos e prazos em que é legalmente admitida a sua alteração e impostos ou taxas devidos em função da viagem, que não estejam incluídos no preço; d) Montante ou percentagem do preço a pagar, a título de princípio de pagamento, data de liquidação do remanescente e consequências da falta de pagamento; e) Origem, itinerário e destino da viagem, períodos e datas de estada; f) Número mínimo de participantes de que dependa a realização da viagem e data-limite para a notificação do cancelamento ao cliente, caso não se tenha atingido aquele número; g) Meios, categorias e características de transporte utilizados, datas, locais de partida e regresso e, quando possível, as horas; h) O grupo e classificação do alojamento utilizado, de acordo com a regulamentação do Estado de acolhimento, sua localização, bem como o nível de conforto e mais características principais, número e regime ou plano de refeições fornecidas; i) Montantes máximos exigíveis à agência, nos termos do artigo 40º; j) Termos a observar para reclamação do cliente pelo não cumprimento pontual dos serviços acordados; l) Visitas, excursões ou outros serviços incluídos no preço;] e ainda sobre: a) A exigência de passaportes, vistos e formalidades sanitárias para a viagem e estada; b) Quaisquer outras características especiais da viagem"; a esse propósito, impõe-se recordar que já o artigo 36º do Decreto-lei nº 478/72, de 28 de novembro, estabelecera a obrigatoriedade de as agências colocarem à disposição dos clientes programas devidamente pormenorizados na organização de viagens turísticas ou coletivas, cf. M. Miranda, *O contrato de viagem organizada*, cit., p. 80.

⁶⁹ Em resultado do disposto no artigo 21º do Decreto-lei nº 209/97, "A agência fica vinculada ao cumprimento pontual do programa, salvo se: a) Estando prevista no próprio programa a possibilidade de alteração das condições, tal alteração tenha sido inequivocamente comunicada ao cliente antes da celebração do contrato.", defendendo M. Miranda, *O contrato de viagem organizada*, cit., pp. 141-143, estarmos perante uma oferta ao público ainda que dotada de um regime especial; contudo, em atenção ao teor do artigo 230º, nº 3, do Código Civil, "A revogação da proposta, quando dirigida ao público, é eficaz, desde que seja feita na forma da oferta ou em forma equivalente.", tenho-a por improcedente; sobre esse instituto no direito português, cf. C.F. Almeida, *Os direitos dos consumidores*, cit., p. 148 ss., e *Contratos*, vol. I (Coimbra: Almedina, 2000), p. 62 ss.; A.M. Cordeiro, *Tratado de direito civil português*, cit., p. 298 ss.; alternativamente, penso ser mais adequado entender esse preceito como uma concretização da regra atualmente constante do artigo 7º, nº 5, da Lei nº 24/96, de 31 de julho, de defesa do consumidor, a qual determina que "As informações concretas e objectivas contidas nas mensagens publicitárias de determinado bem, serviço ou direito consideram-se integradas no conteúdo dos contratos que se venham a celebrar após a sua emissão, tendo-se por não escritas as cláusulas contratuais em contrário.", a propósito da qual são incontornáveis as contribuições de C.F. Almeida, *Os direitos dos consumidores*, cit., p. 903 ss., e "Relevância contratual das mensagens publicitárias", em *Revista Portuguesa de Direito do Consumo*, nº 6, Coimbra, 1996, p. 9 ss.

NO TIME-SHARING

Passando a abordar a diretiva do *time-sharing*, verifica-se que a situação era distinta da anterior ao apenas preexistirem regimes positivos nacionais na França, em Portugal e no Reino Unido.[70] Ainda assim, e apesar de a extrema agressividade dos promotores dessa modalidade de alojamento turístico haver estado na origem do procedimento legislativo, essa diretiva se funda na efetivação do mercado interno, com uma relevância secundária para a defesa dos interesses dos consumidores. Por outro lado, nela encontramos uma referência expressa ao princípio da subsidiariedade,[71] com a consequência de a mesma limitar-se à regulação de apenas dois aspectos do instituto em causa, o relativo à informação sobre os elementos constitutivos do contrato e o tocante aos trâmites de rescisão e retratação do contrato, remetendo os restantes para a esfera dos ordenamentos dos Estados membros.

No que concerne propriamente à comunicação comercial, a disciplina vai além do disposto na Directiva sobre as Viagens Organizadas, pois o vendedor de direitos de utilização temporária de imóveis é obrigado a elaborar e a remeter a qualquer interessado um documento contendo a informação essencial sobre os mesmos.[72] Na linha da antes

---

[70] Para um aprofundamento dessa problemática, cf. a desenvolvida exposição de motivos constante da Proposta de Directiva do Conselho relativa à protecção dos adquirentes nos contratos de utilização de bens imóveis em regime de uso e fruição a tempo repartido, COM (1992) 220 final, SYN 419, em *Jornal Oficial da Comunidade Europeia*, nº C 222 Luxemburgo, 29-8-1992, p. 5 ss.; sobre o respectivo procedimento legislativo, cf. M. Lechau, "Le Temps Partagé en Europe: vers une harmonisation", em *Espaces*, nº 117, Paris, 1992, p. 57 ss.; M. Fragola, "L'influenza del diritto comunitario nella disciplina del contratto di viaggio 'tutto compreso': la recente giurisprudenza della Corte di Giustizia delle Comunità Europee", cit., pp. 316-321; o apontamento de S. Veneziano, "La multiproprietà", em N. Lipari (org.), *Diritto privato europeo*, cit., vol. I, pp. 392-394; F.J.A. Fiestas, "Ámbito de aplicación y contenido de la Directiva 94/47/CE del Parlamento y del Consejo, de 26 de octubre de 1994, relativa a la protección de los adquirentes en lo relativo a determinados aspectos de los contratos de adquisición de un derecho de utilización de inmuebles en régimen de tiempo compartido (Multipropiedad)", em A.A. Martín (org.), *Derecho y turismo (I y II Jornadas de Derecho Turístico, Málaga, 1998-99)*, cit., p. 101 ss.; A. Cepas Palanca, "El proceso de elaboración de la Directiva 94/47/CE", em vv.aa., *Presente y futuro del aprovechamiento por turno de bienes inmuebles* (Madri: Centro de Estudios Registrales, 2000), p. 13 ss.; e ainda o recente artigo de F. Garron, "La protection du consommateur sur le Marché Européen des droits de séjour à temps partagé", em *Revue Trimestrielle de Droit Européen*, nº 3, Paris, 2002, p. 223 ss.

[71] Nos termos do artigo 5º, parágrafo 2 (anterior art. 3ºB) do tratado que institui a Comunidade Europeia, "Nos domínios que não sejam das suas atribuições exclusivas, a Comunidade intervém apenas de acordo com o princípio da subsidiariedade, se e na medida em que os objectivos da acção encarada não possam ser suficientemente realizados pelos Estados membros, e possam pois, devido à dimensão ou aos efeitos da acção prevista, ser melhor alcançados ao nível comunitário"; é essa também uma temática que, pela sua relevância, tem conduzido à multiplicação de estudos doutrinários, pelo que me limito a referenciar a principal doutrina portuguesa, designadamente os estudos de F. De Quadros, *O princípio da subsidiariedade no direito comunitário após o Tratado da União Europeia* (Coimbra: Almedina, 1995), *passim*; de N. Ruiz, "O princípio da subsidiariedade e a harmonização de legislações na Comunidade Europeia", em vv.aa., *A União Europeia na encruzilhada* (Coimbra: Almedina, 1996), p. 129 ss.; e de A.M.G. Martins, "O direito comunitário do consumo", cit., p. 148 ss.

[72] De acordo com o artigo 3º, nº 1, da diretiva, "Os Estados membros deverão prever na respectiva legislação medidas que obriguem o vendedor a entregar a qualquer pessoa que solicite informações sobre o ou os bens imóveis um documento

citada diretiva, as informações constantes do documento são vinculativas[73] e integram qualquer contrato que venha a ser celebrado com quem as tiver recebido, desde que o consumidor assim o determine.[74]

A exemplo do que fizemos anteriormente, cabe acompanhar a transposição dessa disciplina para os ordenamentos que estamos seguindo.[75]

---

que deverá conter, além de uma descrição geral desse ou desses bens, pelo menos informações concisas e precisas sobre os elementos referidos nas alíneas *a* a *g*, *i* e *l* do anexo, bem como a indicação de como poderão ser obtidas informações complementares"; isto é, "a) A identidade e o domicílio das partes, com indicação exacta da qualidade jurídica do vendedor no momento da celebração do contrato, bem como a identidade e o domicílio do proprietário; b) A natureza exacta do direito objecto do contrato, bem como uma cláusula que indique quais as condições do exercício desse direito no território dos Estados membros onde se situe ou se situem o ou os bens e se essas condições se encontram preenchidas ou, caso contrário, quais as que devem ser ainda preenchidas; c) Quando o bem imóvel seja determinado, uma descrição exacta do bem e da sua situação; d) Quando o bem imóvel esteja em construção: 1. O grau de acabamento da construção; 2. Uma estimativa razoável do prazo de acabamento do bem imóvel; 3. Se se tratar de um bem imóvel determinado, o número da licença de construção e o nome e endereço completo da ou das autoridades competentes na matéria; 4. O grau de acabamento dos serviços comuns que tornam o bem imobiliário operacional (ligação às redes de gás, electricidade, água, telefone); 5. As garantias relativas ao bom acabamento do bem imóvel e, em caso de não acabamento do bem, ao reembolso de qualquer pagamento efectuado, e, eventualmente, as modalidades de aplicação dessas garantias; e) Os serviços comuns (iluminação, água, conservação, remoção de lixos) a que o adquirente tem ou terá direito e quais as condições de aquisição desse direito; f) As instalações comuns, tais como piscina, sauna, etc., a que o adquirente tem ou terá eventualmente acesso e, eventualmente, quais as condições de aquisição desse direito; g) Os princípios segundo os quais serão organizadas a conservação e manutenção do bem imóvel, bem como a sua administração e gestão; [...] i) O preço que o adquirente deverá pagar para exercer o direito objecto do contrato; uma estimativa do montante a pagar pelo adquirente pela utilização das instalações e serviços comuns; a base de cálculo do montante dos encargos ligados à ocupação do bem imóvel pelo adquirente, dos encargos legais obrigatórios (impostos, taxas), bem como das despesas de administração complementares (gestão, conservação, manutenção); [...] l) Informações sobre os direitos de resolução e de rescisão do contrato e a indicação da pessoa a quem deverá ser notificada uma eventual resolução ou rescisão, bem como a indicação da ou das modalidades segundo as quais a notificação poderá ser feita; a indicação exacta da natureza e do montante das despesas que o adquirente deverá obrigatoriamente reembolsar em conformidade com o ponto 3 do artigo 5º da presente directiva, se exercer o seu direito de rescisão; eventualmente, informações sobre as formas de resolver o contrato de crédito ligado ao contrato em caso de resolução ou de rescisão deste último"; e o nº 3, "A publicidade relativa ao bem imóvel em questão deverá indicar a possibilidade de se obter o documento referido no nº 1, bem como o local onde este poderá ser solicitado".

[73] Conforme o artigo 3º, nº 2, parágrafo 2, da diretiva, "Salvo acordo expresso das partes, quaisquer alterações introduzidas nas informações contidas no documento referido no nº 1 apenas poderão resultar de circunstâncias alheias à vontade do vendedor. As alterações introduzidas nessas informações devem ser comunicadas ao adquirente antes da celebração do contrato, devendo neste caso o contrato fazer referência expressa a essas alterações".

[74] Por força do artigo 4º da diretiva, "Os Estados membros deverão prever na respectiva legislação: que o contrato, obrigatoriamente reduzido a escrito, deverá conter, pelo menos, os elementos referidos no anexo."; para um aprofundamento dessa questão cf. M. Fragola, "Procedure comunitarie per la conclusione dei contratti così detti di multiproprietà: problemi vecchi e nuove iniziative poste dalla Direttiva 94/47/CE", em *Rivista di Diritto Europeo*, nº 4, Roma, 1995, p. 803 ss., e "L'influenza del diritto comunitario nella disciplina del contratto di viaggio 'tutto compreso': la recente giurisprudenza della Corte di Giustizia delle Comunità Europee", cit., pp. 323-324; F. Boulanger, *Tourisme et loisirs dans les droits privés européens*, cit., 110-111; F. Garron, "La protection du consommateur sur le Marché Européen des droits de séjour à temps partagé", cit., p. 263 ss.; P. Py, *Droit du tourisme*, cit., pp. 359-360; e C. Martin: "L'aquisition d'un droit d'utilisation de biens immobiliers. La Directive du 26 Octobre 1994", em *Revista Portuguesa de Direito do Consumo*, nº 1, Coimbra, 1995, p. 93 ss.

[75] Também nesse caso é incontornável o Relatório sobre a aplicação da Directiva 94/47/CE do Parlamento Europeu e

Assim na Espanha, onde apesar de não existir legislação específica, o *time-sharing* não era uma realidade desconhecida nem da doutrina nem da prática contratual,[76] a diretiva foi transposta para o ordenamento nacional em 1998.[77] Substantivamente, o regime inclui regras sobre o discurso publicitário dos operadores profissionais,[78] proibindo em especial a utilização do termo "multipropiedad",[79] e impõe a elaboração, por parte destes, de um documento informativo contendo um conjunto muito longo de informações sobre o imóvel em causa a entregar a quem o solicite, e que terá a natureza de uma oferta

---

do Conselho de 26 de outubro de 1994, relativa à proteção dos adquirentes quanto a certos aspectos dos contratos de aquisição de um direito de utilização a tempo parcial de bens imóveis, igualmente da responsabilidade da Direção-Geral Saúde e Proteção do Consumidor, SEC (1999) 1795 final, http://europa.eu.int/comm/consumers/policy/developments/time_shar/time02_pt.pdf; sobre esse cf. R. Cepas Palanca, "La modificación dela directiva comunitaria de tiempo compartido", em A.A. Martín (org.), *Derecho y turismo (I y II Jornadas de Derecho Turístico, Málaga, 1998-99)*, cit., p. 31 ss.; e C. Notarstefano, "Lineamenti giuridici dei rapporti turistici", cit., pp. 69-76.

[76] Assente no princípio da autonomia contratual, essa realidade acompanhou o desenvolvimento turístico espanhol desde os anos 1960; cf. a síntese de F. Boulanger, *Tourisme et loisirs dans les droits privés européens*, cit., pp. 102-103, bem como os artigos de F.J.G. Más, "En torno a la multipropiedad", e de A.P. Pedrón, "Configuración jurídica de la multipropiedad en España", ambos em *Revista Crítica de Derecho Inmobiliario*, Madri, 1964, p. 1665 ss., e 1988, p. 9 ss.; a monografia de P.A.M. Bernat, *Regímenes jurídicos de multipropiedad en derecho comparado* (Madri: Ministerio de Justicia, 1991); os apontamentos de R.L. Noci, "Algunas consideraciones sobre la multipropiedad", em *Revista de Derecho Privado*, nº 8, Madri, 1996, p. 635 ss.; e M.J. Matias, *Do direito de habitação periódica* (Lisboa: Universidade Lusíada/SPB, 1997), pp. 47-48.

[77] Por meio da Lei nº 42/1998, de 15 de dezembro, sobre direitos de aproveitamento por turno de bens imóveis de uso turístico e normas tributárias, http://noticias.juridicas.com/base_datos/Anterior/r1-142-1998.html; a propósito desse regime cf. as considerações prospectivas de R.C.P. Zamora, "Transposition et répercussion des directives dans le droit national", em W. Heusel (org.), *Neues europäisches Vertragsrecht und Verbraucherschutz*, cit., pp. 94-95, e de J.M.-E. Maldonado, "Luces y sombras en el Proyecto de Ley de derechos de aprovechamiento por turno de bienes inmuebles", e os comentários de J.C. González, "Turismo y derecho de los consumidores. El aprovechamiento por turnos de bienes inmuebles de uso turístico", D. Campmany, "La Ley 42/1998, de 15 de diciembre, sobre derechos de aprovechamiento por turnos de bienes inmuebles de uso turístico y normas tributarias: proceso de elaboración", J.M. Ruiz & R. Ruiz, "La nueva Ley sobre derechos de aprovechamiento por turnos: ámbito de aplicación. Constitución del régimen", e A.A. Martín, "Las nuevas condiciones legales de comercialización del tiempo compartido", todos em A.A. Martín (org.), *Derecho y turismo (I y II Jornadas de Derecho Turístico, Málaga, 1998-99)*, cit., pp. 115 ss., p. 171 ss., 235 ss., 249 ss. e 267 ss.; D.B. Criado, *Derecho del turismo* (València: Tirant lo Blanch, 1999), pp. 436-438; e A.A. Martín, *Introducción al derecho turístico: derecho privado del turismo*, cit., pp. 96-100.

[78] De acordo com o artigo 8º, nº 5, da Lei nº 42/1998, "toda publicidade, incluindo o documento informativo a que se refere o parágrafo 2 do presente artigo, promoção ou oferta relativa a direitos de aproveitamento por turno deve indicar os dados de inscrição do regime no Registro de Propriedade, em que devem estar expressas a titularidade e encargos, advertindo que o registro deve ser consultado para efeitos de conhecimento da situação jurídica da propriedade e o conteúdo integral do regime de aproveitamento por turno".

[79] Conforme a Lei nº 42/1998, artigos 1º, "4. O direito real de aproveitamento por turno não poderá em nenhum caso vincular-se a uma cota indivisa da propriedade, nem se denominar multipropiedade, nem de qualquer outro modo conter a palavra propriedade. Para efeitos de publicidade, comercialização e transmissão do direito de aproveitamento por turno de bens imóveis poderá ser utilizada qualquer outra denominação, sempre que não induza os consumidores finais a confusões e do mesmo se possam depreender com clareza a natureza, as características e condições jurídicas e econômicas do direito de desfrute", e 8º, nº 1, "[...] é proibida a transmissão de direitos de aproveitamento por turno com a denominação de multipropiedade ou qualquer outra que contenha a palavra propriedade".

vinculativa;[80] consequentemente, o conteúdo do documento não poderá ser modificado sem o acordo do adquirente, e integrará a regulamentação do contrato que vier a ser celebrado.[81]

---

[80] Assim, e por força do artigo 8º, nº 2, da Lei nº 42/1998, "o proprietário, promotor ou qualquer pessoa física ou jurídica que se dedique profissionalmente à transmissão de direitos de aproveitamento por turno, que se proponha iniciar a transmissão desses direitos, deverá publicar, de acordo com a normativa, se for o caso, aprovada pela Comunidade Autônoma competente em matéria de consumo, um documento informativo com o caráter da oferta vinculante, o qual deverá ser entregue gratuitamente, após ter sido arquivado no Registro de Propriedade correspondente, a qualquer pessoa que solicite a informação. Em tal documento devem estar mencionados os seguintes itens: a) Identidade e domicílio do proprietário ou promotor e de qualquer pessoa física ou jurídica que participe profissionalmente da transmissão ou comercialização dos direitos de aproveitamento por turno. b) A natureza real ou pessoal dos direitos que serão objeto de transmissão, com indicação da data em que, segundo a definição do Registro de Propriedade ao pé da escritura reguladora, o regime será extinto. Em todo caso devem ser indicados os requisitos e as condições exigidas para o exercício de tais direitos para o local em que o imóvel está situado, e se foram cumpridos ou, em caso contrário, os requisitos ou condições que todavia deverão ser cumpridos. c) Se a obra está em construção, indicação da data-limite para o término, também segundo o que determina a escritura reguladora, e indicação da data estimada de extinção do regime, calculada sobre a data-limite do término da obra. d) Descrição precisa do imóvel sobre o qual se constituiu o regime e de sua situação, e se a obra está concluída ou se se encontra em construção. e) Os serviços comuns que permitem a utilização do imóvel e os demais que o adquirente pode ou poderá desfrutar, com indicação da fase em que se encontram e as condições de tal desfrute. f) Instalações de uso comum às quais o titular poderá ter acesso e, se procede, condições para esse acesso, com expressa indicação de seu custo ou das bases para sua determinação. g) Indicação, se for o caso, da empresa de serviços que ficará a cargo da administração, com expressão de sua denominação e dados de inscrição no Registro Comercial. h) Preço médio dos direitos de aproveitamento por turno e preço mais alto; os encargos legalmente obrigatórios, como contribuições ou exações fiscais, entre outras; os gastos anuais ou sua estimativa, pela ocupação do imóvel, pela utilização das instalações e serviços comuns, bem como os decorrentes da administração, conservação e manutenção do alojamento e elementos comuns, com indicação do procedimento de cálculo das futuras anuidades. Mesmo assim deverá estar claro que a aquisição dos direitos de aproveitamento por turno não implicará desembolso, gasto ou obrigação distintos dos mencionados no contrato. Informação sobre o número de alojamentos passíveis de aproveitamento por turno e do número de turnos por alojamento. i) Informação sobre os direitos de desistência e de resolução unilateral que terá o adquirente, indicando o tempo que terá, segundo a Lei, para exercitá-lo, e que não terá a seu cargo nenhum gasto pelo exercício do mesmo, e indicação da pessoa e domicílio a quem deverá procurar, se dele fizer uso. Se a obra está em construção, indicação do aval e do seguro constituído para garantir o término da mesma. Se existe ou não a possibilidade de participar de um sistema de intercâmbio e, em caso positivo, o nome, ou razão social do terceiro, que se encarregará do serviço, mencionando-se o documento – de caráter anual – que será expedido por esse terceiro, garantindo a participação do regime no programa de intercâmbio. O documento, assinado pelo representante legal da empresa de intercâmbio, deverá deixar claro que o contrato do adquirente ou titular do direito de aproveitamento com a empresa de intercâmbio é um contrato independente e distinto daquele que vincula o adquirente ao promotor ou proprietário do regime de aproveitamento por turno. No documento se fará constar ademais a cota de participação como sócio no programa de intercâmbio e as cotas de intercâmbio correspondentes. No documento deverá constar ainda o número total de sócios afiliados ao programa de intercâmbio, bem como o número de regimes de participação em tal programa, e um resumo geral sobre o funcionamento do sistema. O documento expedido pela sociedade de intercâmbio será incorporado e formará parte integrante do documento informativo previsto neste artigo".

[81] Assim, conforme ao artigo 9º, nº 4, da Lei nº 42/1998, "todo o conteúdo do documento informativo previsto no parágrafo 2 do artigo anterior deverá ser incorporado e fazer parte integrante do contrato. As mudanças introduzidas em tal documento informativo, que por falta de expresso acordo das partes somente poderão ser resultado de circunstâncias alheias à vontade do alienante, deverão ser comunicadas ao adquirente antes da celebração do contrato".

No caso da França, a diretiva foi recebida em 1998,[82] sucedendo a uma disciplina centrada num modelo societário.[83] Distintamente do ocorrido com a Directiva sobre as Viagens Organizadas, a publicidade relativa à alienação de direito de utilização temporária de imóveis é especialmente prevista e liga-se a um procedimento contratual singular.[84] De acordo com este, a oferta do profissional é sempre feita por escrito, por meio de um documento enviado em duplicado e contendo um elenco de informações legalmente predisposto, sendo mantida de forma irrevogável durante sete dias, durante os quais o consumidor poderá analisar todas as implicações da proposta, devendo a respectiva acei-

---

[82] A Lei nº 98-556, de 8 de julho de 1998, a qual inseriu os artigos L121-60 a L121-76 no Code de la Consommation, assim e de acordo com o artigo L121-61, "A proposta a ser contratada é estabelecida por escrito e deve conter: 1º A identidade e o domicílio do agente responsável ou, se se tratar de pessoa jurídica, sua denominação, forma jurídica e sede; se for conveniente, os dados do proprietário dos locais e do intermediário, bem como o vínculo jurídico existente entre eles; 2º A designação e a descrição precisa do ou dos locais e de seu entorno ou os elementos que permitam determiná-los e, se o imóvel está em construção, as principais indicações relativas aos prazos de execução dos trabalhos, à ligação com as diversas redes de abastecimento, às garantias de término da obra ou de reembolso em caso de não se terminá-la e a autorização de construção; 3º As principais indicações relativas à administração do imóvel; 4º O objeto do contrato, a natureza jurídica do direito a título do qual o consumidor desfrutará dos locais, a duração deste direito, a data de sua aplicação e as principais condições legais para seu exercício com a eventual indicação das condições a serem cumpridas; 5º A data-limite e as condições para a realização do ato definitivo, se a proposta evoluir para a elaboração de um contrato preliminar; 6º A duração e a frequência do período de desfrute; 7º As datas de ocupação ou, isso ocorrendo, as circunstâncias de sua fixação, bem como as formas de determinação dos locais ocupados; 8º As instalações e os equipamentos comuns colocados à disposição do consumidor e os serviços secundariamente oferecidos, bem como seu prestatário, as condições de acesso a esses equipamentos e instalações e uma estimativa do custo a esse acesso para o consumidor; 9º O preço inicial, os gastos, bem como a quantia detalhada de todas as somas devidas por período ou seus elementos de determinação; a taxa de aumento anual de tais somas durante o período trienal precedente à proposta ou, se esta informação não está disponível, uma menção advertindo do risco de aumento; a quantia ou os elementos para cálculo dos impostos, taxas e encargos obrigatórios, na data da proposta; 10º O modo de pagamento e, se for o caso, a possibilidade de financiamento, qualquer que seja sua forma; 11º A afiliação ou não afiliação do agente responsável a programas de intercâmbio e a possibilidade de adesão do consumidor, bem como as condições, em particular as financeiras, e principais consequências desta afiliação e desta adesão; 12º A menção do caráter limitativo da enumeração dos gastos, encargos ou obrigações de natureza contratual. A proposta é assinada pelo agente responsável e deve incluir a data e o lugar de sua emissão. As menções que devem constar na proposta são determinadas por um *arrêté*"; sobre essa matéria, cf. C. Chadelat, "Concepts de la réglementation communautaire et leurs conséquences pour le droit civil national: droit d'utilisation à temps partiel de biens immobiliers", em W. Heusel (org.), *Neues europäisches Vertragsrecht und Verbraucherschutz*, cit., pp. 108-109; C. Notarstefano, "Lineamenti giuridici dei rapporti turistici", cit., pp. 80-81; e sobretudo P. Py, *Droit du tourisme*, cit., pp. 363-364.

[83] Anteriormente vigorava a Lei nº 86-18, de 6 de janeiro de 1986, relativa às sociedades de locação de imóveis com desfrute em tempo partilhado, a qual impunha que em todos os documentos que atestassem a aquisição de partes ou ações das sociedades em causa constasse claramente que essa aquisição atribuía apenas a qualidade de sócio e não a de proprietário do imóvel, e que da publicidade não poderia constar qualquer referência à (multi)propriedade; sobre essa disciplina considere-se P. Py, *Droit du tourisme*, cit., p. 271 ss., sobretudo p. 241; F. Boulanger, *Tourisme et loisirs dans les droits privés européens*, cit., p. 105 ss., em especial p. 106; F. Garron, "La protection du consommateur sur le Marché Européen des droits de séjour à temps partagé", cit., pp. 237-240, e Mª J. Matias, *Do direito de habitação periódica*, cit., p. 22 ss., em especial pp. 28-30.

[84] Assim, e de acordo com o artigo L 121-69 da Lei nº 98-556, "toda publicidade relativa a todo contrato ou grupo de contratos concernente ao artigo L 121-60 indica a possibilidade de se obter tanto o texto das ofertas propostas como o endereço do lugar em que ele pode ser obtido".

tação ser também escrita e constante de um dos exemplares, a ser devolvido ao emitente.[85]

Como na Espanha, na Itália não existia uma disciplina legal dessa realidade,[86] tendo a diretiva sido transposta em 1998, aliás de um modo praticamente literal.[87] Dessa opção resultaram normas reguladoras da publicidade que tiver por objeto esses direitos,[88] embora admita expressamente a utilização do termo "multiproprietá" nos casos em que o contrato constitua um direito real,[89] às quais acresce o dever de elaborar e entregar a todos os interessados um documento informativo que contenha os elementos legalmente previstos por parte de quem pretenda vender esse tipo de direitos,[90] resultando

---

[85] Nos precisos termos do artigo L 121-63 da Lei nº 98-556, "a proposta, preenchida com a identidade e o endereço do consumidor, é entregue ou enviada a este último em duas vias, das quais uma delas, que lhe é reservada, comporta um cupom destacável destinado a facilitar o exercício da faculdade de cancelamento prevista no artigo L 121-64. Este cupom também traz a identidade e o endereço ou sede do agente responsável. A proposta é válida por um prazo de pelo menos sete dias a partir de seu recebimento pelo consumidor. A prova da data de recebimento é incumbência do agente responsável", e, consequentemente, "a aprovação da proposta resulta da assinatura do consumidor, precedida da menção manuscrita da data e do lugar, seguida de seu envio ao agente por carta recomendada com pedido de aviso de recebimento ou, na sua falta, de qualquer outro meio que apresente garantias equivalentes para a determinação da data de envio", artigo L 121-64.

[86] Ainda que a questão fosse analisada, cf. D. Dalla Valle, "Multiproprietà como nuova formula turistica", em *Politica del Turismo*, nºˢ 5-6, Milão, 1991, pp. 43-45, e a respectiva natureza jurídica profusamente debatida pela doutrina privatística, por todos; cf. D. De Martini, *Proprietà e disponibilità dei beni negli investimenti comuni, nel leasing, nella multiproprietà* (Pádua: Cedam, 1988), p. 184 ss., com referências bibliográficas exaustivas, assim como Mª J. Matias, *Do direito de habitação periódica*, cit., p. 30 ss.

[87] Por meio da Lei nº 128, de 24 de abril de 1998, Legge Comunitaria 1995-1997, e do sucessivo Decreto Legislativo nº 427, de 9 de novembro de 1998; sobre essa disciplina, cf. G. Sepe, "Implementing European Directives on Unfair Terms, Distance Contracts, Consumer Credit and Time-Sharing", em W. Heusel (org.), *Neues europäisches Vertragsrecht und Verbraucherschutz*, cit., pp. 157-160; G. Tassoni, "La multiproprietà", em V. Franceschelli & G. Silingardi (orgs.), *Manuale di diritto del turismo*, cit., pp. 195-196; e P. Martinello, "La nouvelle loi italienne sur la multipropriété", em *Revue Européenne de Droit de la Consommation*, 1999, p. 1. ss.

[88] De acordo com o artigo 4º do Decreto Legislativo nº 427, de 9 de novembro de 1998, "A publicidade comercial relativa ao bem imóvel deve fazer referência à possibilidade de se obter o documento informativo, indicando o local onde o mesmo será entregue", integrado pelo artigo 2º, "As disposições do parágrafo 1º se aplicam mesmo quando o vendedor oferece ao público um direito que atribui o gozo de um ou mais bens imóveis à base de listas, elencos, catálogos ou outras formas de comunicação. Nesse caso, o documento informativo deve ser entregue para cada um dos bens imóveis objeto da oferta".

[89] Assim, e nos termos do artigo 4º, nº 1, do mesmo decreto legislativo, "O vendedor utiliza o termo multipropriedade no documento informativo, no contrato e na publicidade comercial relativa ao bem imóvel somente quando o direito objeto do contrato é um direito real".

[90] Por força ainda do artigo 2º, nº 1, do decreto-legislativo "O vendedor é obrigado a entregar a toda pessoa que requerer informações sobre o bem imóvel um documento informativo onde são indicados com precisão os seguintes elementos: a) o direito objeto do contrato, com especificação da natureza e das condições de exercício de tal direito, no Estado em que se situa o imóvel; se tais condições estão satisfeitas ou, em caso contrário, quais devem ser satisfeitas; b) a identidade e o domicílio do vendedor, com especificação da sua qualidade jurídica, a identidade e o domicílio do proprietário; c) se o imóvel está determinado: 1) a descrição do imóvel e a sua localização; os elementos da concessão edilícia e das leis regionais que regulam o uso do imóvel com destinação turístico-receptiva e, para os imóveis situados no exterior, os elementos dos atos que garantam a sua conformidade com as prescrições vigentes na matéria; d) se o imóvel está em construção: 1) os elementos da concessão edilícia e das leis regionais que regulam o uso do imóvel com destinação turístico-receptiva e, para os imóveis situados no exterior, os elementos dos atos que garantam a sua conformidade com

o seu conteúdo imodificável, salvo por acordo expresso do adquirente.[91]

Embora Portugal houvesse sido o primeiro país europeu a dispor de uma disciplina própria para o *time-sharing*,[92] a qual regulava inclusivamente a publicidade relativa a esses direitos,[93] a plena adequação do ordenamento à diretiva levou à aprovação de um novo diploma legal, o que ocorreu apenas em 1999.[94] Neste, é regulado não apenas

---

as prescrições vigentes na matéria, bem como o andamento das obras de construção do imóvel e a data dentro da qual se prevê o término das mesmas; 2) o andamento das obras relativas aos serviços, como a ligação à rede de distribuição de gás, eletricidade, água e telefone; no caso de o imóvel não se concluir, as garantias relativas aos pagamentos já efetuados e as modalidades de aplicação dessas garantias; e) os serviços comuns aos quais o adquirente tem ou terá acesso, como luz, água, manutenção, coleta de lixo, e as relativas condições de utilização; f) as estruturas comuns às quais o adquirente tem ou terá acesso, como piscina, sauna e outras, e as relativas condições de utilização; g) as normas aplicáveis em matéria de manutenção e reparação do imóvel, bem como em matéria de administração e gestão do mesmo; h) o preço que o adquirente deverá pagar para o exercício do direito objeto do contrato; uma estimativa do montante das despesas, a cargo do adquirente, para a utilização dos serviços e estruturas comuns e a base de cálculo do montante dos gastos relacionados à ocupação do imóvel por parte do adquirente, das taxas e impostos, das despesas administrativas acessórias para a gestão, manutenção e reparação, bem como as eventuais despesas de transcrição do contrato; i) informações sobre o direito de rescisão do contrato com a indicação dos elementos que identificam a pessoa a quem deve ser notificada tal rescisão, precisando as modalidades da comunicação e o montante das despesas que o adquirente, em caso de rescisão, é obrigado a reembolsar; [...] informações sobre as modalidades para resolver o contrato de concessão de crédito ligado ao contrato, em caso de rescisão; l) as modalidades para obter ulteriores informações".

[91] Assim, conforme o artigo 2º, nº 3, do decreto-legislativo, "O vendedor não pode fazer modificações aos elementos do documento citado no parágrafo 1, a não ser que as mesmas não se devam a circunstâncias independentes de sua vontade; em tal caso as modificações devem ser comunicadas à parte interessada antes da conclusão do contrato e inseridas no mesmo. Entretanto, depois da entrega do documento informativo, as partes podem acordar para modificar esse documento".

[92] Por meio do Decreto-lei nº 355/81, de 31 de dezembro, como reconhecem D.D. Valle, "Multiproprietà come nuova formula turistica", cit., p. 45; e F. Boulanger, *Tourisme et loisirs dans les droits privés européens*, cit., p. 102; entre as reações da doutrina portuguesa da época, cf. M.H. Mesquita, "Uma nova figura real: o direito de habitação periódica", na *Revista de Direito e Economia*, ano VIII, nº 1, Coimbra, 1982, p. 39 ss.; e J.O. Ascensão, *Direito civil: reais* (Coimbra: Coimbra Editora, 1983), p. 474 ss.; esse diploma foi objeto de ajustamentos de pormenor pelo Decreto-lei nº 268/83, de 4 de outubro, e substancialmente modificado pelo Decreto-lei nº 130/89, de 18 de abril, sucessão esta que culminou no Decreto-lei nº 275/93, de 5 de agosto.

[93] Assim, como dispõe o Decreto-lei nº 275/93, de 5 de agosto, artigo 43º, "1. Toda a publicidade ou promoção respeitante à venda ou comercialização de direitos reais de habitação periódica deverá conter, pelo menos, os elementos referidos nas alíneas *a*, *b*, *d* e *f* do nº 2 do artigo 6º [a) A identificação do proprietário do empreendimento turístico; b) A identificação do empreendimento, com menção do número da descrição do prédio ou prédios no registo predial e indicação da sua localização; d) A data prevista para a abertura do empreendimento; f) O número de unidades de alojamento referidas na alínea anterior e a percentagem que representam do total do empreendimento] e não pode apresentar a aquisição desses direitos como forma de investimento financeiro. 2. Os direitos reais de habitação periódica não podem ser publicitados ou promovidos enquanto o projecto da respectiva constituição não estiver autorizado pela Direcção-Geral do Turismo, nos termos do artigo 6º" e o artigo 44º, "Na publicidade ou promoção dos direitos reais de habitação periódica, bem como nos contratos e documentos a estes respeitantes, não podem usar-se, em relação aos titulares desses direitos, a palavra 'proprietário' ou quaisquer outras expressões susceptíveis de criar nos adquirentes desses direitos a ideia de que serão comproprietários do empreendimento"; cf. I.P. Mendes, *Direito real de habitação periódica* (Coimbra: Almedina, 1993), pp. 55-56; P. Quintas, *Legislação turística comentada* (Porto: Ecla, 1994), p. 320, e *Comentários à legislação turística* (Porto: Ecla, 1998), p. 115; M. Frota *et ali.*, *Direitos do consumidor de produtos e serviços turísticos*, cit., pp. 110-112, e Mª J. Matias, *Do direito de habitação periódica*, cit., p. 62 ss.

[94] Pelo Decreto-lei nº 180/99, de 22 de maio – regime do direito real de habitação periódica e do direito de habitação turística, entretanto alterado pelo Decreto-lei nº 22/2002, de 31 de janeiro.

o conteúdo das mensagens publicitárias,⁹⁵ proibindo a utilização de expressões como (multi)propriedade,⁹⁶ como determinando um controle administrativo dos profissionais habilitados a aceder a esse mercado,⁹⁷ seguindo-se a obrigação de elaborar e disponibilizar um documento informativo cujo conteúdo obrigatório é determinado pela lei que é feita impender sobre quem aliene direitos de utilização temporária de imóveis,⁹⁸

---

⁹⁵ Por exigência do artigo 43º do Decreto-lei nº 180/99, "1. Toda a publicidade ou promoção respeitante à venda ou comercialização de direitos reais de habitação periódica deve conter, pelo menos, os elementos referidos nas alíneas a, b, d e h [a) A identificação do ou dos proprietários do empreendimento turístico; b) A identificação do proprietário das unidades de alojamento sujeitas ao regime de direitos reais de habitação periódica; d) Classificação provisória atribuída ao empreendimento turístico, se este ainda não estiver em funcionamento, ou a classificação definitiva, se já tiverem decorrido dois meses sobre a sua abertura ao público; h) A data prevista para a abertura ao público do empreendimento;], do nº 2 do artigo 5º e não pode apresentar a aquisição desses direitos como forma de investimento financeiro".

⁹⁶ Como já ocorria, o artigo 44º do decreto-lei determina que "na publicidade ou promoção dos direitos reais de habitação periódica, bem como nos contratos e documentos a estes respeitantes, não podem usar-se, em relação aos titulares desses direitos, a palavra 'proprietário' ou quaisquer outras expressões susceptíveis de criar nos adquirentes desses direitos a ideia de que serão coproprietários do empreendimento".

⁹⁷ Assim, e como determina o artigo 43º, nº 2, do decreto-lei, "os direitos reais de habitação periódica não podem ser publicitados ou promovidos enquanto o projecto da respectiva constituição não estiver autorizado pela Direcção-Geral do Turismo, nos termos do disposto no artigo 5º".

⁹⁸ Conforme ao artigo 43º, nº 4, do decreto-lei, "a publicidade relativa ao bem ou aos bens imóveis deve indicar a possibilidade de se obter gratuitamente o documento informativo previsto no artigo 9º, bem como o local onde este pode ser solicitado", isto é, "o proprietário ou o vendedor de direitos reais de habitação periódica deve entregar gratuitamente a qualquer pessoa que o solicite um documento informativo que, de uma forma clara e precisa, descreva o empreendimento turístico. 2. O documento previsto no número anterior deve conter as seguintes informações: a) A identidade e o domicílio das partes, com indicação exacta da qualidade jurídica do vendedor no momento da celebração do contrato, bem como a identidade e o domicílio do proprietário das unidades de alojamento sujeitas ao regime de direito real de habitação periódica; b) A natureza do direito objecto do contrato, bem como das condições do seu exercício e se essas condições se encontram preenchidas; c) A identificação do empreendimento turístico, com menção do número da descrição do prédio ou prédios no registo predial e indicação da sua localização, com referência ao tipo e classificação do mesmo; d) Quando o bem imóvel estiver ainda em construção, deve ser indicado: i) A fase em que se encontra a construção; ii) O prazo-limite para a conclusão do imóvel; iii) A fase em que se encontram as instalações e os equipamentos de uso comum; iiii) O número da licença de construção e o nome e endereço completo das autoridades competentes; iiiii) As garantias relativas à conclusão do imóvel e, quando isso não acontecer, as formas de reembolso dos pagamentos já efectuados, bem como as modalidades de pagamento dessas garantias; e) Os serviços de utilização turística de uso comum a que o titular de direitos reais de habitação periódica tem direito, bem como os fornecimentos incluídos no preço da unidade de alojamento; f) As instalações e equipamentos de uso comum e de exploração turística dos empreendimentos a que o titular de direitos reais de habitação periódica tem direito; g) A indicação da forma de exploração e ou administração do empreendimento turístico; h) O preço médio e o preço mais alto que o adquirente de direitos reais de habitação periódica tem de pagar para adquirir esse direito; i) As despesas com a transmissão de direitos reais de habitação periódica devidas pelos titulares; j) O valor médio e máximo da prestação periódica devida pelos titulares, bem como os critérios de fixação e actualização da mesma; l) As informações sobre o modo e os prazos do exercício do direito de resolução do contrato, com a indicação da pessoa a quem deve ser comunicado esse direito de resolução; m) As informações sobre as formas de resolver o contrato de crédito ligado ao contrato de constituição do direito real de habitação periódica quando este for objecto de resolução; n) Se o empreendimento turístico já estiver em funcionamento, o proprietário ou o vendedor de direitos reais de habitação periódica deve ainda fazer referência no documento informativo ao número da licença de utilização turística emitida pela Câmara Municipal competente, nos termos da legislação aplicável".

documento não modificável[99] unilateralmente e que integra o contrato eventualmente celebrado.[100]

NOS ESTABELECIMENTOS HOTELEIROS

Para terminar, falta-nos apenas uma abordagem necessariamente sintética do terceiro dos diplomas comunitários inicialmente referidos, a Recomendação Relativa à Informação Normalizada nos Hotéis Existentes.

Apesar de se tratar de um dos mais antigos diplomas comunitários em matéria turística, em sua gênese estiveram objetivos limitados e não dirigidos a uma harmonização necessária dos regimes nacionais.[101] No entanto, o mesmo possibilita um interessante contraponto e legitima a inclusão de um instituto adicional suscetível de completar o presente estudo da comunicação comercial nos mercados turísticos.

Antes de mais nada, é interessante constatar que o legislador, ao optar pela figura da recomendação, não ousou ultrapassar o nível do *soft law*,[102] além de ter sido obrigado a lançar mão da norma do tratado que permite estender as competências comunitárias.[103]

Materialmente, a recomendação constata o fato de que a maioria dos Estados membros possuía sistemas de classificação de hotéis orientados a descrever o conforto e os equipamentos dos estabelecimentos. Esses diferiam entre si em função dos critérios

---

[99] Como determina o artigo 9º do decreto-lei, "3. As alterações às informações previstas no número anterior devem ser comunicadas ao adquirente antes da celebração do contrato, devendo nesse caso o contrato fazer referência expressa a essas alterações. [e] 4. As alterações previstas no número anterior apenas podem resultar de circunstâncias alheias à vontade do vendedor, salvo acordo expresso das partes".

[100] Em concreto, o artigo 43º do decreto-lei reza que "5. Em virtude do disposto no nº 5 do artigo 7º da Lei nº 24/96, de 31 de julho, as informações concretas ou objectivas contidas nas mensagens publicitárias consideram-se integradas no conteúdo dos contratos que se venham a celebrar após a sua emissão, tendo-se por não escritas as cláusulas contratuais em contrário".

[101] Os efeitos dessa recomendação não são, aliás, comparáveis aos da contemporânea Recomendação do Conselho de 22 de dezembro de 1986, relativa à segurança dos hotéis existentes contra os riscos de incêndio; sobre o impacto real desta, cf. C. Notarstefano, "Lineamenti giuridici dei rapporti turistici", cit., p. 87-96.

[102] A propósito do papel do "quase direito" no Ordenamento Comunitário europeu e por todos, cf. K. C. Wellens & G. M. Borchardt: "Soft Law in European Community Law", em *European Law Review*, nº 3, Londres, 1989, p. 267 ss., e F. Snyder, "'Soft law' e prassi istituzionale nella comunità europea", em *Sociologia del Diritto*, nº 1, Milão, 1993, p. 79 ss.

[103] A propósito do sentido e das funções do artigo 235º (atual artigo 308º) do Tratado que institui a Comunidade Europeia, em cujos termos "se uma acção da Comunidade for considerada necessária para atingir, no curso do funcionamento do Mercado Comum, um dos objectivos da Comunidade, sem que o presente Tratado tenha previsto os poderes de acção necessários para o efeito, o Conselho, deliberando por unanimidade, sob proposta da Comissão, e após consulta do Parlamento Europeu, adoptará as disposições adequadas". Ao ser esse preceito uma das pedras de fecho do tratado, as contribuições bibliográficas são imensas; assim, e por todos, cf. os trabalhos de A. Mª Guerra Martins, *O artigo 235º do Tratado da Comunidade Europeia: clausula de alargamento das competências dos órgãos comunitários* (Lisboa: Lex, 1995), em especial p. 117 ss.; e de Mª L. Duarte, *A teoria dos poderes implícitos e a delimitação de competências entre a União Europeia e os Estados-membros* (Lisboa: Lex, 1997), em especial p. 458 ss.

utilizados, aos quais era sugerido que viessem a ser substituídos no futuro por um sistema de classificação dos hotéis no plano comunitário. Adicionalmente, com o objetivo de superar as diferenças linguísticas e tendo em conta outras particularidades locais, a recomendação apontava para a adoção, em todos os Estados membros, em matéria de hotelaria, de informação normalizada que apresentasse os serviços oferecidos por meio de símbolos, traduzindo essa informação em sinais gráficos codificados, isto é, em signos icônicos.[104]

Ao não estar em causa nenhuma harmonização dos regimes nacionais, seguir-se-á uma breve panorâmica das disciplinas vigentes nos ordenamentos que vimos abordando e limitadamente à classificação hoteleira.

Assim, na Espanha – e por força da distribuição constitucional das competências entre o Estado e as comunidades autônomas – vigora uma disciplina nacional desenvolvida por diplomas regionais.[105] Em todo caso, a classificação dos hotéis é obrigatória,[106] sendo atribuída na sequência de um procedimento administrativo destinado a aferir o preenchimento dos requisitos técnicos predispostos pela lei.[107] Essa classificação é mantida até ocorrer nova apreciação[108] e implica a respectiva publicação.[109]

---

[104] Sobre a noção de símbolo icónico e de ícone, cf. U. Eco: *O signo*, trad. M.F. Martinho (Lisboa: Presença, 1997), pp. 122-124; e Mª.E.R. Marques, *Introdução aos estudos linguísticos* (Lisboa: Universidade Aberta, 1995), pp. 121-122; uma abordagem jurídica dessa temática, aliás com referência expressa à recomendação *de quo*, é efetuada por L. Krämer, *La CEE et la protection du consommateur*, cit., pp. 92-93.

[105] Cf. Real Decreto nº 1.634/1983, de 15 de junho, sobre normas de classificação de estabelecimentos hoteleiros, e Real Decreto nº 2.288/1983, de 27 de julho, pelo qual se estabelece a categoria recomendada pela qualidade dos alojamentos hoteleiros, integrados por múltiplas leis das Comunidades Autônomas; a propósito dessa questão cf. J. García-Valdecasas & J. Pedrero, *Introducción al derecho. Edición especialmente dirigida al sector turístico* (Madri: Síntesis, 1996), pp. 340-342; R. Árcarons i Simón, *Manual de derecho administrativo turístico* (Madri: Síntesis, 1999), pp. 139-140; D.B. Criado, *Derecho del turismo*, cit., pp. 375-378; C.O.S. Salla, "Los sujetos del turismo: los establecimientos hoteleros y las empresas de alojamiento turístico de carácter no hotelero", em R.G. Macho & A.R. Castells (orgs.), *Lecciones de derecho del turismo*, cit., pp. 91-93; C.F. Rodríguez, *Derecho administrativo turístico* (Madri: Marcial Pons, 2001), pp. 197-205; R.P. Guerra, "La intervención administrativa en la clasificación de los establecimientos hoteleros: estudio comparativo en el derecho turístico español", em *Documentación Administrativa*, nºˢ 259-260, Madri, 2001, p. 315 ss; e ainda A.A. Martín, *Introducción al derecho turístico. Derecho privado del turismo*, cit., p. 66 ss.

[106] De acordo com o artigo 3º do Real Decreto nº 1.634/1983, "1. Os hotéis e apart-hotéis são classificados em cinco categorias, identificadas por estrelas. 2. A determinação das categorias dos hotéis se fará em virtude do que foi disposto no anexo 2 do presente real decreto. 3. A solicitação de classificação será obrigatória para todos os estabelecimentos hoteleiros".

[107] Segundo o artigo 4º do Real Decreto nº 1.634/1983, "a solicitação de abertura de estabelecimentos hoteleiros deverá indicar a modalidade e categoria que se pretende, e ser acompanhada da documentação que permita conhecer a situação jurídica do imóvel, a titularidade da exploração, o projeto do estabelecimento e as informações preceptivas que correspondam a cada caso, juntamente com todos os documentos ou alegações que se julguem pertinentes para justificar a classificação pretendida".

[108] Artigo 3º do Real Decreto nº 1.634/1983, "7. A classificação outorgada pela Administração turística será mantida desde que sejam cumpridos os requisitos que foram levados em conta ao ser efetuada, podendo ser revista de ofício ou a pedido".

[109] Conforme o artigo 3º, "8. Em todos os estabelecimentos hoteleiros será obrigatória a exibição, junto à entrada principal, de uma placa normalizada em que figure o distintivo correspondente ao grupo e categoria. A placa consistirá em um re-

Por sua vez, a disciplina vigente na França[110] impõe também a classificação dos hotéis,[111] prevendo um procedimento administrativo destinado a determinar a adequação dos estabelecimentos às exigências legais[112] – ainda que seja admitida a possibilidade de derrogação pelo ministro com a pasta do turismo –,[113] devendo a mesma ser afixada na

---

tângulo de metal no qual, sobre um fundo azul turquesa, figurem em branco a letra ou letras correspondentes ao grupo, bem como as estrelas que correspondem à sua categoria, na forma e dimensões indicadas no desenho inserido no anexo 1. As estrelas serão douradas para os estabelecimentos classificados nas modalidades Hotéis e Apart-Hotéis e prateadas para as do grupo Pousadas".

[110] Concretamente, o Decreto nº 66-371, de 13 de junho de 1966, e o Arrêté de 14 de fevereiro de 1986, que fixam as normas e o procedimento de classificação dos hotéis e alojamentos turísticos, modificado pelos Arrêtés de 27 de abril de 1988, 7 de abril de 1989, 10 de abril de 1991 e 18 de junho de 1992; sobre essa matéria, cf. sobretudo C. Buraux & E. Buraux, *Droit et organization du tourisme en France* (Paris: Licet, 1990), p. 83 ss.; J.-F. Barbieri *et alii*, *Droit hôtelier: hôtels, cafées, restaurants* (Paris: Delmas, 1993), pp. 56-58; P. Py, *Droit du tourisme*, cit., p. 163 ss.; e M. Deneu & P. Courtin, *Droit et droit du tourisme*, cit., pp. 208-209; já a propósito do regime anterior, constante do Arrêté de 16 de dezembro de 1969, cf. L. Bihl, *Droit des hôtels, restaurants et campings* (Paris: Litec, 1981), pp. 11-19.

[111] Conforme os artigos 1º e 3º do Arrêté de 14 de fevereiro de 1986, por definição, "Hotel é um *établissement commercial d'hébergement classé* [...]", e "Os estabelecimentos de hospedagem definidos no artigo 1º acima são divididos em uma das categorias indicadas no quadro que aparece no anexo 1 (hotéis turísticos) ou no anexo 2 (alojamentos turísticos) e expressas por um número crescente de estrelas conforme o conforto do estabelecimento, exceturando-se a primeira categoria dos hotéis turísticos, que não apresentam estrelas. Nenhum estabelecimento pode pretender a classificação em uma dessas categorias se não apresentar todas as características indicadas na coluna correspondente, no quadro anexo que lhe concerne, reservando-se o direito de revogações acordadas em virtude das disposições relacionadas abaixo do quadro ou com base no artigo 8º".

[112] Nos termos do Arrêté de 14 de fevereiro de 1986, artigo 7º, "A decisão de classificação é tomada por *arrêté* do representante da República, após avaliação da Commission Départementale de l'Action Touristique, sob reserva das disposições do artigo 8º citado a seguir. Ela indica o nome, o endereço e o número Siret do hotel ou do alojamento, a classificação de sua categoria e sua capacidade, expressa, para os hotéis, em número de quartos e de leitos [...]", e do artigo 4º, "Para a verificação de sua conformidade com as condições exigidas para sua classificação, os hotéis e alojamentos turísticos permitem, sob pena de exclusão da lista dos estabelecimentos turísticos classificados, a visita dos órgãos do Estado responsáveis pelo turismo, pela concorrência, pelo consumo e pela repressão a fraudes ou de agentes de outros órgãos, habilitados por decisão do representante da República"; em virtude do disposto no artigo 1º do Decreto nº 98-149, de 3 de março de 1998, relativo à Commission Départementale de l'Action Touristique, "A Commission Départementale de l'Action Touristique é encarregada de enviar um laudo ao governador antes de tomar as decisões que lhe competem e para as quais seu conselho é previsto pelas leis e regulamentos em vigor, principalmente no que se refere à classificação [...]", e artigo 2º, "A comissão é presidida pelo governador ou pelo seu representante [...]".

[113] Nos termos do artigo 8º do Arrêté de 14 de fevereiro de 1986, "revogações extraordinárias às normas do presente Arrêté poderão ser determinadas pelo ministro competente em matéria de turismo depois de laudo da Commission Nationale prevista no artigo 9º a seguir [Commission Nationale de Classement des Hôtels et des Résidences de Tourisme], levando em conta: – as condições particulares de exploração de certos estabelecimentos, principalmente sazonais, ou situados em municípios rurais ou em regiões ultramar; – graves dificuldades técnicas que encontrariam, para satisfazer às normas, os hotéis cuja construção se iniciou antes da data de entrada em vigor do presente Arrêté [...] Em todos os casos objetivados pelo presente artigo, o dossiê de pedido de classificação, o formulário de visita e as proposições da Commission Départementale de l'Action Touristique são enviados ao ministro encarregado pelo turismo, que toma, isto ocorrendo, a decisão de classificação".

fachada do próprio hotel[114] e podendo ocorrer uma desclassificação ou retirada da classificação, nomeadamente por desconformidade às normas de classificação da categoria.[115]

Ultrapassada uma classificação assente em critérios subjetivos, como a reputação do hotel na zona ou a categoria da clientela – à qual, aliás, corresponde uma curiosa concepção retórica de verdade –, encontramos em Itália um regime semelhante ao constatado na Espanha, quer dizer, a lei nacional remete para as regiões a aprovação dos regimes aplicáveis, desde que sejam observados critérios objetivos, que levem em conta as dimensões dos alojamentos e os requisitos estruturais dos serviços oferecidos, bem como a qualificação dos trabalhadores.[116]

---

[114] Como dispõe o artigo 5º do Arrêté de 14 de fevereiro de 1986, "os hotéis e alojamentos turísticos classificados assinalam sua correspondente classificação por meio de uma placa em forma de distintivo", regime este desenvolvido pelos artigos 1º, "o distintivo dos hotéis turísticos classificados conforme as normas definidas pelo Arrêté de 14 de fevereiro de 1986 modificado como visto mais acima e o distintivo dos restaurantes turísticos classificados conforme as normas definidas pelo Arrêté de 27 de setembro de 1999, relativo à classificação dos restaurantes na categoria 'restaurante turístico', são conforme os modelos anexados no presente Arrêté", e 2º, "A afixação de um distintivo que não esteja em conformidade com o modelo regulamentar ou que não corresponda à categoria do estabelecimento interessado é sancionada pelas condições previstas pela Lei de 26 de dezembro de 1966, modificada como visto mais acima", do Arrêté de 8 de novembro de 1999, relativo aos distintivos dos hotéis e restaurantes turísticos.

[115] Por força do artigo 10º, ainda do Arrêté de 14 de fevereiro de 1986, "se, no final do prazo acima tratado de seis anos, um hotel classificado não entrou com pedido de reclassificação e por isso perdeu o benefício de sua classificação anterior e todos os efeitos a ela relacionados, o governador decreta, segundo o caso, após laudo da Commission Départementale de l'Action Touristique: – sua reclassificação, ou desclassificação, para a categoria à qual ele apresenta as características necessárias; – cancelamento de sua matrícula, se as suas características não mais correspondem às exigências da categoria mais baixa do quadro concernente, se cessou sua exploração ou se as condições de exploração não estão mais em conformidade com as disposições do artigo 1º".

[116] O artigo 7º da Lei nº 217, de 17 de maio de 1983, Quadro para o turismo e interventos para o potenciamento e a qualificação da oferta turística. "As leis regionais ditam critérios para a classificação das estruturas receptivas tendo em conta as dimensões e os requisitos estruturais dos serviços oferecidos e da qualificação dos encarregados. Com relação aos dados do parágrafo precedente, as leis regionais preveem cinco classes de hotéis, indicados, em ordem decrescente, por 5, 4, 3, 2 ou 1 estrela. São requisitos mínimos para essa classificação: capacidade receptiva não inferior a sete quartos; ao menos um banheiro para cada dez camas; um lavabo com água corrente quente e fria para cada quarto; um local de uso comum; instalações tecnológicas e número de encarregados adequados e qualificados para o funcionamento da estrutura. [...] Os hotéis indicados com 5 estrelas assumem a denominação adicional 'luxo' quando possuem os modelos típicos dos exercícios de classe internacional [...] A inobservância das disposições em matéria de classificação é punida com sanções administrativas estabelecidas pelas leis regionais, de um mínimo de 500 liras a um máximo de 3 milhões de liras. [...]"; sobre esse regime vide M. P. Chiti, "Alberghi (disciplina amministrativa)", em *Digesto IV – Discipline pubblicistiche*, vol. I (Turim: Utet, 1987), p. 159; G. Cogo, *Diritto dell'economia per il turismo*, cit., pp. 206-208; G. Infantino, "Leggi al microscopio: la classificazione alberghiera", em *Rivista Giuridica del Turismo e delle Comunicazioni*, nº 2, Roma, 1991, p. 26 ss.; F. Indovini Fabris, *Legislazione turistica*, cit., pp. 168-169; L. Righi, "Le strutture ricettive", em V. Franceschelli & G. Silingardi (orgs.), *Manuale di diritto del turismo*, cit., pp. 149-153; A. Andreani & L. Casagni Lippi, *Legislazione del turismo* (Pádua: Cedam, 1997), pp. 105-110; e G. Castoldi, *Legislazione del turismo*, cit., pp. 189-194; cumpre acrescentar que a mesma não é afetada pela nova Legge 29 marzo 2001, nº 135, Riforma della Legislazione Nazionale del Turismo, cf. P. Troianiello, "Profili comunitari della riforma della legislazione turistica", em *Diritto Comunitario e degli Scambi Internazionali*, nº 3, Nápoles, 2001, p. 483 ss.; e A. Cicchetti, "L'organizzazione pubblica per la politica del turismo", em *Disciplina del Commercio e dei Servizi*, nº 1, Bolonha, 2001, p. 787 ss.; disponível também em http://www.filodiritto.com/diritto/pubblico/amministrativo/organizzubblicaturismocicchetti.htm; já no que respeita a uma exposição sistemática

Finalmente, em Portugal a classificação dos empreendimentos turísticos é obrigatória,[117] estabelecendo a lei critérios no que às estruturas, aos equipamentos e aos serviços oferecidos se refere,[118] ainda que com possibilidades de derrogação;[119] regula o respectivo procedimento administrativo[120], as eventuais modificações na classificação[121] e estabelece deveres no que diz respeito à relativa identificação, inclusivamente no tocante às mensagens publicitárias.[122]

---

e relativamente detalhada dos vários regimes regionais, têm interesse A. Andreani & L. Casagni Lippi, *Legislazione del turismo*, cit., pp. 107-110; e A. Romeo, *Legislazione per i tecnici dei servizi della ristorazione* (Bolonha: Cappelli, 1999), pp. 125-131.

[117] Por força do artigo 34º, "1. No prazo de dois meses a contar da data da emissão do alvará de licença de utilização turística ou da abertura do empreendimento nos termos do nº 5 do artigo 28º, o interessado deve requerer à Direcção-Geral do Turismo a aprovação definitiva da classificação dos empreendimentos turísticos", do Decreto-lei nº 167/97, de 4 de julho, que aprova o regime jurídico da instalação e do funcionamento dos empreendimentos turísticos, e desenvolvido pelo artigo 119º ss. do Decreto Regulamentar nº 36/97, de 25 de setembro, que regulamenta o regime jurídico da instalação e do funcionamento dos empreendimentos turísticos, modificado pelo Decreto Regulamentar nº 16/99, de 18 de agosto; cf. P. Quintas, *Legislação turística comentada*, cit., pp. 23-31; sobre o regime anterior, contido no Decreto-lei nº 328/86, de 30 de setembro, e no Decreto Regulamentar nº 8/89, de 21 de março, sempre muito sinteticamente cf. P. Quintas, *Legislação turística comentada*, cit., pp. 17-23 e 42-44; e de um modo apenas descritivo, M. Frota *et alii*, *Direitos do consumidor de produtos e serviços turísticos*, cit., pp. 45-65.

[118] Respectivamente, nos termos do artigo 3º do Decreto-lei nº 167/97, "1. Os estabelecimentos hoteleiros são classificados nas categorias dos respectivos grupos de acordo com o estabelecido no presente diploma e em função do preenchimento dos requisitos mínimos das instalações, do equipamento e do serviço fixados na coluna correspondente a cada categoria constante das tabelas anexas ao presente regulamento e que dele fazem parte integrante", do Decreto Regulamentar nº 16/99, e do artigo 54º, "1. Nos empreendimentos turísticos deve ser prestado um serviço compatível com a respectiva classificação, nos termos previstos nos regulamentos a que se refere o nº 3 do artigo 1º".

[119] Conforme ao artigo 40º do Decreto-lei nº 167/97, "1. Os requisitos exigidos para a atribuição da classificação pretendida podem ser dispensados quando a sua estrita observância comprometer a rendibilidade do empreendimento ou for susceptível de afectar as características arquitectónicas ou estruturais dos edifícios que: a) Sejam classificados a nível nacional, regional ou local; ou b) Possuam reconhecido valor histórico, arquitectónico, artístico ou cultural. 2. A dispensa de requisitos pode ainda ser concedida a projectos reconhecidamente inovadores e valorizantes da oferta turística. 3. A verificação do disposto nos números anteriores é feita pela Direcção-Geral do Turismo".

[120] Como resulta do artigo 34º, "3. A aprovação a que se refere o nº 1 é sempre precedida de vistoria a efectuar pela Direcção-Geral do Turismo, nos termos do artigo seguinte", complementado pelos artigos 35º, "1. A vistoria a realizar pela Direcção-Geral do Turismo para a aprovação definitiva da classificação do empreendimento destina-se a verificar a observância das normas e dos requisitos relativos à classificação pretendida estabelecidos nos regulamentos a que se refere o nº 3 do artigo 1º", e 36º, "1. No prazo de quinze dias a contar da realização da vistoria referida no artigo anterior ou, não tendo havido vistoria, do termo do prazo para a sua realização, a Direcção-Geral do Turismo deve, a título definitivo, aprovar a classificação do empreendimento e fixar a respectiva capacidade máxima, sem prejuízo do disposto no nº 4 do artigo 38º.", todos do Decreto-lei nº 167/97.

[121] De acordo com o artigo 38º, nº 1, do Decreto-lei nº 167/97, "a classificação atribuída a um empreendimento pode ser revista pelo órgão competente, a todo o tempo, oficiosamente, a solicitação do respectivo órgão regional ou local de turismo ou a requerimento dos interessados".

[122] Assim, e conforme o artigo 41º, nº 3, "O nome dos empreendimentos não pode sugerir uma classificação que não lhes caiba ou características que não possuam", enquanto nos termos do artigo 43º, ambos do Decreto-lei nº 167/97, "1. Em toda a publicidade, correspondência, documentação e, de um modo geral, em toda a actividade externa do empreendimento não podem ser sugeridas características que este não possua, sendo obrigatória a referência à classificação aprovada, sem prejuízo do disposto no número seguinte" [e] "2. Nos anúncios ou reclamos instalados nos próprios empreendimentos pode constar apenas o seu nome"; já o artigo 19º do Decreto Regulamentar nº 36/97 determina que

Como é patente, em todos os casos encontramos a obrigatoriedade de submeter os estabelecimentos hoteleiros a procedimentos administrativos de classificação e a divulgar os resultados ao mercado, configurando um sistema de certificação da qualidade dos serviços[123] de atribuição de marcas públicas obrigatórias expressas em estrelas.[124] Em suma, é esta uma situação bem distinta daquela da desregulação decorrente da Nova Abordagem, ao estabelecer apenas regras mínimas em matéria de segurança e remeter para normas técnicas determinadas pelas entidades privadas representativas.[125]

"em todos os estabelecimentos hoteleiros é obrigatória a afixação no exterior, junto à entrada principal, de uma placa identificativa da classificação do estabelecimento, cujo modelo é aprovado por portaria do membro do governo responsável pela área do turismo".

[123] Sobre as disciplinas jurídicas da normalização e certificação da qualidade, cf. G. Iacono, "La certification d'assurance qualité: de nouvelles questions pour le droit?", em *Revue Internationale de Droit Économique*, nº 1, Bruxelas, 1994, p. 63 ss.; J.-B. Racine, "Normalisation, certification et droit de la concurrence", em *Revue Internationale de Droit Économique*, nº 2, Bruxelas, 1994, p. 147 ss.; J. Beauchard, *Droit de la distribution et de la consommation*, cit., p. 284 ss.; e A. C. Santos *et alii*, *Direito económico*, cit., p. 549 ss.

[124] Sobre essa categoria e além de M. S. Giannini, *Diritto publico dell'economia*, cit., p. 43 ss., cf. R. Dusolier, "Les marques collectives et les marques de qualité dans l'ancien droit et dans le droit moderne", em vv.aa., *Mélanges en honneur de Daniel Bastian*, vol. II, *Droit de la propriété industrielle* (Paris: Librairies Techniques, 1974), p. 27 ss.; N. Dawson, *Certification Trade Marks: Law and Practice* (Londres: IPP, 1988), *passim*; L. Quattrini, "Marchi collettivi, di garanzia e di certificazione", em *Rivista di Diritto Industriale*, parte I, Milão, 1992, p. 126 ss.; R.L. Gil, *La marca de garantía* (Madri: Civitas, 1993), *passim*; G. Floridia, "Marchio nazionale di esportazione", em *Digesto delle Discipline Privatistiche – Sezione Commerciale*, vol. XI (Turim: Utet, 1993), p. 296 ss.; A. Chavanne & J.-J. Burst, *Droit de la propriété industrielle*, cit., pp. 483 e 794-796; e A. Ribeiro de Almeida, *Denominação de origem e marca*, cit., p. 354 ss.

[125] Sobre a Nova Abordagem – orientação assumida em matéria de remoção de barreiras técnicas à liberdade de circulação de mercadorias na União Europeia, cf. os sucessivos textos de J. McMillan, "Qu'est-ce la normalisation? Normes et règles et techniques et libre circulation des produits dans la Communauté", em *Revue du Marché Commun et de l'Union Européenne*, nº 285, Paris, 1985, p. 93 ss., "La 'certification', la reconnaissance mutuelle et le Marché Unique", em *Revue du Marché Unique Européen*, nº 2, Paris, 1991, p. 181 ss., e "Une politique européenne pour la promotion de la qualité", em *Revue du Marché Commun et de l'Union Européenne*, nº 411, Paris, 1997, p. 520 ss.; além de L. Millán Moro, *La armonización legislativa en la CEE*, cit., p. 477 ss.; U. Corea, "Qualità e certificazione: la strategia comunitaria", em *Diritto Comunitario e degli Scambi Internazionali*, nº 3, Nápoles, 1993, p. 471 ss.; e J. Pelkmans, "The new approach to technical harmonization and standardization", em *Journal of Common Market Studies*, nº 25, Oxford, 1987, p. 249 ss.; já em língua portuguesa, considerem-se A. de Castro, "Evolução da normalização europeia", em A. de Castro & F. Kolb, *Política de produto e qualidade* (Lisboa: Instituto Superior de Economia e Gestão, 1992), p. 111 ss.; K. Vieweg, "Normas técnicas europeias e nacionais no mercado interno da Comunidade Europeia", trad. João Damião da Cunha, em *Revista de Direito e Economia*, nºˢ 16, 17 e 19, Coimbra, 1990-1993, p. 323 ss.; e A. C. Santos *et alii*, Direito económico, cit., p. 559 ss.

Joint ventures como instrumentos viabilizadores
DO ACORDO FRANCO-BRASILEIRO DE TURISMO

Heloisa Helena de Almeida Portugal[*]
Maria de Fátima Ribeiro[**]

Introdução

A relação fato, valor e norma justifica, em primeira análise, o presente estudo. Busca-se resgatar o fundamento do direito, qual seja o fato social, a realidade fática contemporânea, quando a legitimidade, a eficácia da norma jurídica, se encontra notoriamente comprometida ante o abismo da regra detalhadamente positivada e a realidade social. Nesse particular, a realidade das *joint ventures*, aplicada ao setor turístico, *pauta* a análise nas relações franco-brasileiras.

A realidade social aqui abordada consiste na oriunda das relações internacionais, mais precisamente nas de natureza econômica. Trata-se de um complexo de relações interdependentes que a dogmática jurídica dos Estados ignora e distancia de seu arcabouço legal. Todavia, impregnam e influenciam diretamente a vida de seus nacionais e a sua própria (do Estado).

Tal fato legitimou a intensa propagação e consolidação, em nível mundial, das mudanças capitalistas, na linha da liberação e autogestão dos mercados, o máximo possível independentes de injunções políticas que pudessem restringir a livre circulação de fatores produtivos.

---

[*] Mestre em direito negocial na área de concentração Mercosul e direito comunitário pela Universidade Estadual de Londrina, membro do Instituto de Relações Internacionais do Paraná e professora de direito internacional.

[**] Doutora em direito pela Pontifícia Universidade Católica de São Paulo, professora da Universidade Estadual de Londrina e da Faculdade Paranaense em Rolândia, Paraná.

Da livre circulação de fatores produtivos, depreende-se seu sujeito: a pessoa humana. Se barreiras são eliminadas para a circulação de mercadores, o mesmo se faz para o trânsito pessoal. Onde vão o capital e os bens, vão as pessoas. De forma que o turismo passa a ser, como o é, um grande negócio e um dos principais vetores da economia internacional. Assim o direito, ao fazer a leitura deste fato, o faz de maneira transnacional e transversal.

Atentando-se a isso e considerando a França como um dos principais destinos turísticos do mundo, foca-se a presente comunicação nos acordos franco-brasileiros, que tendem a ser a base desse relacionamento bilateral, quais sejam: o Acordo Quadro de Cooperação, firmado em 28 de maio de 1996 e em vigor desde 1º de abril de 1997; o Acordo Franco-brasileiro de Promoção e Proteção Recíproca de Investimentos, firmado em 21 de março de 1995, ainda em tramitação no Congresso Nacional brasileiro; e o Memorando de Entendimento sobre Cooperação na Área do Turismo, firmado em 12 de março de 1997 e em vigor desde 1º de maio de 1997.

Objetiva-se demonstrar a implementação e a aplicabilidade desses instrumentos, impulsionadores de um setor econômico em notório desenvolvimento, por meio da *joint venture*, figura que, apesar de não regulamentada positivamente no Brasil, é perfeitamente utilizável, factível, refletindo estar o direito além de sua positivação da visão dicotômica público e privado, mas como instrumento catalisador do desenvolvimento socioeconômico.

Da tutela jurídica do turismo aos acordos franco-brasileiros

Pode parecer bizarro, senão inócuo, falar em tutela jurídica do turismo. Todavia, ao verificar a grandeza socioeconômica desse setor, encontra-se de plano a justificativa da tutela. Considerando que existem numerosas reservas de pacotes turísticos, no valor de 100 mil dólares americanos, para viagens orbitais em torno da Terra – em nave quiçá ainda não construída –, divulgadas como turismo espacial, na internet,[1] nota-se a relevância econômica do setor e a necessária preocupação do direito a respeito de suas atividades.

Destarte, como salienta o prof. Rui Badaró, a preocupação com o desenvolvimento sustentável do setor deve incluir a proteção ao consumidor, para o que se torna necessário instituir regras próprias para as profissões ligadas ao turismo e para o turismo propriamente dito.[2]

---

[1] Cf. http://www.net4travel.com.br/novid.htm.
[2] Cf. R.A.L. Badaró, "A importância do direito para o turismo sob a óptica francesa", em *Cadernos de Direito: Cadernos do Curso de Mestrado em Direito da Universidade Metodista de Piracicaba*, 1 (1), 2002, pp. 247-256.

A França, segundo dados da Organização Mundial de Turismo, caracteriza-se por ser um dos principais destinos turísticos do mundo, tendo movimentado, em 2001, cerca de US$ 50 bilhões.[3]

Os princípios e ideias gerais delineadas até aqui devem ser lidos em conjunto com alguns instrumentos jurídicos que merecem atenção, guardados os limites dentro dos quais criam novas perspectivas e garantias para o capital estrangeiro – mas podem depender, em parte, de ratificação pelo Congresso Nacional.

O acordo entre Brasil e França quanto à proteção e promoção recíproca de investimentos, dependente de ratificação do Congresso Nacional, é um deles. Firmado em 21 de março de 1995, demonstra, por seu conteúdo, uma mudança de posicionamento do Brasil quanto ao investidor estrangeiro.

Além de seu caráter simbólico, o acordo confere reais garantias contra os riscos políticos, inclusive no caso de desapropriação, e estabelece uma sistemática relevante quanto à arbitragem. Os Estados comprometem-se a assegurar, em seus respectivos territórios, às pessoas jurídicas e físicas com nacionalidade de outro país, o mesmo tratamento assegurado a seus nacionais.[4]

Encontra-se aqui consagrado o princípio integracionista da liberdade de estabelecimento, pedra angular nos blocos econômicos que almejam a formação de um mercado comum, como é o caso do Mercosul, ainda em formação, e da União Europeia, já consolidado.

Todavia, considerando que algumas cláusulas do acordo impõem mudanças legislativas, a sua ratificação encontra-se pendente na Comissão de Constitucionalidade e Justiça da Câmara dos Deputados,[5] ainda sem validade normativa no Brasil.

Posteriormente, em 12 de março de 1997, foi firmado o Memorando de Entendimento sobre Cooperação na Área de Turismo entre Brasil e França,[6] importante instrumento jurídico para o setor turístico. Mesmo estando na forma de memorando, o tratado traz os princípios básicos necessários para a viabilização de projetos em cogestão franco-brasileiros e, uma vez que está ratificado, tem plena validade no Brasil. Tal inserção encontra-se bem definida no artigo III, 1, *in verbis*: "[...] as partes favorecerão o estudo e a realização em comum de projetos de investimento no âmbito do turismo".

---

[3] Cifras fornecidas pela OMT, junho de 2002, disponível em http://www.world-tourism.org/.
[4] Cf. D.B. Azevedo, "Os acordos para a promoção e a proteção recíproca de investimentos assinados pelo Brasil", estudo especial para a Câmara dos Deputados, maio de 2001.
[5] *Ibid.*, p. 12.
[6] Ratificado pelo Brasil em 1º de maio de 1997. Cf. Ministério das Relações Exteriores, Divisão de Atos Internacionais, disponível em http://www.mre.gov.br.

Ora, sendo a *joint venture* uma forma associativa em cogestão de investimento, encontra guarida e fundamentação jurídica nesse ponto. Em seguida, estabelece o memorando, no mesmo artigo, em sua parte segunda:

> [...] as partes encorajarão a prestação de assistência técnica em favor do desenvolvimento da indústria do turismo, sobretudo por meio de intercâmbio de especialistas e através de capacitação profissional. Conduzirão ações de modo particular sobre a organização de atividades turísticas, o desenvolvimento, a gestão e a comercialização de projetos turísticos, a prestação de serviços e as operações destinadas à promoção do turismo.

Decisivo tal dispositivo, haja vista tratar genericamente de ações voltadas ao desenvolvimento do turismo, reconhecendo ainda a importância socioeconômica do setor; abrangendo a prestação de serviços, seja por empresas ou pelos próprios Estados, uma vez que não especifica que deverão fazê-lo de forma direta.

Nesse ponto, encontra-se a relevância do Acordo Quadro de Cooperação, firmado entre França e Brasil, pois em seus artigos III e IV[7] está previsto que as ações supramencionadas devem ser objeto de programas específicos a serem adotados na forma de consultas bilaterais, havendo, ainda, a previsibilidade de grupos particulares de trabalho, formados por pessoas do setor empresarial. Amplo caminho abriu-se, assim, para as associações empresariais; resta verificar como são estruturados tais grupamentos societários.

As associações empresariais: as *joint ventures*

O sistema internacional iniciado no fim do século XX é caracterizado por uma estrutura complexa, oligopolista e altamente interdependente, determinado principalmente pelos avanços tecnológicos nos campos da comunicação e transporte, reduzindo distâncias e custos.

---

[7] Cf. o artigo IV do Acordo Quadro de Cooperação entre o Governo da República Federativa do Brasil e o Governo da República Francesa, ratificado pelo Brasil em 1º de abril de 1997, Ministério das Relações Exteriores, Divisão de Atos Internacionais, disponível em http://www.mre.gov.br: "1. As partes contratantes reafirmam sua intenção de desenvolver relações econômicas, especialmente em matéria de intercâmbio comercial, de investimentos e de cooperação financeira e, em especial, a promoção de iniciativas no nível de pequenas e médias empresas dos dois países. [...] 4. Com o objetivo de associar mais estreitamente as empresas dos dois países no desenvolvimento da cooperação econômica franco-brasileira, a Comissão Econômica Franco-Brasileira poderá fazer representantes do setor privado participarem de seus trabalhos e criar grupos de trabalho setoriais ou temáticos nos campos julgados prioritários pelas partes contratantes".

Na atual fase do desenvolvimento capitalista, a natureza das relações econômicas internacionais viu-se radicalmente alterada devido ao fato de que a economia mundial passou a ser o produto da soma das economias nacionais, que funcionavam conforme suas próprias leis e relacionavam-se por meio do comércio, passando a formar parte de um único sistema, conforme demonstra José Eduardo Faria.[8] Nessa conjuntura, o mercado passa a ser o novo balizador das relações diplomáticas. A competição global deixa de ser estratégico-militar para ser estratégico-econômica.

Nessa seara, Patrick Daillier[9] ressalta o poder dos agentes econômicos, em que a experiência provou ser inoportuno impor barreiras à circulação dos fatores produtivos, pois as relações internacionais são principalmente fruto dos agentes econômicos, entre eles a empresa. Dentre os autores nacionais, Waldírio Bulgarelli reconheceu a importância da empresa na vida econômica, quando já analisava o direito da empresa e seu novo conceito.[10]

No bojo de uma economia capitalista e cada vez mais expansionista, a empresa necessita não somente se desenvolver mas também se associar a outras. A internacionalização e interdependência dos mercados impõem às empresas a expansão interna, seja por meio do próprio capital de seus sócios, seja por financiamentos ou fusões, incorporações e associações empresariais.[11]

No contexto de descentralização as sociedades podem agrupar-se, basicamente, como grupo de coordenação – grupos de fato – ou de subordinação – grupos de direito. E, independentemente de sua forma, os agrupamentos estão cada vez mais presentes.

No que concerne aos grupos societários, os de coordenação, também denominados paritários ou horizontais, são aqueles em que várias sociedades agrupadas se encontram submetidas a uma direção econômica unitária, mas conservando sua independência e autonomia, tanto sob o ponto de vista gestacional quanto patrimonial – as assim chamadas *joint ventures*.

---

[8] J.E. Faria, *O direito na economia: globalização* (São Paulo: Malheiros, 1999), p. 52.
[9] P. Dailler *et alii*, *Direito internacional público* (Lisboa: Serviço de Educação/Fundação Calouste Gulbenkian, 1999), p. 900.
[10] W. Bulgarelli, *Tratado de direito empresarial* (3ª ed. São Paulo: Atlas, 1997), p. 50.
[11] J. Lobo, "Direito dos grupos de sociedades", em *Revista dos Tribunais*, vol. 763, São Paulo, maio de 1999, p. 24.

Considerações sobre as *joint ventures*

A expressão "*joint venture*", originária do direito norte-americano, significa, de maneira geral, uma associação de empresas, sendo que *joint* significa um conjunto, uma associação, e *venture*, uma aventura, um negócio, um projeto, uma empresa. Essa figura jurídica emergiu da prática norte-americana de as empresas se associarem somando os esforços e dividindo os riscos e lucros sob uma nova pessoa jurídica; devido a sua origem, essa nomenclatura não tem correspondente em língua portuguesa.

A *joint venture* é a relação contratual de duas ou mais empresas,[12] nacionais ou estrangeiras, que, sem perder sua própria identidade e autonomia, se vinculam com o objetivo de realizar uma atividade econômica determinada, podendo aportar a tais propósitos ativos tangíveis ou intangíveis, que deverão ser explorados unicamente visando ao objetivo específico do contrato e em um lapso de tempo determinado previamente ou vinculado ao cumprimento do objeto.[13]

Caracteriza-se como uma associação para realizar um negócio jurídico empresarial específico e singular, sendo utilizada tanto para cooperação temporal, com objeto singular e tempo determinado, como, em grande escala nos países do Mercosul, para a cooperação empresarial duradoura, caracterizando-se como forma alternativa de investimento estrangeiro.

É importante salientar que esse tipo de contrato permite facilitar o intercâmbio de tecnologia, como também se aplica a setores em desenvolvimento, como o turismo, regulando a participação estrangeira em empreendimentos locais.

A natureza jurídica da *joint venture* encontra-se ainda controvertida, tendo em vista não haver correspondentes no ordenamento jurídico nacional; porém, sua noção exprime uma base contratual, constituindo-se, então, como uma modalidade contratual atípica, que consente ampla liberdade às partes para escolher o específico instrumento jurídico por meio do qual se consubstanciará.[14]

Assim, quando a operação de *joint venture* se encontra influenciada pelo meio em que se desenvolve, seja pela atividade ou pelo país, tornando incerta sua delimitação, basta verificar se estão presentes seus elementos constitutivos. Se a figura jurídica colocada à frente reunir todos os elementos básicos, pode-se afirmar tratar-se de um contrato de

---

[12] Segundo W. Bulgarelli: "[...] atividade econômica organizada de produção e circulação de bens e serviços para o mercado, exercida pelo empresário, em caráter profissional, através de um complexo de bens". *Tratado de direito empresarial*, cit., p. 100.
[13] A.S. Rios, *Joint venture internacional* (Buenos Aires: Depalma, 1996), p. 69.
[14] M.P. Neto, *Joint ventures com a União Europeia* (São Paulo: Aduaneiras, 1995), p. 64.

joint venture. Os elementos são: natureza contratual, objeto específico, prazo, gestão mútua, controle conjunto, distribuição de resultados, *intuitu personae*, natureza fiduciária e responsabilidade ilimitada.[15]

Quando as partes têm a mesma nacionalidade, a operação conjunta define-se nacional ou doméstica, ao passo que, se a matriz geográfica for diferente da nacionalidade de uma delas, fala-se em *joint venture* internacional. Aparentemente simples, essa distinção enseja na prática situações um tanto inusitadas. Assim, veja-se a hipótese de que dois sujeitos de mesma nacionalidade e residentes em países distintos celebrem um contrato de *joint venture*. Nesse caso, apesar de o contrato ser internacional, tem-se uma figura nacional, uma vez que a classificação se baseia no critério de nacionalidade das partes somente.

A principal distinção das *joint ventures* é entre as societárias ou de capital (*corporal* ou *equity joint venture*) e as *joint ventures* contratuais (*contractual, non-corporal* ou *non equity joint venture*).

No primeiro caso, mesmo sendo societária, a associação não exclui a natureza jurídica contratual; somente os co-*ventures* decidem constituir uma nova sociedade, segundo os tipos societários estabelecidos pelo ordenamento jurídico da nação-sede. A legislação do país escolhido regulamentará a constituição da sociedade e a administração dos negócios, assim como todo o processo decisório, societário e tributário. Sem dúvida, essas questões serão decididas pela *lex rei situs*.[16]

Já na segunda forma, a *joint venture* contratual, não há aporte de capital ou constituição de uma nova sociedade, mas somente uma associação de interesses e uma divisão dos riscos. Uma *joint venture* contratual pode constituir-se com base em vários acordos satélites, representando um instrumento mais flexível.[17]

Em função da natureza da atividade a ser desenvolvida, podem-se dividir as *joint ventures* em quatro grandes grupos:
» as criadas para desenvolver um projeto específico;
» as de tipo cooperativo;
» as de financiamento;
» as de concentração.

---

[15] A.S. Rios, *Joint venture internacional*, cit., p. 71.
[16] *Ibid.*, p. 96.
[17] M. Basso, *Joint ventures, manual prático das associações empresariais* (Porto Alegre: Livraria do Advogado, 1998), p. 47.

As características básicas desse esquema, que em geral não comporta a criação de uma nova sociedade, são:
» a repartição das despesas, dos riscos e dos lucros da pesquisa e da exploração;
» uma das empresas fica encarregada de realizar o trabalho pelas outras;
» forma-se um comitê para representar todos os membros da *joint venture*, encarregado da direção e controle. As decisões tomadas por esse comitê são, geralmente, expressão do desejo da maioria de seus integrantes.[18]

É a *joint venture* uma figura típica dos investimentos nos países em desenvolvimento. O parceiro do país desenvolvido entra com o capital e com a tecnologia, e o parceiro do país em desenvolvimento participa com os meios de acesso ao mercado que, de outro modo, poderiam ser inacessíveis ao parceiro estrangeiro.[19]

Considerados grupos associativos por coordenação, esses tipos de agrupamento podem ser caracterizados por formas contratuais, regidas pela teoria geral dos contratos.

Resta comentar a identificação da responsabilidade e regime de lei aplicável, sendo essas as questões que mais geram controvérsias.

Nessa seara, Carlos Maria Gambaro[20] ensina haver três modos de determinação da lei aplicável a um contrato, quais sejam:
» a lei que regerá o contrato será aquela do lugar da celebração;
» regerá o contrato a lei do lugar da execução do mesmo;
» as partes podem definir a lei aplicável, sendo este modo o mais utilizado.

É, portanto, mais recomendável que sejam previstas no próprio contrato as soluções para as diversas situações que se possam apresentar como ameaçadoras ao mesmo, bem como inserir a cláusula de solução de conflitos e cláusula *hardship*.

Outra forma de associação em *joint venture* é a da empresa binacional criada pelo Estatuto das Empresas Binacionais Brasil-Argentina. Tais empresas constituem uma formação especial, sendo parte do gênero *joint venture* por advirem da parceria entre outras empresas.

---

[18] *Ibid.*, pp. 63-64.
[19] A.S. Rios, *Joint venture internacional*, cit., p. 99.
[20] C.M. Gambaro, "Contrato internacional de *joint venture*", em *Revista de Informação Legislativa*, nº 146, ano 37, Brasília, abr.-jun. de 2000, p. 71.

As binacionais constituem uma forma de parceria entre os Estados, sendo um elo entre o público e o privado, na medida em que aquele propicia, por meio de incentivos, facilitações fiscais e regulamentos próprios, o estabelecimento comercial privado.

Nota-se que a designação binacional se reporta ao fato de as empresas serem formadas por capital de dois Estados e não como indicação da nacionalidade de pessoa jurídica. A empresa terá como sede o país de constituição, estando submetida à legislação interna deste. Essa forma associativa foi criada pelo Estatuto das Empresas Binacionais Brasil-Argentina. Assinado em 6 de julho de 1990, o Estatuto foi ratificado na Argentina em maio de 1991 por meio da Lei nº 23.935 e, pelo Brasil, em julho de 1992, por meio do Decreto nº 619, tornando-se o instrumento legal que regula as condições de implantação e atividades das binacionais.[21] Tais empresas foram criadas para melhor operar os investimentos bilaterais, facilitando o intercâmbio comercial entre Brasil e Argentina.

As *joint ventures* como ferramentas viabilizadoras do Acordo Franco-Brasileiro de Turismo

Como foi visto, duas empresas podem ter várias razões para criar uma terceira entidade associativa, entre as quais se poderiam enumerar o compartilhar dos riscos, o intercâmbio e a aquisição de tecnologia, possibilidades de distribuição de produtos e serviços, entre outros.

Setores mais desenvolvidos no Brasil, como o têxtil, por exemplo, podem, por meio das *joint ventures*, desenvolver de forma conjunta com seus parceiros do Mercosul e europeus, em um ou outro país, uma indústria de nível tecnológico elevado, que produza em escalas econômicas, não visando à competição no âmbito do Mercosul, mas especialmente em outros mercados.

Assim, tendo em vista sua forma de constituição, a *joint venture* consiste numa propulsora do desenvolvimento, podendo ser utilizada como ferramenta dos acordos abordados neste trabalho. No Brasil, têm-se verificado exemplos de *joint ventures* no turismo, como é o caso do sistema de distribuição mundial de viagens Amadeus, que mantém atividades com a Iberia, Air France e Lufthansa. Em outubro de 2000, a Amadeus criou uma *joint venture* com a Btopenword, do grupo British Telecommunications, que oferece serviços de viagens na web.[22]

---

[21] J.C. Lipovetzky & D.A. Lipovetzky, *Mercosul: estratégias para integração. Mercado comum ou zona de livre-comércio? Análise e perspectivas do Tratado de Assunção* (São Paulo: LTr, 1994), p. 295.

[22] "Joint venture no turismo virtual", seção Notícias, em *Revista Turismo*, 26-10-2000, http://revistaturismo.cidadeinternet.com.br/noticias/not27.htm.

Contudo, essa manobra depende fortemente de fatores macroeconômicos que possam estabelecer condições equitativas entre os parceiros, conferindo às moedas de cada país força e credibilidade.

No que diz respeito à coordenação de políticas macroeconômicas do Mercosul, as atividades nessa área vêm se realizando gradualmente e de forma convergente com os programas de desagravação tarifária e eliminação de restrições não tarifárias. Esse esforço busca assegurar condições adequadas de concorrência entre os Estados partes e a evitar que eventuais descompassos nas políticas desses países favoreçam ou prejudiquem artificialmente a competitividade de bens e serviços.

Essa política se revela fundamental na medida em que assegura condições adequadas de concorrência e que oferece segurança aos demais Estados partes – como as garantias compensatórias em caso de desestabilização econômica de um dos países integrantes –, protegendo, assim, a integridade do bloco econômico.[23]

É importante notar que, para evitar que sejam criados cartéis, trustes[24] ou outras formas de abuso de poder econômico e de práticas desleais de comércio, os acordos setoriais devem ser submetidos a uma análise prévia dos subgrupos de trabalho do Mercosul.

No âmbito do Tratado de Assunção, um dos principais instrumentos para a regulamentação e harmonização legislativa no Mercosul consiste no disposto do artigo 5º, *d*, do Tratado de Assunção,[25] que possibilita a "adoção de acordos setoriais, com a finalidade de otimizar a utilização e mobilidade dos fatores de produção e de atingir escalas eficientes".

Na análise dos atos normativos do Mercosul, uma primeira precaução é evitar compará-los aos que regem a União Europeia, ignorando tratar-se de fenômenos substancialmente diferentes. Embora ambos sejam realidades dinâmicas, na União Europeia os órgãos e suas funções, assim como as realizações normativas, encontram-se cristalizadas desde o primeiro tratado que os instituiu – o Tratado de Paris, que criou a Ceca –, configurando-se sob a supranacionalidade.

---

[23] Cf. "As economias do Mercosul", em *Revista do Mercosul*, nº 56, editorial, Rio de Janeiro, jan.-fev. de 2000, p. 10: "[...] O grande peso do comércio regional criou forte independência entre os países participantes. Hoje, uma decisão tomada por um dos parceiros, principalmente Brasil e Argentina, seja em relação ao câmbio ou juros, cria um componente de contágio potencial para as demais economias".

[24] Em relação à promoção de harmonização da legislação antitruste dos países membros do Mercosul, faz-se necessário registrar, na busca de um paradigma, que a União Europeia não se submeteu, ainda, a um processo de harmonização. No tocante à matéria substantiva, pode-se constatar que o direito antitruste do Brasil, da Argentina, da Alemanha e dos Estados Unidos, exceto na parte processual, possui poucas diferenças. É importante notar que a própria natureza econômica do direito de defesa da concorrência, que está ocorrendo em nível internacional, já conduz a uma harmonização natural.

[25] R. Seitenfus (org.), *Tratado de Assunção. Mercosul: acordos e protocolos na área jurídica* (Porto Alegre: Livraria do Advogado, 1996), p. 22.

Feita essa ressalva, muito importante para o Mercosul é a Decisão nº 3 do Conselho do Mercado Comum, sobre "termos de referência para acordos setoriais", adotada em dezembro de 1991. Essa decisão é um incentivo às empresas interessadas em associar-se com outras e um veículo para a liberdade de estabelecimento, pois visa facilitar a instrumentação do Tratado de Assunção, uma vez que os acordos setoriais são formas eficazes para a constituição do Mercado Comum.[26]

Aliás, os acordos setoriais devem não somente acelerar a integração e favorecer a racionalidade na especialização intrassetorial, baseada nas respectivas vantagens comparativas, como também considerar e favorecer o intercâmbio de bens e serviços, o fluxo de capitais, o desenvolvimento e a incorporação de tecnologia.

Conclusão

As associações empresariais têm se difundido com bastante velocidade no mundo como forma célere e de custo reduzido para o favorecimento do fluxo comercial internacional, criando um sistema de produção em rede. Tais associações são as *joint ventures*.

A principal característica das *joint ventures* é a realização de um projeto comum, um empreendimento de médio ou longo prazo. Em razão de sua natureza, podem ser utilizadas para as mais diversas aplicações, nos setores industriais, comerciais e agropecuários, assim como nos setores imobiliários, extrativistas, hoteleiros, de compra e venda de mercadorias, valores e outros bens móveis, construção de grandes obras, execução de serviços públicos e outros.

Têm-se verificado, no Brasil, exemplos de *joint ventures* no turismo, como é o caso do sistema de distribuição mundial de viagens Amadeus, que mantém atividades com a Iberia, Air France e Lufthansa. Em outubro de 2000, a Amadeus criou uma *joint venture* com a Btopenword, do grupo British Telecommunications, que oferece serviços de viagens na web.

O Memorando de Entendimento sobre Cooperação na Área do Turismo traz as bases jurídicas para a formação de projetos turísticos em cogestão, em seu artigo III, itens 1 e 2. Uma vez que as *joint ventures* se caracterizam justamente como um contrato de cogestão, tornam-se instrumentos e ferramentas essenciais para a viabilização desse acordo, pautado no Acordo Quadro de Cooperação entre França e Brasil, também ratificado.

---

[26] J.R.T. Kirmser, *Reflexiones ante la problemática jurídica del Mercosur: el derecho frente al desafío de la integración intercontinental* (Assunção: La Ley, 1998), p. 52.

Desse modo, um instrumento capaz de atender às necessidades regionais poderia ser criado, a partir do Estatuto das Binacionais, entre França e Brasil, por exemplo. Atentando-se também ao conteúdo do regime a ser adotado, o estatuto vigente baseia-se na concessão de benefícios às partes, em detrimento das empresas estrangeiras.

No bojo de um processo de integração econômica, a empresa binacional constitui-se como forma eficaz e dinâmica de desenvolvimento do comércio e de economias regionais. A principal característica das binacionais é o alargamento regional de sua constituição e base de produção industrial e, consequentemente, da ampliação do mercado consumidor. A organização do capital, que é pedra fundamental da empresa, em estruturas binacionais ou plurinacionais, estará sempre voltada à expansão comercial e, hodiernamente, ao processo de integração regional.

A busca pela harmonização legislativa tem no Estatuto das Empresas Binacionais sua melhor representatividade, pois, sem alterar as formas societárias de cada país, criou uma lei única para que as empresas dos dois Estados interajam entre si, ampliando, portanto, seus mercados.

BIBLIOGRAFIA

AIRES, L. "Brasil torna Paraguai Sócio Privilegiado". Em *Gazeta Mercantil Latino Americana*, Curitiba, fev./mar. de 2000.

ALMEIDA, H. "De Olho no Brasil, Químicas argentinas formam 'pool'". Em *Gazeta Mercantil Latino Americana*, Curitiba, janeiro de 2000.

ALMEIDA, P. R. de. "O Estatuto das Empresas Binacionais Argentina-Brasil". Em *Boletim de Integração Latino-Americano*, nº 5, s/l. 1992.

ARAUJO, J. C. de. "Aspectos legais da atuação empresarial no Mercosul: evolução e aspectos atuais da questão". Em BASTOS C. R. (org). *Mercosul: lições do período de transitoriedade*. São Paulo: Instituto Brasileiro de Direito Constitucional, 1998.

AZEVEDO, D. B. de. *Os acordos para a promoção e a proteção recíproca de investimentos assinados pelo Brasil*, consultoria legislativa para a Câmara dos Deputados, maio de 2001.

BADARÓ, R. A. L. *A Importância do Direito para o Turismo sob a Óptica Francesa*. Disponível em http://www.unimep.br/fd/ppgd/cadernosdedireito/18_Artigo.html. Acesso em 24 abr. 2014.

BAPTISTA, L. O. *Os investimentos internacionais no Direito Comparado e Brasileiro*. Porto Alegre: Livraria do Advogado, 1998.

BASSO, M. *Joint ventures, manual prático das associações empresariais*. Porto Alegre: Livraria do Advogado, 1998.

_____. *Mercosul: seus efeitos jurídicos econômicos e políticos nos estados-membros*. 2ª ed. Porto Alegre: Livraria do Advogado, 1997.

BRASIL. Decreto nº 2.200, de 8 de abril de 1997. "Acordo-quadro de cooperação entre o governo da República Federativa do Brasil e o governo da República Francesa". Em *Novo Código Civil Brasileiro*. Disponível em http://www.planalto.gov.br. Acesso em 24 abr. 2014.

BULGARELLI, W. *Tratado de direito empresarial*. 3ª ed. São Paulo: Atlas, 1997.

CASELLA, P. B. *Contratos Internacionais e direito econômico no Mercosul*. São Paulo: LTR, 1996.

COSTA, C. J. S. *O código de conduta das empresas transnacionais*. São Paulo: Forense.

DINH, N. N., DAILLER, P.; PELLET, A. *Direito internacional público*. Lisboa: Fundação Calouste Goulbenkian, 1999.

FARIA, J. E. *O direito na economia globalização*. São Paulo: Malheiros Editores, 1999.

GAMBARO, C M. "O contrato internacional de *joint venture*". Em *Revista de Informação Legislativa*, 146 (37), abr./jun. de 2000.

IGLESIAS, D. O. & Bloch, R. D. *Nuevas modalidades de contratación internacional: aplicación en el ámbito nacional y Mercosur*. Buenos Aires: Ad-Hoc, 1996.

JESSUP, P. C. *Direito transnacional*. Rio de Janeiro: Fundo de Cultura Brasil-Portugal, 1956.

JOINT VENTURE no turismo virtual. Em *Revista Turismo*, outubro de 2000. Disponível em http://revistaturismo.cidadeinternet.com.br/noticias/not27.htm. Acesso em 24 abr. 2014.

KIRMSER, J. R. T. *Reflexiones ante la Problemática Jurídica del Mercosur: El Derecho frente al Desafío de la Integración*. Assunção: Intercontinentel Editora, 1998.

LIPOVETZKY, J. C. & LIPOVETZKY, D. A. *Mercosul- estratégias para integração: mercado comum ou zona de livre comércio? Análise e perspectivas do Tratado de Assunção*. São Paulo: LTr, 1994.

LOBO, J. "Direito dos grupos de sociedades". Em *Revista dos Tribunais*, vol. 763, maio de 1999.

OLIVEIRA, O. M. de. *União Europeia: processo de integração e mutação*. Curitiba: Juruá, 1999.

PEREIRA NETO, M. '*Joint ventures' com a União Europeia*. São Paulo: Aduaneiras, 1995.

QUES, J. T. *Economia internacional e integracion economica*. 2ª ed. Madrid: MacGraw-Hill, 1996.

RIOS, A. S. '*Joint venture' internacional*. Buenos Aires: Depalma, 1996.

STRENGER, I. *Direito do comércio internacional e 'lex mercatoria'*. São Paulo: LTR, 1996.

TAMAMES, Ramón. *La Union Europea*. Madrid: Alianza Editorial, 1994.

Direito, turismo e novos movimentos sociais

*Dorothee Susanne Rudiger**

Introdução

Para iniciar o debate sobre as relações entre direito, turismo e os novos movimentos sociais, vale fazer uma reflexão sobre as possibilidades de o direito do trabalho contribuir para a construção de um direito do turismo. Isso porque o turismo tem várias ligações com o trabalho. O primeiro contextualiza-se no âmbito do mundo globalizado, que exige mobilidade dos trabalhadores para se locomoverem a serviço ou a procura de serviço de um lugar para outro. De outro lado, os trabalhadores têm, até constitucionalmente, garantido o direito ao lazer, às férias, ao descanso, para cuja qualidade o turismo se dispõe a contribuir. A abordagem proposta aqui, porém, trata o turismo como ciência, levando em conta o desenvolvimento econômico e cultural da região que se oferece para receber estrangeiros como hóspedes. Aqui se coloca a questão sobre em que medida a sociedade civil – local e mundial – pode, negociando normas públicas ou privadas, contribuir para o planejamento turístico, uma vez que a atuação dos grupos que fazem parte dos novos movimentos sociais parece fundamental para o controle do uso racional de uma região para fins de turismo. Políticas de proteção do meio ambiente, por exemplo, não podem ser resolvidas sem a participação de grupos ambientalistas. Problemas de desenvolvimento econômico envolvem questões trabalhistas e de consumo, que devem ser discutidas com representantes de órgãos como sindicatos e associações de consumidores. A lista de grupos sociais e seu envolvimento no turismo é longa.

Para verificar o papel desses grupos sociais na criação do direito que, direta ou indiretamente, diz respeito à atividade do turismo, é necessário situar o debate no contexto

---

* Doutora em direito pela Universidade de São Paulo, professora de direito do trabalho nos cursos de graduação e mestrado em direito da Universidade Metodista de Piracicaba e no curso de mestrado em direito da Universidade Estadual Paulista.

do século XXI, considerando os aspectos econômicos e políticos introduzidos pela globalização e os aspectos culturais implicados no conceito de pós-modernidade. Nos limites desse quadro serão debatidos os problemas colocados para o direito contemporâneo, quais sejam: a crise do Estado-nação, a desconstrução do direito e a multiplicidade de regimes de direito privado,[1] um mundo jurídico constituído por contratos fora do alcance do poder público tradicional. Dialeticamente, a oportunidade oferecida por essa crise é o nascimento de uma sociedade civil mundial tal como se apresenta nos mais diversos fóruns sociais mundiais abertos para o debate de problemas que atingem a humanidade como um todo. O clássico conceito de sociedade civil, fundamental para a existência do governo e, portanto, para o planejamento da vida da comunidade, deve ser redesenhado no contexto contemporâneo, o que permite, especificamente para o turismo, a possibilidade de constituir-se numa atividade que acrescente qualidade de vida para os que a oferecem e para os que dela usufruem.

Contexto histórico: globalização e pós-modernidade

GLOBALIZAÇÃO

A globalização que experimentamos no início do século XXI é um fenômeno dialético.[2] Se por um lado é um fato econômico que implica maior facilidade de circulação de capital, em contrapartida gera tecnologia, mormente na área da comunicação e dos transportes, o que facilita à sociedade civil mundial articular-se para debater seus problemas. Mais que um dado político, econômico, social e cultural, a globalização tornou-se paradigma de nosso pensamento, inclusive o pensamento jurídico.[3]

Problema central que o fenômeno da globalização propõe para as ciências sociais é a dissociação entre os conceitos de sociedade e de Estado nacional. Com o desenvolvimento dos meios de comunicação e das empresas multinacionais, as sociedades deixam de operar no âmbito de relações intersocietárias para serem analisadas segundo uma nova base de contextualização teórica.

Tornou-se um lugar-comum afirmar que é difícil analisar a atual fase histórica e seus desdobramentos econômicos, políticos, sociais, culturais e, finalmente, jurídicos, no

---

[1] Cf. G. Teubner, "Vertragswelten: das Recht in der Fragmentierung von Prirate Governance Regimes", em *Rechtshistorisches Journal*, vol. 17, Frankfurt am Main, 1998, p. 241.

[2] Agradeço ao colega F. Marcelli pela ideia de iniciar dessa forma o debate sobre globalização e direito, tal como este iniciou sua palestra sobre o tema, no dia 7 de fevereiro de 2002, na Unimep.

[3] Isso se faz visível pela vasta bibliografia dedicada ao assunto.

momento em que ela está sendo vivida, pois "a globalização não é um fato acabado, mas um processo em marcha".[4] Entretanto, é imprescindível compreendermos o que está se passando na sociedade para obtermos um instrumental de interpretação de nosso ordenamento jurídico nacional ou global. Para tanto, convém fazer uma tentativa de resgate histórico que busque as raízes da globalização no período que se sucedeu ao término da Segunda Guerra Mundial.

A destruição provocada por aquele conflito exigiu enormes investimentos para a reconstrução da economia, mormente na Europa. Foram os Estados nacionais os responsáveis pela política de investimentos maciços na economia e na área social. Nesse contexto, em 1948, os Estados Unidos e os países da Europa ocidental celebram o Acordo Geral de Tarifas e Comércio (GATT), pedra fundamental para um "regime comum e internacional de comércio".[5] A recuperação das economias nacionais e a globalização caminham, desde então, de mãos dadas. É também como resultado desse esforço que nasce a União Europeia.

O que interessa aqui é o fato de que, nesse período, o mercado se expande não apenas para suprir as demandas de reconstrução dos países destruídos pela guerra, mas também, e além das fronteiras nacionais, em busca de novos mercados. No Brasil, esse fenômeno foi um dos fatores que originaram o chamado "milagre econômico brasileiro".

Essa expansão econômica requer uma estrutura estatal própria. Seguindo a teoria de John Maynard Keynes, o Estado é planejador, investidor e provedor de benefícios sociais para uma população cuja mão de obra é requisitada. Diante da existência dos países socialistas, os Estados capitalistas sentem necessidade de legitimar o sistema de mercado, fazendo concessões aos trabalhadores, o que terá consequências no direito do trabalho. Cabe ao Estado suprir o crescimento econômico do país e a proteção social do indivíduo, enfim, ser instrumento de transformação e regulação social, "vetor do progresso".[6]

Por outro lado, a necessidade de suprir a demanda de um mercado em expansão exige uma estrutura empresarial voltada para a produção em massa de bens que tenham compradores garantidos. Torna-se fundamental, portanto, assegurar a previsibilidade da atividade econômica a longo prazo e, assim, a estabilidade das relações de trabalho – o que se reflete na organização da empresa e, por consequência, no direito do trabalho, voltado para fixar o trabalhador em seu posto e consolidar sua lealdade ao sistema. Modelo

---

[4] O. Ianni, *A sociedade global* (Rio de Janeiro: Civilização Brasileira, 1997), p. 24.
[5] H.-P. Martin & H. Schumann, *A armadilha da globalização: o assalto à democracia e ao bem-estar social*, trad. Waldtraut U.E. Rose & C.C.W. Sackiewicz (São Paulo: Globo, 1999), p. 152.
[6] A.-N. Roth, "O direito em crise: fim do Estado moderno?", em J.E. Faria *et al.*, *Direito e globalização econômica: implicações e perspectivas* (São Paulo: Malheiros, 1998), p. 17.

de organização empresarial, nesse sentido, é o chamado fordismo. Resumidamente, o fordismo se caracteriza pela organização estática da empresa, pela acumulação planejada e pela ênfase no emprego de capital fixo. Seu traço mais importante, porém, é a produção para o mercado.

A reconstrução dos países capitalistas, compreendida entre 1945 e 1973, é acompanhada de um pensamento que enfatiza a organização e o planejamento das forças econômicas. Papel central cabe ao Estado, como instrumento de regulamentação da sociedade. O regulamento estatal imprime a fixidez necessária à fluidez do mercado, em fase de expansão. O próprio Estado investe não apenas na reconstrução da economia após sua destruição na Segunda Guerra Mundial – não somente os setores de produção de automóveis, de transportes e petroquímico recebem incentivos, mas também a construção civil e a indústria de eletrodomésticos. É importante frisar que a estabilidade, como paradigma, vale também para o setor financeiro da economia. Já em 1944 – antes, portanto, do final da Segunda Guerra Mundial –, foi firmado o Tratado de Bretton Woods, que lançou o dólar estadunidense como moeda mundial ancorada num fundo em ouro, com taxas de câmbio fixas em relação às demais moedas. Fiel aos preceitos preconizados por Keynes, essa política monetária também previa a exigência de um equilíbrio entre o orçamento público e a balança comercial.

Efeito da expansão da economia mundial durante os anos de reconstrução é a elevação do padrão de vida dos trabalhadores. É importante o papel da negociação coletiva das condições de trabalho nesse período porque, por meio dela, os sindicatos ganham poder e espaço político na sociedade capitalista. Mas a conquista desse espaço tem um preço, pois os trabalhadores "adquiriram e mantiveram esses direitos em troca da adoção de uma atitude cooperativa no tocante às técnicas fordistas de produção e às estratégias corporativas cognatas para aumentar a produtividade".[7] A negociação coletiva contribui, também, para organizar a "repartição dos ganhos de produtividade no seio da empresa, o que permitiu a preservação da estabilidade da repartição do valor agregado".[8] Fundamental é apontar, ainda, o papel do Estado em incentivar o crescimento da produção, por meio de políticas fiscais e monetárias e de investimentos públicos. Finalmente, como Estado de bem-estar social, é criador e garantia da aplicação de uma vasta legislação trabalhista destinada à regulamentação – e, com isso, à previsibilidade – das relações de trabalho.

---

[7] D. Harvey, *Condição pós-moderna: uma pesquisa sobre as origens da mudança cultural*, trad. A.U. Sobral & M.S. Gonçalves (7ª ed. São Paulo: Loyola, 1998), p. 128 ss.

[8] D. Plihon, "A economia de fundos próprios: um novo regime de acumulação financeira", em *Economia e Sociedade*, disponível em http://www.eco.unicamp.br/publicacoes/revista.html.

Funcionalidade e eficiência são as palavras de ordem não somente no plano econômico, mas também nos planos estético e jurídico.

Seja por uma crise de superacumulação, pelas crises do petróleo de 1973 e de 1979, ou pela incapacidade de muitos Estados de controlar o déficit público e a inflação, a organização da sociedade mundial novamente se altera. Seguindo as concepções de economistas como Milton Friedman e Friedrich August von Hayek, o Estado deve se limitar a assegurar a ordem política e econômica, retirando-se do papel de investidor e interventor no mercado. Para a retomada da prosperidade, segundo o chamado neoliberalismo, devem ser preservadas a liberdade de atuação das empresas privadas e a livre expansão do mercado em escala mundial. Desregramento, liberalização e privatização das atividades estatais são as palavras de ordem dessa política.

A partir de 1973, a par dessas "mudanças no regime de acumulação",[9] há também mudanças na regulamentação social e política do capitalismo, para a qual o debate filosófico em torno da pós-modernidade contribui em grande parte. O modo de pensar, perceber e sentir denominado pós-moderno não reflete uma mudança fundamental no *status quo* da sociedade. O capitalismo persiste, mas muda de formato. Durante a crise de 1973, o movimento do capital começa a deixar mais nítido seu caráter fragmentário, efêmero, caótico e desconstrutivo. O imaginário social expresso na ideia pós-moderna da desconstrução – que se faz visível na arquitetura a partir dos anos 1970 – e da deslegitimação acompanha a crise do capital como crise paradigmática, para a qual a universalidade do mercado é apontada como única saída.

A palavra de ordem da época, "flexibilidade", vale também, e em primeiro lugar, para o novo regime de acumulação financeira que se instala a partir de 1970, quando os Estados Unidos rompem, de forma unilateral, o tratado de Bretton Woods e o regime de controle do setor financeiro. Esse rompimento é devido a uma confluência de fatores, dentre os quais podem ser relacionados o endividamento do Estado norte-americano e os lucros externos de empresas multinacionais não repatriados. Os Estados Unidos abandonam as taxas de câmbio fixas do dólar e libertam o movimento dos capitais do rígido controle estatal, diminuindo, ainda, os impostos sobre os rendimentos do capital. A partir de 1980, a liberalização e a desregulamentação do mercado financeiro são impostas também aos países de industrialização recente. Com o Consenso de Washington,[10] em 1990, a especulação financeira torna-se mundial.

---

[9] D. Harvey, *Condição pós-moderna: uma pesquisa sobre as origens da mudança cultural*, cit., p. 117.
[10] Adesão dos governos de diferentes países às políticas recomendadas pelo governo norte-americano e agências internacionais como o FMI e o Banco Mundial.

Ilustrativo dessa política é o exemplo do Brasil. Resistindo à abertura de suas fronteiras para o mercado mundial em expansão durante os anos 1980, adota o modelo da economia globalizada a partir de 1990, assumindo uma política de favorecimento da concorrência e da não regulação do mercado, cujo pressuposto jurídico já estava traçado na Constituição de 1988. Diante da dificuldade de aplicar seu programa legislativo, o Estado abandona a "normatização das relações econômicas, individuais, setoriais, nacionais e internacionais".[11] Assim, o Estado perde gradativamente a exclusividade de promulgar regras, o que leva a uma "particularização e privatização da regulação jurídica".[12]

Esse processo é acompanhado por uma reestruturação do setor financeiro da economia, pelo fenômeno da "securitização"[13] dos títulos da dívida pública. As companhias de seguros, os fundos de previdência privada por capitalização e os fundos de investimento mútuo, os chamados fundos próprios, ganham relevo em detrimento dos bancos, cujo papel até então era de "garantir continuidade das trocas entre as indústrias e lhes permitir aguardar o momento da validade social da produção pela venda no mercado final."[14] A liberalização e desregulamentação do mercado financeiro retirou dos bancos essa atividade exclusiva, atribuída agora aos fundos de investimento. Os fundos não somente investem nas empresas, como também são responsáveis pelos empréstimos aos Estados endividados. Assim, para citar um exemplo, em 1990 os Estados Unidos destinaram 20% de seu orçamento federal ao serviço da dívida com os fundos. Em vez de os Estados tributarem o capital financeiro, pagam para este os rendimentos de seus empréstimos. Esse processo leva a uma mobilidade financeira muito grande, que implica mais redução de impostos na tentativa dos Estados de fixar o capital em suas praças.[15]

O mercado financeiro flexibilizado gera também um deslocamento dos investimentos no setor privado. As empresas reduzem seus investimentos na atividade produtiva em prol das aplicações financeiras nos fundos. Isso acarreta a submissão das empresas a uma política de rentabilidade prefixada. "Os grupos empresarias devem obter taxas de lucro em torno de 15% ao ano. Cada vez que a cotação de suas ações cai, os investidores institucionais exigem que a empresa atingida reaja demitindo empregados."[16] O desemprego consequente fragiliza as negociações salariais dos trabalhadores ativos, que têm

---

[11] J.E.L. Mattoso, "Emprego e concorrência desregulada: incertezas e desafios", em Carlos Alonso B. de Oliveira *et al.*, *Crise e trabalho no Brasil, modernidade ou volta ao passado?* (São Paulo: Scitta, 1996), p. 31.
[12] A.-N. Roth, "O direito em crise: fim do Estado moderno?", cit., p. 21.
[13] F. Chesnais, *Tobin or not Tobin? Por que tributar o capital financeiro internacional em apoio aos cidadãos*, trad. M.T. Van Acker (São Paulo: Edunesp/Attac, 1999), p. 21.
[14] *Ibid.*, p. 23.
[15] Cf. D. Plihon, "A economia de fundos próprios: um novo regime de acumulação financeira", cit., p. 1.
[16] F. Chesnais, *Tobin or not Tobin? Por que tributar o capital financeiro internacional em apoio aos cidadãos*, cit., p. 37.

seus salários arrochados. Finalmente, a partir do exame desses fenômenos, pode-se compreender a reestruturação da atividade produtiva das empresas. Com as empresas preocupadas em maximizar os valores das ações, "objetivos que antes prevaleciam – como o desenvolvimento da produção e do emprego – tornam-se secundários. Daí resulta uma financeirização da gestão das empresas".[17] Novos métodos de gestão são elaborados para promover ganhos em produtividade pela redução do efetivo de assalariados, inclusive recorrendo ao deslocamento da produção para setores fora do âmbito da empresa. Para analisar esse expediente, vale abordar o método toyotista de administração da empresa.

A abertura das fronteiras pelo processo de globalização traz consigo a divulgação de um método de administração da prestação de serviços, o *kaban*,[18] aplicado no Japão desde os anos 1950. Esse método envolve uma inversão dos parâmetros do setor produtivo, de um lado, e a extrema economia de mão de obra, de outro. Segundo esse método, a empresa não produz para o mercado, mas submete-se, sim, a sua demanda. Isso pressupõe a necessidade de, num curto prazo, poder reduzir ou ampliar o quadro de seus trabalhadores.

A unidade produtiva toyotista trabalha no sentido inverso ao da unidade produtiva conhecida até então como fordista. A produção é adaptada à demanda do mercado. É o consumo que determina a produção, e não o contrário. As demandas do mercado são individualizadas, e só se repõe o produto após a verificação de sua procura. O sistema exige uma produção flexível, uma organização de trabalho que aproveita ao máximo o tempo dos trabalhadores disponíveis. Para tanto, a mão de obra fixa da empresa deve ser polivalente e organizada de maneira horizontal, para que possa planejar e executar diversas tarefas na hora em que elas se fazem necessárias. Além dessa mão de obra fixa polivalente, a empresa contrata, conforme a demanda do mercado, trabalhadores de empresas prestadoras de serviços ou empresas fornecedoras, que complementam sua atividade quando necessário. Esse fenômeno, denominado *just in time* ou descentralização produtiva, é uma das características mais marcantes do toyotismo. Para a contratação dos bens e serviços, geralmente chamados de terceirizados, a empresa recorre, preferencialmente, a contratos bilaterais de fornecimento ou de prestação de serviços autônomos.

---

[17] D. Plihon, "A economia de fundos próprios: um novo regime de acumulação financeira", cit., p. 7.

[18] O *kaban*, curiosamente, teve suas origens nos Estados Unidos. Foi inventado por alguns supermercados norte-americanos que começaram a repor seus estoques nas prateleiras somente após a verificação criteriosa da demanda. Esse método de administração empresarial, chamado também de *just in time*, foi aplicado na indústria, pela primeira vez e em larga escala, nas fábricas da Toyota. Cf. R. Antunes, *Adeus ao trabalho? Ensaio sobre as metamorfoses e a centralidade do mundo do trabalho* (2ª ed. São Paulo/Campinas: Cortez/Unicamp, 1995), p. 13 ss.

As relações jurídicas entre a empresa e seus trabalhadores, de um lado, e entre a empresa e seus fornecedores, de outro, inserem-se num contexto maior, que tem como problema central as diferenças existentes nos mais diversos ordenamentos jurídicos trabalhistas nacionais. A reorganização da atividade empresarial em moldes toyotistas e a consequente acumulação flexível nutrem-se do desenvolvimento desigual de setores e de regiões geográficas do globo no que diz respeito à sua legislação trabalhista. A globalização econômica, política e social é *conditio sine qua non* dessa acumulação flexível, em razão da diversidade de condições de trabalho existentes no planeta. O Estado-nação, afinal, não deixou de existir. O mercado de trabalho tornou-se mundial, o que acarreta a seguinte consequência:

> O trabalho organizado foi solapado pela reconstrução de focos de acumulação flexível em regiões que careciam de tradições industriais anteriores e pela reimportação, para centros mais antigos, das normas e práticas regressivas estabelecidas nessas novas áreas.[19]

PÓS-MODERNIDADE

Jurgen Habermas, filósofo contemporâneo, introduz o debate sobre a modernidade com um resgate da consciência histórica de modernidade e de sua necessidade de autoafirmação. Apoiando-se em Weber e, principalmente, em Hegel, descreve a modernidade como um "processo de desencanto"[20] baseado na decadência da religião, que trouxe consigo uma cultura profana. Assim, as belas-artes, a filosofia e o direito tornam-se autônomos e "possibilitam processos de aprendizagem que seguem as normas internas de problemas teóricos, estéticos ou morais e práticos".[21] No mundo que vê nascerem o capitalismo industrial e a organização do Estado nacional e burocrático, a fé é substituída pela certeza dos axiomas matemáticos.

A ideia daquilo que é moderno surge, portanto, no contexto do antigo. Tempos modernos são tempos novos para Hegel, que formulou o conceito para a filosofia alemã. A modernidade é entendida como época histórica que tem seu início no Renascimento e, para o filósofo alemão, na Reforma Protestante. A partir de uma percepção da história como processo, como "pressão do tempo", Hegel desenvolveu o entendimento de que

---

[19] D. Harvey, *Condição pós-moderna: uma pesquisa sobre as origens da mudança cultural*, cit., p. 141.
[20] *Entzauberungsprozess*. Cf. J. Habermas, *Der Philosophische Diskurs de Moderne: zwölf Vorlesungen* (6ª ed. Frankfurt am Main: Suhrkamp, 1998), p. 9.
[21] *Ibidem*.

moderno é o contemporâneo, caracterizado como tempo do nascimento de algo novo, de uma nova era. Assim, o mundo moderno é um mundo capaz de parir a cada instante o presente como algo novo. Rompe-se com o passado para se enfrentar uma renovação contínua no presente. Revolução, progresso, emancipação, crise, espírito do tempo são as palavras-chave da filosofia que representam esse rompimento radical com a tradição.

A ruptura permanente com a tradição é, portanto, a tônica da modernidade, tomada também em seu sentido estético. Em meados do século XIX, Baudelaire – cujas reflexões sobre a modernidade são utilizadas por David Harvey como ponto de partida para a conceituação da modernidade – refere-se à arte de sua época como moderna, já que modernidade reúne em si o eterno e imutável e, ao mesmo tempo, o transitório e fugidio. Assim, caraterística da modernidade é a já referida contestação da tradição, dos valores tradicionais, num processo chamado destruição criativa,[22] descrito no *Manifesto Comunista*, de Karl Marx e Friedrich Engels. A paisagem antiga cede ao mundo novo, historicamente transformado pelo capitalismo industrial. Este tem, como personagem central, o empreendedor incansável em busca do novo.

Se, de um lado, na sociedade moderna, há um processo de rompimento contínuo com as tradições, de outro lado, essa mesma sociedade se reflete no projeto filosófico e político iluminista. Nos planos político e jurídico, buscam-se a emancipação política e a organização racional da sociedade por meio do Estado e do direito. Além disso, a modernidade propõe o domínio científico da natureza. Daí construir um discurso que se legitima pela busca do justo, do verdadeiro e do belo, que ganham, no pensamento moderno, universalidade.

O moderno direito do trabalho, como um direito que delimita a exploração dos trabalhadores pelo capital, é consequência das promessas da modernidade, pois nasce, de um lado, em razão da preocupação do próprio capital com a reprodução da força de trabalho e, de outro, no momento em que os trabalhadores se reconhecem como coletivo. Esse reconhecimento leva, no século XIX, a um debate sobre o papel político dos trabalhadores enquanto classe organizada. Surgem então várias vertentes do movimento operário, que buscam a solução para os graves problemas sociais ora na revolução (socialista ou anarquista), ora na reforma do Estado capitalista – portanto, na esfera política. Para sobreviver no dia a dia, os trabalhadores organizam-se em sindicatos para garantir, de forma coletiva, o valor de compra e venda do trabalho e a duração da jornada como limites imediatos à exploração. Na falta de vontade do Estado liberal de agir em prol dos

---

[22] Cf. D. Harvey, *Condição pós-moderna: uma pesquisa sobre as origens da mudança cultural*, cit., p. 21.

trabalhadores, estes disciplinam a força de seu coletivo para obter melhores condições de trabalho. Nesse sentido, os contratos coletivos não recepcionados pelo ordenamento jurídico liberal, mas respeitados na prática social, porque assegurados pela força de organização dos trabalhadores, formam a verdadeira base do direito do trabalho moderno.

Seja por pressões revolucionárias ou reformistas dos trabalhadores, seja pela necessidade do próprio capital de regrar as relações de trabalho, o Estado passa a legislar, a criar um direito estatal do trabalho. O que está em jogo é a própria sobrevivência do capitalismo, como ilustra muito bem o preâmbulo da Constituição da Organização Internacional do Trabalho, criada pelo Tratado de Versalhes, em 1919, sob o impacto da Revolução Russa. Sob pena de acarretar o fim dos tempos capitalistas, o discurso jurídico deve mudar.

Os fundamentos teóricos, políticos e jurídicos do direito do trabalho continuam seguindo o espírito da modernidade. Trata-se de garantir a justiça social, verdadeira razão de ser do direito do trabalho, uma vez que esta restabelece, pelo cuidado desigual das partes, a igualdade perdida na relação de trabalho. Realiza-se, assim, por meio do direito do trabalho, a solidariedade social,[23] a *fraternité* relegada pelo direito liberal e conquistada pelos trabalhadores. A justiça social é assegurada tanto pelo direito do trabalho estatal quanto pelo direito do trabalho coletivamente negociado. Ao mesmo tempo em que se cria um direito estatal do trabalho, os sindicatos e as normas coletivamente negociadas são reconhecidos. Com isso, o direito do trabalho fecha um hiato entre o direito liberal, que entende as relações jurídicas como entre indivíduos, e a economia capitalista que, concentrando o poder e a riqueza na mão de grandes conglomerados, tinha criado um verdadeiro "mundo paralelo jurídico",[24] muito distante daquele percebido no dia a dia da vida em sociedade.

A racionalidade, a universalidade e a emancipação, paradigmas do pensamento moderno, são postas em xeque já no fim do século XIX, quando se descobre, a partir do pensamento de Nietzsche e de Freud, a existência de forças irracionais que agem sobre o pensamento humano. Mais tarde, no século XX, Weber denuncia a racionalidade burocrática como autoritária, e a racionalidade científica é debatida pela Escola de Frankfurt como sendo destrutiva e, portanto, irracional. Mesmo assim, a busca da realização do projeto iluminista – o progresso e a emancipação humana – vai percorrer o século XX até encontrar sua contestação, a partir dos anos 1960, no pós-modernismo.

---

[23] Cf. A.P. Rodriguez, *Princípios de direito do trabalho*, trad. Wagner D. Giglio (São Paulo: LTr, 1978), p. 27.
[24] E. Gounot, *Le principe de l'autonomie de la volonté en droit privé: contribution à l'étude critique de l'individualisme juridique*, tese de doutorado (Dijon: Faculté de Droit/Université de Dijon, 1912), p. 12.

Ainda no período após a Segunda Guerra Mundial, a partir das experiências de Auschwitz e de Hiroshima, a legitimação dos discursos científicos, políticos e estéticos modernos é colocada em outros termos. Tendo vivido a experiência do nazismo e outras implicadas no conflito, a Escola de Frankfurt denuncia que o iluminismo – pensamento moderno que contribuiu para o "desencanto do mundo" –[25] se transformou em seu contrário, isto é, num instrumento de dominação e repressão. Assim, Max Horkheimer e Theodor W. Adorno escrevem, em 1947: "O que nos propuséramos era, de fato, nada menos do que descobrir por que a humanidade, em vez de entrar em um estado verdadeiramente humano, está afundando em uma nova espécie de barbárie".[26] A razão iluminista, que, ao desencantar o mundo, tinha como objetivo contribuir para que o homem fosse capaz de fazer sua própria história, emancipando-se da dominação e tornando-se autônomo, transformou-se numa razão instrumental, numa "cega objetividade".[27] Essa razão instrumental é denunciada como alienada, uma vez que, agora autônoma, se volta contra as tendências emancipatórias do iluminismo. Por isso, o debate na ciência e na filosofia não deveria somente abranger fatos e valores, mas buscar juízos existenciais, um comprometimento com a liberdade e a autonomia, compreendendo a dimensão histórica dos fenômenos, dos indivíduos e da sociedade. Para tanto, a teoria crítica construída pela Escola de Frankfurt postula o uso da razão como "instrumento de libertação para realizar a autonomia, a autodeterminação do homem".[28]

Para Lyotard, duas décadas mais tarde, não há mais essa perspectiva emancipatória. Pelo contrário, há um movimento de deslegitimação que implica o "declínio do poder unificador e legitimador dos grandes relatos da especulação e da emancipação".[29] Para não correr o risco de cair no nível da pura e simples ideologia, a ciência necessita construir um outro discurso de legitimação, a partir da "perspectiva":[30] "A hierarquia especulativa dos conhecimentos dá lugar a uma rede imanente e, por assim dizer, rasa, de investigações cujas respectivas fronteiras não cessam de se deslocar".[31] Em termos políticos e jurídicos, essa rede significa a "erosão do dispositivo da emancipação"[32] como projeto da sociedade. Na visão pós-moderna, a sociedade, com suas divisões sociais e

---

[25] T.W. Adorno & M. Horkheimer, *Dialética do esclarecimento: fragmentos filosóficos*, trad. G.A. Almeida (2ª ed. Rio de Janeiro: Zahar, 1985), p. 19.
[26] *Ibid.*, p. 11.
[27] B. Freitag, *A teoria crítica: ontem e hoje* (3ª ed. São Paulo: Brasiliense, 1990), p. 35.
[28] *Ibid.*, p. 41.
[29] J.-F. Lyotard, *A condição pós-moderna*, trad. R.C. Barbosa (Rio de Janeiro: José Olympio, 1998), p. 69.
[30] *Ibid.*, p. 71. Este conceito Lyotard encontrou-o em Nietzsche.
[31] *Ibid.*, p. 72.
[32] *Ibidem.*

incertezas, se desmancha enquanto unidade. Essa dissolução das estruturas externas e internas da sociedade moderna são visíveis na arquitetura, caracterizada, hoje, por uma "colagem de espaços urbanos".[33]

Na sociedade pós-moderna, segundo Lyotard, o vínculo social é construído (e permanentemente reconstruído) por meio da tessitura de um número indeterminado de jogos de linguagem que obedecem a regras diferentes. O saber científico torna-se pragmático, mudando, a cada instante, suas regras. Essa flexibilidade dos meios de saber recorre ao consenso prévio entre os *experts* ao qual a argumentação científica é submetida. O saber "depende de contrato entre os participantes".[34] O consenso não está no fim do debate, mas no início do debate.

Ênfase é dada não ao consenso, mas ao dissenso: "O princípio de uma metalinguagem universal é substituído pelo da pluralidade de sistemas formais e axiomáticos, capazes de argumentar enunciados denotativos, sendo esses sistemas descritos numa metalinguagem universal, mas não consistente".[35] Os pequenos relatos, enfim, substituem as grandes narrativas.[36]

Chama a atenção o fato de um dos elementos caracterizadores da modernidade, o rompimento constante com a tradição, ainda estar presente na pós-modernidade. Talvez seja em razão disso que a teoria pós-moderna se refere à modernidade no momento em que constrói seu discurso nos escombros dos paradigmas modernos. O rompimento com a universalidade dos valores e a busca do consenso momentâneo sobre o procedimento – e não o fim – do debate termina com a visão da história como procura do progresso e da emancipação, sendo síntese dialética das contradições encontradas na vida econômica, social e cultural. O que é, na modernidade, um elemento de ordem, de consenso da sociedade, o princípio da esperança, nas palavras de Ernst Bloch,[37] cede lugar ao vazio. A pressão do tempo que, para Hegel, traria a revolução e, com ela, a emancipação, cede lugar ao *no future*, expressão de ordem anarquista pichada nos muros alemães no fim da década de 1970 do agonizante século XX. Nesse momento histórico, os anarquistas pós-modernos não estavam cientes de seu estreito parentesco com os liberais que, por sua vez, comemorariam, satisfeitos com a queda do Muro de Berlim e do "socialismo real", o fim da história. Uma vez morta a história, o único fator de ordem que resta na sociedade capitalista do século XXI é o próprio capital.

---

[33] D. Harvey, *Condição pós-moderna: uma pesquisa sobre as origens da mudança cultural*, cit., p. 45.
[34] J.-F. Lyotard, *A condição pós-moderna*, cit., p. 79.
[35] *Ibid.*, p. 80.
[36] *Ibid.*, p. 111.
[37] E. Bloch, *Das Prinzip der Hoffnung* (Frankfurt: Suhrkamp, 1968), p. 67.

A mudança no discurso do saber está, também para Lyotard, intimamente ligada à função da ciência como força produtiva. Como a construção de saberes, sobretudo os da tecnologia, é cara, deve obedecer, no contexto da sociedade capitalista, ao princípio da otimização da *performance*.[38] O alto custo, principalmente da ciência e tecnologia, é bancado hoje pelas empresas multinacionais, que exigem, em troca de seus investimentos, a maximização do desempenho. O saber torna-se pragmático, isto é, a questão do verdadeiro e do justo é uma questão de desempenho. Invertem-se os papéis da ciência e da tecnologia e, acrescentamos, os do direito e do mercado. Daí não nos causar espanto a constatação e a crítica de Gunther Teubner à mais recente teoria jurídica, que alega estar o direito submetido à "racionalidade econômica",[39] e não à busca de emancipação.

Problemas colocados para o direito no início do século XXI: globalização e crise do Estado-nação

O *esfarelamento* do direito pela teoria pós-moderna está ligado à crise contemporânea da sociedade e do Estado. No contexto da globalização, da crescente importância das normas supra e infranacionais, o Estado nacional perde a prerrogativa de promulgar regras, o que leva a uma crescente privatização da regulação jurídica presente, transformando-a num direito reflexivo, isto é, num direito primordialmente procedente de negociação. No âmbito do direito reflexivo, o Estado exerce um papel de guia,[40] apenas, e não de planificador das relações sociais – pois, dada a complexidade da sociedade contemporânea, nem o Estado nem o direito são capazes de adaptar-se à sua evolução. Resta ao Estado, unicamente, guiar a sociedade por um modelo de direito que se coloca entre a direção central da sociedade e sua autorregulação pelo mercado. O Estado torna-se um ator como qualquer outro no discurso de interesses, representando os interesses generalizáveis, e controla a conformidade dos procedimentos de negociação.

Confrontado com a cultura pós-moderna e a crise do Estado, o direito muda, forçosamente, de discurso. Uma vez deslegitimado pelo fim da grande narrativa – a busca de justiça na emancipação da sociedade e do cidadão –, o direito também é construído a partir de pequenas narrativas, da busca de um consenso momentâneo sobre as regras de

---

[38] J.-F. Lyotard, *A condição pós-moderna*, cit., p. 80 ss.
[39] G. Teubner, "*Altera pars audiatur*: Law in the Collision of Discourses", em R. Rawlings, *et al.*, *Law, Society and Economy: Centenary Essays for the London School of Economics and Political Science – 1895-1995* (Oxford: Clarendon Press, 1997), p. 149.
[40] Cf. A.-N. Roth, "O direito em crise: fim do Estado moderno?", cit., p. 22.

procedimento a serem estabelecidas para se solucionar um determinado conflito pragmático. Característica do direito pós-moderno não é o consenso, a busca de um valor em comum, mas sim o dissenso. Reconhecida a heterogeneidade dos jogos de linguagem jurídicos, o consenso entre os participantes é local, não um fim a ser atingido. Assim, o direito torna-se pragmático, buscando a solução de conflitos caso a caso. Essa solução, por sua vez, não depende de normas estabelecidas de forma apriorística, mas do consenso sobre elas no processo de sua solução. Fiel ao pragmatismo teórico das pequenas narrativas, o direito é um sistema aberto que estabelece, caso a caso, um novo jogo de linguagens. Não interessa o fim, mas sim a busca de soluções momentâneas para problemas momentâneos. Como escreve Lyotard,

> Esta orientação corresponde à evolução das interações sociais, onde o contrato temporário suplanta de fato a instituição permanente de matérias profissionais, afetivas, sexuais, culturais, familiares, e internacionais, como nos negócios políticos. A evolução é, assim, equívoca: o contrato temporário e favorecido pelo sistema por causa de sua grande flexibilidade, de seu menor custo e da efervescência de motivações que o acompanham, sendo que todos estes esforços contribuem para uma melhor operatividade.[41]

Dessa maneira, o direito torna-se pragmático também num outro sentido: não está mais legitimado pela satisfação de necessidades, mas sim pela eficiência do sistema, de sua *performance*.[42]

Para Boaventura de Souza Santos, a negociação permanente no seio da sociedade representa uma chance para o direito: a de valorizar conhecimentos e práticas sociais não hegemônicas. O direito aparece, assim, como uma proposta de diálogo para a reinvenção de alternativas de prática social. A unidimensionalidade, a política vertical exercida pelo Estado moderno, mantenedor do monopólio de violência legítima, do direito e da organização burocrática nacional, que trata seus cidadãos como formalmente iguais, é substituída pela multidimensionalidade da argumentação num diálogo intercultural. Esse diálogo é horizontal, e serve para averiguar as necessidades humanas valendo-se de uma hermenêutica transvalorativa e multicultural, que tem como base a dignidade humana.[43] Resta saber como a igualdade de condições nesse diálogo multicultural e diatópico —[44]

---

[41] J.-F. Lyotard, *A condição pós-moderna*, cit., p. 119.
[42] *Ibidem*.
[43] Cf. B.S. Santos, *Pela mão de Alice: o social e o político na pós-modernidade* (6ª ed. Porto: Afrontamento, 1997), p. 290.
[44] Cf. B.S. Santos, *As tensões da modernidade*, disponível em http://www.forumsocialmundial.org.br/dinamic/boaventura.asp.

uma vez que se restringe a solucionar problemas concretos e pontuais –, ou tópico, é garantida.

Numa análise crítica da teoria pós-moderna do direito, Gunther Teubner aponta o problema do pragmatismo, que leva ao predomínio do discurso da competitividade econômica. O dilema do direito reside nas condições segundo as quais os discursos jurídicos podem se desenvolver. Em outras palavras, é questionável se no direito, visto como palco de debates, existem discursos livres e iguais, pois o direito não é neutro: valoriza um ou outro discurso predominante. O risco de "perder suas virtudes politeístas"[45] ocorre sobretudo quando as regras do direito nascem da prática social, como é o caso do contrato, dos estatutos e de outras normas oriundas da sociedade que hoje, globalizada, permite a existência de uma multiplicidade de diversos regimes de direito privado, um direito que existe fora do alcance do Estado nacional paralelamente ao direito legislado. Apesar de esse direito corresponder à sociedade pós-moderna globalizada, e de proporcionar a oportunidade para uma nova orientação comunitária por meio da criação de uma rede de contratos, o perigo da dominação nesses "mundos contratuais" é evidente.[46] Nesse sentido, o direito estatal ganha um novo escopo: o de contribuir com normas constitucionais e procedimentais para a igualdade de condições no desenvolvimento da pluralidade de discursos.

Novos movimentos sociais

Quem acompanhou o penúltimo Fórum Social Mundial, realizado em janeiro de 2002 em Porto Alegre, pôde constatar as mudanças fundamentais em nossa maneira de pensar e sentir no início do século XXI. Essas mudanças, percebidas pelos artistas já a partir do fim dos anos 1960, fazem hoje parte de nosso cotidiano. A pós-modernidade tomou conta não somente de nossos gostos, mas também de nosso pensamento e de nossa maneira de agir. O fórum reuniu 50 mil pessoas, representando a sociedade civil global, organizada nos mais diversos grupos de interesses, para debater problemas mundiais. O caleidoscópio de grupos feministas, ambientalistas, étnicos e sindicalistas, para nomear alguns, sentia-se à vontade pelo respeito a sua diversidade, ao mesmo tempo em que buscava um objetivo comum: a possibilidade de solução dos problemas globais que nos afligem por meio de uma cidadania igualmente global. Curioso é que as grandes bandeiras

---

[45] G. Teubner, "*Altera pars audiatur*: Law in the Collision of Discourses", cit., p. 173.
[46] G. Teubner, "Vertragswelten: das Recht in der Fragmentierung von Prirate Governance Regimes", cit.

da modernidade política – a justiça e a emancipação – unem esses movimentos pluriculturais contra uma agenda política que inclui o desregulamento dos direitos sociais e que recorre paradoxalmente à filosofia pós-moderna para fundamentar suas pretensões.

A crise da modernidade, portanto, não está passando despercebida pelos críticos da sociedade capitalista. Ao contrário, na passagem para a atual fase histórica, descrita como pós-moderna, surge uma série de movimentos sociais em aparente oposição ao capitalismo e à sua cultura. Mobilizam-se grupos sujeitos à dominação social, como negros nos Estados Unidos e na África do Sul, mulheres, homossexuais e outras comunidades de interesses tidas como minorias. O movimento operário parece tornar-se relativo, já que está inserido num universo maior, composto por organizações não governamentais.

Essa relativização do movimento operário não é uma novidade. Houve um momento em que ele se identificou com a oposição à interferência do mercado na distribuição de bens, pois não é somente no ambiente de fábrica que as recentes pesquisas de historiadores ingleses, como Edward Paulo Thompson, encontram os primeiros movimentos operários ingleses do século XVII. A resistência operária se expressa nas revoltas dos famintos contra o preço do pão, nas reivindicações por preço justo, movidas pelas quais principalmente as mulheres operárias tomam as ruas.[47] As revoltas do pão são justamente o que Luc Bihl e Luc Willette relatam como os primeiros movimentos dos consumidores na França do século XVIII.[48] Há uma forte resistência contra o sistema de mercado que, por sua vez, não mais permite a manutenção de preços fixos para os produtos que compõem a cesta básica, antes possível porque garantida pela "economia moral" da sociedade feudal.[49] Agora, pelo contrário, o mercado subordina esses preços à lei da oferta e da procura. No século XVIII, o movimento operário encontra-se ainda muito fraco e não existem, praticamente, reivindicações salariais.[50] Não há uma distinção nítida entre o movimento operário e o movimento dos consumidores, durante a primeira fase da industrialização e da fase decisiva da organização do mercado e do direito que o rege. O movimento operário, pelo menos até então, era um movimento para defender o poder de compra dos assalariados, um movimento de consumidores.

Isso só vai mudar no século XIX, com a industrialização maciça, a concentração da mão de obra em unidades cada vez maiores de produção e a consequente organização dos trabalhadores em sindicatos e, mais tarde, em partidos políticos operários. O crescimento

---

[47] Cf. E.P. Thompson, *A formação da classe operária inglesa* (Rio de Janeiro: Paz e Terra, 1987), p. 68 ss.
[48] Cf. L. Bihl & L. Willette, *Une histoire du mouvement consommateurs: mille ans de luttes* (Paris: Aubier, 1984).
[49] E.P. Thompson, *A formação da classe operária inglesa*, cit., p. 71.
[50] Cf. L. Bihl & L. Willette, *Une histoire du mouvement consommateurs: mille ans de luttes*, cit., p. 110.

dessas organizações faz com que a questão do trabalho seja considerada como conflito fundamental que permeia a sociedade capitalista, relegando a questão do consumo a segundo plano. Assim, afirma, por exemplo, o *Manifesto do Partido Comunista*, de Karl Marx e Friedrich Engels, publicado em 1848, que a luta de classes se trava nas relações de trabalho. Os autores do panfleto – o documento foi escrito como tal – possuem o mérito de ter observado o que se passava a seu redor: a última revolta de famintos da qual se tem notícia ocorrera entre 1846 e 1847. Essas revoltas dão lugar, a partir de então, ao movimento operário, nas suas formas mais diversas: os movimentos sindical, socialista e anarquista. O objeto dos conflitos não é mais a relação de consumo de gêneros de primeira necessidade, mas, sim, as relações entre o capital e o trabalho.[51]

Os conflitos entre a recém-formada classe operária e o capital tomam não somente as ruas. A luta entre essas duas classes sociais ocupará um lugar proeminente no debate teórico sobre as feições do capitalismo, como se sabe. Em outras palavras, o movimento operário torna-se vanguarda de qualquer luta emancipatória, englobando questões de consumo, do meio ambiente e de gênero. A exploração capitalista e a alienação que provoca nos operários são examinadas não somente em sua dimensão econômica, mas também ecológica, cultural e comportamental – incluída nesta última o relacionamento entre os gêneros. Uma leitura dos manuscritos econômico-filosóficos do jovem Karl Marx, publicados em 1944, evidencia que, segundo sua análise, fundamental para o pensamento e a práxis do século XIX e parte do século XX, o combate ao capitalismo envolve a luta contra as formas de alienação fora do contexto da fábrica. Mas, fiel a sua teoria de que as relações econômicas, em última análise, determinam as demais relações sociais, Marx coloca a luta política e econômica dos trabalhadores contra o capital à frente das outras lutas sociais. Fascinante nos manuscritos é a ideia de que o socialismo não será completo sem a emancipação total dos homens e mulheres de todas as amarras com as quais a alienação capitalista prende, subjuga e explora os homens, as mulheres e a natureza.[52]

No fim da década de 1960, os não tão novos movimentos sociais aparecem num momento em que se instala a crise das "formas de regulação social da modernidade".[53] Se de um lado o direito estatal e o Estado-providência entram em crise com as demais instituições sociais modernas, por outro também são questionadas as formas de emancipação

---

[51] Cf. D.S. Rudiger, *O contrato coletivo no direito privado: contribuições do direito do trabalho para a teoria geral do contrato* (São Paulo: LTr, 1999), p. 46 ss.

[52] Cf. K. Marx, "Ökonomisch-philosophische Manuskripte aus dem Jahre 1844", em K. Marx & F. Engels, *Werke. Ergänzungsband: Schriften, Manuskripte, Briefe bis 1844* (Berlim: Dietz, 1973), pp. 467-588.

[53] B.S. Santos, *Pela mão de Alice: o social e o político na pós-modernidade* (6ª ed. Porto: Afrontamento, 1997), p. 245.

social, como o socialismo, o sindicalismo, os direitos cívicos, políticos e sociais e a filosofia crítica – o que implica o abandono da vontade de solução dos problemas fundamentais que afligem a humanidade e significa um verdadeiro "buraco negro epistemológico".[54]

A emancipação individual e coletiva deixa de ter a pretensão de universalidade. A diferença não só deve ser respeitada como poderá funcionar como "único universal".[55] O direito e a cidadania estão postos sob uma nova ótica. Abandona-se a ideia da política como exclusiva do Estado burocrático para se adotar uma política horizontal, cujo resultado é uma "pluralidade de ordens jurídicas"[56] com diferentes centros de poder e com diferentes lógicas normativas. O movimento operário insere-se nesse contexto porque, assim, resgata o sentido libertador integral que expressou já no século XIX, quando lutou por uma mudança completa das relações sociais, e não por "uma mera mudança da produção".[57]

O surgimento dos novos movimentos sociais está estreitamente ligado à crise dos anos 1970. Mais do que uma crise econômica e política mundial, a situação pôs em xeque a organização da sociedade moderna. Os conflitos sociais deixam o que Alain Touraine chama de "ordem metassocial",[58] isto é, a esfera do "desenvolvimento das forças produtivas", a "unidade nacional" ou a defesa do "bem comum", para penetrar nos espaços até então considerados privados. Os conflitos sociais fora do ambiente da luta de classes entre capital e trabalho têm como pano de fundo um "novo subjetivismo"[59] e levam a um questionamento da orientação geral da sociedade.

A generalização dos conflitos sociais e a organização dos movimentos sociais correspondentes estão intimamente ligados ao que tanto Alain Touraine, já em 1975, quanto Claus Offe, em 1984, percebem como fragmentação e reestruturação do setor produtivo – fenômeno que, hoje, geralmente é chamado toyotização. Os autores descrevem o avanço do setor da prestação de serviços no mercado do trabalho, o emprego cada vez mais frequente de produção fora do ambiente fabril e a desintegração do setor produtivo.[60] Concluem que a relação de trabalho não mais serve para a construção da unidade de um sujeito coletivo coerente – a classe operária. Vítima da cisão do mercado de trabalho provocada pelo que hoje diagnosticamos como descentralização produtiva, o

---

[54] Ibid., p. 246.
[55] O. Schutter, "Le discours juridique de la postmodernité", em *Recherches Sociologiques*, 24 (12), Paris, 1993, p. 112.
[56] B.S. Santos, *Pela mão de Alice: o social e o político na pós-modernidade*, cit., p. 291.
[57] Ibidem.
[58] A. Touraine, "Les nouveaux conflits sociaux", em *Sociologie du Travail*, 17(1), Paris, 1975, p. 3.
[59] C. Offe, *Trabalho e sociedade: problemas estruturais e perspectivas para o futuro da "sociedade do trabalho"*, trad. G. Bayer (Rio de Janeiro: Tempo Brasileiro, 1989), pp. 17-18.
[60] A. Touraine, "Les nouveaux conflits sociaux", cit., p. 7, e C. Offe, *Trabalho e sociedade: problemas estruturais e perspectivas para o futuro da "sociedade do trabalho"*, cit., pp. 21 e 26.

movimento operário é marginalizado, e o conflito entre capital e trabalho reduzido a um conflito isolado.[61] É justamente esse isolamento do movimento operário que abre espaço para a formação de novos sujeitos coletivos heterogêneos, cuja crítica se volta não somente para as "formas de regulação capitalista" como também para o que Boaventura de Souza Santos chama de "formas de emancipação socialista", contrapontos ao capitalismo no contexto da sociedade moderna. Esses movimentos sociais tomam as mais diversas feições. Dependendo do lugar onde se constituem (Europa ou América Latina, por exemplo), o movimento sindical ainda tem um papel mais ou menos importante em seu conjunto.[62]

Como a existência de relações de dominação é detectada em todas as esferas sociais,[63] o conflito social é generalizado.[64] Alvo de críticas dos movimentos pós-modernos é também o Estado do bem-estar social, cujo poder gestor sufocante[65] e a incapacidade de evitar a cisão da classe trabalhadora em duas – uma com a sobrevivência garantida, a outra pertencente à "subcultura" econômica clandestina –[66] é denunciado. Em meio a essa "crise de legitimação",[67] os movimentos voltam-se contra os "excessos de regulação da modernidade" – em outras palavras, "o modo como se produz". Visam, portanto, uma emancipação generalizada, isto é, não somente por meio de uma reestruturação das relações políticas e econômicas, mas sobretudo por meio de uma transformação do cotidiano. Com os avanços da globalização e a crise do Estado nacional, os movimentos vão perdendo seu "encaixe estrutural"[68] e voltam-se contra as múltiplas formas de dominação na esfera da reprodução social, o que representa um alargamento da política, uma repolitização da esfera privada.[69]

---

[61] *Ibid.*, p. 10, e *Ibid.*, p. 31.
[62] B.S. Santos, *Pela mão de Alice: o social e o político na pós-modernidade* (7ª ed. São Paulo: Cortez, 2000), pp. 256-258.
[63] Cf. M. Foucault, *Vigiar e punir: nascimento da prisão*, trad. L.M. Pondé Vasallo (Petrópolis: Vozes, 1986).
[64] Cf. A. Touraine, "Les nouveaux conflits sociaux", cit., p. 11.
[65] *Ibid.*, p. 13.
[66] C. Offe, *Trabalho e sociedade: problemas estruturais e perspectivas para o futuro da "sociedade do trabalho"*, cit., p. 31.
[67] Questão analisada por Jurgen Habermas na obra *Legitimationsprobleme im Spätkapitalismus* (Frankfurt am Main: Suhrkamp, 1973).
[68] B.S. Santos, *Pela mão de Alice: o social e o político na pós-modernidade*, cit., p. 260.
[69] *Ibid.*, p. 263.

Avaliação: perspectivas para o planejamento turístico por meio da comunidade

Na repolitização do espaço privado pelos movimentos sociais que hoje se organizam em escala local e mundial reside a possibilidade de planejamento e desenvolvimento sustentável de uma atividade econômica como o turismo. Esta, talvez mais do que outras, abriga uma contradição fundamental: se, por um lado, está inserida na lógica do mercado globalizado, por outro não sobrevive sem a preservação do patrimônio natural, histórico e cultural da região na qual se desenvolve. Um planejamento que leve em conta todos os impactos ambientais e culturais é, portanto, indispensável para sua própria sobrevivência.

Com a crise do Estado e do direito como instrumento de planejamento estatal, cabe aos grupos representantes de interesses na preservação dos patrimônios natural e cultural negociarem. Com isso, existe a chance de a comunidade, de a sociedade civil – base do exercício do poder político, da *volonté générale*, como diria Rousseau – construir regras capazes de organizar e desenvolver a atividade econômica. Essas regras poderiam ser privadas ou não, fruto de ação direta ou de negociação legislativa, pois o Estado está em crise, mas não está morto.

Para o direito, a atividade da comunidade pós-moderna coloca vários problemas, pois a negociação coletiva, dessa vez em todas as esferas sociais envolvidas – trabalho, meio ambiente, cultura –, insere-se, como foi visto, numa sociedade cujo tecido social está esgarçado. O direito sem Estado, como possibilidade de um direito de orientação comunitária por meio de redes de contratos correspondentes a uma pluralidade de interesses e seus discursos, corre o perigo de ser um sonho que se choca com a dura realidade da colisão entre discursos. Em outras palavras, as relações de poder existentes na sociedade falam mais alto.[70] Esse problema remete ao papel do Estado e à capacidade de pressão política dos grupos sociais. Sem garantias constitucionais e processuais capazes de assegurar aos grupos de representação de interesses sociais sua participação nas decisões políticas a serem tomadas em comunidade, o desenvolvimento sustentável permanece um sonho.

BIBLIOGRAFIA

ADORNO, T. W. & HORKHEIMER, M. *Dialética do esclarecimento: fragmentos filosóficos*. Trad. Guido Antônio de Almeida. 2ª ed. Rio de Janeiro: Zahar, 1985.

ANTUNES, R. *Adeus ao trabalho?: ensaio sobre as metamorfoses e a centralidade do mundo do trabalho*. 2ª ed. São Paulo: Cortez/Editora da Unicamp, 1995.

---

[70] Cf. G. Teubner, "Vertragswelten: das Recht in der Fragmentierung von Prirate Governance Regimes", cit.

BIHL L. & WILLETTE, L. *Une histoire du mouvement consommateurs. Mille ans de luttes*. Paris: Aubier, 1984.

BOURDIEU, P. *Contrafogos: táticas para enfrentar a invasão neoliberal*. Trad. Lucy Magalhães. Rio de Janeiro: Jorge Zahar, 1998.

BOURDIEU, P. *O poder simbólico*. Trad. Fernando Tomaz. Rio de Janeiro: Bertrand Brasil, 1989.

CASTELLS, M. *A sociedade em rede*. Trad. Roneide Venâncio Majer. São Paulo: Paz e Terra, 1999.

CHESNAIS, F. *Tobin or not Tobin?: porque tributar o capital financeiro internacional em apoio aos cidadãos*. Trad. Maria Teresa Van Acker. São Paulo: Edunesp: ATTAC, 1999.

CORIAT, B. *Pensar pelo avesso: o modelo japonês de trabalho e organização*. s/l: Revan, 1994.

DE SCHUTTER, O. "Le discours juridique de la postmodernité". Em *Recherches Sociologiques*, 24 (12), Paris, 1993.

DIEESE. *A situação do trabalho no Brasil*. São Paulo: DIEESE, 2001.

EAGLETON, T. "De onde vêm os pós-modernistas?" Em WOOD, E. M. & FOSTER, J. B. (orgs.). *Em defesa da história: marxismo e pós-modernismo*. Trad Ruy Jungmann. Rio de Janeiro: Zahar, 1999.

FARIA, J. E. *O direito na economia globalizada*. São Paulo: Malheiros, 2000.

FARIA, J. E. et al. *Direito e globalização econômica: implicações e perspectivas*. São Paulo: Malheiros, 1998.

FOUCAULT, M. *Vigiar e punir: nascimento da prisão*. Trad. Lígia M. Pondé Vasallo. Petrópolis: Vozes, 1986.

FREITAG, B. *A teoria crítica: ontem e hoje*. 3ª ed. São Paulo: Brasiliense, 1990.

GIDDENS, A. "Globalizzazione, mutamento e conflitto". Em GIDDENS, A. et al. *Mutamento e conflitto nella societá neo-industriale*, 9 (26), s/l, 1988.

GOUNOT, E. *Le Principe de l'Autonomie de la Volonté en Droit Privé: contribution à l'étude critique de l'individualisme*, tese de doutorado. Faculté de Droit - Université de Dijon, 1912.

HABERMAS, J. *Legitimationsprobleme im Spätkapitalismus*. Frankfurt: Suhrkamp, 1973.

_____. "Der Philosophische Diskurs de Moderne: zwölf Vorlesungen". Em *Frankfurt am Main*, vol. 6, Suhrkamp, 1998.

HARVEY, D. *Condição pós-moderna: uma pesquisa sobre as origens da mudança cultural*. Trad. Adail Ubirajara Sobral e Maria Stela Gonçalves. 7ª ed. São Paulo: Loyola, 1998.

HELFERICH, C. *Geschichte der Philosophie: von den Anfängen bis zur Gegenwart und östliches Denken*. Munique: DTV, 1999.

HEPPLE, B. et al. *The Making of Labour Law in Europe: a Comparative Study of Nine Countries up to 1945*. London: Mansell, 1986.

HIRATA, H. "Reorganisation de la production et transformations du travail: une perspective". Disponível em http://www.forummundialsocial.org/portugues/biblioteca. Acesso em 24 abr. 2014.

IANNI, O. *A era do globalismo*. Rio de Janeiro: Civilização Brasileira, 1996.

_____. *A sociedade global*. Rio de Janeiro: Civilização Brasileira, 1997.

JEAMMAUD, A. et al. *Trabalho, cidadania e magistratura*. Rio de Janeiro: Edições Trabalhistas, 2000.

JEAMMAUD, A. "O direito do trabalho em transformação: tentativa de avaliação" Em *Plural: Revista da Faculdade de Direito da Universidade Federal Fluminense*, vol.1, Porto Alegre, 1998.

JEAMMAUD, A. "Propositions pour une compréhension matérialiste du droit du travail". Em *Droit Social*, vol.11, Paris, 1987.

LA-PLANCHE-SERVIGNE, M. *Le mouvement des associations de consommateurs et ses implications* politiques, tese de doutorado, Lyon: Université de Lyon - Institut d'Études Politiques, 1980.

LINDGREN A. J. A. et al. *Direito e cidadania na pós-modernidade*. Piracicaba: Unimep, 2002.

LYOTARD, J. *A condição pós-moderna*. Trad Ricardo Corrêa Barbosa. Rio de Janeiro: José Olympio, 1998.

MAGANO, O. B. "Manual de direito do trabalho". Em *Direito coletivo do trabalho*. vol.3, São Paulo: LTR, 1990.

MARTIN, H. & SCHUMANN, H. *A armadilha da globalização: o assalto à democracia e ao bem-estar social*. Trad. Rose Waldtraut e Clara Sackiewicz. São Paulo: Globo, 1999.

MARX, K. "Ökonomisch- philosophische Manuskripte aus dem Jahre 1944". Em MARX, K. & ENGELS, F. "Werke. Ergänzungsband: Schriften, Manuskripte, Briefe bis 1844". vol. 553, Berlin: 1973.

_____. *O capital: crítica da economia política: o processo de produção do capital*. vol.1. Rio de Janeiro: Civilização Brasileira, s/a.

MARX, K. & ENGELS, F. *Manifesto comunista*. Moscou: Progresso, 1987.

MATTOSO, J. E. L. "Emprego e concorrência desregulada: incertezas e desafios". Em OLIVEIRA, C. A. B. de. et al. *Crise e Trabalho no Brasil, Modernidade ou Volta ao Passado?*. São Paulo: Scitta, 1996.

MAZZONI, G. *Relações coletivas de trabalho*. São Paulo: Revista dos Tribunais, 1972.

MIAILLE, M. "Reflexão crítica sobre o conhecimento jurídico: possibilidades e limites". Em PLASTINO, C. A. et al. *Crítica do Direito e do Estado*. Rio de Janeiro: Graal, 1984.

NASCIMENTO, A. M. *Direito sindical*. São Paulo: Saraiva, 1989.

NASCIMENTO, E. P. do. "Globalização e exclusão social: fenômenos de uma nova crise da modernidade?" Em DOWBOR, Ladislau. et al. *Desafios da Globalização*. Petrópolis: Vozes, 1998.

OFFE, C. *Trabalho e Sociedade: problemas estruturais e perspectivas para o futuro da "sociedade do trabalho"*. Trad. Gustavo Bayer. Rio de Janeiro: Tempo Brasileiro, 1989.

PERROT, M. *Os excluídos da história: operários, mulheres, prisioneiros*. 2ª ed. Rio de Janeiro: Paz e Terra, 1988.

PLÁ RODRIGUEZ, A. *Princípios de direito do trabalho*. Trad. Wagner Giglio. São Paulo: LTR, 1978.

PLIHON, D. "A economia de fundos próprios: um novo regime de acumulação financeira". Em *Economia e Sociedade*. 13(12), Campinas, Instituto de Economia,1999. Disponível em http://www.eco.unicamp.br/publicacoes/revist.html. Acesso em 24 abr. 2014.

REICH, N. *Markt und Recht: Theorie und Praxis de Wirtschaftsrechts in der Bundesrepublik Deutschland*. Neuwied: Luchterhand, 1977.

ROPPO, E. *O contrato*. Trad. Ana Coimbra & Januário C. Gomes. Coimbra: Almedina, 1988.

ROTH, A. "O direito em crise: fim do Estado moderno?" Em FARIA, J. E. *et al*. *Direito e globalização econômica: implicações e perspectivas*. São Paulo: Malheiros, 1998.

RÜDIGER, D. S. *O contrato coletivo no direito privado: contribuições do direito do trabalho para a teoria geral do contrato*. São Paulo: LTR, 1999.

SANTOS, B. de S. "As tensões da modernidade". Disponível em http://www.forumsocialmundial.org.br/portugues/biblioteca. Acesso em 24 abr. 2014.

_____. *Pela mão de alice: o social e o político na pós-modernidade*. 6ª ed. Porto: Afrontamento, 1997.

TEUBNER, G. "*Altera pars audiatur*: law in the collision of discourses" Em RAWLINGS, R. *et al*. *Law, Society and Economy: centenary essays for the London School of Economics and Political Science – 1895-1995*. Oxford: Clarendon Press, 1997.

_____. "Vertragswelten: das Recht in der Fragmentierung von *Prirate Governance Regimes*". Em *Rechtshistorisches Journal*. vol.17. Lowenklau, 1998.

THOMPSON, E. P. *A formação da classe operária inglesa*. Rio de Janeiro: Paz e Terra, 1987.

_____. "Time, work-discipline and industrial capitalism". Em *Past and Present*, 38 (12), s/l. 1967.

TOURAINE, A. "Lês nouveaux conflits sociaux". Em *Sociologie du travail*, 17(1), Paris, 1975.

WEBER, M. *Wirtschaft und Gesellschaft: Grundriss der verstehenden Soziologie*. vol. 5. Tübingen: Mohr, 1980.

WEISS, D. "Consumérisme et syndicalisme". Em *Revue Française des Affaires Sociales*. 31(2), s/l. 1977.

WOOD, E. M. "O que é a agenda 'pós-moderna'?". Em WOOD, E. M. & FOSTER, J. B. (orgs.). *Em defesa da história: marxismo e pós-modernismo*. Trad. Ruy Jungmann. Rio de Janeiro: Zahar, 1999.

WOOD, E. M. & FOSTER, J. (orgs.). *Em defesa da história: marxismo e pós-modernismo*. Trad. Ruy Jungmann. Rio de Janeiro: Zahar, 1999.

Proteção jurídica ao meio ambiente e o turismo no Brasil

Eldis Camargo Neves da Cunha[*]

> Quanto à terra ela é dadivosa, tem bons ares entre frios e temperados. As águas são muitas e infindas, de tal maneira graciosas que queremos aproveitar tudo de bom que as águas têm. Espero da terra o melhor fruto que nela se possa ter e fazer me parece bom e deve ser a principal semente que Vossa Alteza deve lançar...
>
> Trecho da *Carta de Pero Vaz de Caminha ao rei de Portugal*, 1500

Introdução

A expressão "meio ambiente" é composta de duas palavras que, ao contrário de torná-la redundante, como muitos autores consideram, etimologicamente indicam o cerne e a real dimensão de seu entendimento.

A palavra ambiente vem do latim *amb + ire*, ou seja, "ir em volta". Por sua vez, a palavra meio denota um entendimento espacial de centro. Portanto, "meio ambiente" constitui tudo que está em volta de algo.

---

[*] Advogada; mestre em direito ambiental pela Pontifícia Universidade Católica de São Paulo; especialista em direito ambiental pela Universidad de Salamanca; doutoranda em energia elétrica pela Universidade de São Paulo; professora de legislação para turismo e hotelaria e direito ambiental na Universidade de Sorocaba; professora de direito ambiental em nível de graduação e pós-graduação na Faculdade de Direito de Itu, onde exerce também a função de professora-pesquisadora do Núcleo de Pesquisas em Direito Ambiental (Nupead); professora de direito ambiental no curso técnico de Guarda-Parque do Senac de São Paulo.

Se levarmos em conta a visão antropocêntrica, meio ambiente é tudo aquilo que está em torno do ser humano. Já na visão biocêntrica, designa tudo aquilo que está em volta de todos os seres do planeta.

Em ambos os casos, meio ambiente, para fins didáticos, pode ser classificado em:
» meio ambiente natural – mares, fauna, flora, água, etc.;
» meio ambiente cultural – bens arqueológicos, manifestações populares, acervos, etc.;
» meio ambiente artificial – equipamentos e disposições que integram o bem-estar das pessoas nas cidades;
» meio ambiente do trabalho (bem-estar do homem trabalhador, de sua família, etc.).

O meio ambiente, no sentido antropocêntrico, é um bem jurídico, pois sua utilização o torna um recurso gerador de benefícios para toda a sociedade; portanto, deve ser administrado com regras que privilegiem a vontade e o interesse de toda a sociedade.

O turismo, por constituir uma das atividades que utiliza bens ambientais, implica toda uma série de técnicas de gestão e, dentre elas, as jurídicas, que devem ser observadas a fim de que não se coloquem em risco valores econômicos e sociais.

Nossa intenção é disponibilizar, por meio deste trabalho, os preceitos jurídicos ambientais de utilidade para usuários e profissionais do setor turístico. Trata-se de um guia resumido das principais normas que relacionam essas duas áreas do direito: turismo e meio ambiente.

Turismo

O turismo é um fenômeno social de deslocamento de pessoas. É regrado por uma série de normas que regulamentam, inclusive, outras atividades e serviços afins, como meios de hospedagem, transportes, guias, alimentação, entretenimento, informação, organização de viagens, etc. Todos esses serviços e atividades devem ajustar-se à harmonia social ditada pelas normas jurídicas.

A capacidade e a preocupação brasileiras em agregar esse ramo de atividade têm sido revistas nos sentidos econômico, mercadológico e ambiental.

Entretanto, embora se tenha percebido a potencialidade econômica do usufruto do patrimônio natural e cultural do país pelo turismo, algumas mazelas maculam a concretização do turismo sustentável no Brasil. A falta de infraestrutura – inclusive social

– adequada, de educação ambiental, de técnicos especializados ou mesmo o pouco respeito ao meio ambiente fazem com que nossa potencialidade de exploração do turismo ecológico se torne mais um fator de impacto ao meio ambiente em seus aspectos natural, artificial e cultural.

Sem dúvida, estamos diante de um novo mercado e de novas oportunidades de empreendimentos, que devem, contudo, desenvolver-se de forma compatível com as possibilidades e as necessidades do país quanto ao resguardo de seus bens ambientais.

Direito

A máxima "*ubi societas, ibi jus*" – "onde está a sociedade, está o direito" – jamais deve ser esquecida quando da observação ou do diagnóstico legal sobre respostas aos apelos sociais.

As regras propostas pelo direito são a forma atual que a sociedade utiliza para dirimir conflitos e disputas em torno de bens que considera importantes no tecido social. Sem entrar em considerações filosóficas, antropológicas, etc., no âmbito planetário os diversos Estados – no sentido de país, de organização territorial política – organizam-se em sistemas jurídicos, determinando condutas internas e externas, de modo a administrar o relacionamento entre as pessoas e dessas pessoas com bens.

É importante destacar que a característica marcante dessas regras é sua obrigatoriedade. As regras de direito são chamadas de normas jurídicas; têm como características a coercibilidade (possibilidade do uso da força), são imperativas (impõem o cumprimento de um dever), são atributivas (direito de exigir o cumprimento da norma) e, por fim, propugnam pela justiça social.

Nos diversos sistemas jurídicos, encontramos formulações que originam o direito e a obrigação de cumprir a norma jurídica: a lei, o costume, a jurisprudência, a doutrina, os tratados, etc.

Além disso, é importante estudar a interpretação dessas normas, pois, quando se trata de organizar a sociedade, algum critério valorativo deve ser contabilizado. Assim, a hermenêutica jurídica determina de forma metodológica várias interpretações das normas jurídicas: sistêmicas, históricas, gramaticais, da justiça social, etc. Cada uma delas a seu modo indica sua aplicabilidade atendendo situações pontuais.

Direito no Brasil

O Brasil, assim como os países latino-americanos, adota o sistema jurídico germânico-romano, que tem como elemento principal a positivação do direito, ou seja, suas normas são escritas. Dentre as diversas normas escritas, destacam-se as leis, os decretos, as medidas provisórias, etc., as quais são organizadas por meio do chamado ordenamento jurídico – graus de hierarquia que determinam uma estrutura de cumprimento.

O ordenamento jurídico brasileiro obedece à seguinte ordem hierárquica: normas constitucionais, normas complementares, normas ordinárias (elaboradas pelo Poder Legislativo),[1] normas regulamentares (regulamentos estabelecidos pelo Poder Executivo) e as normas individuais (como os contratos, por exemplo). As normas de nível hierárquico mais baixo não podem contrariar as de nível mais alto.

A função de verificar e fazer cumprir as normas é tarefa do Poder Judiciário. A ele cabe dirimir conflitos – nos termos das normas apresentadas – e cumprir a já mencionada máxima jurídica observada pelos romanos: *"ubi societas, ibi jus"*.

Direito e turismo no Brasil

Uma vez entendida a perspectiva segundo a qual as normas jurídicas se apresentam, é possível estabelecer uma metodologia para o estudo do fenômeno turístico, tal como é contemplado pelo modelo adotado.

A Constituição brasileira divide-se em nove títulos, que tratam de várias regras que instituem condutas gerais aos brasileiros e estrangeiros de passagem ou aqui estabelecidos.

O título I, em seu artigo 1º, determina os princípios fundamentais do país – por exemplo, a exigência de que o direito do turismo resguarde a cidadania e a dignidade da pessoa humana.

Outros títulos, por sua importância, são de verificação obrigatória pelos turismólogos:

» Dos direitos e garantias fundamentais (individuais e coletivos) – Título II.

Exemplos: artigo 5º, inciso II: "ninguém será obrigado a fazer ou deixar de fazer alguma coisa senão em virtude da lei"; inciso VIII: "ninguém será privado de direitos por motivos de crença religiosa ou de convicção política ou filosófica"; inciso XV: "é livre

---

[1] Nesses termos, verificar as medidas provisórias, uma forma atípica por meio da qual o Poder Executivo legisla.

a locomoção no território nacional em tempo de paz"; artigo 6º: "são direitos sociais a educação, a saúde, o trabalho, a moradia, o lazer, a segurança, etc.".

» Da organização do Estado – Título III.

Exemplos: artigo 21, inciso IX – "compete à União elaborar e executar planos nacionais e regionais de ordenação do território e de desenvolvimento econômico e social"; artigo 22, inciso XV – "compete privativamente à União legislar sobre emigração e imigração, entrada, extradição e expulsão de estrangeiros".

Sem pretender, com esses exemplos, esgotar o tema, lembramos que os demais títulos devem ser observados segundo o que estabelecem como regras constitucionais para o exercício de atividades e serviços ligados ao turismo.

Dentre as normas infraconstitucionais, importantes documentos jurídicos devem ser observados:

- » Lei nº 6.505/77, que dispõe sobre as atividades e serviços turísticos;
- » Lei nº 8.181/91, que determina nova denominação para a Embratur, estabelece competências, etc;
- » Lei nº 8.623/93, que trata da profissão do guia de turismo;
- » Decreto nº 84.910/80, que dispõe sobre os meios de hospedagem, direitos e obrigações, etc.;
- » Decreto nº 89.707/84, que disciplina a organização de eventos e congressos;
- » Decreto nº 84.934/80, que regulamenta as atividades das agências de turismo;
- » Decreto nº 448/92, que regulamenta a Lei nº 8.181/91 e cria a Política Nacional do Turismo, etc.

Por fim, algumas considerações são, ainda, necessárias. Primeiro, é importante destacar que as normas em relação ao turismo se encontram dispersas em vários documentos, o que determina uma certa complexidade na leitura das mesmas.

Segundo, o direito, como outras ciências, segue o modelo cartesiano. É dividido, para fins de estudo, em diversas disciplinas: direito constitucional, administrativo, civil, penal, tributário, etc. Essa divisão perturba e dificulta também o entendimento global do tema, uma vez que o estudo da legislação voltado ao turismo deve ser formulado de maneira interdisciplinar.

Direito ambiental brasileiro

Assim como a legislação voltada para o turismo, a legislação ambiental também está dispersa em vários documentos legais, apresentando, como característica, a necessidade do estudo inter e multidisciplinar.

A Constituição brasileira de 1988 privilegiou o tema ambiental. Tanto de forma implícita como explícita, indica condutas que devem ser observadas por todos os segmentos da sociedade.[2] Essas referências constitucionais abraçam quase todos os princípios tradicionais do direito ambiental internacional: prevenção, informação, ubiquidade, poluidor-pagador, desenvolvimento sustentável, participação pública, etc.

Em vários de seus títulos, a Carta dispõe explicitamente de pautas significativas em relação ao meio ambiente, como, por exemplo, o artigo 170, inciso VI – "dentre os princípios da economia brasileira, a defesa do meio ambiente"; artigo 129, inciso III – "função do Ministério Público, promover o inquérito civil para proteção do meio ambiente"; artigo 182, parágrafo 2º – "função social da cidade é cumprida, quando atender exigências de ordenação – vide Estatuto da Cidade"; artigo 186, inciso II – "a propriedade rural atende sua função social, com a utilização adequada dos recursos naturais"; etc.

No que se refere à organização do Estado brasileiro, os entes da Federação possuem atribuições próprias, tanto legislativas como administrativas, para organizar os usos dos bens ambientais.

Assim, no campo da competência material – atribuição administrativa –, todos os Estados Federativos, segundo o artigo 23, incisos III, IV, V, VI e VII, têm competência comum para:

- Proteger os documentos, as obras e outros bens de valor histórico, artístico ou cultural, os monumentos, as paisagens naturais notáveis e os sítios arqueológicos;
- Impedir a evasão, a destruição e a descaracterização de obras de arte e de outros bens de valor, histórico, artístico ou cultural;
- Proporcionar os meios de acesso à cultura, à educação e à ciência;
- Proteger o meio ambiente e combater a poluição em qualquer de suas formas;
- Preservar as florestas, a fauna e a flora.

Portanto, os entes federados podem instituir processos de fiscalização, concessão de licenças e autorizações, monitoramento, penalidades administrativas, etc. referentes aos assuntos selecionados.

---

[2] Cf. J.A. Silva, *Direito ambiental constitucional* (São Paulo: Malheiros, 1997).

No âmbito da competência formal – competência para legislar –, a União, os Estados e o Distrito Federal têm competência concorrente, segundo o artigo 24, incisos VI, VII e VIII. Os temas indicados para o processo legislativo são:
» florestas, caça, pesca, fauna, conservação da natureza, defesa do solo e dos recursos naturais, proteção do meio ambiente e controle da poluição;
» proteção ao patrimônio histórico, cultural, artístico e paisagístico;
» responsabilidade por dano ao meio ambiente, ao consumidor, a bens e direitos de valor artístico, turístico e paisagístico.

Compete à União indicar normas gerais e aos Estados suplementá-las, tendo em vista suas peculiaridades.

Os municípios não foram excluídos da atribuição legislativa. O artigo 30 da Constituição Federal delega competência legislativa no que concerne aos assuntos locais e permite, inclusive, suplementar a legislação federal e estadual, no que couber.

Nesses termos, os entes federados, na medida de sua competência, podem instituir normas relativas às matérias referenciadas.

Cabe destacar que a proteção ao meio ambiente cultural também foi contemplada pela Carta Constitucional de 1988.[3]

O Estado deve garantir o exercício dos direitos culturais e o acesso às fontes da cultura nacional, bem como apoiar e incentivar a valorização e a difusão das manifestações culturais – populares, indígenas, afro-brasileiras e outros grupos.

O patrimônio cultural no Brasil é constituído de bens que dizem respeito à identidade, à ação, à memória dos diversos grupos: formas de expressão, modos de fazer, criar e viver; conjuntos urbanos e sítios de valor histórico, paisagístico, ecológico; etc. O dever de protegê-lo é do poder público e da coletividade.

A Constituição contém um capítulo dedicado ao meio ambiente – o artigo 225. Esse dispositivo, para fins de estudo, é dividido em três indicações:
» Princípios constitucionais: o meio ambiente ecologicamente equilibrado, essencial à sadia qualidade de vida, é um direito de todos os brasileiros e estrangeiros residentes no país, tanto das atuais como das futuras gerações; é um bem de uso comum do povo, sendo um dever do poder público e da coletividade protegê-lo e defendê-lo.

---

[3] Artigos 215 e 216.

» Obrigações do poder público: preservar a diversidade genética; definir espaços territoriais protegidos; exigir estudo prévio de impacto ambiental para obras e atividades causadoras de impacto significativo ao meio ambiente; promover a educação ambiental; proteger a fauna e a flora.
» Obrigações setoriais e responsabilidades: regras para atividades minerais e nucleares; sistema de responsabilização (penal, civil e administrativa) por lesão ou ameaça de dano ao meio ambiente; proteções específicas em relação a alguns biomas brasileiros, como a Mata Atlântica, a Zona Costeira, a Amazônia, o Pantanal e a serra do Mar.

Dentre as normas infraconstitucionais, a Política Nacional do Meio Ambiente – Lei nº 6.938/81 – é documento hábil na proposição de condutas em relação ao uso dos bens ambientais, instituindo princípios, objetivos e conceitos relacionados à preservação e conservação do meio ambiente. Indica as atribuições dos órgãos da administração do bem ambiental e as atribuições dos entes federados por meio do Sistema Nacional do Meio Ambiente. Estipula os mecanismos para gestão do meio ambiente: zoneamentos, avaliações de impacto, licenças ambientais, estabelecimento de padrões ambientais, penalidades, etc.

Outros documentos no âmbito federal encaminham o trato com os bens ambientais: Código Florestal – Lei nº 4.771/65; Sistema Nacional de Unidades de Conservação – Lei nº 9.985/00; Código de Proteção à Fauna – Lei nº 5.197/67; Plano Nacional de Gerenciamento Costeiro – Lei nº 7.661/88; Política Nacional de Recursos Hídricos – Lei nº 9.433/97; Mata Atlântica – Decreto nº 750/93; Estudos de Impacto Ambiental – Resolução do Conselho Nacional do Meio Ambiente nº 001/86; Licenças Ambientais – Resolução Conama nº 237/87; etc.

No que diz respeito ao Sistema de Responsabilidade Ambiental por lesão ou ameaça de danos ao meio ambiente, a legislação infraconstitucional apresenta a tutela nos âmbitos:
» civil (Ação Civil Pública – Lei nº 7.347/85; Código de Defesa do Consumidor – Lei nº 8.078/90; Ação Popular – Lei nº 4.717/65; etc.);
» penal (Lei dos Crimes Ambientais – Lei nº 9.605/98);
» administrativo (Sanções e Condutas – Lei nº 9.605/98 e Decreto nº 3.179/99).

Por fim, é necessário refletir sobre o relacionamento jurídico com outros países no que se refere ao meio ambiente. Os tratados ratificados pelo Brasil integram o sistema normativo interno com *status* de normas regulamentares. Há divergências entre os juristas quanto aos tratados assinados pelo Brasil, relacionadas aos direitos fundamentais, individuais e coletivos, apontados no artigo 5º da Constituição Federal. Para juristas mais contemporâneos, esses acordos assinados teriam *status* de normas constitucionais, conforme preceitua o parágrafo 2º do artigo 5º.

Direito ambiental e o turismo

Conforme verificado, as atividades e serviços turísticos certamente permeiam, por sua concepção e atuação, toda uma gama de regras jurídicas.

O deslocamento das pessoas se dá devido à atratividade especial de determinado local geográfico, de seu conjunto de bens culturais, enfim, em virtude da vocação turística que esses locais e espaços revelam para seu uso. Assim, realiza-se o fenômeno turístico segundo o cumprimento de uma série de quesitos propostos pelo modelo escolhido, que, no Brasil, é o do turismo sustentável.

O desenvolvimento sustentável é o modelo recomendado para suporte a políticas de preservação, conservação e usos do meio ambiente, cabendo ao direito atender às solicitações do novo padrão.

O meio ambiente, entendido como um bem, deve ser observado, estudado e pesquisado de modo a garantir a harmonia para todos os seres da natureza – inclusive o ser humano. Por outro lado, embora em consonância com a manutenção do equilíbrio ecológico (de *oikos* + *logos*, "estudo da casa"), indispensável ao congraçamento com a vida de todos os seres, o ser humano necessita de parte dos recursos gerados pelo meio ambiente para garantir sua qualidade de vida. A administração dos recursos ambientais pressupõe a organização (a economia, de *oikos* + *nomos*, "organização da casa") na extração e uso dos recursos e eliminação de resíduos.

A Constituição Federal de 1988 inovou o conceito de propriedade em relação ao meio ambiente, indicando ser ele um bem de uso comum do povo. É necessário acrescentar que subsistem os bens públicos e privados; o que a lei propõe é um novo exercício de direito da propriedade.

Para prosseguir nessa reflexão, é necessário verificar o conceito jurídico de meio ambiente. A lei que instituiu a Política Nacional do Meio Ambiente o define como "um conjunto de condições, leis, influências e interações de ordem física, química, que permite, abriga e rege a vida em todas as suas formas".[4]

---

[4] Conceito de meio ambiente da Lei da Política Nacional de Meio Ambiente: Lei nº 6.938, de 31 de agosto de 1981, artigo 3º, inciso I.

O mesmo diploma legal indica como recursos ambientais "a atmosfera, as águas interiores, superficiais e subterrâneas, os estuários, o mar territorial, o solo, o subsolo, os elementos da biosfera, a fauna e a flora".[5]

Aos conceitos da Lei nº 6.938/81 acrescenta-se o preceito constitucional que prevê o direito de todos os brasileiros e estrangeiros residentes no país ao equilíbrio ecológico e à sadia qualidade de vida disponível para as atuais e futuras gerações.

Assim, decorre desse pressuposto uma série de exigências jurídicas, tanto em termos de defesa de princípios como de incumbências públicas, particulares e coletivas quanto ao resguardo de bens ambientais e determinação de responsabilidades por ameaça ou lesão ambiental. Trata-se, portanto, de regrar a organização do uso do meio ambiente e dos recursos ambientais de maneira a mantê-lo ecologicamente equilibrado e socialmente justo.

O turismo é tratado constitucionalmente como um fenômeno de âmbito social e econômico que deve ser promovido e incentivado por todos os entes da Federação. A lei determina, de forma responsável, que entre os princípios gerais da atividade econômica está a defesa do meio ambiente.

As atividades e serviços turísticos compactuam constitucionalmente com o sistema de gestão expresso para o trato com o meio ambiente e recursos ambientais.

Quanto ao estudo dos fenômenos ambientais que determinam o equilíbrio ecológico, o direito ambiental indica diretrizes jurídicas importantes para o turismo, como é o caso do estudo prévio de impacto ambiental para atividades ou empreendimentos de significativo impacto ao meio ambiente. Normas específicas estabelecem parâmetros de usos para garantir a capacidade de suporte ecossistêmica e social de áreas, espaços, etc. Assim também, o Código Florestal, a Lei de Gerenciamento Costeiro, o Sistema Nacional de Unidades de Conservação, a Proteção do Patrimônio Histórico e Artístico Nacional, etc.

A Lei nº 6.513/77 dispõe sobre áreas especiais e locais de interesse turístico.

O documento cria determinações bastante pontuais em relação ao meio ambiente, de grande interesse para o turismo:

> » A definição de interesse turístico – uma lista exemplifica bens culturais e naturais: bens de valor artístico, arqueológico, paisagens notáveis, acidentes naturais, locais de condições climáticas especiais, manifestações culturais ou etnológicas, etc.

---

[5] Recursos ambientais: Lei nº 6.938/81, inciso V.

» A Embratur deve manter e implementar o inventário das áreas especiais e locais de interesse turístico, assim como dos bens culturais e naturais protegidos por legislação específica.
» Classificação de usos – áreas prioritárias ou de reserva, limites, atividades, obras e serviços permissíveis, os entornos de proteção.
» A Embratur pode realizar convênios com entes da Federação visando à preservação do patrimônio cultural e natural, etc.

Os preceitos desse e de outros documentos não menos importantes (Constituição Federal, Política Nacional de Meio Ambiente, etc.) determinam afazeres para todos os segmentos do tecido social a fim de garantir uma vida física, psíquica, emocional e espiritual sadia, e a observância a eles é de caráter obrigatório.

O poder público compromete-se a responder por uma série de obrigações de ordem administrativa, legislativa e jurisdicional. Aos deveres do poder público acrescenta-se o dever constitucional da coletividade de zelar pela preservação e conservação do meio ambiente. Isso implica o direito e o interesse de toda a coletividade brasileira por um meio ambiente saudável e harmônico de atuar em manifestações populares significativas perante os Poderes Legislativo, Executivo e Judiciário. Além disso, implica a possibilidade de propor projetos de lei de iniciativa popular, a participação em comitês e conselhos consultivos e deliberativos de cunho ambiental[6] e o poder de contestar judicialmente planos, programas, decisões, etc. que maculem bens ambientais.

Relevantes afazeres são atribuídos ao poder público para a proteção ao meio ambiente no que tange às atividades e serviços turísticos.

A Embratur tem o dever, conforme estipula a Lei nº 8.181/91, de inventariar e ordenar o uso e a ocupação de áreas e locais de interesse turístico; além disso, de acordo com a Lei nº 6.513/77, deve estimular o aproveitamento turístico dos recursos naturais e culturais que integram o patrimônio turístico com vistas à sua preservação. Faz parte de sua missão, ainda, incentivar as iniciativas destinadas a preservar o meio ambiente natural e a fisionomia social e cultural dos locais turísticos e das populações afetadas pelo desenvolvimento de atividades turísticas, articulando-se com os demais órgãos e entidades competentes.

A Política Nacional de Turismo – Decreto nº 448/92 – objetiva encorajar o aproveitamento dos recursos naturais e culturais que integram o patrimônio turístico, zelando por

---

[6] Encontram-se em discussão, no Conselho Nacional de Meio Ambiente (Conama), as regras jurídicas que subsidiarão a atividade do ecoturismo.

sua valorização e conservação. Esse documento ressalta a importância dada a políticas e planos compartilhados por órgãos públicos da área do turismo e meio ambiente. Em seu artigo 12, está disposto que

> [...] as entidades do Governo Federal que controlam e administram parques nacionais, bens patrimoniais e culturais com valor turístico, deverão firmar convênio com a Embratur, visando o aproveitamento turístico, respeitadas as normas de proteção e preservação.

Por último, cabe destacar que a observância ao princípio do poluidor-pagador e o mando constitucional na responsabilização de pessoas jurídicas ou físicas, públicas ou privadas, causadoras de degradação ambiental, preveem que estas estarão sujeitas a receber sanções penais e administrativas e a arcar com a indenização pelos danos cometidos e/ou com a recuperação do meio ambiente lesado.

Conclusão

» O turismo constitui uma atividade que utiliza bens ambientais. Por isso, seu desenvolvimento é permeado por uma série de técnicas de gestão, dentre as quais se destaca a jurídica, que deve ser observada sob pena de se colocarem em risco valores econômicos e sociais.
» As atividades e serviços turísticos no Brasil voltados a uso e contemplação de bens ambientais representam um novo mercado e novas oportunidades. Essas atividades e serviços devem, porém, desenvolver-se de forma compatível com as possibilidades e necessidades do país no que concerne ao resguardo de seus bens ambientais.
» Apesar de existir um substancial conjunto de normas jurídicas para o setor turístico, é importante destacar que tais normas, em relação a esse ramo de atividade, se encontram dispersas em vários documentos, o que determina certa complexidade na leitura das mesmas, notadamente para os operadores leigos.
» A Constituição brasileira de 1988 privilegiou o tema das regras ambientais. Tanto de forma implícita quanto explícita, o Brasil adota condutas que devem ser observadas por todos os segmentos da sociedade.[7] Essas referências constitucionais abraçam quase todos os princípios tradicionais do direito ambiental interna-

---

[7] Cf. J.A. Silva, *Direito ambiental constitucional*, cit.

cional: prevenção, informação, ubiquidade, poluidor-pagador, desenvolvimento sustentável, participação pública, etc. As determinações constitucionais são complementadas por importantes leis infraconstitucionais de resguardo aos bens ambientais.

» O deslocamento das pessoas se dá devido à atratividade especial de determinado local geográfico, de seu conjunto de bens culturais, enfim, em virtude da vocação turística que esses locais e espaços revelam para seu uso. Assim, realiza-se o fenômeno turístico segundo o cumprimento de uma série de quesitos propostos pelo modelo escolhido, que, no Brasil, é o do turismo sustentável, o que implica atender às normas jurídicas de cunho ambiental.

» Uma série de compromissos é estabelecida com os diversos setores do tecido social para que se cuide do meio ambiente, reconhecido no Brasil como um bem difuso e de uso comum do povo.

BIBLIOGRAFIA

MARTINOLI, Jorge. *Ecologia y derecho*. Buenos Aires: Advocatus, 1991.

PINTO, Antônio Carlos Brasil. *Turismo e meio ambiente: aspectos jurídicos*. 3ª ed. Campinas: Papirus, 2000.

PINTO, Marcos. *Manual de direito aplicado ao turismo*. Campinas: Papirus, 2001.

Reflexões sobre as relações entre direito ambiental e direito do turismo no Brasil

*Alexandre Rossi**

Em 1988, ficou estabelecido na Constituição Federal que: "A União, os Estados, o Distrito Federal e os Municípios promoverão e incentivarão o turismo como fator de desenvolvimento social e econômico" (art. 180).

A Constituinte também declarou o patrimônio turístico que, junto com os patrimônios histórico, artístico, arqueológico, paisagístico e científico, compõe o meio ambiente cultural.[1]

Conforme Hely Lopes Meirelles, a ação civil pública "é o instrumento processual adequado para reprimir ou impedir danos ao meio ambiente, ao consumidor, a bens e direitos de valor artístico, estético, histórico, turístico e paisagístico, protegendo assim os interesses difusos da sociedade".[2] Essa determinação se apresenta assente no artigo 129, III, da Constituição Federal, e na Lei nº 7.347/85, que constitui um ímpeto capital na sustentação dos direitos difusos e coletivos no ordenamento jurídico brasileiro. É atribuída por essa legislação a legitimação ativa[3] para propor ação civil pública ao Ministério Público, à União, aos Estados, aos Municípios, às suas autarquias, fundações, empresas públicas, sociedades de economia mista e às associações que:

» estejam constituídas há pelo menos um ano, na forma da legislação civil; e

---

* Advogado, mestre em direito ambiental pela Universidade Estadual Paulista e professor de direito ambiental nos cursos de pós-graduação Ecoturismo e Planejamento e Marketing Turístico, no curso Tecnologia em Gestão Ambiental da Faculdade Senac de Turismo e Hotelaria (*campus* Águas de São Pedro) e no curso de especialização Educação Ambiental e Recursos Hídricos da Universidade de São Paulo.

[1] Cf. artigos 215 e 216 da Constituição Federal.

[2] H.L. Meirelles, *Mandado de segurança, ação popular, ação civil pública, mandado de injunção e habeas data* (12ª ed. São Paulo: Revista dos Tribunais, 1988), p. 119.

[3] Cf. Lei nº 7.347, de 24 de julho de 1985, artigo 5º, *caput*, em *Diário Oficial da União* (*DOU*), Brasília, 25-7-1985.

» apresentem, entre seus fins, a proteção ao meio ambiente, ao consumidor, ao patrimônio artístico, estético, histórico, turístico, paisagístico, ou a qualquer interesse difuso ou coletivo.

Especificamente em relação ao Ministério Público, naquela lei está fixado que "qualquer pessoa poderá e o servidor público deverá provocar a iniciativa do Ministério Público, ministrando-lhe informações sobre fatos que constituam objeto da ação civil e indicando-lhe os elementos de convicção".[4] Quando os julgadores, na prática de suas funções, "tiverem conhecimento de fatos que possam ensejar a propositura da ação civil, remeterão peças ao Ministério Público para as providências cabíveis".[5] Ainda o Ministério Público tem a competência de "instaurar, sob sua presidência, inquérito civil, ou requisitar, de qualquer organismo público ou particular, certidões, informações, exames ou perícias, no prazo que assinalar, o qual não poderá ser inferior a dez dias úteis".[6] Meirelles afirma, quanto à legitimação passiva, que esta

> [...] estende-se a todos os responsáveis pelas situações ou fatos ensejadores da ação, sejam pessoas físicas ou jurídicas, inclusive as estatais, autárquicas ou paraestatais, porque tanto estas como aquelas podem infringir normas de direito material de proteção ao ambiente ou ao consumidor, incidindo na previsão legal e expondo-se ao controle judicial de suas condutas.[7]

De tal modo ocorreu no julgamento a seguir citado.

Ação Civil Pública – Responsabilidade por danos causados ao meio ambiente, possibilidade de ofensa a bens e direitos de valor estético, turístico e paisagístico – Propositura pelo Ministério Público.

Lei municipal autorizando tipo de construção previsto para zona de média densidade em zona de baixa densidade – Alvará concedido para construção.

Medida cautelar suspendendo a execução das obras deferida.

---

[4] Lei nº 7.347/85, artigo 6º.
[5] Lei nº 7.347/85, artigo 7º.
[6] Lei nº 7.347/85, artigo 8º, parágrafo 1º.
[7] H.L. Meirelles, *Mandado de segurança, ação popular, ação civil pública, mandado de injunção e* habeas data, cit., p. 123.

Admissibilidade – Violação da Lei federal nº 6.938/81, que dispõe sobre a Política Nacional do Meio Ambiente – Probalidade de ocorrência de dano evidenciada por prova documental – *Fumus boni juris e periculum in mora* caracterizados – Decisão Mantida.

Ementa: As Leis nº 6.938/81 e nº 7.347/85 são específicas na definição da Política Nacional do Meio Ambiente. Leis municipais podem dispor sobre urbanismo, paisagismo, etc., porém sem desbordar dos limites próprios do peculiar interesse do Município, não podendo, portanto, definir o que seja dano aos bens protegidos e nem a sanção respectiva, tarefa privativa da União.

Dispondo a legislação do município sobre o tipo de construção em zona de baixa densidade com aplicação de critérios pertinentes a zona de média densidade, viola os critérios da lei federal, o que a nulifica na parte específica.

Havendo, ademais, prova documental da probabilidade da ocorrência de dano ao meio ambiente e ofensa a bens e direitos de valor estético, turístico e paisagístico – presentes, portanto, o *fumus boni juris* e o *periculum in mora* –, justifica-se a concessão de medida cautelar suspendendo a realização de obras já aprovadas pela Prefeitura Municipal com base no referido diploma.[8]

Outro instrumento processual é a Ação Popular, regulada pela Lei nº 4.717, de 29 de junho de 1965.[9] A Lei da Ação Popular considera[10] patrimônio público, para o fim de requerê-la, os bens e direitos de valor econômico, artístico, estético, histórico ou turístico.[11] Qualquer cidadão será parte legítima[12] para pleitear a anulação ou a declaração de nulidade de atos lesivos ao patrimônio da União, do Distrito Federal, dos estados e dos municípios, de entidades autárquicas, de sociedades de economia mista, de sociedades mútuas de seguro nas quais a União representa os segurados ausentes, de empresas públicas, de serviços sociais autônomos, de instituições ou fundações para cuja criação ou custeio o tesouro público haja concorrido ou concorra com mais de 50% do patrimônio ou da receita anual de empresas incorporadas ao patrimônio da União, do Distrito Federal, dos

---

[8] Agravo de Instrumento 76.977-1 – 7ª Câmara – j. 12-11-86 – relator des. Godofredo Mauro. TJSP. *Revista dos Tribunais*, nº 618, p. 68.
[9] *DOU*, Brasília, 5-7-1965.
[10] Cf. parágrafo 1º do artigo 1º.
[11] Por força do artigo 33 da Lei nº 6.513, de 20 de dezembro de 1977, em *DOU*, Brasília, 22-12-1977, o parágrafo 1º do artigo 1º da Lei nº 4.717, de 29 de junho de 1965, passa a ter a seguinte redação: "§ 1º – Consideram-se patrimônio público para os fins referidos neste artigo, os bens e direitos de valor econômico, artístico, estético, histórico ou turístico".
[12] Cf. Lei nº 4.717/65, artigo 1º.

estados e dos municípios e de quaisquer pessoas jurídicas ou entidades subvencionadas pelos cofres públicos.[13]

A citada noção de patrimônio, passível de ser protegido por via das ações mencionadas, está intensamente ligada à ideia de patrimônio natural e patrimônio cultural, objeto da tutela do direito ambiental. Nesse sentido, a regulamentação – Decreto nº 448, de 14 de fevereiro de 1992 –[14] da Política Nacional de Turismo[15] dispõe que esta observará as seguintes diretrizes no seu planejamento:

» a prática do turismo como forma de promover a valorização e preservação do patrimônio natural e cultural do país;
» a valorização do homem como destinatário final do desenvolvimento turístico.[16]

Outro dispositivo da Política Nacional de Turismo afirma que, entre seus objetivos está "estimular o aproveitamento turístico dos recursos naturais e culturais que integram o patrimônio turístico, com vistas à sua valorização e conservação".[17]

Também é possível atentar para outras providências do mesmo regulamento da Política Nacional de Turismo:

> Artigo 12. As entidades do Governo Federal que controlam e administram parques nacionais, bens patrimoniais e culturais com valor turístico, deverão firmar convênio com a Embratur visando seu aproveitamento turístico, respeitadas as normas de proteção e preservação.
>
> Artigo 13. Fica a Embratur autorizada a criar um Conselho Consultivo, com a finalidade de cooperar com a sua direção, na formulação da Política Nacional de Turismo e quanto às soluções para os diversos aspectos institucionais, estruturais e conjunturais, tanto no que diz respeito ao Poder Público, quanto à iniciativa privada.
>
> Parágrafo único. A composição, atribuições e o funcionamento do Conselho Consultivo de Turismo (Contur), serão definidos pela Embratur, levando em conta a participação dos setores turísticos, de bens patrimoniais, culturais e ambientais, através de representantes indicados pelas respectivas entidades de cada categoria, considerando-se a referida representação como serviço público relevante, não remunerado.

---

[13] Cf. Constituição Federal de 1988, artigo 5º, LXXIII.
[14] *DOU*, Brasília, 17-2-1992, p. 1901.
[15] Cf. Lei nº 8.181, de 28 de março de 1991, em *DOU*, Brasília, 1-4-1991.
[16] Cf. Decreto nº 448/92, artigo 2º.
[17] Cf. Lei nº 8.181/91, artigo 3º.

Tais disposições da Política Nacional de Turismo também vinculam agentes do setor privado, destacando que o Decreto nº 84.934, de 21 de julho de 1980,[18] que dispõe sobre as atividades e serviços das agências de turismo e regulamenta seu registro e funcionamento, traz entre suas obrigações "exercer a atividade de acordo com as diretrizes estabelecidas na política nacional de turismo".

Dispondo sobre a criação de áreas especiais e locais de interesse turístico e sobre o inventário com finalidades turísticas dos bens de valor cultural e natural, a Lei nº 6.513/77 considera de interesse turístico as áreas especiais e os locais instituídos na forma da mesma Lei, assim como os bens de valor cultural e natural, protegidos por legislação específica, e especialmente:

- os bens de valor histórico, artístico, arqueológico ou pré-histórico;
- as reservas e estações ecológicas;
- as áreas destinadas à proteção dos recursos naturais renováveis;
- as manifestações culturais ou etnológicas e os locais onde ocorram;
- as paisagens notáveis;
- as localidades e os acidentes naturais adequados ao repouso e à prática de atividades recreativas, desportivas ou de lazer;
- as fontes hidrominerais aproveitáveis;
- as localidades que apresentem condições climáticas especiais;
- outros que venham a ser definidos, na forma dessa Lei.[19]

Poderão ser instituídos,[20] na forma e para os fins dessa Lei:
- áreas especiais de interesse turístico – trechos contínuos do território nacional (inclusive suas águas territoriais), a serem preservados e valorizados no sentido cultural e natural, e destinados à realização de planos e projetos de desenvolvimento turístico.[21]
- locais de interesse turístico – trechos do território nacional, em áreas especiais, compreendidos ou não, destinados por sua adequação ao desenvolvimento de atividades turísticas, e à realização de projetos específicos, e que compreendam:
    - bens não sujeitos a regime específico de proteção;
    - os respectivos entornos de proteção e ambientação.[22]

---

[18] *DOU*, Brasília, 21-7-1980.
[19] Cf. Lei nº 6.513/77, artigo 1º.
[20] Cf. Lei nº 6.513/77, artigo 2º.
[21] Cf. Lei nº 6.513/77, artigo 3º.
[22] Cf. Lei nº 6.513/77, artigo 4º.

Entorno de proteção é o espaço físico necessário ao acesso do público ao local de interesse turístico e à sua conservação, manutenção e valorização.[23]

Entorno de ambientação é o espaço físico necessário à harmonização do local de interesse turístico com a paisagem em que se situar.[24]

Ao pormenorizar acerca da instituição desses espaços, o texto da mesma lei prossegue com enfoque semelhante, como pode ser notado nas passagens reproduzidas a seguir.

> Capítulo II – Das áreas especiais de interesse turístico
>
> Artigo 11 – As Áreas Especiais de Interesse Turístico serão instituídas por decreto do Poder Executivo, mediante proposta do CNTur, para fins de elaboração e execução de planos e programas destinados a:
>
> I – promover o desenvolvimento turístico;
>
> II – assegurar a preservação e valorização do patrimônio cultural e natural;
>
> III – estabelecer normas de uso e ocupação do solo;
>
> IV – orientar a alocação de recursos e incentivos necessários a atender aos objetivos e diretrizes da presente Lei.
>
> Artigo 12 – As Áreas Especiais de Interesse Turístico serão classificadas nas seguintes categorias:
>
> I – prioritárias: áreas de alta potencialidade turística, que devam ou possam ser objeto de planos e programas de desenvolvimento turístico, em virtude de:
>
> a) ocorrência ou iminência de expressivos fluxos de turistas e visitantes;
>
> b) existência de infraestrutura turística e urbana satisfatória, ou possibilidade de sua implementação;
>
> c) necessidade da realização de planos e projetos de preservação ou recuperação dos Locais de Interesse Turístico nelas incluídos;
>
> d) realização presente ou iminente de obras públicas ou privadas, que permitam ou assegurem o acesso à área, ou a criação da infraestrutura mencionada na alínea "b";
>
> e) conveniência de prevenir ou corrigir eventuais distorções do uso do solo, causadas pela realização presente ou iminente de obras públicas ou privadas, ou pelo parcelamento e ocupação do solo.[25]

---

[23] Cf. Lei nº 6.513/77, artigo 4º, parágrafo 1º.

[24] Cf. Lei nº 6.513/77, artigo 4º, parágrafo 2º.

[25] Cf. Lei nº 6.766, de 19 de dezembro de 1979, em *DOU*, Brasília, 20-12-1979; os artigos 30, 182 e 183 da Constituição Federal e sua regulamentação. Com o acento de não se tratar apenas de áreas urbanas.

II – de reserva: áreas de elevada potencialidade turística, cujo aproveitamento deva ficar na dependência:
   a) da implantação dos equipamentos de infraestrutura indispensáveis;
   b) da efetivação de medidas que assegurem a preservação do equilíbrio ambiental e a proteção ao patrimônio cultural e natural ali existente;
   c) de providências que permitam regular, de maneira compatível, os fluxos de turistas e visitantes, e as atividades, obras e serviços permissíveis.

Artigo 13 – Do ato que declara área especial de interesse turístico, da categoria prioritária, constarão:

I – seus limites;
II – as principais características que lhe conferirem potencialidade turística;
III – o prazo de formulação dos planos e programas que nela devam ser executados e os órgãos e entidades federais por eles responsáveis;[26]
IV – as diretrizes gerais de uso e ocupação do solo que devam vigorar até a aprovação dos planos e programas, observada a competência específica dos órgãos e entidades mencionados no artigo 5º;
V – as atividades, obras e serviços permissíveis, vedados ou sujeitos a parecer prévio, até a aprovação dos planos e programas, observado o disposto no inciso anterior quanto à competência dos órgãos ali mencionados.

§ 1º – incluir-se-ão entre os responsáveis pela elaboração dos planos e programas, os órgãos e entidades enumerados nos incisos II a VI, do artigo 5º, que tiverem interesse direto na área.

§ 2º – o prazo referido no inciso III poderá ser prorrogado, a juízo do Poder Executivo, até perfazer o limite máximo de 2 (dois) anos, contados da data de publicação do decreto que instituir a área especial de interesse turístico.

§ 3º – respeitados o prazo previsto no ato declaratório e suas eventuais prorrogações, conforme o parágrafo anterior, compete ao CNTur aprovar os planos e programas ali referidos.

§ 4º – o decurso dos prazos previstos nos parágrafos anteriores, sem que os planos e programas tenham sido aprovados pelo CNTur, importará na caducidade da declaração de área especial de interesse turístico.

[...]

Artigo 15 – Constarão obrigatoriamente dos planos e programas:

---

[26] Cf. parágrafo 2º desse artigo.

I – as normas que devam ser observadas, a critério dos órgãos referidos nos incisos II a VI, do artigo 5º, sob cuja jurisdição estiverem, a fim de assegurar a preservação, restauração, recuperação ou valorização, conforme o caso, do patrimônio cultural ou natural existente, e dos aspectos sociais que lhe forem próprios;

II – diretrizes de desenvolvimento urbano e de ocupação do solo, condicionadas aos objetivos enumerados no inciso anterior e aos planos de desenvolvimento urbano e metropolitano que tenham sido aprovados pelos órgãos federais competentes;

III – indicação de recursos e fontes de financiamento disponíveis para implementação dos mesmos planos e programas.

Artigo 16 – Os planos e programas aprovados serão encaminhados aos órgãos e entidades competentes para sua implementação, nos níveis federal, estadual, metropolitano e municipal.

Artigo 17 – Do ato que declarar área especial de interesse turístico, da categoria de reserva, constarão:

I – seus limites;

II – as principais características que lhe conferirem potencialidade turística;

III – os órgãos e entidades que devam participar da preservação dessas características;

IV – as diretrizes gerais de uso e ocupação do solo e exploração econômica, que devam prevalecer enquanto a área especial estiver classificada como de reserva, observada a responsabilidade estabelecida por força da legislação federal de proteção dos bens culturais e naturais;

V – atividades, obras e serviços permissíveis, vedados ou sujeitos a parecer prévio.

Parágrafo único – Os órgãos e entidades federais, estaduais, metropolitanos e municipais coordenar-se-ão com a Embratur e com os órgãos mencionados no inciso III deste artigo, sempre que seus projetos, qualquer que seja sua natureza, possam implicar em alteração das características referidas no inciso II, deste artigo.

Capítulo III – Dos locais de interesse turístico

Artigo 18 – Os locais de interesse turístico serão instituídos por resolução do CNTur, mediante proposta da Embratur para fins de disciplina de seu uso e ocupação, preservação, proteção e ambientação.

Artigo 19 – As resoluções do CNTur, que declararem locais de interesse turístico, indicarão:

I – seus limites;

II – os entornos de proteção e ambientação;

III – os principais aspectos e características do local;

IV – as normas gerais de uso e ocupação do local, destinadas a preservar aqueles aspectos e características, a com eles harmonizar as edificações e construções, e a propiciar a ocupação e o uso do local de forma com eles compatível.

Em relação a esses espaços, a lei determina uma ação articulada de órgãos das áreas turística, ambiental e cultural do Governo Federal:

Artigo 5º – A ação do Governo Federal, para a execução da presente Lei, desenvolver-se-á especialmente por intermédio dos seguintes órgãos e entidades:[27]

I – Empresa Brasileira de Turismo – Embratur, vinculada ao Ministério da Indústria e do Comércio;[28]

II – Instituto do Patrimônio Histórico e Artístico Nacional – Iphan, do Ministério da Educação e Cultura;[29]

III – Instituto Brasileiro de Desenvolvimento Florestal – IBDF, do Ministério da Agricultura;[30]

IV – Secretaria Especial do Meio Ambiente – Sema, do Ministério do Interior;[31]

V – Comissão Nacional de Regiões Metropolitanas e Política Urbana – CNPU, organismo interministerial criado pelo Decreto nº 74.156, de 6 de junho de 1974;

VI – Superintendência do Desenvolvimento da Pesca – Sudepe, do Ministério da Agricultura.[32]

Parágrafo único – Sem prejuízo das atribuições que lhes confere a legislação específica, os órgãos e entidades mencionados neste artigo atuarão em estreita colaboração, dentro da respectiva esfera de competência, para a execução desta Lei e dos atos normativos dela decorrentes.

Artigo 6º – A Embratur implantará e manterá permanentemente atualizado o inventário das áreas especiais de interesse turístico, dos locais de interesse turístico, e dos bens culturais e naturais protegidos por legislação específica.

---

[27] Cf. Lei nº 6.513/77, artigo 6º, parágrafos 1º e 2º; artigos 13, 14, 15 e 22.
[28] A Embratur, hoje um instituto, está vinculada ao Ministério da Indústria, do Comércio e do Turismo.
[29] O Iphan é hoje ligado ao Ministério da Cultura.
[30] O IBDF, extinto pela Lei nº 7.732, de 14 de fevereiro de 1989, em *DOU*, Brasília, 15-2-1989, foi substituído em suas atribuições pelo Ibama (cf. Lei nº 7.735, de 22 de fevereiro de 1989, em *DOU*, Brasília, 23-2-1989), o qual é porção do arcabouço do Ministério do Meio Ambiente, dos Recursos Hídricos e da Amazônia Legal.
[31] A Sema foi extinta pela Lei nº 7.735/89; o Ministério do Interior, pela Lei nº 8.028, de 12 de abril de 1990, em *DOU*, Brasília, 13-4-1990; e o Ibama (cf. Lei nº 7.735/89), o qual é parte da estrutura do Ministério do Meio Ambiente, dos Recursos Hídricos e da Amazônia Legal, substituiu a antiga Sema.
[32] A Sudepe foi extinta pela Lei nº 7.735/89, tendo suas atribuições abrangidas pelo Ibama.

§ 1º – A Embratur promoverá entendimentos com os demais órgãos e entidades mencionados no artigo 5º, com o objetivo de se definirem os bens culturais e naturais protegidos, que possam ter utilização turística, e os usos turísticos compatíveis com os mesmos bens.[33]

§ 2º – Os órgãos e entidades mencionados nos incisos II a VI do artigo 5º enviarão à Embratur, para fins de documentação e informação, cópia de todos os elementos necessários à identificação dos bens culturais e naturais sob sua proteção, que possam ter uso turístico.

Artigo 7º – Compete à Embratur realizar, ad referendum do Conselho Nacional de Turismo – CNTur, as pesquisas, estudos e levantamentos necessários à declaração de área especial ou local de interesse turístico:[34]

I – de ofício;

II – por solicitação de órgãos da administração direta ou indireta, federal, estadual, metropolitana ou municipal; ou

III – por solicitação de qualquer interessado.

§ 1º – Em qualquer caso, compete à Embratur determinar o espaço físico a analisar.

§ 2º – Nos casos em que o espaço físico a analisar contenha, no todo ou em parte, bens ou áreas sujeitos a regime específico de proteção, os órgãos ou entidades nele diretamente interessados participarão obrigatoriamente das pesquisas, estudos e levantamentos a que se refere este artigo.

§ 3º – Serão ouvidos previamente o Serviço de Patrimônio da União – SPU, do Ministério da Fazenda, e o Instituto Brasileiro de Desenvolvimento Florestal – IBDF, do Ministério da Agricultura, sempre que o espaço físico a analisar contenha imóvel sob suas respectivas áreas de competência, constituindo-se, para o caso de bens do IBDF, o Projeto de Manejo dos Parques e Reservas a precondição à sua utilização para fins turísticos.

§ 4º – Quando o espaço físico a analisar estiver situado em área de fronteira, a Embratur notificará previamente o Ministério das Relações Exteriores, para os fins cabíveis; no caso de áreas fronteiriças de potencial interesse turístico comum, a Embratur, se o julgar conveniente, poderá também sugerir ao Ministério das Relações Exteriores a realização de gestões junto ao Governo do país limítrofe, com vistas a uma possível ação coordenada deste em relação à parte situada em seu território.

---

[33] Cf. Lei nº 6.513/77, artigo 20, parágrafo único.
[34] Cf. Lei nº 6.513/77, artigo 10.

[...]
Artigo 30 – Os órgãos e entidades da administração direta ou indireta, federal, estadual, metropolitana ou municipal, compatibilizarão os planos, programas e projetos de investimentos, que devam realizar em áreas especiais de interesse turístico ou em locais de interesse turístico, com os dispositivos e diretrizes da presente Lei ou dela decorrentes.

Parágrafo único – A aprovação de planos e projetos submetidos aos órgãos, entidades e agências governamentais, e que devam realizar-se em áreas especiais de interesse turístico, ou em locais de interesse turístico, será condicionada à verificação da conformidade dos referidos planos e projetos com as diretrizes da presente Lei e com os atos dela decorrentes.

O Decreto nº 86.176, de 6 de julho de 1981,[35] regulamenta a Lei nº 6.513/77, que dispõe sobre a criação de áreas especiais e de locais de interesse turístico, e em seu texto encontramos semelhante enfoque apontado na referida lei federal.

Normas emanadas do Conselho Nacional do Meio Ambiente (Conama) distinguem os espaços de interesse turístico, como ocorreu com a Resolução nº 5, de 15 de junho de 1989,[36] a qual institui o Programa Nacional de Controle da Qualidade do Ar (Pronar) para a implementação de uma política de não deterioração significativa da qualidade do ar em todo o território nacional; suas áreas de preservação, lazer e turismo, tais como parques nacionais e estaduais, reservas e estações ecológicas, estâncias hidrominerais e hidrotermais, foram enquadradas de acordo como "classe I" na classificação de usos pretendidos. Nessas áreas obrigou a ser mantida a qualidade do ar em nível o mais próximo possível do verificado sem a intervenção antropogênica. Procedeu de modo semelhante na Resolução nº 8, de 6 de dezembro de 1990,[37] estabelecendo, em nível nacional, limites máximos de emissão de poluentes do ar – padrões de emissão – para processos de combustão externa em novas fontes fixas de poluição, abrangendo toda a queima de substâncias combustíveis realizada nos seguintes equipamentos: caldeiras; geradores de vapor; centrais para a geração de energia elétrica; fornos; fornalhas; estufas e secadores para a geração e uso de energia térmica; incineradores e gaseificadores, com potências nominais totais até setenta megawatts e superiores.

Já no Anexo I da Resolução nº 237, de 19 de dezembro de 1997,[38] o Conama relacionou, entre as atividades ou empreendimentos sujeitos ao licenciamento ambiental no setor de turismo, os complexos turísticos e de lazer, inclusive parques temáticos e autódromos.

---

[35] *DOU*, Brasília, 7-7-1981.
[36] *DOU*, Brasília, 30-8-1989.
[37] *DOU*, Brasília, 28-12-1990.
[38] *DOU*, Brasília, 22-12-1997.

Há uma correspondência de enfoque entre as normas originárias do setor do turismo e as normas emanadas com o fito de proteção ambiental, como se constata de sua leitura, e isso deve ser considerado na discussão sobre a regulamentação da Lei nº 9.985, de 18 de julho de 2000,[39] que institui o Sistema Nacional de Unidades de Conservação (SNUC).

De conformidade com o artigo 4º daquela lei, o SNUC possui, entre seus objetivos, "favorecer condições e promover a educação e interpretação ambiental, a recreação em contato com a natureza e o turismo ecológico".

Na mesma lei, que regulamenta o artigo 225, parágrafo 1º, incisos I, II, III e VII, da Constituição Federal, estabelece que o Sistema Nacional de Unidades de Conservação da Natureza será regido por diretrizes que:

> IV – busquem o apoio e a cooperação de organizações não governamentais, de organizações privadas e pessoas físicas para o desenvolvimento de estudos, pesquisas científicas, práticas de educação ambiental, atividades de lazer e de turismo ecológico, monitoramento, manutenção e outras atividades de gestão das unidades de conservação.[40]

Note-se que práticas de educação ambiental, atividades de lazer e de turismo ecológico podem se dar de forma agregada. Contudo, conforme se constata das disposições daquela lei do SNUC, não são em todas as categorias de unidades de conservação que se admitem práticas de atividades de lazer ou de turismo diretamente em seus territórios. Assim, vejamos alguns casos, mesmo que de forma mais esquemática.

No capítulo III da Lei nº 9.985/00, artigo 16, define-se área de relevante interesse ecológico como um espaço em geral de pequena extensão, com pouca ou nenhuma ocupação humana, que apresenta características naturais extraordinárias ou que abriga exemplares raros da biota regional, e cujo objetivo é manter os ecossistemas naturais de importância regional ou local e regular o uso admissível dessas áreas, de modo a compatibilizar essa utilização com os objetivos de conservação da natureza. Em vista de tais características, também se constatam os seguintes parâmetros:

Recreação	Permitida com restrições	Cap. III, art. 16, § 2º
Visitação pública	Permitida com restrições	Cap. III, art. 16, § 2º
Turismo	Permitido com restrições	Cap. III, art. 16, § 2º

---

[39] *DOU*, Brasília, 19-7-2000.
[40] Cf. Lei nº 9.985, de 18 de julho de 2000, artigo 5º.

O artigo 18 aborda a reserva extrativista como área utilizada por populações extrativistas tradicionais – é, portanto, unidade de uso sustentável. O quadro a seguir resume as atividades turísticas admitidas em seu perímetro.

Recreação	Permitida	Cap. III, art. 18, § 3º e 5º
Turismo	Permitido	Cap. III, art. 18, § 3º e 5º
Visitação pública	Permitida, desde que compatível com os interesses locais e de acordo com o plano de manejo.	Cap. III, art. 18, § 3º e 5º

O Parque Nacional[41] tem como objetivo básico[42] a preservação de ecossistemas naturais de grande relevância ecológica e beleza cênica, possibilitando a realização de pesquisas científicas e o desenvolvimento de atividades de educação e interpretação ambiental, de recreação em contato com a natureza e de turismo ecológico. A visitação pública[43] está sujeita às normas e restrições estabelecidas no plano de manejo da unidade, às normas estabelecidas pelo órgão responsável por sua administração e àquelas previstas em regulamento.

O Monumento Natural tem como objetivo básico[44] preservar sítios naturais raros, singulares ou de grande beleza cênica. A visitação pública[45] está sujeita às condições e restrições estabelecidas no plano de manejo da unidade, às normas estabelecidas pelo órgão responsável por sua administração e àquelas previstas em regulamento.

O Refúgio de Vida Silvestre tem como objetivo[46] proteger ambientes naturais onde se asseguram condições para a existência ou reprodução de espécies ou comunidades da flora local e da fauna residente ou migratória. A visitação pública[47] está sujeita às normas e restrições estabelecidas no plano de manejo da unidade, às normas estabelecidas pelo órgão responsável por sua administração e àquelas previstas em regulamento.

---

[41] As unidades dessa categoria, quando criadas pelo estado ou município, serão denominadas, respectivamente, Parque Estadual e Parque Natural Municipal.
[42] Cf. Lei nº 9.985/00, artigo 11.
[43] Cf. Lei nº 9.985/00, artigo 11, parágrafo 2º.
[44] Cf. Lei nº 9.985/00, artigo 12.
[45] Cf. Lei nº 9.985/00, artigo 12, parágrafo 3º.
[46] Cf. Lei nº 9.985/00, artigo 13.
[47] Cf. Lei nº 9.985/00, artigo 13, parágrafo 3º.

A Floresta Nacional é uma área com cobertura florestal de espécies predominantemente nativas. Tem como objetivo básico[48] o uso múltiplo sustentável dos recursos florestais e a pesquisa científica, com ênfase em métodos para exploração sustentável de florestas nativas. A visitação pública[49] é permitida, condicionada às normas estabelecidas para o manejo da unidade pelo órgão responsável por sua administração.

A Reserva de Fauna é uma área natural com populações animais de espécies nativas, terrestres ou aquáticas, residentes ou migratórias, adequada para estudos técnico-científicos sobre o manejo econômico sustentável de recursos faunísticos.[50] A visitação pública pode ser permitida,[51] desde que compatível com o manejo da unidade e de acordo com as normas estabelecidas pelo órgão responsável por sua administração. É proibido por essa mesma lei o exercício da caça amadorística ou profissional.[52]

A Reserva de Desenvolvimento Sustentável é uma área natural que abriga populações tradicionais, cuja existência se baseia em sistemas sustentáveis de exploração dos recursos naturais, desenvolvidos ao longo de gerações e adaptados às condições ecológicas locais e que desempenham um papel fundamental na proteção da natureza e na manutenção da diversidade biológica.[53] Tem como objetivo básico[54] preservar a natureza e, ao mesmo tempo, assegurar as condições e os meios necessários para a reprodução e a melhoria dos modos e da qualidade de vida e exploração dos recursos naturais das populações tradicionais, bem como valorizar, conservar e aperfeiçoar o conhecimento e as técnicas de manejo do ambiente, desenvolvido por essas populações. Obedecendo as condições estipuladas pela lei[55] para atividades desenvolvidas na Reserva de Desenvolvimento Sustentável, é permitida e incentivada a visitação pública, desde que compatível com os interesses locais e de acordo com o disposto no plano de manejo da área.

A Reserva Particular do Patrimônio Natural, área privada gravada com perpetuidade, tem como objetivo conservar a diversidade biológica.[56] Só será permitida a visitação com objetivos turísticos, recreativos e educacionais[57] e, ainda assim, conforme se dispuser em regulamento.

---

[48] Cf. Lei nº 9.985/00, artigo 17.
[49] Cf. Lei nº 9.985/00, artigo 17, parágrafo 3º.
[50] Cf. Lei nº 9.985/00, artigo 19.
[51] Cf. Lei nº 9.985/00, artigo 19, parágrafo 2º.
[52] Cf. Lei nº 9.985/00, artigo 19, parágrafo 3º.
[53] Cf. Lei nº 9.985/00, artigo 20.
[54] Cf. Lei nº 9.985/00, artigo 20, parágrafo 1º.
[55] Cf. Lei nº 9.985/00, artigo 20, parágrafo 5º, I.
[56] Cf. Lei nº 9.985/00, artigo 21.
[57] Cf. Lei nº 9.985/00, artigo 21, parágrafo 2º, II.

A Estação Ecológica tem como objetivo[58] a preservação da natureza e a realização de pesquisas científicas. É proibida[59] a visitação pública nesse tipo de unidade, exceto quando com finalidade educacional, e deverá ocorrer de acordo com o que dispuser o plano de manejo da unidade ou regulamento específico.

A Reserva Biológica[60] tem como objetivo a preservação integral da biota e demais atributos naturais existentes em seus limites, sem interferência humana direta ou modificações ambientais, excetuando-se as medidas de recuperação de seus ecossistemas alterados e as ações de manejo necessárias para recuperar e preservar o equilíbrio natural, a diversidade biológica e os processos ecológicos naturais. É proibida[61] a visitação pública nesse tipo de unidade, exceto aquela com objetivo educacional, que deverá ocorrer de acordo com regulamento específico.

Como se vê na maioria das categorias de unidades de conservação, as atividades turísticas, de lazer ou visitação serão disciplinadas posteriormente, se já não houver um regulamento que seja recepcionado pela lei que instituiu o SNUC.

Paulo A. L. Machado faz referência aos direitos e deveres dos visitantes nas unidades de conservação,[62] apontando como amostra na legislação desses direitos o disciplinado no Regulamento dos Parques Nacionais Brasileiros.[63] Nesse decreto, principalmente em seus artigos 28 a 38, são regulamentados aspectos relacionados à construção de campos de pouso, disposição e utilização de trilhas, percursos, mirantes, anfiteatros e outras instalações, venda ou porte de artefatos e objetos, manejo de despejos, dejetos e detritos, etc.

Considerando-se que o Brasil é o país que contém a maior diversidade de recursos naturais do planeta, o aproveitamento econômico do turismo como potencialidade emergente deve ser feito, em seu território, de forma racional e sustentável, fundamentando-se em estudos nas áreas ambiental, social, cultural, política e econômica – somente assim esse potencial poderá beneficiar todos os segmentos sociais e as futuras gerações.

Para que essa meta seja alcançada, é necessário desenvolver programas na área de turismo que confirmem a possibilidade de coexistência entre atividades econômicas e preservação ambiental em nosso país. É preciso, também, examinar o contexto das relações de consumo, na perspectiva jurídica, agregando conhecimentos dessa área referente

---

[58] Cf. Lei nº 9.985/00 artigo 9º.
[59] Cf. Lei nº 9.985/00, artigo 9º, parágrafo 2º.
[60] Cf. Lei nº 9.985/00, artigo 10.
[61] Cf. Lei nº 9.985/00, artigo 10, parágrafo 2º.
[62] P.A.L. Machado, *Direito ambiental brasileiro* (10ª ed. rev., atual. e ampl. São Paulo: Malheiros, 2002).
[63] Cf. Decreto nº 84.017, de 21 de setembro de 1979, em *DOU*, Brasília, 21-9-1979.

à formação e atuação dos profissionais do setor turístico, o qual estará virtualmente inserido no conjunto de uma economia globalizada.

Se considerarmos que o acrescentamento da população humana e do aparato tecnológico, somados à expansão dos paradigmas de consumo e diversificação de atividades, são frequentemente acompanhados de degradação ambiental, esta é a lesão que está conexa à falta de planificação adequada e de gestão eficaz. Sendo assim, algumas frentes de atuação devem ser levadas em conta no confronto com estes problemas.

Educação ambiental

No que diz respeito à educação ambiental formal, na dimensão que agora, por determinação de lei, deve fazer parte dos currículos de formação de docentes, abrangendo a totalidade dos níveis e das disciplinas, os já formados devem receber formações complementares, principalmente relacionadas com seus campos de desempenho, para a execução da Política Nacional de Educação Ambiental.[64] Mesmo porque estão vinculadas a autorização e a supervisão do funcionamento[65] de instituições de ensino e de seus cursos, nas redes pública e privada, ao cumprimento do disposto nos artigos 10 e 11 daquela lei.

Com relação à educação ambiental não formal, que compreende as ações e práticas educativas voltadas à sensibilização da coletividade sobre as questões ambientais e à sua organização e participação na defesa da qualidade do meio ambiente,[66] a Lei nº 9.795/99 abordou a matéria referente à porção final do inciso VI do parágrafo 1º do artigo 225 da Constituição Federal. Em razão da regulamentação desse dispositivo constitucional, o Poder Público, em níveis federal, estadual e municipal, incentivará,[67] entre outras atividades, as seguintes:

> [...]
> IV – a sensibilização da sociedade para a importância das unidades de conservação;
> V – a sensibilização ambiental das populações tradicionais ligadas às unidades de conservação;
> [...]
> VII – o ecoturismo.

---

[64] Cf. Lei nº 9.795, de 27 de abril de 1999, em *DOU*, Brasília, de 28-4-1999 (cf. art. 11).
[65] Cf. Lei nº 9.795/99, artigo 12.
[66] Cf. Lei nº 9.795/99, artigo 13.
[67] Cf. Lei nº 9.795/99, artigo 13, parágrafo único.

Deverão ser criados, mantidos e implementados, sem prejuízo de outras ações, programas de educação ambiental integrados às atividades de ecoturismo, entre outras, aos processos de capacitação de profissionais e às políticas públicas, econômicas, sociais e culturais, de ciência e tecnologia de comunicação, de transporte, de saneamento e de saúde, de acordo com o Decreto 4.281/02, artigo 6º.

A participação de representantes do setor turístico nas diversas instâncias de debate e decisão

No contexto democrático há demanda pela transparência das decisões na área pública. A participação de representantes do setor turístico nas diversas instâncias formais e informais de debate e decisão, no setor ambiental especificamente, é uma "via de mão dupla". Se por um lado pode levar a esses fóruns perspectivas próprias do setor, por outro pode oferecer aos agentes do setor turístico uma compreensão mais ampla das múltiplas questões presentes na área ambiental.

Alguns desses espaços de debate e decisão são as diversas instâncias que se formam dentro e com relação ao Sistema Nacional de Gerenciamento de Recursos Hídricos. Esse sistema, fundamentado na gestão por bacias hidrográficas, tem nos comitês de bacia as suas instâncias básicas, nas quais é desejável que o setor turístico esteja representado. Partindo da compreensão da forte presença desse setor em um contexto regional específico, o autor deste artigo, quando membro do Comitê da Bacia Hidrográfica do Rio Tietê-Jacaré (SP) propôs, em 1998, emenda alterando a redação do estatuto daquele comitê para ter assegurado que o mesmo seria composto, entre outros membros relacionados com direito a voz e voto, por representante de entidades direcionadas para o desenvolvimento do turismo.

O Decreto nº 2.612, de 3 de junho de 1998, que regulamenta o Conselho Nacional de Recursos Hídricos, estabelece para a composição do Conselho[68] seis representantes de usuários de recursos hídricos e seus suplentes, dentre os quais serão indicados por pescadores e usuários de recursos hídricos com finalidade de lazer e turismo.[69]

---

[68] Cf. Lei nº 9.795/99, artigo 2º, V.
[69] Cf. Lei nº 9.795/99, artigo 2º, parágrafo 3º, VI.

Avaliação de projetos

A partir do enfoque adotado neste trabalho, algumas questões são formuladas para a elaboração e avaliação de projetos e atividades no setor do turismo.

» O planejamento urbano e o planejamento turístico, se existentes, estão compatíveis com as normas vigentes para a sustentabilidade socioambiental quanto ao consumo de água, ao tratamento e disposição do esgoto e à coleta e disposição final do lixo?
» Existem canais para a participação dos munícipes nas decisões acerca da sustentabilidade do turismo?
» Como se apresentam as preservações da paisagem, da vegetação, da fauna e do patrimônio artístico, monumental e histórico? Como está configurada a ocupação do espaço, considerando-se o padrão de ocupação e o uso do solo urbano, inclusive em relação a parques ou hortos, praças ou jardins públicos? Há degradação ambiental nesses espaços? As disposições da legislação estariam sendo cumpridas, no que se refere a cada um desses tópicos?
» Verificar se existe na área da atividade ou projeto, ou no alcance de seus impactos, unidade de conservação passível de enquadramento dentre as categorias do SNUC e se estas apresentam plano de manejo aprovado ou em elaboração; e qual o envolvimento da população local no mesmo.
» Confirmar a existência de bens culturais tombados.
» Existem integrados a essas atividades programas de educação ambiental?

BIBLIOGRAFIA

SENADO FEDERAL. *Legislação do meio ambiente*. 2 vols. Brasília: Subsecretaria de Edições Técnicas, 1998a.

_____. *Legislação brasileira*. 6ª versão. Brasília: Prodasen – Centro de Informática e Processamento de Dados do Senado Federal, 1998b. CD-ROM.

MACHADO, P. A. L. *Direito Ambiental Brasileiro*. 10ª ed. São Paulo: Malheiros, 2002.

MEIRELLES, H. L. *Mandado de segurança, ação popular, ação civil pública, mandado de injunção e habeas data*. 12ª ed. São Paulo: Revista dos Tribunais, 1988.

ROSSI, A. *Proposta de Emenda aos Estatutos do Comitê da Bacia Hidrográfica Tietê-Jacaré*, s/l. 1998.

A importância da contabilidade como instrumento decisorial nas organizações
UMA ABORDAGEM DA APLICABILIDADE EM EMPREENDIMENTOS TURÍSTICOS

Enedir Beccari[*]

Natureza jurídica e formalização das empresas[1]

MICROEMPRESAS (ME) E EMPRESAS DE PEQUENO PORTE (EPP)

São tipos de empresas que praticamente predominam em todo o território nacional, sendo responsáveis por um grande volume de geração de empregos.

ENQUADRAMENTO TRIBUTÁRIO

Visando incentivar seu desenvolvimento e propiciar facilidades a esses tipos de empresas, as principais vantagens concedidas são a isenção de impostos e a possibilidade de acesso ao crédito. A partir de 1997, com o advento da Lei nº 9.317, de 5 de dezembro de 1996, passou a vigorar o Sistema Integrado de Pagamento de Impostos e Contribuições – Simples, sendo definidas, a partir de então, as condições para que as microempresas e as empresas de pequeno porte possam se enquadrar no sistema, em função do limite de faturamento, objetivo social, natureza jurídica, composição societária e outros aspectos legais, propiciando a essas empresas um tratamento tributário diferenciado. Estabeleceu-se, então, a seguinte distinção entre microempresa e empresa de pequeno porte:

---

[*] Professor da Faculdade Senac de Turismo e Hotelaria (*campus* Águas de São Pedro), onde leciona contabilidade básica I e II e contabilidade hoteleira no curso Tecnologia em Hotelaria; administração financeira e contabilidade básica no curso Tecnologia em Turismo; e matemática aplicada à gastronomia no curso Tecnologia em Gastronomia.

[1] Pedro Coelho Neto, *Micro e pequenas empresas: manual de procedimentos contábeis* (2ª ed. Brasília: Sebrae, 1998), pp. 9-11.

a) microempresa – as sociedades ou firmas individuais com receita bruta anual de até R$ 120.000,00;
b) empresa de pequeno porte – as sociedades ou firmas individuais com receita bruta anual superior a R$ 120.000,00 e igual ou inferior a R$ 1.200.000,00.

A composição de tributação dessas empresas nas esferas governamentais (federal e do estado de São Paulo) é apresentada a seguir.

QUADRO 1. SIMPLES FEDERAL

Receita bruta	Categoria	Alíquota %
Até 60.000,00	Microempresa	3,00
60.000,01 a 90.000,00		4,00
90.000,01 a 120.000,00		5,00
120.000,01 a 240.000,00	Empresa de pequeno porte	5,40
240.000,01 a 360.000,00		5,80
360.000,01 a 480.000,00		6,20
480.000,01 a 600.000,00		6,60
600.000,01 a 720.000,00		7,00
720.000,01 a 840.000,00		7,40
840.000,01 a 960.000,00		7,80
960.000,01 a 1.080.000,00		8,20
1.080.000,01 a 1.200.000,00		8,60

QUADRO 2. SIMPLES ESTADUAL – ESTADO DE SÃO PAULO

Receita bruta	Empresa/alíquota	
Até 120.000,00	ME	isenta
120.000,01 a 720.000,00	EPP A	2,1526%
720.000,01 a 1.200.000,00	EPP B	3,1008%

NATUREZA JURÍDICA

Por meio da Junta Comercial uma empresa adquire personalidade jurídica mediante o registro e arquivamento de seus atos constitutivos, na exploração de atividade mercantil (comércio, indústria ou serviços em geral), ou no Cartório de Títulos e Documentos, se sua composição for de caráter eminentemente civil, podendo ser entidade com ou sem fins lucrativos.

As empresas mercantis poderão ser constituídas sob diversas formas e naturezas jurídicas. Eis as mais usuais:

FIRMA INDIVIDUAL

Apesar de não serem consideradas como pessoas jurídicas pelo Código Comercial Brasileiro, as mesmas são equiparadas, para fins fiscais, quando registradas na Junta Comercial para a exploração de atividade de comércio, indústria ou agropecuária. Deverá ser registrada com o nome de seu titular, de forma completa ou abreviada, sendo recomendável a adoção de "nome de fantasia" que evidencie o ramo de atividade.

Não poderá ser objeto de Firma Individual a exploração de profissão regulamentada e de serviços não comerciais.

SOCIEDADE POR COTAS DE RESPONSABILIDADE LIMITADA

Esse tipo de sociedade representa a esmagadora maioria das empresas registradas e em atividade no país, devido à facilidade de registro e às qualidades variadas de constituição.

Como principal vantagem na constituição desse tipo de empresa, é devido aos sócios possuírem responsabilidade limitada ao capital social investido. Podem ainda, ser constituídas sob "denominação comercial", identificando, de imediato, seu objeto social e, consequentemente, facilitando a fixação de sua marca perante o consumidor.

Sua administração poderá ser exercida por sócios, delegados ou procuradores. Dependendo de sua estrutura, porte ou organização, deverão ser realizadas assembleias de quotistas, cujas deliberações serão registradas em livros próprios para devido arquivamento na Junta Comercial.

SOCIEDADE EM NOME COLETIVO

Esse tipo societário apresenta como principal característica o fato de ser constituído sob "razão social". É identificado pelos nomes de seus sócios, os quais, às vezes, são acompanhados do grau de parentesco.

A responsabilidade dos sócios é ilimitada e solidária, o que os obriga, a todos, a pagar totalmente as eventuais dívidas da sociedade. Geralmente esse tipo de sociedade adota "nome de fantasia", devido à dificuldade de popularizar seu verdadeiro nome ou de vinculá-lo ao objetivo.

SOCIEDADE POR AÇÕES

Denominada companhia ou sociedade anônima, normalmente é empresa de grande porte, podendo ser de capital fechado ou de capital aberto, quando tem suas ações negociadas em bolsas de valores.

Principais formas de constituição de empreendimentos turísticos/hoteleiros

SOCIEDADES COMERCIAIS

ATIVIDADES
- » Prestação de serviços: hospedagem, lavanderia, telefonia, eventos e entretenimento.
- » Comercialização de mercadorias: restaurante, bar e eventos.
- » Composição societária:
  - Limitada (Ltda.): o capital é dividido em cotas distribuídas a seus sócios (pessoas físicas ou jurídicas), que são identificados no contrato social.
  - Sociedade anônima: o capital é dividido em ações distribuídas aos acionistas, nem sempre identificados em seu estatuto.

SOCIEDADES CIVIS

ATIVIDADES
- » Unicamente prestação de serviços. No turismo, são utilizadas na constituição de empresas que organizam eventos.

COMPOSIÇÃO SOCIETÁRIA
- » Limitada (Ltda.): o capital é dividido em cotas distribuídas aos seus sócios pessoas físicas, que são identificados no contrato social.

EMPRESAS INDIVIDUAIS

ATIVIDADES
- » Prestação de serviços: hospedagem, lavanderia, telefonia, eventos e entretenimento.
- » Comercialização de mercadorias: restaurante, bar e eventos.

COMPOSIÇÃO SOCIETÁRIA
- » Há um único titular. Esse modelo é muito utilizado na constituição de pousadas e pequenos hotéis.

DESVANTAGENS
- » O titular tem uma responsabilidade ilimitada, pois responde com seu patrimônio particular pelas obrigações contraídas pela empresa.
- » Dificuldade em atender o princípio contábil da entidade, pois o patrimônio do titular se confunde, em alguns casos, com o patrimônio da firma individual.

- » Impossibilidade de transferência do patrimônio da firma para outra pessoa, salvo em caso de partilha por morte do titular.
- » Impedimento de transformação em sociedade.
- » Está sujeita, como as sociedades, às obrigações contábeis, fiscais, previdenciárias e trabalhistas, não gozando de qualquer benefício.

SOCIEDADES EM COTAS DE PARTICIPAÇÃO

Atualmente esse tipo de sociedade é muito utilizado para a constituição de *flat service*. Os *flats* são edifícios residenciais com serviços de hotelaria.

Para a gestão do *flat service* podem ser formadas uma das seguintes pessoas jurídicas:

CONDOMÍNIO

Entidade sem fins lucrativos, com personalidade jurídica, cuja finalidade é representar os proprietários dos apartamentos diante de despesas como:

- » folha de pagamento e encargos sociais dos departamentos operacionais e de apoio;
- » despesas de manutenção e materiais de consumo;
- » despesas de água, luz, telefone, gás e outras.

Com base nessas despesas deverá ser feita uma "previsão orçamentária", sendo necessário arrecadar dos proprietários uma taxa de condomínio para saldar as mesmas.

POOL HOTELEIRO

Entidade com fins lucrativos que explora as atividades hoteleiras em unidades imobiliárias cujos proprietários decidiram participar do empreendimento.

Sua personalidade jurídica poderá ser representada por um dos sócios "poolistas", ou por uma empresa administradora contratada.

Entre suas atribuições estão:

- » geração e recebimento das receitas oriundas das atividades operacionais;
- » recolhimento dos impostos que incidem nessas atividades operacionais;
- » controle de compras e pagamentos na aquisição de alimentos, bebidas e materiais;
- » efetuação de pagamentos de salários e de encargos sociais;
- » pagamentos de todos os gastos decorrentes do desenvolvimento de atividades operacionais e de apoio;
- » pagamentos das taxas de condomínio dos apartamentos aderidos ao *pool*;
- » distribuição dos lucros aos proprietários sob a forma de aluguel, pela exploração de suas unidades imobiliárias.

Contabilidade aplicada à hotelaria

Os hotéis são empreendimentos que apresentam atividades de extrema complexidade no desenvolvimento operacional de sua produção e/ou prestação de serviço.

A prática da contabilidade em hotéis atende às disposições fiscais da mesma forma aplicáveis especificamente em empresas industriais. Ou seja, exige uma integração de contabilidade e custos para suprir as necessidades da empresa.

Segundo Zanella,[2] "a implantação do sistema integrado de contabilidade e custos fundamenta-se em dois aspectos":

» manutenção de um plano de contas contábil adequado às características da empresa e identificado com os objetivos e interesses da administração do hotel;
» estruturação de um sistema de custeio eficiente e adequado às características da empresa.

Sendo assim, por meio de um sistema integrado, torna-se possível fornecer informações contábeis (patrimoniais, econômicas e financeiras), como também informações de custeio (volume de produção, preços, lucros, custos fixos e variáveis).

Sistema uniforme de contabilidade para hotéis[3]

Por meio de uma padronização dos relatórios contábeis é possível analisar, interpretar e comparar os dados em relação a outras empresas desse segmento. Os primeiros esforços para a implantação da padronização dos relatórios para hotéis foram feitos por um grupo de contadores designados pela Associação de Hotéis de Nova York, em 1925.

No Brasil, ainda não há publicações oficiais sobre as demonstrações contábeis hoteleiras. São elas adaptadas à Lei nº 6.404/76 – Lei das Sociedades por Ações, que atende às particularidades de tributação, legislação turística e comercial.

---

[2] L.C. Zanella, *Sistema de custos em hotelaria* (Canoas: Ulbra, 1996), p. 10.
[3] E. Freitas, *Contabilidade hoteleira*, apostila do curso superior de Tecnologia em Hotelaria da Faculdade Senac de Turismo e Hotelaria (São Paulo: Senac, 1997), p. 11.

Centros de custos

São estabelecidos os centros de custos – ou ganhos – conforme critérios e necessidades do hotel. As demonstrações de resultados são elaboradas por esses centros, considerando-se as seguintes particularidades:
- » as margens de lucros e os prejuízos são diferentes em cada setor do hotel; assim, só é possível acompanhar a performance do empreendimento desde que não se distorça a análise entre os setores;
- » a padronização das demonstrações contábeis hoteleiras deve permitir a comparação entre períodos, como também análise com outros hotéis.

Basicamente os centros de custos são organizados em dois grandes setores:
- » centros próprios, com respectivos departamentos, que geram receitas;
- » centros com departamentos que fornecem suporte operacional.

Dentro desse conceito, segue a classificação dos centros e departamentos, lembrando que os serviços de lavanderia e telefonia são cobrados dos hóspedes (em caso de não cobrança, esses centros seriam destinados ao centro de hospedagem):

- » Centro de custo: hospedagem
  Departamentos: recepção, governança, frigobar, *room service*

- » Centro de custo: alimentos & bebidas
  Departamentos: cozinha, restaurante, bar, confeitaria

- » Centro de custo: eventos
  Departamentos: centro de convenções, locação de equipamentos, locação de salas

- » Centro de custo: lavanderia
  Departamento: lavanderia

- » Centro de custo: telefonia
  Departamento: telefonia

- » Centro de custo: administração
  Departamentos: recursos humanos, contabilidade, departamento pessoal, tesouraria, gerência geral, contas a pagar/receber, almoxarifado, compras, cobranças, controladoria.

- » Centro de custo: patrimonial
  Departamentos: manutenção, segurança

» Centro de custo: vendas
Departamentos: reservas, marketing, relações públicas, publicidade, central de vendas

Demonstrações financeiras

São apresentadas conforme a estrutura de um plano de contas, organizado de acordo com as exigências legais e fiscais, e atendendo às condições e natureza de operações hoteleiras. Tais contas deverão ser disponibilizadas segundo o estabelecido pela Lei nº 6.404/76, que fixa normas e padrões na elaboração do balanço patrimonial e demonstração de resultado.

BALANÇO PATRIMONIAL

Apresenta em seu relatório o conjunto de bens, direitos e obrigações da empresa. É representado pelos grupos do ativo e passivo.

GRUPO DO ATIVO
» Ativo: compreende todos os recursos aplicados na empresa. São classificados em ordem decrescente conforme seu grau de liquidez e prazos para sua realização.
» Ativo circulante: representa os bens e direitos que estão em constante movimentação, considerado o período de um ano.
» Disponível: caixa, banco/conta movimento, aplicações financeiras.
» Valores a receber: duplicatas a receber, hóspedes na casa, cartões de crédito.
» Estoques: gêneros alimentícios, bebidas alcoólicas e não alcoólicas, enxovais.
» Devedores diversos: adiantamentos a fornecedores e funcionários, impostos a recuperar.
» Despesas antecipadas: seguros, contratos de manutenção.
» Ativo realizável a longo prazo: representa todos os direitos a serem realizados após o término do exercício seguinte, ou seja, que serão realizados após o período de um ano.
» Ativo permanente: representa as aplicações permanentemente comprometidas na operacionalidade da empresa, não destinadas à realização.
» Investimentos: participações em outras empresas, participação em incentivos fiscais.
» Imobilizados: máquinas e equipamentos, móveis e utensílios, veículos, imóveis.
» Diferido: pesquisa e desenvolvimento, gastos pré-operacionais, reestruturação.

GRUPO DO PASSIVO

» Passivo: compreende todas as origens de recursos da empresa. Esses recursos são identificados como obrigações com terceiros (capital de terceiros) e obrigações com os sócios-proprietários (capital próprio). São também classificados em ordem decrescente, conforme seu grau de exigibilidade e prazos para seus pagamentos.
» Passivo circulante: representa as obrigações cujos pagamentos ocorrerão dentro do exercício social, como as relativas a fornecedores, financiamentos, salários e encargos sociais, contas a pagar.
» Passivo exigível a longo prazo: representa as obrigações com vencimentos após o exercício seguinte, ou seja, acima do período de um ano.
» Patrimônio líquido: representa as obrigações correspondentes aos sócios e acionistas da empresa, como também os valores gerados pela empresa e incorporados ao capital, como o capital social, reservas de capital e os lucros ou prejuízos acumulados.

DEMONSTRAÇÃO DO RESULTADO DO EXERCÍCIO

Apresenta em seu relatório o resultado alcançado em um determinado período. Demonstra os aumentos e as diminuições no patrimônio líquido da empresa. É a demonstração das contas de receitas, custos e despesas na produção de bens e/ou serviços.

Esse demonstrativo poderá ser elaborado de uma forma geral que obedeça às exigências legais e fiscais e que, também, forneça à administração geral os resultados obtidos em cada centro de custo da empresa (quadros 3 e 4).

QUADRO 3. DEMONSTRAÇÃO GERAL DO RESULTADO DO EXERCÍCIO	
	Receita bruta
(-)	Impostos e deduções
(=)	Receita líquida
(-)	Custos operacionais
(=)	Lucro operacional bruto
(-)	Despesas operacionais
(=)	Lucro operacional
(+/-)	Resultados financeiros
(+/-)	Resultados não operacionais
(=)	Lucro antes do imposto de renda (Lair)
(-)	Provisão do imposto de renda
(=)	Lucro ou prejuízo líquido

QUADRO 4. DEMONSTRAÇÃO DO RESULTADO DO EXERCÍCIO POR CENTROS DE CUSTOS					
	Hospedagem	Alimentos & bebidas	Lavanderia	Administração	Vendas
Receita bruta					
(–) Impostos e deduções					
(=) Receita líquida					
(–) Custos operacionais					
(=) Lucro operacional bruto					
(–) Despesas operacionais					
(=) Lucro operacional					
(+/–) Resultados financeiros					
(+/–) Resultados não operacionais					
(=) Lair					
(–) Provisão imposto de renda					
(=) Lucro/prejuízo líquido					

BIBLIOGRAFIA

LEMOS, Leandro de. *Turismo: que negócio é esse? Uma análise da economia do turismo*. 3ª ed. Campinas: Papirus, 2001.

RIBEIRO, Osni Moura. *Contabilidade geral fácil*. 3ª ed. São Paulo: Saraiva, 1999.

Globalização depois de 11 de setembro

*Ercílio A. Denny**

Fala-se de globalização cada vez mais frequentemente. Depois de 11 de setembro de 2001, o debate recebeu novo impulso.

Para estudar com proveito esse tema, contudo, antes de mais nada é oportuno distinguir entre o fenômeno em si e a percepção que se tem dele. As duas coisas deveriam ser, em teoria, correlativas, mas, como muitas vezes acontece quando se fala de grandes fenômenos, não acontece assim.

O primeiro dado a observar é que o fenômeno se desenvolveu antes que se fizesse uma teoria a respeito, como acontece frequentemente na história. Pode-se dizer que entramos na era da globalização privados daqueles instrumentos culturais necessários para entendê-la e interpretá-la. Ainda menos disponíveis são aqueles dados imprescindíveis para regulá-la, pois não é possível dirigir um fenômeno do qual não se conhecem os mecanismos.

O resultado de tal processo é que com o termo "'globalização' se designa confusamente tanto um estado de ânimo ou uma sensação, como uma série de mecanismos reais, sobretudo do tipo econômico-financeiro".[1] Com o fim do socialismo real, muitos veem na globalização o triunfo do capitalismo em escala mundial, sem que exista uma alternativa para se opor a ela. O fenômeno reveste-se de todos aqueles valores negativos, para uns, e positivos, para outros, que eram atribuídos ao capitalismo.

Entendida assim, a globalização exprime para muitos apenas o temor de ser colocado em uma jaula mundial, da qual não se pode fugir e dentro da qual falta ar. Trata-se de um mundo sem alma, que se move rapidamente, mas que não vai a lugar algum. Não se sabe bem quem seja o seu sujeito. Quem se globaliza? As finanças? As multinacionais? A sociedade? Pode-se dizer que muitas coisas se globalizam, mas não os valores pelos quais

---

* Professor da Universidade Metodista de Piracicaba e doutor em direito pela Universidade de São Paulo.
[1] G. Guarino, *Il governo del mondo globali* (Florença: Le Monnier, 2000), p. 34.

vale a pena viver, como a solidariedade ou os direitos humanos, nem as dimensões éticas e o que se poderia colocar no centro do sistema da pessoa humana, em vez das puras dimensões econômicas.

Com os atentados de 11 de setembro alguma coisa mudou. O cenário mundial mostrou que a globalização e o protesto globalizado atingiram cenários e dimensões imprevisíveis. Muitos jornais falaram naqueles dias sobre um golpe mortal na globalização. Pode-se dizer que os atentados de 11 de setembro aceleraram e não diminuíram a globalização. Se uma das características desta é a superação das fronteiras nacionais e do poder dos Estados, hoje também estão globalizados o medo e o terrorismo, que vêm um pouco do interior e um pouco do exterior, sem que haja um "inimigo", um Estado ou organização criminal.

Os atentados demonstraram duas coisas:

a) primeiro, que o conceito de segurança nacional não existe mais, e que nenhum Estado, nem o mais poderoso, pode sentir-se seguro em seu próprio território;

b) que a globalização é vivida por boa parte do mundo como ocidentalização ou como um novo colonialismo, e é em razão disto vista com suspeita e combatida por organizações que sabem usar muito bem os instrumentos-símbolos desse processo.

Mas também para quem olha a globalização de uma perspectiva mais benévola, esta constitui uma representação do mundo, uma ressonância. Os fatos não são, jamais, independentes do olhar com que são observados. É preciso compreender que a viagem para as férias faz parte das próprias férias. A humanidade pensa a si mesma como uma comunidade com fronteiras planetárias, que tem necessidade de descobrir os próprios limites. A característica do tempo atual é a consciência de viver em um único contexto, entendido como característica do tempo atual.

Pode-se dizer que depois de 11 de setembro de 2001 aumentou a necessidade de os Estados coordenarem entre si suas ações, e de recuperar para a política, entendida em sentido pleno, muito do espaço que era e que ainda é ocupado por mercadores, financistas e administradores.

Visão técnica

Em nível de governo, todos os países procuram entrar nos mecanismos da globalização; é como se fizessem verdadeiras filas para aderir a ela.

Não existe nenhum governo que se oponha à globalização, nem do Norte do mundo nem do Sul. Os governos dos países subdesenvolvidos veem nela uma grande oportunidade: basta pensar na transferência, para os países pobres, de muitas indústrias norte-americanas, europeias e japonesas, para usufruir dos menores custos da mão de obra e para ganhar novos mercados.

Nenhum operador econômico e nenhum governo sozinho está em condições de impedi-la. Mas isso não significa que não se possa fazer nada, como acontece diante de um fenômeno natural, como um temporal ou um maremoto. Trata-se de um fenômeno humano, e como tal pode ser dirigido e governado.

Os homens começam a tomar consciência de que estão no mesmo barco e de que o mundo está cada vez mais interligado. A discussão acontece sobre o modo como este liame se realiza, sobre quem ganha e quem perde, e de que valores a globalização se faz portadora. No processo já existem regras implícitas, que o acompanham, ditadas muitas vezes pelos países mais fortes, mas que poderiam ser estabelecidas de forma mais humana e democrática.

A globalização não será nem boa nem má, mas será aquilo que os homens e as mulheres do tempo atual saberão fazer dela. Ela é um instrumento, um processo, não uma política. O importante é que seja usada segundo a equidade e de modo ético.

A uma percepção genérica da globalização pode-se contrapor o fenômeno entendido de modo mais específico. Sua dimensão determinante é o fato de que o mundo atual tem como credo a mobilidade, porque foi profundamente mudada a percepção de espaço e de tempo, cujas barreiras parecem anuladas.

A globalização pode ser descrita como um processo crescente de interdependência e de integração, sobretudo econômico-financeira, entre os países de todo o planeta. Ou, ainda, um processo no qual as sociedades estão coligadas por redes com ampla escala de interações econômicas, sociais e políticas. Isso acontece particularmente em algumas regiões; em outras o fenômeno somente começou; e em outras, ainda, é inexistente.

Falando de globalização, vem à mente uma rede que envolve todo o mundo, em malhas sempre mais estreitas. Seu símbolo é a internet. Não é por acaso que se navega por ela utilizando a abreviatura www – *world wide web*, teia de aranha com extensão mundial. Seu instrumento particular é o mercado, que é a única instituição distribuidora de poder que se organizou em rede. Por isso, falando de globalização, se entende sobretudo um fenômeno conexo com a atividade econômica, pela qual é também possível fornecer dados estatísticos quantitativos.

É particularmente perceptível em setores como a informação e o espetáculo, nos quais as notícias e as imagens são transmitidas instantaneamente para qualquer parte do mundo. É um campo no qual podem ser percebidos com maior clareza também os riscos, não devido à falta de profissionalidade dos operadores e dos jornalistas, mas pela presença de um oligopólio das cinco principais agências de informação, das quais provêm 84% das notícias difundidas no mundo, e de um controle das notícias por escopos militares ou econômicos.

Os casos da Guerra do Golfo e do Afeganistão foram um clamoroso exemplo de notícias dadas sem interrupção, mas apenas na medida em que, como disse textualmente o presidente Bush na campanha do Afeganistão, não interferissem com as necessidades e a segurança das operações bélicas.

As informações são afetadas por interesses diversos e mais geralmente por condicionamentos que lhes podem impor a situação, o papel social exercido, e também pelos preconceitos ou prenoções, que podem resultar de sua inserção num contexto social e histórico particular.

Alguns problemas

A globalização não é uma coisa recente. Ela já existiu no passado. O comércio internacional que os fenícios praticavam na Antiguidade ou aquele que se difundiu depois da abertura das vias oceânicas no fim do século XV anteciparam já algumas de suas modalidades.

O que mudou hoje é a velocidade e intensidade do processo, graças às invenções modernas, principalmente nos setores dos transportes e da comunicação, e à sua aplicação em larga escala na economia moderna, acompanhada de uma contínua redução dos custos. Enquanto a potência dos computadores, isto é, a capacidade de elaboração dos dados, aumenta, duplicando a cada dezoito meses (lei de Moore), e a capacidade de comunicação dobra a cada seis meses (lei de Gilder), o seu custo diminui continuamente.

A esses elementos técnicos, juntaram-se algumas decisões políticas, como a de ter desvinculado o dólar do ouro (1971) e a eliminação de qualquer restrição à circulação dos capitais (1974), medidas que podem ser vistas como símbolos. A essas decisões tomadas por Richard Nixon, então presidente da potência líder, os Estados Unidos, se acomodaram rapidamente os outros Estados do planeta.

Se no campo da produção de bens existem fenômenos-símbolos como os *global cars* – carros mundiais –, cujos componentes provêm de partes diferentes do globo, no campo financeiro há uma troca intensíssima e instantânea de valores imensos, superiores àqueles de todas as reservas mundiais dos bancos centrais reunidos – isso acontecendo cotidianamente, sem controle ou regulamentação por nenhuma autoridade. Dos capitais que se movem, em geral apenas virtualmente, apenas uma mínima parte é destinada a financiar o comércio internacional – 96% deles é apenas dinheiro que se move para produzir outro dinheiro.

Trata-se, portanto, de capitais transitórios, definidos por alguns como "amantes infiéis", que podem deixar o país com a mesma rapidez e volatilidade com que entraram, sem trazer nenhum benefício real. Efetuam-se especulações sobre moedas e operações financeiras sem nenhum controle. Não são poucas as grandes empresas industriais que, em alguns anos, ganharam mais com as operações financeiras do que com a venda dos próprios produtos industriais. A economia está se "financeirizando" cada vez mais.

Se a isso se acrescentar a existência, no mundo, de 36 paraísos fiscais, é fácil perceber quanto o mundo financeiro se globalizou, aparentemente livre de vínculos. Estes deveriam ser constituídos sobretudo pelas legislações fiscais, estabelecidas pelos Estados nacionais, mas cuja eficácia só existe dentro das próprias fronteiras. Amiúde fala-se da necessidade de regulamentar o fenômeno, mas, até agora, não se chegou a medidas eficazes.

Como exemplo, basta pensar que a maior das ilhas Cayman, junto à costa americana, com uma superfície de 14 km^2 e 14 mil habitantes, conta com mais de quinhentos bancos. Um banco para cada 28 habitantes. Naturalmente, um visitante não encontraria esses quinhentos bancos, mas, além de alguma instituição de crédito normal, encontraria quinhentas etiquetas e outros tantos computadores, mediante os quais, sem violar as leis do próprio país, é possível transferir quantidades enormes de dinheiro, não necessariamente de proveniência ilícita, mas que se deseja ocultar do fisco. Fenômenos como esse, somados às crescentes desigualdades mundiais – tanto entre países pobres e ricos como no interior de cada país –, mostram o lado negativo de uma globalização não governada adequadamente.

Não faltam os economistas que, entusiasmados com a economia globalizada, pensam que a concentração da riqueza seja condição indispensável para que todos possam ganhar alguma coisa. É claro que falando de médias, alguns benefícios chegaram a todos, diminuindo a pobreza no mundo, se bem que quatro quintos da riqueza produzida estão em poucas mãos...

Governo mundial?

Sem querer repetir as inúmeras propostas para controlar o fenômeno da globalização econômica, mas principalmente a financeira, é interessante indicar algumas tendências sobre as quais existe certa convergência. Todos hoje falam da necessidade de regulamentar essa globalização.

Deve-se lembrar que os fenômenos econômicos não são fins em si mesmos, mas são bons ou maus conforme ajudem ou não as pessoas a crescer e a desenvolver suas potencialidades. É preciso que haja, portanto, também uma globalização dos valores. O sistema de economia de mercado é como uma máquina cujo motor é constituído pelo lucro ou por sua procura.

Ainda que a globalização econômico-financeira seja um fenômeno de grande força, os Estados não são impotentes diante dela. Os maiores Estados têm ainda peso e poder para ditar regras e fazê-las observar. A união entre os Estados reforça, evidentemente, esse poder. A criação da União Europeia foi definida por muita gente como a melhor – e quem sabe a única, até o momento – resposta eficaz dada à globalização. Efetivamente, nos momentos de crise, as economias aderentes à zona do euro puderam defender-se melhor que outras economias avançadas, mas que tinham preferido o isolacionismo.

Fala-se muito sobre regras... Mas se existe um certo consenso sobre a necessidade de regularização, as divergências aparecem logo que se passa a discutir como fazê-la e quem deve fazê-la. Embora se considere a possibilidade de criar um governo mundial, adequado a enfrentar e dirigir um fenômeno que já é dessa escala, na realidade nenhum Estado parece querê-lo verdadeiramente. Assim, desejam-se, antes de mais nada, regras que guiem o fenômeno. Segundo alguns, essas regras, invisíveis, já existem, e são expressões de tendências da economia – mas, nesse caso, seria importante saber quem as estabeleceu, em benefício de quem foram erigidas e até que ponto são reguláveis. De qualquer modo, parece que, em vez de um governo mundial, deseja-se um conjunto de regras.

Competitividade ilimitada e necessidade de reduzir os custos de produção conduziram a numerosas fusões de grandes empresas, acompanhadas de milhares de demissões, ou de sua transferência para países que oferecem melhores condições para o desenvolvimento de sua atividade. Segundo muitos estudiosos, a tendência à concentração e à redução das empresas é inevitável.

Mas há opiniões divergentes dessa. Para outros analistas, a competitividade de várias economias não é devida às grandes empresas, que são poucas e têm tido vida difícil, não obstante as subvenções dos governos, mas a uma miríade de pequenas e médias empresas bem inserida na economia globalizada, graças às numerosas áreas – nichos – em que souberam se organizar e se inserir.

Com o estabelecimento de normas globalizadas, mais honestas e justas para o comércio mundial, como as destinadas a eliminar paraísos fiscais, promover a não transferência ou a instituição de mecanismos que obstaculizem a transferência de capitais de natureza exclusivamente especulativa, será difícil evitar vínculos em alguns setores. A Organização Mundial do Comércio (OMC), dotada de verdadeiro poder deliberativo nas matérias de sua competência, poderia ser um exemplo válido, se gerida com coragem e perspicácia. Muitas vezes os Estados desejam por demais salvar coisas inconciliáveis entre si. Assim, entre soberania nacional, vantagens da globalização e controle dos capitais, um governo pode escolher dois itens, mas perderá o terceiro.

A escolha a ser realizada será uma opção política. Se o mercado for entendido hoje como necessário, ele precisa também de regras e de ver corrigidas as suas distorções e insuficiências. Entretanto, quem deve ditar as regras é a política, inspirada por uma ética adequada e com o propósito de tornar toda a humanidade, em particular os excluídos, participante de um projeto verdadeiramente planetário porque calcado também na solidariedade. O caminho ainda é longo.

BIBLIOGRAFIA

BASSETI, P. *Globali e locali: Timori e speranze della seconda modernità*. Lugano: Casagrande, 2001.

FUKUYAMA, F. *La fine della storia e l'ultimo uomo*. Milão: Rizzoli, 1996.

GUARINO, G. *Il governo del mondo globali*. Florença: Le monnier, 2000.

HUNTINGTON, P. *Lo scontro delle civiltà e il nuovo ordine mondiale*. Milão: Gaizanti, 1997.

PAPINI, R. *Abitare la società globale: per una globalizzazione sostenible*. Napoles: ESI, 1997.

ROBERTSON, R. *Globalizzazione*. Trieste: Asterior, 1999.

SOROS, G. *La società aperta: per una riforma del capitalismo internazionale*. Milão: Ponte Alle Grazie, 2001.

Turismo, terceira idade e tempo livre

*Rui Aurélio de Lacerda Badaró**

Honesto ocio post labore ad reparandam...

O tempo livre e seus caracteres: breve conceituação

Segundo F. Munné, "o tempo livre consiste num modo de manifestar o tempo social, pessoalmente sentido como livre, e pelo qual o homem se autocondiciona para se compensar e, finalmente, se afirmar individual e socialmente".[1]

Sintetizando seu pensamento e observando os principais autores que versam sobre a sociedade do tempo livre, pode-se concluir que este é um tempo de liberdade para a liberdade. Nesse sentido, o tempo livre é sentido e vivido livremente pela pessoa, uma vez que ela o dedica de modo efetivo a atividades realmente autocondicionadas, ou seja, que manifestam liberdade.[2]

O conteúdo do tempo livre está concretamente construído por prática de descanso, recreação e criação, que se expandem funcionalmente e entram em contradição com a realidade, transformando-a. Essas atividades têm por objetivo a compensação e a autoafirmação da personalidade, tanto individual quanto socialmente.

---

[*] Mestrando em direito pela Universidade Metodista de Piracicaba. Cursou direito internacional público e privado na Université de Paris I – Panthéon Sorbonne e direito do turismo na Université de Paris X – Nanterre. Membro do Centre de Droit du Tourisme et de la Montagne, sediado em Paris; presidente do Instituto Brasileiro de Ciências e Direito do Turismo (IBCDTur); coordenador do Núcleo de Estudos de Direito do Turismo (Neditur); professor dos cursos Turismo e Administração Hoteleira da Faculdade de Direito da Universidade Metodista de Piracicaba e professor da disciplina Ética e Legislação aplicada ao turismo na Pontifícia Universidade Católica de Campinas no Bacharelado em Turismo e da disciplina Gestão Pública e Política do turismo na pós-graduação em Engenharia do turismo.

[1] F. Munné, *Psicosociología del tiempo libre: un enfoque crítico* (México: Trillas, 1980), p. 76.

[2] Cf. P. Waichman, *Tiempo libre y recreación: un desafio pedagógico* (México: Trillas, 1993), p. 111.

Dessa maneira, é possível ainda definir descritivamente o tempo livre como um [...] modo de manifestar-se o tempo pessoal, que é sentido como livre quando dedicado a atividades autocondicionadas de descanso, recreação e criação para compensar-se, e, por último, afirmar-se a pessoa individual e socialmente.[3]

Claro se mostra que o tempo livre já não será tempo desocupado nem liberado de obrigações, mas "[...] um tempo de liberdade para a liberdade, como transformação do homem e não das coisas, já que isso corresponde estritamente ao trabalho".[4]

DICOTOMIA ENTRE TRABALHO E ÓCIO

Trabalho e tempo livre apresentam-se como extremos de uma polaridade, sendo vividos desse modo cotidianamente. Entretanto, cabe esclarecer se isso é uma realidade em si ou um modo de entender a realidade.

O tradicionalismo impõe um modelo social em que o trabalho é o tempo principal, necessário, uma vez que é o único "produtivo", segundo sua ética social.[5] Observa-se esse rigor nas máximas "tempo é dinheiro" ou "o ócio é a mãe de todos os vícios". Em suma, nota-se comumente que quando se trabalha é porque não se está ocioso e vice-versa.

Segundo, porém, Huizinga, a divisão entre trabalho e ócio não existe, uma vez que por meio de uma visão integradora do homem se pode concluir que o jogo foi o substrato para a origem de muitas culturas, entre as quais a do trabalho.[6]

Nesse sentido, o eixo de análise é a ocupação obrigatória ou sua inexistência, e não a outorga de uma característica ao ócio como oposição ao trabalho. Assim, torna-se claro que o ócio é concebido como um resíduo temporal pós-labor e obrigações cotidianas. Ressalta-se que a oposição entre trabalho e ócio, tempo livre, continua em vigor, devendo porém esses termos ser substituídos, respectivamente, por obrigação e liberdade.

OBRIGAÇÃO E LIBERDADE

A liberdade concreta, efetiva, consiste na superação das condições estabelecidas pelo exterior; significa uma tomada de responsabilidade sobre as próprias condições de cada indivíduo. As condições estabelecidas pelo exterior não implicam a negação da obrigação

---

[3] F. Munné, *Psicosociología del tiempo libre: un enfoque crítico*, cit., p. 76.
[4] B. Grushin, *El tiempo libre* (22ª ed. Montevidéu: Pueblos Unidos, 2002), p. 34.
[5] P. Waichman, *Tiempo libre y recreación: un desafío pedagógico*, cit., p. 74.
[6] Cf. J. Huizinga, *Homo ludens* (Buenos Aires: Emecé, 1968).

estabelecida, mas sim a busca pela incorporação dessa obrigação como algo próprio de cada indivíduo, consoante a necessidade.[7]

Dessa maneira, entende-se que o homem se fará livre numa sociedade ou comunidade determinada desde que supere as condições exteriores que venham a lhe impor limitações.

Dessume-se que o ócio não implica liberdade, mas a possibilidade de proporcioná-la. Percebe-se também, aliás, que a "indústria do ócio"[8] induz a um comportamento heterocondicionado durante o tempo liberado de obrigações, fazendo, portanto, com que o indivíduo haja de maneira não livre.

Todo ócio, necessariamente, exige obrigações e liberdades, de modo que, havendo um grau maior de liberdade, ou seja, de autocondicionamento, esse ócio se torna tempo livre.

TEMPO LIVRE

Finalmente, tempo livre é aquele no qual o homem age por sua própria necessidade autocriada. O heterocondicionamento é mínimo, e o indivíduo estabelece as condições para cada atividade. Isso supõe um "fazer o que eu quero".

Assim, é possível notar que o indivíduo estabelece que parte de seu tempo é vivido como livre. A esse respeito, Munné ensina que "um modo de entender o tempo livre é [...] conceber o ócio como um fenômeno de natureza subjetiva, isto é, o tempo no qual trabalhamos de acordo com nosso gosto ou fazemos o que queremos".[9]

Essa concepção subjetivista manteria a oposição entre tempo livre e não livre como, por exemplo, tempo livre e trabalho, considerando o primeiro como aquele em que se faz o que se quer. Contudo, cabe alertar que se o sentido do tempo livre residisse apenas em ser gratificante – ou seja, vivenciado apenas pelo indivíduo –, não seria coerente falar do tempo livre em nível social.

Na realidade, o tempo livre desempenha o papel de compensador social e principalmente laboral. Assim, acima de promover uma liberação, o tempo livre tem por função corrigir ou reorganizar o indivíduo para que este possa atingir novamente o equilíbrio, compensando, dessa maneira, os efeitos negativos do trabalho.[10]

---

[7] Cf. J.B. Pinto, *Educación liberadora: diménsion teórica y metodológica* (Buenos Aires: Búsqueda, 1976).
[8] Pode-se entender como indústria do ócio tudo aquilo que é produzido para proporcionar lazer no tempo de não trabalho; por exemplo, DVDs, televisão, CD-ROM, brinquedos eletrônicos, etc.
[9] F. Munné, *Psicosociología del tiempo libre: un enfoque crítico*, cit., p. 23.
[10] *Ibid.*, p. 88.

Einrich Weber menciona as funções compensatórias do tempo livre, *in stricto sensu*, como sendo

> [...] a distração e o prazer, já que tendem à variação e à mudança para compensar a carga e a limitação que representa a monotonia do trabalho uniforme e planejado; o recolhimento e a solidão, para compensar a celeuma, a agitação provocada pelo barulho e a pressa modernos e o desassossego interior; a individualização, que enriquece o ser interior e o relacionamento consigo mesmo, para compensar a pressão da conformidade, da uniformidade e do nivelamento atuais e, por fim, as relações interpessoais, para compensar sua carência na vida de trabalho.[11]

No tempo plenamente livre, a necessidade de liberdade muda para uma liberdade da necessidade. Esse caminho do tempo para a liberdade não é mais do que o caminho do homem em busca do homem. Desse modo, "a função do tempo livre consiste em possibilitar ao homem ser homem, nisso reside seu sentido pleno".[12]

Terceira idade e tempo livre

O tempo livre, para a terceira idade, pode ser visto sob aspecto negativo e positivo. Sob um ponto de vista, conforme ressalta Denny, o tempo livre representa o resultado de uma dissociação progressiva, visto que há uma mudança no ritmo existencial do ancião.

É necessário um novo relacionamento com a abundância de tempo disponível, dado que as atividades determinadas não mais existem. As atividades laborais são subtraídas ao ancião, abrindo, assim, um espaço de tempo inquietante em um primeiro momento.

A dissociação torna-se evidente quando a célula *mater*, a família, desmancha-se com a saída dos filhos, que já não sentem a necessidade dos pais, que passam a exercer uma função de conselho para eles.

Sob um ângulo crítico, Denny traz à tona a questão dos lares de repouso para velhos, que representariam o ponto máximo da dissociação entre a vida laborativa, proativa, e a nova realidade em que passam a se inserir os anciãos.

---

[11] E. Weber, *El problema del tiempo libre. Estudio antropológico y pedagógico* (19ª ed. Madri: Nacional, 2001), p. 53.
[12] J. Leif, *Tiempo libre y tiempo para uno mismo* (Madri: Narcea, 1992), p. 89.

Destarte, observa-se que o processo de dissocialização necessariamente implica um "desenraizamento do ambiente de vida mais familiar, uma verdadeira libertação para uma vida nova, segundo as próprias modalidades".[13]

Quanto às atividades de semiócio, segundo Grushin, uma vez que não dependem da decisão ou da escolha de quem as realiza, não são livres, mas necessárias, obrigatórias. Apesar de constituírem práticas realizadas no tempo de não trabalho, continuam se realizando num tempo obrigado, não se configurando como tempo livre.[14]

Dessa maneira, é fato que os anciãos encaram como tempo livre apenas aquela porção do tempo que não necessitam empregar para a alimentação, para lavar e passar roupas ou para a limpeza do lar.

O problema é que para cada forma de envelhecimento advém uma dificuldade de transição, e a grande tarefa, nesse processo, está em criar uma nova estrutura de vida. Dessa maneira, a manutenção e a limpeza do lar passam a ser encarados como labor para os anciãos.

Mesmo que não haja uma estrutura temporal para a execução das atividades, existe uma ordem em que elas são feitas, cumpridas. Como bem ressalta Denny, "esta soberania sobre o tempo torna possível viver em dois mundos diferentes: naquele da ordem que ainda recorda os dias de trabalho e naquele da grande liberdade no qual o aposentado é o rei de si mesmo".[15]

Nesse sentido, a soberania sobre o tempo pode ser encarada como um fator positivo para os anciãos, uma vez que podem desenvolver realmente atividades compensatórias pelo período laborativo, gozando, destarte, do repouso, do descanso merecido. Nesse contexto, o desenvolvimento no tempo livre de atividades esportivas, artísticas, artesanais e turísticas evidencia-se e permeia a realidade dos anciãos.

Turismo e terceira idade

Os anciãos, como forma de aproveitamento do tempo livre, podem desenvolver diversas atividades de cunho compensatório pelos anos de trabalho e, dentre elas, o turismo, que se revela uma opção deveras gratificante.

A terceira idade, utilizando-se do tempo livre, tem maior disponibilidade para passear, viajar, enfim, para o turismo em geral. Assim, esse consiste, para a terceira idade, em

---

[13] E. Denny, *Interpretar e agir* (Capivari: Opinião, 2002), p. 117.
[14] Cf. B. Grushin, *El tiempo libre*, cit.
[15] E. Denny, *Interpretar e agir*, cit., p. 118.

um "turismo planejado para as necessidades e possibilidades dos anciãos, que dispõem de tempo livre e condições socioeconômicas que lhes permitem gozar de atividades sociais, de lazer, cultura, e de viagens".[16]

No Brasil, esse tipo de turismo segmentado está crescendo rapidamente, devido ao aumento da população idosa e, principalmente, à conscientização acerca da importância da atividade física, da reciclagem cultural e do contato com outras comunidades, necessidades que o turismo pode suprir.

A natureza da relação entre terceira idade e turismo fica, assim, evidente, dado que o primeiro atua como meio de proporcionar as mais diversas atividades físicas, tratamentos de saúde, contatos sociais e com novas culturas ao segundo. Muitas são as cidades no Brasil que vêm se especializando nesse setor do turismo, uma vez que se encaixam no perfil exigido pelo público que dele usufrui.

Nesse sentido, o Instituto Brasileiro de Turismo (Embratur), atento aos anseios do turismo nacional, estabeleceu uma política nacional para o idoso – criada pela Lei nº 8.842/94 e regulamentada pelo Decreto nº 1.948/96 –, que tem por objetivo propiciar a melhoria da qualidade de vida, por intermédio do lazer e do turismo, para brasileiros com mais de 50 anos de idade.[17]

A política da Embratur, denominada Melhor Idade, visa promover ações direcionadas a possibilitar que populações marginalizadas no mercado turístico – no caso, os anciãos – tenham acesso ao turismo doméstico. Assim, o instituto tem buscado sensibilizar o *trade* turístico a aderir a essa proposta, incentivando-o a oferecer programas específicos, a preços reduzidos, na baixa estação.[18]

É possível observar que o Brasil se tem desenvolvido nesse campo, em harmonia com as últimas tendências mundiais. O encorajamento para desfrutar as oportunidades do tempo livre confere à terceira idade uma visão positiva e otimista. O sentimento de realizar desejos que, de alguma forma, foram deixados de lado em prol do sucesso profissional ou familiar evidencia-se nesse contexto de aproveitamento do tempo livre.

A esse respeito, porém, Denny adverte que

> [...] é preciso compreender que a velhice é ligada também a experiências de limitação e de uma eficiência declinante. A velhice é a morte prolongada no curso dos anos. De tal modo

---

[16] R. A. De Lacerda Badaró, *Direito do turismo: aspectos conceituais*, apostila (Águas de São Pedro: Senac, 2001), p. 34.
[17] *Ibid.*, p. 40.
[18] Cf. Embratur, http://www.brasil.embratur.gov.br.

este tempo tem a sua seriedade específica, que se mostra de maneira diferente de pessoa a pessoa segundo as circunstâncias.[19]

Nesse sentido, a soberania sobre o tempo não se torna vã, pela dissipação, quando se determina pessoal e resolutamente o tempo que ainda é dado na sua intensidade e duração.[20]

O ser humano, em sua totalidade, encontra sempre a si mesmo na música, na dança, na arte, no jogo e naquilo que lhe proporciona alegria. O turismo, por sua vez, pode evidenciar as mais diversificadas formas de alegria para os mais diversificados públicos da terceira idade, visto que pode ser individualizado conforme o gosto de cada um ou de cada grupo.

Conclusão

O conteúdo do tempo livre está concretamente constituído por práticas de descanso, recreação e criação, que se expandem funcionalmente e entram em contradição com a realidade, transformando-a. Essas atividades têm por objetivo a compensação e a autoafirmação da personalidade, tanto individual quanto socialmente.

Assim ocorre na terceira idade. A dissociação dos valores arraigados ao longo da vida laborativa e familiar faz com que a pessoa que atingiu a terceira idade mergulhe em um período de insegurança e incerteza, dado o novo momento que passa a vivenciar. É tempo de ser soberano de seu próprio tempo, mas, para isso, é necessário aprender a lidar com a abundância de tempo que agora lhe assiste.

Atividades consideradas semiócio passam a ser encaradas como laborativas pela terceira idade, ao passo que o tempo livre é visto apenas como aquele em que não é necessário executar nenhuma atividade obrigada, como, por exemplo, manutenção e limpeza da casa, consultas médicas, tratamentos e outros.

O tempo livre, na terceira idade, pode ser avaliado positiva ou negativamente. A presente análise optou por apontar seu caráter positivo, embora faça algumas advertências no tocante à fragilidade como condição inerente à terceira idade.

O turismo surge, pois, como um instrumento, um meio compensador para a terceira idade, reunindo as mais diversas atividades compensatórias para os anciãos e indicando a possibilidade de realização de sonhos como o de conhecer novas culturas e comunidades.

---

[19] E. Denny, *Interpretar e agir*, cit., p. 122.
[20] *Ibidem.*

Por fim, sem esquecer que a terceira idade "indubitavelmente tende ao retiro, ao isolamento, à solidão, ao mutismo, a atitudes de vida antissocial",[21] o mercado de turismo pode representar uma opção de acesso a uma comunidade solidária, amiga, atuando como verdadeiro suporte para o aproveitamento do tempo livre do idoso.

BIBLIOGRAFIA

BOSCO PINTO, J. *Educación liberadora. Diménsion teórica y metodológica*. Buenos Aires: Búsqueda, 1976.

BADARÓ, R. A. *Direito do Turismo: aspectos conceituais*. Águas de São Pedro: Senac, 2001.

DENNY, E. *Interpretar e agir*. Capivari: Opinião, 2002.

EMBRATUR. *Instituto Brasileiro de Turismo*. Disponível em http://www.brasil.embratur.gov.br. Acesso em 24 abr. 2014.

GRUSHIN, B. *El tiempo libre*. 22ª ed. Montevidéu: Pueblos Unidos, 2002.

HUIZINGA, J. *Homo ludens*. Buenos Aires: Emecé, 1968.

LEIF, J. *Tiempo libre y tiempo para uno mismo*. Madrid: Narcea, 1992.

MUNNÉ, F. *Psicosociología del tiempo libre. Un enfoque crítico*. México: Trillas, 1980.

WAICHMAN, P. *Tiempo libre y recreación: un desafio pedagógico*. México: Trillas, 1993.

WEBER, E. *El problema del tiempo libre. Estudio antropológico y pedagógico*. Madrid: Nacional, 2001.

---

[21] *Ibidem*.

Considerações finais

O turismo movimenta mais de cinquenta setores da economia, gerando renda, empregos e desenvolvimento social. A sustentabilidade de seu desenvolvimento, bem como a regulação do setor, encontra-se atrelada à maturidade de seus atores (administração pública e iniciativa privada). A primeira década do século XXI trouxe uma série de inovações para o setor. O reconhecimento da Organização Mundial do Turismo (OMT) como agência especializada da ONU no ano de 2004, a participação nos foros de discussões sobre as mudanças climáticas, o comércio internacional, o combate ao tráfico internacional de pessoas, dentre outros, externaram a importância da atividade no seio da sociedade internacional.

O turismo preenche funções sociais múltiplas e tende a tornar-se um bem primário. O crescimento do sentimento de frustração das pessoas que não viajam, não usufruem, ou mesmo não possuem suas férias, prova que o turismo constitui um dos direitos do homem. Sua importância resulta de sua característica de transcender experiências, de revelar-se tão importante para a economia quanto para a sociedade, a política e o direito. O turismo implica um encontro de povos e sociedades diferentes, podendo ser fator determinante de socialização, de mudança e garantia da paz; contudo, porém, também traz consigo verdadeira fonte de problemas, temores e conflitos.

Os últimos dez anos foram efusivos para o direito do turismo no Brasil. Em 2008 entrou em vigor a Lei 11.771/08 – Lei do Turismo, e na sequência ocorreu sua regulamentação. As estruturas administrativas do turismo brasileiro experimentaram momentos de desenvolvimento e muitos foram os foros para debater a legislação turística e um possível direito do turismo.

Observando essas particularidades, ocorreu em 2002 na Estância Turística de Águas de São Pedro, no mês de setembro, nas dependências do Grande Hotel São Pedro, o I Encontro de Direito do Turismo (Editur), que teve por eixo temático o tópico "A importância do direito para o turismo". Idealizado pelo prof. Rui Aurélio de Lacerda Badaró, o I Editur reuniu juristas brasileiros e europeus para debater as convergências entre o direito e o turismo.

Os resultados do evento foram a criação do Instituto Brasileiro de Ciências e Direito do Turismo (IBCDTur), bem como a publicação desta obra, cujos ensaios puderam ser aqui conferidos. Se a tônica da primeira edição era o fomento de material doutrinário para a consolidação de um direito do turismo no Brasil, esta segunda edição enfatizou o direito internacional do turismo e seu franco desenvolvimento, bem como as relações consumeristas sob o prisma do direito.

Finalmente, *Turismo e direito: convergências* pretende ser uma obra em constante evolução, atendendo às necessidades dos juristas que atuam na área turística, bem como balizando o conhecimento jurídico relacionado ao turismo para os profissionais da área.

Anexos

Lei do Turismo | Lei nº 11.771, de 17 de setembro de 2008

Parte inferior do formulário
Dispõe sobre a Política Nacional de Turismo, define as atribuições do Governo Federal no planejamento, desenvolvimento e estímulo ao setor turístico; revoga a Lei no 6.505, de 13 de dezembro de 1977, o Decreto-Lei nº 2.294, de 21 de novembro de 1986, e dispositivos da Lei no 8.181, de 28 de março de 1991; e dá outras providências.

O PRESIDENTE DA REPÚBLICA Faço saber que o Congresso Nacional decreta e eu sanciono a seguinte Lei:

CAPÍTULO I
DISPOSIÇÕES PRELIMINARES
Art. 1º Esta Lei estabelece normas sobre a Política Nacional de Turismo, define as atribuições do Governo Federal no planejamento, desenvolvimento e estímulo ao setor turístico e disciplina a prestação de serviços turísticos, o cadastro, a classificação e a fiscalização dos prestadores de serviços turísticos.
Art. 2º Para os fins desta Lei, considera-se turismo as atividades realizadas por pessoas físicas durante viagens e estadas em lugares diferentes do seu entorno habitual, por um período inferior a 1 (um) ano, com finalidade de lazer, negócios ou outras.
Parágrafo único. As viagens e estadas de que trata o *caput* deste artigo devem gerar movimentação econômica, trabalho, emprego, renda e receitas públicas, constituindo-se instrumento de desenvolvimento econômico e social, promoção e diversidade cultural e preservação da biodiversidade.
Art. 3º Caberá ao Ministério do Turismo estabelecer a Política Nacional de Turismo, planejar, fomentar, regulamentar, coordenar e fiscalizar a atividade turística, bem como promover e divulgar institucionalmente o turismo em âmbito nacional e internacional.
Parágrafo único. O poder público atuará, mediante apoio técnico, logístico e financeiro, na consolidação do turismo como importante fator de desenvolvimento sustentável, de distribuição de renda, de geração de emprego e da conservação do patrimônio natural, cultural e turístico brasileiro.

CAPÍTULO II
DA POLÍTICA, DO PLANO E DO SISTEMA NACIONAL DE TURISMO

Seção I
Da Política Nacional de Turismo
Subseção I
Dos Princípios
Art. 4º A Política Nacional de Turismo é regida por um conjunto de leis e normas, voltadas ao planejamento e ordenamento do setor, e por diretrizes, metas e programas definidos no Plano Nacional do Turismo - PNT estabelecido pelo Governo Federal.
Parágrafo único. A Política Nacional de Turismo obedecerá aos princípios constitucionais da livre iniciativa,

da descentralização, da regionalização e do desenvolvimento econômico-social justo e sustentável.

Subseção II
Dos Objetivos
Art. 5º A Política Nacional de Turismo tem por objetivos:
I - democratizar e propiciar o acesso ao turismo no País a todos os segmentos populacionais, contribuindo para a elevação do bem-estar geral;
II - reduzir as disparidades sociais e econômicas de ordem regional, promovendo a inclusão social pelo crescimento da oferta de trabalho e melhor distribuição de renda;
III - ampliar os fluxos turísticos, a permanência e o gasto médio dos turistas nacionais e estrangeiros no País, mediante a promoção e o apoio ao desenvolvimento do produto turístico brasileiro;
IV - estimular a criação, a consolidação e a difusão dos produtos e destinos turísticos brasileiros, com vistas em atrair turistas nacionais e estrangeiros, diversificando os fluxos entre as unidades da Federação e buscando beneficiar, especialmente, as regiões de menor nível de desenvolvimento econômico e social;
V - propiciar o suporte a programas estratégicos de captação e apoio à realização de feiras e exposições de negócios, viagens de incentivo, congressos e eventos nacionais e internacionais;
VI - promover, descentralizar e regionalizar o turismo, estimulando Estados, Distrito Federal e Municípios a planejar, em seus territórios, as atividades turísticas de forma sustentável e segura, inclusive entre si, com o envolvimento e a efetiva participação das comunidades receptoras nos benefícios advindos da atividade econômica;
VII - criar e implantar empreendimentos destinados às atividades de expressão cultural, de animação turística, entretenimento e lazer e de outros atrativos com capacidade de retenção e prolongamento do tempo de permanência dos turistas nas localidades;
VIII - propiciar a prática de turismo sustentável nas áreas naturais, promovendo a atividade como veículo de educação e interpretação ambiental e incentivando a adoção de condutas e práticas de mínimo impacto compatíveis com a conservação do meio ambiente natural;
IX - preservar a identidade cultural das comunidades e populações tradicionais eventualmente afetadas pela atividade turística;
X - prevenir e combater as atividades turísticas relacionadas aos abusos de natureza sexual e outras que afetem a dignidade humana, respeitadas as competências dos diversos órgãos governamentais envolvidos;
XI - desenvolver, ordenar e promover os diversos segmentos turísticos;
XII - implementar o inventário do patrimônio turístico nacional, atualizando-o regularmente;
XIII - propiciar os recursos necessários para investimentos e aproveitamento do espaço turístico nacional de forma a permitir a ampliação, a diversificação, a modernização e a segurança dos equipamentos e serviços turísticos, adequando-os às preferências da demanda, e, também, às características ambientais e socioeconômicas regionais existentes;
XIV - aumentar e diversificar linhas de financiamentos para empreendimentos turísticos e para o desenvolvimento das pequenas e microempresas do setor pelos bancos e agências de desenvolvimento oficiais;
XV - contribuir para o alcance de política tributária justa e equânime, nas esferas federal, estadual, distrital e municipal, para as diversas entidades componentes da cadeia produtiva do turismo;
XVI - promover a integração do setor privado como agente complementar de financiamento em infraestrutura e serviços públicos necessários ao desenvolvimento turístico;

XVII - propiciar a competitividade do setor por meio da melhoria da qualidade, eficiência e segurança na prestação dos serviços, da busca da originalidade e do aumento da produtividade dos agentes públicos e empreendedores turísticos privados;

XVIII - estabelecer padrões e normas de qualidade, eficiência e segurança na prestação de serviços por parte dos operadores, empreendimentos e equipamentos turísticos;

XIX - promover a formação, o aperfeiçoamento, a qualificação e a capacitação de recursos humanos para a área do turismo, bem como a implementação de políticas que viabilizem a colocação profissional no mercado de trabalho; e

XX - implementar a produção, a sistematização e o intercâmbio de dados estatísticos e informações relativas às atividades e aos empreendimentos turísticos instalados no País, integrando as universidades e os institutos de pesquisa públicos e privados na análise desses dados, na busca da melhoria da qualidade e credibilidade dos relatórios estatísticos sobre o setor turístico brasileiro.

Parágrafo único. Quando se tratar de unidades de conservação, o turismo será desenvolvido em consonância com seus objetivos de criação e com o disposto no plano de manejo da unidade.

Seção II
Do Plano Nacional de Turismo - PNT

Art. 6º O Plano Nacional de Turismo - PNT será elaborado pelo Ministério do Turismo, ouvidos os segmentos públicos e privados interessados, inclusive o Conselho Nacional de Turismo, e aprovado pelo Presidente da República, com o intuito de promover:

I - a política de crédito para o setor, nela incluídos agentes financeiros, linhas de financiamento e custo financeiro;

II - a boa imagem do produto turístico brasileiro no mercado nacional e internacional;

III - a vinda de turistas estrangeiros e a movimentação de turistas no mercado interno;

IV - maior aporte de divisas ao balanço de pagamentos;

V - a incorporação de segmentos especiais de demanda ao mercado interno, em especial os idosos, os jovens e as pessoas portadoras de deficiência ou com mobilidade reduzida, pelo incentivo a programas de descontos e facilitação de deslocamentos, hospedagem e fruição dos produtos turísticos em geral e campanhas institucionais de promoção;

VI - a proteção do meio ambiente, da biodiversidade e do patrimônio cultural de interesse turístico;

VII - a atenuação de passivos socioambientais eventualmente provocados pela atividade turística;

VIII - o estímulo ao turismo responsável praticado em áreas naturais protegidas ou não;

IX - a orientação às ações do setor privado, fornecendo aos agentes econômicos subsídios para planejar e executar suas atividades; e

X - a informação da sociedade e do cidadão sobre a importância econômica e social do turismo.

Parágrafo único. O PNT terá suas metas e programas revistos a cada 4 (quatro) anos, em consonância com o plano plurianual, ou quando necessário, observado o interesse público, tendo por objetivo ordenar as ações do setor público, orientando o esforço do Estado e a utilização dos recursos públicos para o desenvolvimento do turismo.

Art. 7º O Ministério do Turismo, em parceria com outros órgãos e entidades integrantes da administração pública, publicará, anualmente, relatórios, estatísticas e balanços, consolidando e divulgando dados e informações sobre:

I - movimento turístico receptivo e emissivo;

II - atividades turísticas e seus efeitos sobre o balanço de pagamentos; e

III - efeitos econômicos e sociais advindos da atividade turística.

**Seção III
Do Sistema Nacional de Turismo**

Subseção I
Da Organização e Composição
Art. 8º Fica instituído o Sistema Nacional de Turismo, composto pelos seguintes órgãos e entidades:
I - Ministério do Turismo;
II - EMBRATUR - Instituto Brasileiro de Turismo;
III - Conselho Nacional de Turismo; e
IV - Fórum Nacional de Secretários e Dirigentes Estaduais de Turismo.
§ 1º Poderão ainda integrar o Sistema:
I - os fóruns e conselhos estaduais de turismo;
II - os órgãos estaduais de turismo; e
III - as instâncias de governança macrorregionais, regionais e municipais.
§ 2º O Ministério do Turismo, Órgão Central do Sistema Nacional de Turismo, no âmbito de sua atuação, coordenará os programas de desenvolvimento do turismo, em interação com os demais integrantes.

Subseção II
Dos Objetivos
Art. 9º O Sistema Nacional de Turismo tem por objetivo promover o desenvolvimento das atividades turísticas, de forma sustentável, pela coordenação e integração das iniciativas oficiais com as do setor produtivo, de modo a:
I - atingir as metas do PNT;
II - estimular a integração dos diversos segmentos do setor, atuando em regime de cooperação com os órgãos públicos, entidades de classe e associações representativas voltadas à atividade turística;
III - promover a regionalização do turismo, mediante o incentivo à criação de organismos autônomos e de leis facilitadoras do desenvolvimento do setor, descentralizando a sua gestão; e
IV - promover a melhoria da qualidade dos serviços turísticos prestados no País.
Parágrafo único. Os órgãos e entidades que compõem o Sistema Nacional de Turismo, observadas as respectivas áreas de competência, deverão orientar-se, ainda, no sentido de:
I - definir os critérios que permitam caracterizar as atividades turísticas e dar homogeneidade à terminologia específica do setor;
II - promover os levantamentos necessários ao inventário da oferta turística nacional e ao estudo de demanda turística, nacional e internacional, com vistas em estabelecer parâmetros que orientem a elaboração e execução do PNT;
III - proceder a estudos e diligências voltados à quantificação, caracterização e regulamentação das ocupações e atividades, no âmbito gerencial e operacional, do setor turístico e à demanda e oferta de pessoal qualificado para o turismo;
IV - articular, perante os órgãos competentes, a promoção, o planejamento e a execução de obras de infraestrutura, tendo em vista o seu aproveitamento para finalidades turísticas;
V - promover o intercâmbio com entidades nacionais e internacionais vinculadas direta ou indiretamente ao turismo;
VI - propor o tombamento e a desapropriação por interesse social de bens móveis e imóveis, monumentos naturais, sítios ou paisagens cuja conservação seja de interesse público, dado seu valor cultural e de potencial turístico;
VII - propor aos órgãos ambientais competentes a criação de unidades de conservação, considerando áreas de grande beleza cênica e interesse turístico; e
VIII - implantar sinalização turística de caráter informativo, educativo e, quando necessário, restritivo, uti-

lizando linguagem visual padronizada nacionalmente, observados os indicadores de sinalização turística utilizados pela Organização Mundial de Turismo.

CAPÍTULO III
DA COORDENAÇÃO E INTEGRAÇÃO DE DECISÕES E AÇÕES NO PLANO FEDERAL

Seção Única
Das Ações, Planos e Programas

Art. 10. O poder público federal promoverá a racionalização e o desenvolvimento uniforme e orgânico da atividade turística, tanto na esfera pública como privada, mediante programas e projetos consoantes com a Política Nacional de Turismo e demais políticas públicas pertinentes, mantendo a devida conformidade com as metas fixadas no PNT.

Art. 11. Fica criado o Comitê Interministerial de Facilitação Turística, com a finalidade de compatibilizar a execução da Política Nacional de Turismo e a consecução das metas do PNT com as demais políticas públicas, de forma que os planos, programas e projetos das diversas áreas do Governo Federal venham a incentivar:

I - a política de crédito e financiamento ao setor;

II - a adoção de instrumentos tributários de fomento à atividade turística mercantil, tanto no consumo como na produção;

III - o incremento ao turismo pela promoção adequada de tarifas aeroportuárias, em especial a tarifa de embarque, preços de passagens, tarifas diferenciadas ou estimuladoras relativas ao transporte turístico;

IV - as condições para afretamento relativas ao transporte turístico;

V - a facilitação de exigências, condições e formalidades, estabelecidas para o ingresso, saída e permanência de turistas no País, e as respectivas medidas de controle adotadas nos portos, aeroportos e postos de fronteira, respeitadas as competências dos diversos órgãos governamentais envolvidos;

VI - o levantamento de informações quanto à procedência e nacionalidade dos turistas estrangeiros, faixa etária, motivo da viagem e permanência estimada no País;

VII - a metodologia e o cálculo da receita turística contabilizada no balanço de pagamentos das contas nacionais;

VIII - a formação, a capacitação profissional, a qualificação, o treinamento e a reciclagem de mão de obra para o setor turístico e sua colocação no mercado de trabalho;

IX - o aproveitamento turístico de feiras, exposições de negócios, congressos e simpósios internacionais, apoiados logística, técnica ou financeiramente por órgãos governamentais, realizados em mercados potencialmente emissores de turistas para a divulgação do Brasil como destino turístico;

X - o fomento e a viabilização da promoção do turismo, visando à captação de turistas estrangeiros, solicitando inclusive o apoio da rede diplomática e consular do Brasil no exterior;

XI - o tratamento diferenciado, simplificado e favorecido às microempresas e empresas de pequeno porte de turismo;

XII - a geração de empregos;

XIII - o estabelecimento de critérios de segurança na utilização de serviços e equipamentos turísticos; e

XIV - a formação de parcerias interdisciplinares com as entidades da administração pública federal, visando ao aproveitamento e ordenamento do patrimônio natural e cultural para fins turísticos.

Parágrafo único. O Comitê Interministerial de Facilitação Turística, cuja composição, forma de atuação e atribuições serão definidas pelo Poder Executivo, será presidido pelo Ministro de Estado do Turismo.

Art. 12. O Ministério do Turismo poderá buscar, no Ministério do Desenvolvimento, Indústria e Comércio Exterior, apoio técnico e financeiro para as iniciativas, planos e projetos que visem ao fomento das empresas que exerçam atividade econômica relacionada à cadeia produtiva do turismo, com ênfase nas microempresas e empresas de pequeno porte.

Art. 13. O Ministério do Turismo poderá buscar, no Ministério da Educação e no Ministério do Trabalho e Emprego, no âmbito de suas respectivas competências, apoio para estimular as unidades da Federação emissoras de turistas à implantação de férias escolares diferenciadas, buscando minorar os efeitos da sazonalidade turística, caracterizada pelas alta e baixa temporadas.

Parágrafo único. O Governo Federal, por intermédio do Ministério do Turismo, poderá oferecer estímulos e vantagens especiais às unidades da Federação emissoras de turistas em função do disposto neste artigo.

Art. 14. O Ministério do Turismo, diretamente ou por intermédio do Instituto Brasileiro de Turismo - EMBRATUR, poderá utilizar, mediante delegação ou convênio, os serviços das representações diplomáticas, econômicas e culturais do Brasil no exterior para a execução de suas tarefas de captação de turistas, eventos e investidores internacionais para o País e de apoio à promoção e à divulgação de informações turísticas nacionais, com vistas na formação de uma rede de promoção internacional do produto turístico brasileiro, intercâmbio tecnológico com instituições estrangeiras e à prestação de assistência turística aos que dela necessitarem.

CAPÍTULO IV
DO FOMENTO À ATIVIDADE TURÍSTICA

Seção I
Da Habilitação a Linhas de Crédito Oficiais e ao Fundo Geral de Turismo - FUNGETUR

Art. 15. As pessoas físicas ou jurídicas, de direito público ou privado, com ou sem fins lucrativos, que desenvolverem programas e projetos turísticos poderão receber apoio financeiro do poder público, mediante:

I - cadastro efetuado no Ministério do Turismo, no caso de pessoas de direito privado; e

II - participação no Sistema Nacional de Turismo, no caso de pessoas de direito público.

Seção II
Do Suporte Financeiro às Atividades Turísticas

Art. 16. O suporte financeiro ao setor turístico será viabilizado por meio dos seguintes mecanismos operacionais de canalização de recursos:

I - da lei orçamentária anual, alocado ao Ministério do Turismo e à Embratur;

II - do Fundo Geral de Turismo - FUNGETUR;

III - de linhas de crédito de bancos e instituições federais;

IV - de agências de fomento ao desenvolvimento regional;

V - alocados pelos Estados, Distrito Federal e Municípios;

VI - de organismos e entidades nacionais e internacionais; e

VII - da securitização de recebíveis originários de operações de prestação de serviços turísticos, por intermédio da utilização de Fundos de Investimento em Direitos Creditórios - FIDC e de Fundos de Investimento em Cotas de Fundos de Investimento em Direitos Creditórios - FICFIDC, observadas as normas do Conselho Monetário Nacional - CMN e da Comissão de Valores Mobiliários - CVM.

Parágrafo único. O poder público federal poderá viabilizar, ainda, a criação de mecanismos de investimentos privados no setor turístico.

Art. 17. (VETADO)

Do Fundo Geral de Turismo - FUNGETUR

Art. 18. O Fundo Geral de Turismo - FUNGETUR, criado pelo Decreto-Lei no 1.191, de 27 de outubro de 1971, alterado pelo Decreto-Lei no 1.439, de 30 de dezembro de 1975, ratificado pela Lei no 8.181, de 28 de março de 1991, terá seu funcionamento e condições operacionais regulados em ato do Ministro de Estado do Turismo.

Art. 19. O Fungetur tem por objeto o financiamento, o apoio ou a participação financeira em planos, projetos, ações e empreendimentos reconhecidos pelo Ministério do Turismo como de interesse turístico, os quais deverão estar abrangidos nos objetivos da Política Nacional de Turismo, bem como consoantes com as metas traçadas no PNT, explicitados nesta Lei.

Parágrafo único. As aplicações dos recursos do Fungetur, para fins do disposto neste artigo, serão objeto de normas, definições e condições a serem fixadas pelo Ministério do Turismo, em observância à legislação em vigor.

Art. 20. Constituem recursos do Fungetur:

I - recursos do orçamento geral da União;

II - contribuições, doações, subvenções e auxílios de entidades de qualquer natureza, inclusive de organismos internacionais;

III - (VETADO);

IV - devolução de recursos de projetos não iniciados ou interrompidos, com ou sem justa causa;

V - reembolso das operações de crédito realizadas a título de financiamento reembolsável;

VI - recebimento de dividendos ou da alienação das participações acionárias do próprio Fundo e da Embratur em empreendimentos turísticos;

VII - resultado das aplicações em títulos públicos federais;

VIII - quaisquer outros depósitos de pessoas físicas ou jurídicas realizados a seu crédito;

IX - receitas eventuais e recursos de outras fontes que vierem a ser definidas; e

X - superávit financeiro de cada exercício.

Parágrafo único. A operacionalização do Fungetur poderá ser feita por intermédio de agentes financeiros.

CAPÍTULO V
DOS PRESTADORES DE SERVIÇOS TURÍSTICOS

Seção I
Da Prestação de Serviços Turísticos

Subseção I
Do Funcionamento e das Atividades

Art. 21. Consideram-se prestadores de serviços turísticos, para os fins desta Lei, as sociedades empresárias, sociedades simples, os empresários individuais e os serviços sociais autônomos que prestem serviços turísticos remunerados e que exerçam as seguintes atividades econômicas relacionadas à cadeia produtiva do turismo:

I - meios de hospedagem;
II - agências de turismo;
III - transportadoras turísticas;
IV - organizadoras de eventos;
V - parques temáticos; e
VI - acampamentos turísticos.

Parágrafo único. Poderão ser cadastradas no Ministério do Turismo, atendidas as condições próprias, as sociedades empresárias que prestem os seguintes serviços:

I - restaurantes, cafeterias, bares e similares;

II - centros ou locais destinados a convenções e/ou a feiras e a exposições e similares;

III - parques temáticos aquáticos e empreendimentos dotados de equipamentos de entretenimento e lazer;

IV - marinas e empreendimentos de apoio ao turismo náutico ou à pesca desportiva;

V - casas de espetáculos e equipamentos de animação turística;

VI - organizadores, promotores e prestadores de serviços de infra-estrutura, locação de equipamentos e montadoras de feiras de negócios, exposições e eventos;

VII - locadoras de veículos para turistas; e

VIII - prestadores de serviços especializados na realização e promoção das diversas modalidades dos segmentos turísticos, inclusive atrações turísticas e empresas de planejamento, bem como a prática de suas atividades.

Art. 22. Os prestadores de serviços turísticos estão obrigados ao cadastro no Ministério do Turismo, na forma e nas condições fixadas nesta Lei e na sua regulamentação.

§ 1º As filiais são igualmente sujeitas ao cadastro no Ministério do Turismo, exceto no caso de estande de serviço de agências de turismo instalado em local destinado a abrigar evento de caráter temporário e cujo funcionamento se restrinja ao período de sua realização.

§ 2º O Ministério do Turismo expedirá certificado para cada cadastro deferido, inclusive de filiais, correspondente ao objeto das atividades turísticas a serem exercidas.

§ 3º Somente poderão prestar serviços de turismo a terceiros, ou intermediá-los, os prestadores de serviços turísticos referidos neste artigo quando devidamente cadastrados no Ministério do Turismo.

§ 4º O cadastro terá validade de 2 (dois) anos, contados da data de emissão do certificado.

§ 5º O disposto neste artigo não se aplica aos serviços de transporte aéreo.

Subseção II
Dos Meios de Hospedagem

Art. 23. Consideram-se meios de hospedagem os empreendimentos ou estabelecimentos, independentemente de sua forma de constituição, destinados a prestar serviços de alojamento temporário, ofertados em unidades de frequência individual e de uso exclusivo do hóspede, bem como outros serviços necessários aos usuários, denominados de serviços de hospedagem, mediante adoção de instrumento contratual, tácito ou expresso, e cobrança de diária.

§ 1º Os empreendimentos ou estabelecimentos de hospedagem que explorem ou administrem, em condomínios residenciais, a prestação de serviços de hospedagem em unidades mobiliadas e equipadas, bem como outros serviços oferecidos a hóspedes, estão sujeitos ao cadastro de que trata esta Lei e ao seu regulamento.

§ 2º Considera-se prestação de serviços de hospedagem em tempo compartilhado a administração de intercâmbio, entendida como organização e permuta de períodos de ocupação entre cessionários de unidades habitacionais de distintos meios de hospedagem.

§ 3º Não descaracteriza a prestação de serviços de hospedagem a divisão do empreendimento em unidades hoteleiras, assim entendida a atribuição de natureza jurídica autônoma às unidades habitacionais que o compõem, sob titularidade de diversas pessoas, desde que sua destinação funcional seja apenas e exclusivamente a de meio de hospedagem.

§ 4º Entende-se por diária o preço de hospedagem correspondente à utilização da unidade habitacional e dos serviços incluídos, no período de 24 (vinte e quatro) horas, compreendido nos horários fixados para entrada e saída de hóspedes.

Art. 24. Os meios de hospedagem, para obter o cadastramento, devem preencher pelo menos um dos seguintes requisitos:

I - possuir licença de funcionamento, expedida pela autoridade competente, para prestar serviços de hospedagem, podendo tal licença objetivar somente partes da edificação; e

II - no caso dos empreendimentos ou estabelecimentos conhecidos como condomínio hoteleiro, flat, flat-hotel, hotel-residence, loft, apart-hotel, apart-service condominial, condohotel e similares, possuir licença edilícia de construção ou certificado de conclusão de construção, expedidos pela autoridade competente, acompanhados dos seguintes documentos:

a) convenção de condomínio ou memorial de incorporação ou, ainda, instrumento de instituição condominial, com previsão de prestação de serviços hoteleiros aos seus usuários, condôminos ou não, com oferta de alojamento temporário para hóspedes mediante contrato de hospedagem no sistema associativo, também conhecido como pool de locação;

b) documento ou contrato de formalização de constituição do pool de locação, como sociedade em conta de participação, ou outra forma legal de constituição, com a adesão dos proprietários de pelo menos 60% (sessenta por cento) das unidades habitacionais à exploração hoteleira do empreendimento;

c) contrato em que esteja formalizada a administração ou exploração, em regime solidário, do empreendimento imobiliário como meio de hospedagem de responsabilidade de prestador de serviço hoteleiro cadastrado no Ministério do Turismo;

d) certidão de cumprimento às regras de segurança contra riscos aplicáveis aos estabelecimentos comerciais; e

e) documento comprobatório de enquadramento sindical da categoria na atividade de hotéis, exigível a contar da data de eficácia do segundo dissídio coletivo celebrado na vigência desta Lei.

§ 1º Para a obtenção do cadastro no Ministério do Turismo, os empreendimentos de que trata o inciso II do *caput* deste artigo, caso a licença edilícia de construção tenha sido emitida após a vigência desta Lei, deverão apresentar, necessariamente, a licença de funcionamento.

§ 2º O disposto nesta Lei não se aplica aos empreendimentos imobiliários, organizados sob forma de condomínio, que contem com instalações e serviços de hotelaria à disposição dos moradores, cujos proprietários disponibilizem suas unidades exclusivamente para uso residencial ou para serem utilizadas por terceiros, com esta finalidade, por períodos superiores a 90 (noventa) dias, conforme legislação específica.

Art. 25. O Poder Executivo estabelecerá em regulamento:

I - as definições dos tipos e categorias de classificação e qualificação de empreendimentos e estabelecimentos de hospedagem, que poderão ser revistos a qualquer tempo;

II - os padrões, critérios de qualidade, segurança, conforto e serviços previstos para cada tipo de categoria definido; e

III - os requisitos mínimos relativos a serviços, aspectos construtivos, equipamentos e instalações indispensáveis ao deferimento do cadastro dos meios de hospedagem.

Parágrafo único. A obtenção da classificação conferirá ao empreendimento chancela oficial representada por selos, certificados, placas e demais símbolos, o que será objeto de publicidade específica em página eletrônica do Ministério do Turismo, disponibilizada na rede mundial de computadores.

Art. 26. Os meios de hospedagem deverão fornecer ao Ministério do Turismo, em periodicidade por ele determinada, as seguintes informações:

I - perfil dos hóspedes recebidos, distinguindo-os por nacionalidade; e

II - registro quantitativo de hóspedes, taxas de ocupação, permanência média e número de hóspedes por unidade habitacional.

Parágrafo único. Para os fins deste artigo, os meios de hospedagem utilizarão as informações previstas nos impressos Ficha Nacional de Registro de Hóspedes - FNRH e Boletim de Ocupação Hoteleira - BOH, na forma em que dispuser o regulamento.

Subseção III
Das Agências de Turismo

Art. 27. Compreende-se por agência de turismo a pessoa jurídica que exerce a atividade econômica de intermediação remunerada entre fornecedores e consumidores de serviços turísticos ou os fornece diretamente.

§ 1º São considerados serviços de operação de viagens, excursões e passeios turísticos, a organização, contratação e execução de programas, roteiros, itinerários, bem como recepção, transferência e a assistência ao turista.

§ 2º O preço do serviço de intermediação é a comissão recebida dos fornecedores ou o valor que agregar ao preço de custo desses fornecedores, facultando-se à agência de turismo cobrar taxa de serviço do consumidor pelos serviços prestados.

§ 3º As atividades de intermediação de agências de turismo compreendem a oferta, a reserva e a venda a consumidores de um ou mais dos seguintes serviços turísticos fornecidos por terceiros:

I - passagens;

II - acomodações e outros serviços em meios de hospedagem; e

III - programas educacionais e de aprimoramento profissional.

§ 4º As atividades complementares das agências de turismo compreendem a intermediação ou execução dos seguintes serviços:

I - obtenção de passaportes, vistos ou qualquer outro documento necessário à realização de viagens;

II - transporte turístico;

III - desembaraço de bagagens em viagens e excursões;

IV - locação de veículos;

V - obtenção ou venda de ingressos para espetáculos públicos, artísticos, esportivos, culturais e outras manifestações públicas;

VI - representação de empresas transportadoras, de meios de hospedagem e de outras fornecedoras de serviços turísticos;

VII - apoio a feiras, exposições de negócios, congressos, convenções e congêneres;

VIII - venda ou intermediação remunerada de seguros vinculados a viagens, passeios e excursões e de cartões de assistência ao viajante;

IX - venda de livros, revistas e outros artigos destinados a viajantes; e

X - acolhimento turístico, consistente na organização de visitas a museus, monumentos históricos e outros locais de interesse turístico.

§ 5º A intermediação prevista no § 2º deste artigo não impede a oferta, reserva e venda direta ao público pelos fornecedores dos serviços nele elencados.

§ 6º (VETADO)

§ 7º As agências de turismo que operam diretamente com frota própria deverão atender aos requisitos específicos exigidos para o transporte de superfície.

Subseção IV
Das Transportadoras Turísticas

Art. 28. Consideram-se transportadoras turísticas as empresas que tenham por objeto social a prestação de serviços de transporte turístico de superfície, caracterizado pelo deslocamento de pessoas em veículos e embarcações por vias terrestres e aquáticas, compreendendo as seguintes modalidades:

I - pacote de viagem: itinerário realizado em âmbito municipal, intermunicipal, interestadual ou internacional que incluam, além do transporte, outros serviços turísticos como hospedagem, visita a locais turísticos, alimentação e outros;

II - passeio local: itinerário realizado para visitação a locais de interesse turístico do município ou vizinhança, sem incluir pernoite;

III - traslado: percurso realizado entre as estações terminais de embarque e desembarque de passageiros, meios de hospedagem e locais onde se realizem congressos, convenções, feiras, exposições de negócios e respectivas programações sociais; e

IV - especial: ajustado diretamente por entidades civis associativas, sindicais, de classe, desportivas, educacionais, culturais, religiosas, recreativas e grupo de pessoas físicas e de pessoas jurídicas, sem objetivo de lucro, com transportadoras turísticas, em âmbito municipal, intermunicipal, interestadual e internacional.

Art. 29. O Ministério do Turismo, ouvidos os demais órgãos competentes sobre a matéria, fixará:

I - as condições e padrões para a classificação em categorias de conforto e serviços dos veículos terrestres e embarcações para o turismo; e

II - os padrões para a identificação oficial a ser usada na parte externa dos veículos terrestres e embarcações referidas no inciso I do *caput* deste artigo.

Subseção V
Das Organizadoras de Eventos

Art. 30. Compreendem-se por organizadoras de eventos as empresas que têm por objeto social a prestação de serviços de gestão, planejamento, organização, promoção, coordenação, operacionalização, produção e assessoria de eventos.

§ 1º As empresas organizadoras de eventos distinguem-se em 2 (duas) categorias: as organizadoras de congressos, convenções e congêneres de caráter comercial, técnico-científico, esportivo, cultural, promocional e social, de interesse profissional, associativo e institucional, e as organizadoras de feiras de negócios, exposições e congêneres.

§ 2º O preço do serviço das empresas organizadoras de eventos é o valor cobrado pelos serviços de organização, a comissão recebida pela intermediação na captação de recursos financeiros para a realização do evento e a taxa de administração referente à contratação de serviços de terceiros.

Subseção VI
Dos Parques Temáticos

Art. 31. Consideram-se parques temáticos os empreendimentos ou estabelecimentos que tenham por objeto social a prestação de serviços e atividades, implantados em local fixo e de forma permanente, ambientados tematicamente, considerados de interesse turístico pelo Ministério do Turismo.

Subseção VII
Dos Acampamentos Turísticos

Art. 32. Consideram-se acampamentos turísticos as áreas especialmente preparadas para a montagem de barracas e o estacionamento de reboques habitáveis, ou equipamento similar, dispondo, ainda, de instalações, equipamentos e serviços específicos para facilitar a permanência dos usuários ao ar livre.

Parágrafo único. O Poder Executivo discriminará, mediante regulamentação, os equipamentos mínimos necessários para o enquadramento do prestador de serviço na atividade de que trata o *caput* deste artigo.

Subseção VIII
Dos Direitos

Art. 33. São direitos dos prestadores de serviços turísticos cadastrados no Ministério do Turismo, resguardadas as diretrizes da Política Nacional de Turismo, na forma desta Lei:

I - o acesso a programas de apoio, financiamentos ou outros benefícios constantes da legislação de fomento ao turismo;

II - a menção de seus empreendimentos ou estabelecimentos empresariais, bem como dos serviços que exploram ou administram, em campanhas promocionais do Ministério do Turismo e da Embratur, para as quais contribuam financeiramente; e

III - a utilização de siglas, palavras, marcas, logomarcas, número de cadastro e selos de qualidade, quando for o caso, em promoção ou divulgação oficial para as quais o Ministério do Turismo e a Embratur contribuam técnica ou financeiramente.

Subseção IX
Dos Deveres

Art. 34. São deveres dos prestadores de serviços turísticos:

I - mencionar e utilizar, em qualquer forma de divulgação e promoção, o número de cadastro, os símbolos, expressões e demais formas de identificação determinadas pelo Ministério do Turismo;

II - apresentar, na forma e no prazo estabelecido pelo Ministério do Turismo, informações e documentos referentes ao exercício de suas atividades, empreendimentos, equipamentos e serviços, bem como ao perfil de atuação, qualidades e padrões dos serviços por eles oferecidos;

III - manter, em suas instalações, livro de reclamações e, em local visível, cópia do certificado de cadastro; e

IV - manter, no exercício de suas atividades, estrita obediência aos direitos do consumidor e à legislação ambiental.

Seção II
Da Fiscalização

Art. 35. O Ministério do Turismo, no âmbito de sua competência, fiscalizará o cumprimento desta Lei por toda e qualquer pessoa, física ou jurídica, que exerça a atividade de prestação de serviços turísticos, cadastrada ou não, inclusive as que adotem, por extenso ou de forma abreviada, expressões ou termos que possam induzir em erro quanto ao real objeto de suas atividades.

Seção III
Das Infrações e das Penalidades

Subseção I
Das Penalidades

Art. 36. A não observância do disposto nesta Lei sujeitará os prestadores de serviços turísticos, observado o contraditório e a ampla defesa, às seguintes penalidades:

I - advertência por escrito;
II - multa;
III - cancelamento da classificação;
IV - interdição de local, atividade, instalação, estabelecimento empresarial, empreendimento ou equipamento; e
V - cancelamento do cadastro.

§ 1º As penalidades previstas nos incisos II a V do *caput* deste artigo poderão ser aplicadas isolada ou cumulativamente.

§ 2º A aplicação da penalidade de advertência não dispensa o infrator da obrigação de fazer ou deixar de fazer, interromper, cessar, reparar ou sustar de imediato o ato ou a omissão caracterizada como infração, sob pena de incidência de multa ou aplicação de penalidade mais grave.

§ 3º A penalidade de multa será em montante não inferior a R$ 350,00 (trezentos e cinquenta reais) e não superior a R$ 1.000.000,00 (um milhão de reais).

§ 4º Regulamento disporá sobre critérios para gradação dos valores das multas.

§ 5º A penalidade de interdição será mantida até a completa regularização da situação, ensejando a reincidência de tal ocorrência aplicação de penalidade mais grave.

§ 6º A penalidade de cancelamento da classificação ensejará a retirada do nome do prestador de serviços turísticos da página eletrônica do Ministério do Turismo, na qual consta o rol daqueles que foram contemplados com a chancela oficial de que trata o parágrafo único do art. 25 desta Lei.

§ 7º A penalidade de cancelamento de cadastro implicará a paralisação dos serviços e a apreensão do certificado de cadastro, sendo deferido prazo de até 30 (trinta) dias, contados da ciência do infrator, para regularização de compromissos assumidos com os usuários, não podendo, no período, assumir novas obrigações.

§ 8º As penalidades referidas nos incisos III a V do *caput* deste artigo acarretarão a perda, no todo, ou em parte, dos benefícios, recursos ou incentivos que estejam sendo concedidos ao prestador de serviços turísticos.

Art. 37. Serão observados os seguintes fatores na aplicação de penalidades:

I - natureza das infrações;
II - menor ou maior gravidade da infração, considerados os prejuízos dela decorrentes para os usuários e para o turismo nacional; e

III - circunstâncias atenuantes ou agravantes, inclusive os antecedentes do infrator.

§ 1º Constituirão circunstâncias atenuantes a colaboração com a fiscalização e a presteza no ressarcimento dos prejuízos ou reparação dos erros.

§ 2º Constituirão circunstâncias agravantes a reiterada prática de infrações, a sonegação de informações e documentos e os obstáculos impostos à fiscalização.

§ 3º O Ministério do Turismo manterá sistema cadastral de informações no qual serão registradas as infrações e as respectivas penalidades aplicadas.

Art. 38. A multa a ser cominada será graduada de acordo com a gravidade da infração, a vantagem auferida, a condição econômica do fornecedor, bem como com a imagem do turismo nacional, devendo sua aplicação ser precedida do devido procedimento administrativo, e ser levados em conta os seguintes fatores:

I - maior ou menor gravidade da infração; e

II - circunstâncias atenuantes ou agravantes.

§ 1º As multas a que se refere esta Lei, devidamente atualizadas na data de seu efetivo pagamento, serão recolhidas à conta única do Tesouro Nacional.

§ 2º Os débitos decorrentes do não pagamento, no prazo de 30 (trinta) dias, de multas aplicadas pelo Ministério do Turismo serão, após apuradas sua liquidez e certeza, inscritos na Dívida Ativa da União.

Art. 39. Caberá pedido de reconsideração, no prazo de 10 (dez) dias, contados a partir da efetiva ciência pelo interessado, à autoridade que houver proferido a decisão de aplicar a penalidade, a qual decidirá no prazo de 5 (cinco) dias.

§ 1º No caso de indeferimento, o interessado poderá, no prazo de 10 (dez) dias, contados da ciência da decisão, apresentar recurso hierárquico, com efeito suspensivo, para uma junta de recursos, com composição tripartite formada por 1 (um) representante dos empregadores, 1 (um) representante dos empregados, ambos escolhidos entre as associações de classe componentes do Conselho Nacional de Turismo, e 1 (um) representante do Ministério do Turismo.

§ 2º Os critérios para composição e a forma de atuação da junta de recursos, de que trata o § 1o deste artigo, serão regulamentados pelo Poder Executivo.

Art. 40. Cumprida a penalidade e cessados os motivos de sua aplicação, os prestadores de serviços turísticos poderão requerer reabilitação.

Parágrafo único. Deferida a reabilitação, as penalidades anteriormente aplicadas deixarão de constituir agravantes, no caso de novas infrações, nas seguintes condições:

I - decorridos 180 (cento e oitenta) dias sem a ocorrência de novas infrações nos casos de advertência;

II - decorridos 2 (dois) anos sem a ocorrência de novas infrações nos casos de multa ou cancelamento da classificação; e

III - decorridos 5 (cinco) anos, sem a ocorrência de novas infrações, nos casos de interdição de local, atividade, instalação, estabelecimento empresarial, empreendimento ou equipamento ou cancelamento de cadastro.

Subseção II
Das Infrações

Art. 41. Prestar serviços de turismo sem o devido cadastro no Ministério do Turismo ou não atualizar cadastro com prazo de validade vencido:

Pena - multa e interdição do local e atividade, instalação, estabelecimento empresarial, empreendimento ou equipamento.

Parágrafo único. A penalidade de interdição será mantida até a completa regularização da situação, ensejando a reincidência de tal ocorrência aplicação de penalidade mais grave.

Art. 42. Não fornecer os dados e informações previstos no art. 26 desta Lei:

Pena - advertência por escrito.
Art. 43. Não cumprir com os deveres insertos no art. 34 desta Lei:
Pena - advertência por escrito.
Parágrafo único. No caso de não observância dos deveres insertos no inciso IV do caput do art. 34 desta Lei, caberá aplicação de multa, conforme dispuser Regulamento.

CAPÍTULO VI
DISPOSIÇÕES FINAIS

Art. 44. O Ministério do Turismo poderá delegar competência para o exercício de atividades e atribuições específicas estabelecidas nesta Lei a órgãos e entidades da administração pública, inclusive de demais esferas federativas, em especial das funções relativas ao cadastramento, classificação e fiscalização dos prestadores de serviços turísticos, assim como a aplicação de penalidades e arrecadação de receitas.

Art. 45. Os prestadores de serviços turísticos cadastrados na data da publicação desta Lei deverão adaptar-se ao disposto nesta Lei quando expirado o prazo de validade do certificado de cadastro.

Art. 46. (VETADO)

Art. 47. (VETADO)

Art. 48. Esta Lei entra em vigor na data de sua publicação, observado, quanto ao seu art. 46, o disposto no inciso I do caput do art. 106 da Lei no 5.172, de 25 de outubro de 1966 - Código Tributário Nacional.

Art. 49. Ficam revogados:

I - a Lei nº 6.505, de 13 de dezembro de 1977;

II - o Decreto-Lei nº 2.294, de 21 de novembro de 1986; e

III - os incisos VIII e X do caput e os §§ 2º e 3º do art. 3º, o inciso VIII do caput do art. 6º e o art. 8º da Lei nº 8.181, de 28 de março de 1991.

Brasília, 17 de setembro de 2008; 187º da Independência e 120º da República.

LUIZ INÁCIO LULA DA SILVA
Tarso Genro
Celso Luiz Nunes Amorim
Guido Mantega
Alfredo Nascimento
Miguel Jorge
Paulo Bernardo Silva
Carlos Minc
Luiz Eduardo Pereira Barreto Filho

Este texto não substitui o publicado no DOU de 18.9.2008.

Normas sobre a Política Nacional de Turismo | Decreto nº 7.381, de 2 de dezembro de 2010.

Regulamenta a Lei nº 11.771, de 17 de setembro de 2008, que dispõe sobre a Política Nacional de Turismo, define as atribuições do Governo Federal no planejamento, desenvolvimento e estímulo ao setor turístico, e dá outras providências.

O PRESIDENTE DA REPÚBLICA, no uso da atribuição que lhe confere o art. 84, inciso IV, da Constituição, e tendo em vista o disposto na Lei nº 11.771, de 17 de setembro de 2008,
DECRETA:

CAPÍTULO I
DA FINALIDADE

Art. 1º Este Decreto regulamenta a Lei nº 11.771, de 17 de setembro de 2008, que estabelece normas sobre a Política Nacional de Turismo, define as atribuições do Governo Federal no planejamento, desenvolvimento e estímulo ao setor turístico, dispõe sobre o Plano Nacional de Turismo - PNT, institui o Sistema Nacional de Turismo, o Comitê Interministerial de Facilitação Turística, dispõe sobre o fomento de atividades turísticas com suporte financeiro do Fundo Geral de Turismo - FUNGETUR, o cadastramento, classificação e fiscalização dos Prestadores de Serviços Turísticos e estabelece as normas gerais de aplicação das sanções administrativas.

Art. 2º Para os fins deste Decreto, considera-se:

I - Política Nacional de Turismo - conjunto de leis e normas voltadas para o planejamento e ordenamento do setor, bem como das diretrizes, metas e programas definidos no PNT;

II - Plano Nacional de Turismo - PNT - conjunto de diretrizes, metas e programas que orientam a atuação do Ministério do Turismo, em parceria com outros setores da gestão pública nas três esferas de governo e com as representações da sociedade civil, iniciativa privada e terceiro setor, relacionadas ao turismo, nos termos do art. 6º da Lei nº 11.771, de 2008;

III - Sistema Nacional de Turismo - sistema formado por entidades e órgãos públicos ligados ao setor turístico, com o objetivo de promover o desenvolvimento das atividades turísticas de forma sustentável, integrando as iniciativas oficiais com as do setor privado, conforme preconizado no PNT;

IV - Comitê Interministerial de Facilitação Turística - colegiado intersetorial integrado por órgãos públicos do governo federal, cuja área de atuação apresenta interfaces com o turismo, criado com a finalidade de buscar a convergência e a compatibilização na execução da Política Nacional de Turismo com as demais políticas setoriais federais, nos termos do art. 11 da Lei nº 11.771, de 2008;

V - Fundo Geral do Turismo - FUNGETUR - fundo especial de financiamento, vinculado ao Ministério do Turismo, com orçamento específico, dispondo de patrimônio próprio e autonomia financeira e orçamentária, tendo como finalidade o fomento e a provisão de recursos para o financiamento de empreendimentos turísticos considerados de interesse para o desenvolvimento do turismo nacional; e

VI - Prestadores de Serviços Turísticos - sociedades empresariais, sociedades simples, empresários individuais e serviços sociais autônomos prestadores de serviços turísticos remunerados, que exerçam atividades econômicas relacionadas à cadeia produtiva do turismo, nos termos do art. 21 da Lei nº 11.771, de 2008.

**CAPÍTULO II
DA POLÍTICA NACIONAL DE TURISMO**

**Seção I
Do Plano Nacional de Turismo - PNT**

Art. 3º O PNT orienta a atuação do Ministério do Turismo, visando consolidar o desenvolvimento do turismo no País, por meio de diretrizes, metas, macroprogramas e programas.

§ 1º O PNT será elaborado pelo Ministério do Turismo, ouvido o Conselho Nacional de Turismo e o Fórum Nacional de Secretários e Dirigentes Estaduais de Turismo.

§ 2º O PNT será revisto a cada quatro anos, ou quando necessário, em consonância com os dispositivos da lei de diretrizes orçamentárias, da lei orçamentária anual e das leis que as modifiquem, em conformidade com as diretrizes estabelecidas no plano plurianual.

**Seção II
Do Sistema Nacional de Turismo**

Art. 4º O Sistema Nacional de Turismo é instituído em caráter permanente, com o objetivo de viabilizar a realização de processo de gestão descentralizada e articulada do turismo em todo o País, podendo envolver as três instâncias de governo e as instâncias de representação da sociedade civil relacionadas ao setor em âmbito nacional, macrorregional, estadual, regional e municipal.

Art. 5º O Ministério do Turismo será o órgão central e coordenador do Sistema Nacional de Turismo e promoverá a sua consolidação e a atuação integrada, de forma a constituir e institucionalizar rede de gestão descentralizada do turismo em todo o território nacional.

Parágrafo único. O Ministério do Turismo estabelecerá as regras necessárias ao funcionamento e integração do Sistema Nacional de Turismo, respeitada a autonomia dos diversos órgãos e entidades que o integram.

Art. 6º A atuação do Sistema Nacional de Turismo efetivar-se-á mediante a articulação coordenada dos órgãos e entidades que o integram, de forma a:

I - viabilizar e aprimorar o processo de gestão do turismo em todo o País, integrando as ações do poder público nas três esferas de governo, com a atuação da iniciativa privada e do terceiro setor em todo o território nacional;

II - direcionar a alocação de recursos públicos e orientar os investimentos privados para os destinos e regiões identificadas como prioritários para o desenvolvimento da atividade turística pelos respectivos órgãos e entidades que integram o Sistema Nacional de Turismo, nas suas respectivas competências territoriais, ouvido o Ministério do Turismo, e em observância às leis e normas vigentes; e

III - promover a inventariação e regionalização turística, considerada como organização de espaço geográfico em regiões para fins de planejamento integrado e participativo, gestão coordenada, promoção e apoio à comercialização.

**Seção III
Do Comitê Interministerial de Facilitação Turística**

Art. 7º O Comitê Interministerial de Facilitação Turística, criado pelo art. 11 da Lei nº 11.771, de 2008, tem por objetivo compatibilizar a execução da Política Nacional de Turismo e a consecução das metas do PNT com as demais políticas públicas, observando o disposto nos incisos de I a XIV do citado art. 11.

§ 1º O Comitê Interministerial de Facilitação Turística será composto por um representante de cada órgão a seguir indicado:

I - Ministério do Turismo, que o presidirá;

II - Ministério da Defesa;

III - Ministério do Desenvolvimento Agrário;

IV - Ministério do Desenvolvimento, Indústria e Comércio Exterior;

V - Ministério da Fazenda;

VI - Ministério da Integração Nacional;

VII - Ministério da Cultura;

VIII - Ministério da Justiça;

IX - Ministério do Meio Ambiente;

X - Ministério do Planejamento, Orçamento e Gestão;

XI - Ministério das Relações Exteriores;

XII - Ministério dos Transportes;

XIII - Ministério do Trabalho e Emprego;

XIV - Ministério da Educação;

XV - Ministério das Cidades;

XVI - Secretaria de Comunicação Social da Presidência da República; e

XVII - Secretaria de Direitos Humanos da Presidência da República.

§ 2º Os membros, titulares e respectivos suplentes, do Comitê Interministerial de Facilitação Turística serão indicados pelos titulares dos órgãos previstos no § 1º e designados pelo Ministro de Estado do Turismo.

§ 3º Os órgãos previstos no § 1º poderão convidar representantes de instituições públicas a eles vinculadas para participar das reuniões do Comitê Interministerial de Facilitação Turística.

§ 4º O Comitê Interministerial de Facilitação Turística poderá convidar servidores, especialistas de outros órgãos ou entidades públicas e profissionais de notório saber, bem como pessoas da sociedade civil habilitadas em matérias pertinentes, para auxiliar nas suas atividades.

Art. 8º O Ministério do Turismo proverá os meios e o apoio administrativo necessário para realização das atividades do Comitê Interministerial de Facilitação Turística.

Art. 9º Caberá ao Comitê Interministerial de Facilitação Turística:

I - atuar nos projetos e atividades desenvolvidos pelos órgãos que o integram e que possuam relação direta ou indireta com o turismo;

II - identificar ações afins das respectivas áreas de competência, evitando sobreposições e conflitos;

III - compartilhar informações, estudos, pesquisas e estatísticas relacionadas às atividades turísticas;

IV - criar a plataforma interinstitucional para implementação do sistema de estatísticas de turismo, que deverá ser coordenada pela Secretaria Nacional de Políticas do Turismo do Ministério do Turismo, a fim de atender ao disposto nos arts. 7º e 11, incisos VI e VII, da Lei nº 11.771, de 2008; e

V - estabelecer subcomissões para tratar de temas e programas específicos determinados pelo PNT.

Art. 10. O Comitê Interministerial de Facilitação Turística reunir-se-á conforme periodicidade a ser definida em seu regimento interno.

§ 1º Os resultados das reuniões do Comitê Interministerial de Facilitação Turística serão apresentados ao Conselho Nacional de Turismo.

§ 2º A participação no Comitê Interministerial de Facilitação Turística será considerada prestação de serviço público relevante, não remunerada.

§ 3º O regimento interno do Comitê Interministerial de Facilitação Turística será aprovado pelos seus integrantes em sua primeira reunião, e instituído pelo Ministro de Estado do Turismo.

CAPÍTULO III
DO FOMENTO DE ATIVIDADES TURÍSTICAS COM SUPORTE FINANCEIRO DO FUNDO GERAL DE TURISMO - FUNGETUR

Art. 11. Os mecanismos de fomento com suporte financeiro do Fundo Geral de Turismo - FUNGETUR reger-se-ão pelo disposto neste Decreto.

Art. 12. O FUNGETUR, criado pelo Decreto-Lei no 1.191, de 27 de outubro de 1971, tem por objeto o financiamento, o apoio ou a participação financeira em planos, projetos, ações e empreendimentos, os quais deverão estar relacionados aos objetivos e às metas definidos no PNT.

Art. 13. Constituem recursos do FUNGETUR:

I - recursos do orçamento geral da União;

II - contribuições, doações, subvenções e auxílios de entidades de qualquer natureza, inclusive de organismos internacionais;

III - devolução de recursos de projetos não iniciados ou interrompidos, com ou sem justa causa;

IV - reembolso das operações de crédito realizadas a título de financiamento reembolsável;

V - recebimento de dividendos ou da alienação das participações acionárias do próprio Fundo e da EMBRATUR em empreendimentos turísticos;

VI - resultado das aplicações em títulos públicos federais;

VII - quaisquer outros depósitos de pessoas físicas ou jurídicas realizados a seu crédito; e

VIII - receitas eventuais e recursos de outras fontes que vierem a ser definidas.

Art. 14. O FUNGETUR será gerido pelo Ministério do Turismo, e seus recursos serão aplicados, exclusivamente, no interesse do setor do turismo nacional, respeitando os percentuais de aplicação quanto aos micro e pequenos empresários, nos termos da lei.

Parágrafo único. Os recursos arrecadados em favor do FUNGETUR serão depositados, identificadamente, na conta única do Tesouro Nacional, em seu nome.

Art. 15. As operações de financiamento com recursos do FUNGETUR deverão ser feitas por intermédio de agentes financeiros.

§ 1º As contratações pactuadas perante os agentes financeiros estabelecerão os procedimentos a serem adotados nos financiamentos com recursos do FUNGETUR, observada a regulamentação pertinente.

§ 2º Os bancos de desenvolvimento e de investimentos poderão atuar como agentes financeiros do FUNGETUR.

Art. 16. O Ministério do Turismo fica autorizado a propor a utilização de incentivos fiscais e creditícios existentes para compor o fluxo de recursos financeiros do FUNGETUR.

Art. 17. O Ministério do Turismo estabelecerá normas, critérios e prioridades para aplicação dos recursos do FUNGETUR, de acordo com as diretrizes e metas definidas no PNT, observando os seguintes princípios:

I - priorizar os micro e pequenos empreendimentos;

II - beneficiar as regiões de menor desenvolvimento socioeconômico;

III - promover a inclusão social pelo crescimento da oferta de trabalho e melhor distribuição de renda;

IV - estimular a criação de novos produtos turísticos; e

V - beneficiar os projetos turísticos que priorizem a prática do desenvolvimento ambiental sustentável.

CAPÍTULO IV
DOS PRESTADORES DE SERVIÇOS TURÍSTICOS

Seção I
Das Atividades dos Prestadores de Serviços Turísticos

Art. 18. Os prestadores de serviços turísticos deverão se cadastrar junto ao Ministério do Turismo, observado o disposto na Lei nº 11.771, de 2008, e neste Decreto.

Parágrafo único. Compete ao Ministério do Turismo articular-se e cooperar com os demais órgãos da administração pública federal e com os órgãos públicos dos Estados, Distrito Federal e Municípios para realização do cadastramento e fiscalização dos empreendimentos e serviços turísticos.

Art. 19. Os documentos e critérios necessários para o cadastramento dos prestadores de serviços turísticos serão definidos em ato do Ministério do Turismo, observada a exigência de que os prestadores de serviços turísticos elencados no do art. 21 da Lei nº 11.771, de 2008, deverão observar os requisitos contidos na matriz de cadastro de cada uma das modalidades objeto do cadastramento.

Parágrafo único. O cadastro dos prestadores de serviços turísticos dispostos no art. 21 da Lei nº 11.771, de 2008, deverá ser compatível com a atividade principal ou secundária constante da Classificação Nacional de Atividades Econômicas - CNAE, fornecida pela Comissão Nacional de Classificação - CONCLA, criada pelo Decreto nº 1.264, de 11 de outubro de 1994.

Art. 20. Na ocorrência de cancelamento ou solicitação de reembolso de valores referentes aos serviços turísticos, a pedido do consumidor, eventual multa deverá estar prevista em contrato e ser informada previamente ao consumidor.

Parágrafo único. Quando a desistência for solicitada pelo consumidor em razão de descumprimento de obrigação contratual ou legal por parte do prestador de serviço não caberá multa, e a restituição dos valores pagos e ônus da prova deverão seguir o disposto na Lei nº 8.078, de 11 de setembro de 1990.

Art. 21. Cabe à Secretaria Nacional de Políticas de Turismo adotar procedimento de classificação dos empreendimentos turísticos, mediante instituição de sistema nacional que abranja os procedimentos declaratórios de autoavaliação e os laudos de inspeção técnica, bem como forma de auditagem e controle.

Parágrafo único. Os procedimentos referidos no *caput* observarão o disposto na Lei nº 11.637, de 28 de dezembro de 2007.

Art. 22. A construção, instalação, ampliação e funcionamento dos estabelecimentos e empreendimentos de turismo utilizadores de recursos ambientais, considerados efetiva ou potencialmente poluidores, bem como os capazes de causar degradação ambiental, dependerão de prévio licenciamento ambiental, sem prejuízo da observância da finalidade e adequação com os territórios, normas de uso e ocupação do solo onde se localizam e seu entorno, tendo em vista o desenvolvimento sustentável da atividade, considerando-se os diversos instrumentos de planejamento e ordenamento territorial vigentes em âmbito municipal, estadual e federal.

Parágrafo único. De acordo com o disposto no art. 34, inciso IV, da Lei nº 11.771, de 2008, e em atendimento aos preceitos da Lei no 6.938, de 31 de agosto de 1981, todos os prestadores de serviços turísticos deverão ser submetidos ao disposto na referida legislação, bem como a regras mínimas de conduta a serem definidas em ato normativo pelos órgãos competentes, visando a sustentabilidade da atividade.

Art. 23. Em observância aos termos do Decreto nº 75.963, de 11 de julho de 1975, que promulgou o Tratado da Antártida, e aos termos do Decreto nº 2.742, de 20 de agosto de 1998, que promulgou o protocolo ao Tratado da Antártida sobre proteção ao meio ambiente, os prestadores de serviços turísticos que oferecerem serviços turísticos, em qualquer das modalidades descritas neste Decreto, a Sul do paralelo sessenta graus Sul, deverão enviar previamente ao Ministério do Turismo pedido de autorização para a realização da atividade, contendo, entre outras informações, o roteiro, as atividades que serão desenvolvidas, o número de passageiros e o itinerário, observado o preenchimento do formulário específico, cujo modelo será provido pelo Programa Antártico Brasileiro.

Subseção I
Dos Meios de Hospedagem

Art. 24. Considera-se unidade habitacional o espaço atingível a partir das áreas principais de circulação comuns no estabelecimento, destinado à utilização privada pelo hóspede, para seu bem-estar, higiene e repouso.

Parágrafo único. Ato do Ministério do Turismo disporá sobre os tipos e formas de utilização das unidades habitacionais

Art. 25. Entende-se por diária o preço da hospedagem correspondente à utilização da unidade habitacional e dos serviços incluídos, observados os horários fixados pela entrada e saída do hóspede, obedecendo o período de vinte e quatro horas disposto no § 4º do art. 23 da Lei nº 11.771, de 2008.

Parágrafo único. O estabelecimento fixará o horário de vencimento da diária de acordo com a sazonalidade, com os costumes do local ou mediante acordo direto com o hóspede.

Art. 26. Constituem-se documentos comprobatórios de relação comercial entre meio de hospedagem e hóspede as reservas efetuadas mediante, entre outros, troca de correspondência, utilização de serviço postal ou eletrônico e fac-símile, realizados diretamente pelo meio de hospedagem ou prepostos, e o hóspede, ou agência de turismo que o represente.

§ 1º O contrato de hospedagem será representado pelo preenchimento e assinatura pelo hóspede, quando de seu ingresso no meio de hospedagem, da Ficha Nacional de Registro de Hóspede - FNRH, em modelo descrito no Anexo I.

§ 2º Os meios de hospedagem deverão manter arquivadas, em formato digital, as FNRH, de acordo com procedimento a ser estabelecido em portaria do Ministério do Turismo.

§ 3º Caberá ao meio de hospedagem, em prazo determinado pelo Ministério do Turismo, fornecer o Boletim de Ocupação Hoteleira - BOH, conforme modelo descrito no Anexo II, através de meio postal ou eletrônico.

Art. 27. Todo e qualquer preço de serviço prestado e cobrado pelo meio de hospedagem deverá ser previamente divulgado e informado com a utilização de impressos ou meios de divulgação de fácil acesso ao hóspede.

§ 1º Para os fins deste artigo, os meios de hospedagem afixarão:

I - na portaria ou recepção: nome do estabelecimento, relação dos preços aplicáveis às espécies e tipos de unidades habitacionais, o horário de início e vencimento da diária, o número de unidades habitacionais para pessoas deficientes ou com mobilidade reduzida, as formas de pagamento aceitas e a existência de taxas opcionais; e

II - nas unidades habitacionais: a espécie e o número da unidade habitacional, os preços vigentes de diária, da respectiva unidade habitacional, e demais serviços oferecidos pelo meio de hospedagem em moeda corrente nacional e os eventuais serviços incluídos no preço das diárias.

§ 2º Os meios de hospedagem deverão incluir nos veículos de divulgação utilizados os compromissos recíprocos entre o estabelecimento e o hóspede, como os serviços incluídos no preço da diária, eventuais taxas incidentes sobre os serviços ofertados e a forma de consulta para os preços dos demais serviços ofertados pelo meio de hospedagem.

Art. 28. Considera-se hospedagem por sistema de tempo compartilhado a relação em que o prestador de serviço de hotelaria cede a terceiro o direito de uso de unidades habitacionais por determinados períodos de ocupação, compreendidos dentro de intervalo de tempo ajustado contratualmente.

§ 1º Para fins do cadastramento obrigatório no Ministério do Turismo, somente prestador de serviço de hotelaria que detenha domínio ou posse de pelo menos parte de empreendimento que contenha unidades habitacionais hoteleiras poderá celebrar o contrato de hospedagem por sistema de tempo compartilhado.

§ 2º Os períodos de ocupação das unidades habitacionais poderão ser utilizados pelo próprio cessionário ou por terceiro por ele indicado, conforme disposto contratualmente.

§ 3º Os períodos de ocupação das unidades habitacionais do sistema de tempo compartilhado poderão ser representados por unidades de tempo ou de pontos.

§ 4º O período de utilização das unidades habitacionais poderá ser:

I - fixo, quando estipulada data específica para a sua utilização; e

II - flutuante, em que não se estipula previamente o período para utilização das unidades habitacionais dentro do intervalo de tempo ajustado contratualmente.

Art. 29. O prestador de serviço de hotelaria poderá utilizar unidades habitacionais hoteleiras de estabelecimentos definidos no art. 24, inciso II, da Lei nº 11.771, de 2008, pertencentes a terceiros, para fins de cessão dentro do sistema de tempo compartilhado.

Parágrafo único. A autorização para o uso da unidade habitacional prevista no *caput* deverá ser formalizada em contrato com o proprietário, devendo seu prazo ser observado em eventual contrato a ser firmado entre o prestador de serviços de hotelaria e o usuário.

Art. 30. Os padrões, condições e requisitos mínimos para cadastramento do meio de hospedagem na modalidade de sistema de tempo compartilhado serão estabelecidos em ato do Ministério do Turismo.

Art. 31. O contrato de prestação de serviços de intercâmbio, passível de ser ajustado de forma autônoma e dissociada ao contrato de cessão por tempo compartilhado, deverá conter regras básicas que disciplinem a prestação de serviços de troca de períodos de ocupação sob administração das unidades credenciadas.

Parágrafo único. Os requisitos e padrões mínimos do serviço de intercâmbio serão estabelecidos em ato do Ministério do Turismo.

Art. 31-A. Os tipos e categorias dos empreendimentos de hospedagem terão padrão de classificação oficial estabelecido pelo Ministério do Turismo, conforme critérios regulatórios equânimes e públicos. (Incluído pelo Decreto nº 7.500, de 2011)

Parágrafo único. Para identificação da classificação oficial hoteleira será utilizado o símbolo "estrela", de uso e concessão de caráter estrito e exclusivo do Ministério do Turismo. (Incluído pelo Decreto nº 7.500, de 2011)

Subseção II
Das Agências de Turismo

Art. 32. Os contratos para prestação de serviços ofertados pelas agências de turismo deverão prever:

I - as condições para alteração, cancelamento e reembolso do pagamento dos serviços;

II - as empresas e empreendimentos incluídos no pacote de viagem;

III - eventuais restrições existentes para sua realização; e

IV - outras informações necessárias e adequadas sobre o serviço a ser prestado.

Art. 33. Os serviços dos pacotes turísticos prestados pelas agências de turismo deverão especificar as empresas fornecedoras com respectivos números do Cadastro Nacional da Pessoa Jurídica - CNPJ e endereço comercial.

Parágrafo único. Para prestadores de serviços turísticos localizados no exterior, a agência deverá fornecer dados suficientes à identificação e localização do prestador estrangeiro.

Art. 34. Deverão as agências de turismo que comercializem serviços turísticos de aventura:

I - dispor de condutores de turismo conforme normas técnicas oficiais, dotados de conhecimentos necessários, com o intuito de proporcionar segurança e conforto aos clientes;

II - dispor de sistema de gestão de segurança implementado, conforme normas técnicas oficiais, adotadas em âmbito nacional;

III - oferecer seguro facultativo que cubra as atividades de aventura;

IV - dispor de termo de conhecimento com as condições de uso dos equipamentos, alertando o consumidor sobre medidas necessárias de segurança e respeito ao meio ambiente e as consequências legais de sua não observação;

V - dispor de termo de responsabilidade informando os riscos da viagem ou atividade e precauções necessárias para diminuí-los, bem como sobre a forma de utilização dos utensílios e instrumentos para prestação de primeiros socorros; e

VI - dispor de termo de ciência pelo contratante, em conformidade com disposições de normas técnicas oficiais, que verse sobre as preparações necessárias à viagem ou passeio oferecido.

§ 1º Para os fins deste Decreto, entende-se por turismo de aventura a movimentação turística decorrente da prática de atividades de caráter recreativo e não competitivo, tais como arvorismo, bóia *cross*, balonismo, *bungee jump*, cachoeirismo, cicloturismo, caminhada de longo curso, canoagem, canionismo, cavalgada, escalada, espeleoturismo, flutuação, mergulho, turismo fora de estrada, *rafting*, rapel, tirolesa, vôo livre, *wind surf* e *kite surf*.

§ 2º Os termos dispostos nos incisos IV, V e VI deverão ser assinados pelo contratante e arquivados pelo contratado.

Subseção III
Das Transportadoras

Art. 35. Considera-se transferência de turista, para fins do disposto no § 1º do art. 27 da Lei nº 11.771, de 2008, o percurso realizado entre as estações terminais de embarque e desembarque de passageiros.

Art. 36. As condições para prestação de serviços de turismo dos veículos terrestres de turismo observarão laudo de inspeção técnica realizado por instituição acreditada pelo Instituto Nacional de Metrologia, Normalização e Qualidade Industrial - INMETRO, com periodicidade anual.

Art. 37. Considera-se embarcação de turismo a construção inscrita na autoridade marítima, apta ao transporte de pessoas, que possua como finalidade a oferta de serviços turísticos, e os navios estrangeiros que operem mediante fretamento por agência de turismo brasileira ou por armadores estrangeiros com empresa cadastrada no Ministério do Turismo.

Parágrafo único. As condições para prestação de serviços de turismo das embarcações de turismo observarão procedimento de inspeção técnica realizada por instituições credenciadas pelos órgãos competentes.

Art. 38. Os padrões de classificação em categorias de conforto e serviços dos veículos terrestres e embarcações de turismo serão estabelecidos em ato do Ministério do Turismo.

Art. 39. A prestação de serviços conjugados de transporte, hospedagem, alimentação, entretenimento, visitação de locais turísticos e serviços afins, quando realizados por embarcações de turismo, constitui o programa de turismo denominado cruzeiro marítimo ou fluvial.

Parágrafo único. Para todos os efeitos legais e regulamentares, os cruzeiros marítimos e fluviais são classificados nas seguintes categorias:

I - de cabotagem: aquele entre portos ou pontos do território brasileiro, utilizando a via marítima, ou esta e as vias navegáveis interiores;

II - internacional: aquele cuja viagem tem início e término em qualquer porto estrangeiro;

III - de longo curso: aquele realizado entre portos brasileiros e estrangeiros; e

IV - misto: aquele cuja viagem tem início e término em porto nacional, com trânsito em portos e pontos nacionais e portos estrangeiros.

Art. 40. No que se refere aos cruzeiros marítimos ou fluviais, entende-se por:

I - escala: a entrada da embarcação em porto nacional para atracação ou fundeio;

II - embarque: o momento de início da viagem de passageiros;

III - desembarque: o momento de término da viagem de passageiros;

IV - trânsito: a entrada e saída de passageiros que não caracterize embarque e desembarque; e

V - parte internacional de uma viagem de cruzeiro misto: o período compreendido entre o último porto nacional ou ponto nacional do roteiro da embarcação com destino a porto estrangeiro e o primeiro porto nacional ou ponto nacional de regresso desta embarcação ao Brasil.

Art. 41. Os roteiros de cruzeiros marítimos ou fluviais, ferroviários e rodoviários, bem como suas intermodalidades efetuadas pelos prestadores de serviços turísticos que comercializem pacotes de viagem, deverão ser apresentados ao Ministério do Turismo, respeitadas as competências dos órgãos reguladores e demais órgãos da administração pública federal.

Subseção IV
Das Organizadoras de Eventos
Art. 42. Para os fins do disposto no art. 30, § 1º, da Lei nº 11.771, de 2008, consideram-se exposições os eventos temporários que promovam publicamente quaisquer espécies de bens.

Art. 43. O nome da empresa organizadora do evento e o número de seu cadastro no Ministério do Turismo deverão constar de toda e qualquer divulgação de congressos, convenções, feiras, exposições e congêneres, referidos no art. 30 da Lei nº 11.771, de 2008, sob pena de aplicação das sanções legais.

Subseção V
Dos Parques Temáticos
Art. 44. Consideram-se parques temáticos os empreendimentos implantados em local fixo e de forma permanente, ambientados tematicamente, que tenham por objeto social a prestação de serviços considerados de interesse turístico pelo Ministério do Turismo.

Parágrafo único. Para ser considerado prestador de serviço turístico na modalidade de parque temático, além de observar as demais disposições legais, o empreendimento deverá possuir área mínima de 60.001 m^2.

Subseção VI
Dos Acampamentos Turísticos
Art. 45. Consideram-se acampamentos turísticos as áreas especialmente preparadas para a montagem de barracas e o estacionamento de reboques habitáveis, ou equipamento similar, dispondo, ainda, de instalações, equipamentos e serviços específicos para facilitar a permanência dos usuários ao ar livre.

Parágrafo único. O prestador de serviços na modalidade de acampamentos turísticos deverá apresentar as seguintes condições:

I - terreno adequado;
II - acesso para veículos;
III - área cercada;
IV - estacionamento para veículos;
V - abastecimento de água potável com reservatório próprio;
VI - tratamento de esgoto ou fossa séptica, conforme legislação local;
VII - instalações sanitárias compatíveis com o número de usuários;
VIII - tanques de lavagem e pias para limpeza;
IX - sistema de coleta de resíduos, conforme legislação local;
X - recepção;
XI - serviço de vigilância;
XII - equipamentos básicos contra incêndios, conforme legislação local; e
XIII - treinamento básico de primeiros socorros.

Seção II
Dos Prestadores de Serviços Turísticos de Cadastramento Facultativo
Art. 46. Para fins do cadastramento facultativo previsto no parágrafo único do art. 21 da Lei nº 11.771, de 2008, o disposto em seu inciso II abrange os seguintes serviços:

I - centros de convenções e feiras;
II - centros de exposições; e
III - pavilhões de feiras, os centros de eventos, as arenas multiuso e os espaços para eventos que tenham por objeto social a oferta de serviços

correlatos a terceiros, específicos e apropriados, para realização de eventos de qualquer tipo e natureza, sob a forma de locação, em caráter temporário, com características mínimas de auditório com capacidade para trezentas pessoas ou equivalente e área de exposição mínima de um mil e duzentos metros quadrados.

Art. 47. Os serviços previstos no parágrafo único, inciso VI, do art. 21 da Lei nº 11.771, de 2008, sujeitos à contratação, supervisão ou coordenação das organizadoras de eventos, compreendem os fornecedores de:

I - alimentos e bebidas;
II - tradução simultânea, intérpretes e tradutores;
III - material gráfico e brindes;
IV - iluminação, montagem de estandes e instalações provisórias;
V - pessoal de apoio, limpeza, conservação e segurança;
VI - ambientação, cenografia, decoração e mobiliário de apoio; e
VII - audiovisuais, fotografias, filmagens e produções artísticas.

Art. 48. Os empreendimentos implantados em local fixo e de forma permanente, ambientados tematicamente, que tenham por objeto social a prestação de serviços considerados de interesse turístico pelo Ministério do Turismo e que não possuam área mínima de 60.001 m² poderão se cadastrar no Ministério do Turismo, conforme estabelecido no parágrafo único, inciso III, do art. 21 da Lei nº 11.771, de 2008.

Art. 49. Para ser considerado prestador de serviço turístico na modalidade de parque temático aquático, além de observar as demais disposições legais, o empreendimento deverá possuir área mínima de 2.000 m².

Parágrafo único. Os empreendimentos que não possuam área mínima de 2.000 m2 não poderão se cadastrar no Ministério do Turismo.

CAPÍTULO V
DO SISTEMA NACIONAL DE CADASTRAMENTO, CLASSIFICAÇÃO E FISCALIZAÇÃO DOS PRESTADORES DE SERVIÇOS TURÍSTICOS

Art. 50. Constitui-se o Sistema Nacional de Cadastramento, Classificação e Fiscalização dos Prestadores de Serviços Turísticos - SISNATUR, e são estabelecidas as normas gerais de aplicação das sanções administrativas, nos termos da Lei nº 11.771, de 2008.

§ 1º O SISNATUR será composto pelo Ministério do Turismo e pelos demais órgãos e entidades de turismo dos Estados, do Distrito Federal e dos Municípios, mediante convênios, acordos de cooperação ou instrumentos congêneres.

§ 2º O SISNATUR deverá se integrar com o Sistema Nacional de Defesa do Consumidor, mantidas as sanções administrativas previstas na Lei no 8.078, de 1990.

§ 3º Caso a fiscalização dos prestadores de serviços turísticos, no âmbito do SISNATUR, constate supostas infrações à legislação ambiental, os órgãos competentes do Sistema Nacional do Meio Ambiente - SISNAMA deverão ser comunicados para a consequente instauração de processo administrativo apuratório.

Seção I
Da Fiscalização

Art. 51. A fiscalização de que trata este Decreto será efetuada por agentes fiscais de turismo, oficialmente designados, vinculados ao Ministério do Turismo ou aos respectivos órgãos conveniados de que trata o § 1º do art. 50.

Parágrafo único. Os agentes fiscais de turismo serão credenciados mediante cédula de identificação fiscal, admitida a delegação mediante acordo de cooperação técnica ou convênio.

Art. 52. Sem exclusão da responsabilidade do Ministério do Turismo e dos órgãos delegados ou conveniados, os agentes fiscais de turismo de que trata o art. 51 responderão pelos atos que praticarem quando investidos da ação fiscalizadora.

Seção II
Das Penalidades Administrativas

Art. 53. A inobservância das disposições contidas na Lei nº 11.771, de 2008, e neste Decreto sujeitará os prestadores de serviços turísticos às seguintes penalidades, aplicadas isolada ou cumulativamente, inclusive por medida cautelar antecedente ou incidente de processo administrativo, sem prejuízo das sanções de natureza civil, penal e outras previstas em legislação específica: (Incluído pelo Decreto nº 7.500, de 2011)

I - advertência por escrito;
II - multa;
III - cancelamento da classificação;
IV - interdição de local, atividade, instalação, estabelecimento empresarial, empreendimento ou equipamento; e
V - cancelamento do cadastro.

Parágrafo único. Responderá pela prática infratora, sujeitando-se às sanções administrativas previstas neste Decreto, o prestador de serviço turístico que, por ação ou omissão, lhe der causa, concorrer para sua prática ou dela se beneficiar.

Art. 54. A aplicação da penalidade de advertência não dispensa o infrator da obrigação de fazer ou deixar de fazer, interromper, cessar, reparar ou sustar de imediato o ato ou a omissão caracterizada como infração, sob pena de incidência de multa ou aplicação de penalidade mais grave.

Art. 55. A multa a ser cominada será graduada de acordo com a gravidade da infração, a vantagem auferida, a condição econômica do prestador de serviços turísticos, bem como o dano à imagem do turismo nacional, devendo sua aplicação ser precedida do devido procedimento administrativo e serem levados em conta os fatores descritos no art. 58.

Parágrafo único. A penalidade de multa poderá ser aplicada para as infrações descritas nos arts. 61 a 65 em montante não inferior a R$ 350,00 (trezentos e cinquenta reais) e não superior a R$ 1.000.000,00 (um milhão de reais), conforme tabela disposta no Anexo III.

Art. 56. A penalidade de cancelamento da classificação ensejará a retirada do nome do prestador de serviços turísticos da página eletrônica do Ministério do Turismo, na qual consta o rol daqueles que foram contemplados com a chancela oficial de que trata o parágrafo único do art. 25 da Lei no 11.771, de 2008.

Art. 57. A penalidade de cancelamento de cadastro implicará a paralisação dos serviços e a apreensão do certificado de cadastro, sendo deferido prazo de até trinta dias, contados da ciência do infrator, para regularização de compromissos assumidos com os usuários, não podendo, durante esse período, assumir novas obrigações.

Art. 58. Para a imposição da pena e sua gradação, será considerada a natureza e a gravidade das infrações, considerados os prejuízos dela decorrentes para os usuários e para o turismo nacional, e as circunstâncias atenuantes ou agravantes, inclusive os antecedentes do infrator.

§ 1º Consideram-se circunstâncias atenuantes ser o infrator primário, a colaboração com a fiscalização e a presteza no ressarcimento dos prejuízos ou reparação dos erros.

§ 2º Consideram-se circunstâncias agravantes ser o infrator reincidente em determinada infração, a reiterada prática de infrações, a sonegação de informações e documentos e os obstáculos impostos à fiscalização.

Art. 59. As infrações classificam-se em:

I - leves: aquelas em que forem verificadas somente circunstâncias atenuantes; e
II - graves: aquelas em que for verificada qualquer circunstância agravante.

Art. 60. As penalidades referidas nos incisos III a V do *caput* do art. 53 ou a infração aos direitos do consumidor, nos termos do art. 66, acarretarão a perda, no todo ou em parte, dos benefícios, recursos ou incentivos que estejam sendo concedidos ao prestador de serviços turísticos.

Seção III
Das Infrações

Art. 61. Prestar serviços de turismo sem o devido cadastro no Ministério do Turismo ou não renovar o cadastro com prazo de validade vencido:
Pena: advertência, multa, interdição do local, atividade, instalação, estabelecimento empresarial, empreendimento ou equipamento ou cancelamento da classificação.

§ 1º Após a aplicação da penalidade de advertência, serão conferidos quinze dias para regularização da situação cadastral do prestador de serviço turístico.

§ 2º Caso não seja providenciado o cadastramento, caberá aplicação de penalidade de multa e interdição do local, atividade, instalação, estabelecimento empresarial, empreendimento ou equipamento.

§ 3º A penalidade de interdição será mantida até a completa regularização da situação.

§ 4º A penalidade de cancelamento da classificação poderá ser aplicada de acordo com a reincidência ou a gravidade da infração, nos termos do art. 58.

Art. 62. Deixar de fornecer os dados e informações relativos ao perfil dos hóspedes recebidos, distinguindo-os por nacionalidades, e ao registro quantitativo de hóspedes, taxa de ocupação, permanência média e números de hóspedes por unidade habitacional, conforme previsto no art. 26 da Lei nº 11.771, de 2008:
Pena: advertência, multa, cancelamento de classificação ou cancelamento de cadastro.

§ 1º A penalidade de multa será aplicada na reincidência, de acordo com a capacidade econômica do autuado, conforme Anexo III.

§ 2º As penalidades de cancelamento da classificação e de cadastro poderão ser aplicadas de acordo com a reincidência ou a gravidade da infração, nos termos do art. 58.

Art. 63. Deixar de mencionar ou utilizar, em qualquer forma de divulgação e promoção, o número de cadastro, os símbolos, expressões e demais formas de identificação determinadas pelo Ministério do Turismo:
Pena: advertência, multa, cancelamento de classificação ou cancelamento de cadastro.

§ 1º A penalidade de multa será aplicada na reincidência, de acordo com a capacidade econômica do autuado, conforme Anexo III.

§ 2º As penalidades de cancelamento da classificação e de cadastro poderão ser aplicadas de acordo com a reincidência ou a gravidade da infração, nos termos do art. 58.

Art. 64. Deixar de apresentar, na forma e no prazo estabelecido pelo Ministério do Turismo, informações e documentos referentes ao exercício de suas atividades, empreendimentos, equipamentos e serviços, bem como ao perfil de atuação, qualidades e padrões dos serviços por eles oferecidos:
Pena: advertência, multa, cancelamento de classificação ou cancelamento de cadastro.

§ 1º A penalidade de multa será aplicada na reincidência, de acordo com a capacidade econômica do autuado, conforme Anexo III.

§ 2º As penalidades de cancelamento da classificação e de cadastro poderão ser aplicadas de acordo com a reincidência ou a gravidade da infração, nos termos do art. 58.

Art. 65. Deixar de manter, em suas instalações, livro de reclamações e, em local visível, cópia do certificado de cadastro:
Pena: advertência, multa, cancelamento de classificação ou cancelamento de cadastro.

§ 1º A penalidade de multa será aplicada na reincidência, de acordo com a capacidade econômica do autuado, conforme Anexo III.

§ 2º As penalidades de cancelamento da classificação e de cadastro poderão ser aplicadas de acordo com a reincidência ou a gravidade da infração, nos termos do art. 58.

Art. 66. As infrações e sanções à legislação consumerista serão processadas e julgadas nos termos do que dispõe a Lei nº 8.078, de 1990, e demais normas aplicáveis.

Art. 67. As infrações à legislação ambiental serão apuradas em processo administrativo próprio, cuja atribuição pertence aos órgãos ambientais integrantes do SISNAMA, nos termos da legislação específica.

Parágrafo único. As infrações e sanções à legislação ambiental serão, no âmbito federal, processadas e julgadas nos termos do Decreto nº 6.514, de 22 de julho de 2008.

CAPÍTULO VI
DO PROCESSO ADMINISTRATIVO

Seção I
Das Disposições Gerais

Art. 68. As infrações serão apuradas em processo administrativo, que terá início mediante:

I - ato, por escrito, da autoridade competente;

II - lavratura de auto de infração; e

III - denúncia.

§ 1º A autoridade competente, prevista neste Capítulo, é aquela indicada no instrumento específico de delegação de competência, conforme art. 44 da Lei nº 11.771, de 2008, podendo haver subdelegação das atribuições que a autoridade indicada entender cabíveis, com exceção dos atos de instauração do processo administrativo e julgamento.

§ 2º Antecedendo à instauração do processo administrativo, poderá a autoridade competente abrir investigação preliminar, cabendo, para tanto, requisitar dos prestadores informações sobre as questões investigadas.

§ 3º É facultado ao notificado, ou ao seu representante legal, a qualquer tempo, a solicitação de vistas ou a obtenção de cópia do processo, não sendo suspensa ou interrompida a contagem dos prazos.

§ 4º É vedada a retirada do original do processo pelas partes ou seus representantes legais.

Art. 69. Quando a investigação preliminar iniciada a partir de denúncia não resultar na instauração de processo administrativo, o denunciante deverá ser informado sobre as razões do seu arquivamento pela autoridade competente.

Art. 70. Os débitos decorrentes do não pagamento, no prazo de trinta dias, de multas aplicadas pelo Ministério do Turismo, nos termos do arts. 74 a 89, serão, após apuradas sua liquidez e certeza, inscritos na Dívida Ativa da União pela Procuradoria-Geral da Fazenda Nacional, para fins de cobrança, amigável ou judicial.

Art. 71. Sendo instaurado processo administrativo contra empresa em mais de um Estado federado pelo mesmo fato gerador da infração, a autoridade máxima do órgão delegado poderá remeter o processo ao Ministério do Turismo, que apurará o fato e aplicará as sanções respectivas.

Art. 72. Nos casos de processos administrativos tramitando em mais de um Estado, que envolvam interesses difusos ou coletivos, o Ministério do Turismo poderá avocá-los, ouvidas as autoridades máximas dos órgãos delegados.

Art. 73. Se instaurado processo administrativo em mais de um Estado da federação para apuração de infração decorrente de um mesmo fato imputado a prestador de serviços turísticos, eventual conflito de competência será dirimido pelo Ministério do Turismo, que poderá ouvir as autoridades máximas dos órgãos delegados, levando sempre em consideração a competência federativa para legislar sobre a respectiva atividade econômica.

Seção II
Dos Autos de Infração e de Apreensão e Guarda de Certificado de Cadastro

Art. 74. Os Autos de Infração e de Apreensão e Guarda de Certificado de Cadastro deverão ser impressos, numerados em série e preenchidos de forma clara e precisa, sem entrelinhas, rasuras ou emendas, mencionando:

I - Auto de Infração:

a) o local, a data e a hora da lavratura;

b) o nome e o endereço do autuado;

c) o número de cadastro no Ministério do Turismo do empreendimento autuado;

d) a descrição do fato ou do ato constitutivo da infração;

e) o dispositivo legal infringido;

f) a determinação da exigência e a intimação para cumpri-la no prazo de trinta dias;

g) a identificação do agente delegado, sua assinatura, a indicação do seu cargo ou função e o número de sua matrícula;

h) a designação do órgão julgador e o respectivo endereço; e

i) a assinatura do autuado;

II - Auto de Apreensão e Guarda de Certificado de Cadastro:

a) o local, a data e a hora da lavratura;

b) o nome e o endereço do depositário;

c) o número de cadastro no Ministério do Turismo do empreendimento depositário;

d) as razões e os fundamentos da apreensão;

e) o responsável pela guarda do certificado apreendido;

f) a identificação do agente fiscal de turismo responsável, sua assinatura, a indicação do seu cargo ou função e o número de sua matrícula; e

g) a assinatura do depositário.

Art. 75. Os Autos de Infração e de Apreensão e Guarda de Certificado de Cadastro serão lavrados pelo Agente Fiscal de Turismo que houver verificado a ocorrência de infração, preferencialmente no local onde foi averiguada a irregularidade.

Art. 76. Os Autos de Infração e de Apreensão e Guarda de Certificado de Cadastro serão lavrados em impresso próprio, composto de quatro vias, numeradas tipograficamente.

Art. 77. A assinatura nos Autos de Infração e de Apreensão e Guarda de Certificado de Cadastro por parte do autuado, ao receber cópias deles, constitui notificação sem implicar confissão.

Parágrafo único. Em caso de recusa pelo infrator autuado em assinar os Autos de Infração e de Apreensão e Guarda de Certificado de Cadastro, o Agente Fiscal de Turismo mencionará tais fatos nos autos, remetendo-os ao autuado por via postal, com Aviso de Recebimento - AR ou outro procedimento equivalente, tendo os mesmos efeitos do *caput* deste artigo.

Seção III
Da Instauração do Processo Administrativo por Ato de Autoridade Competente

Art. 78. O processo administrativo de que trata o art. 68 poderá ser instaurado mediante denúncia de qualquer interessado ou por iniciativa da própria autoridade competente.

Parágrafo único. O consumidor poderá apresentar sua denúncia, identificando-se expressamente ou por meio de formulário específico, pessoalmente ou por telegrama, carta, e-mail, fac-símile, ou qualquer outro meio de comunicação, ao Ministério do Turismo ou a quaisquer dos órgãos delegados.

Art. 79. O processo administrativo, na forma deste Decreto, deverá, obrigatoriamente, conter:

I - a identificação do infrator;

II - a descrição do fato ou ato constitutivo da infração;

III - os dispositivos legais infringidos; e

IV - a assinatura da autoridade competente.

Seção IV
Da Notificação

Art. 80. A autoridade competente expedirá notificação ao infrator, fixando o prazo de dez dias, a partir da efetiva ciência pelo interessado, para apresentar defesa.

§ 1º A notificação, acompanhada de cópia da inicial do processo administrativo a que se refere o art. 68, far-se-á:

I - pessoalmente ao infrator, seu mandatário ou preposto; ou

II - por carta registrada ao infrator, seu mandatário ou preposto, com Aviso de Recebimento - AR.

§ 2º Quando o infrator, seu mandatário ou preposto não puder ser notificado, pessoalmente ou por via postal, será feita a notificação por edital, a ser afixado nas dependências do órgão respectivo, em lugar público, pelo prazo de dez dias, ou divulgado, pelo menos uma vez, na imprensa oficial ou em jornal de circulação local.

Art. 81. Deverá ser mencionado no Auto de Notificação:

I - o local, a data e a hora da lavratura;

II - o nome e o endereço do notificado;

III - o número de cadastro no Ministério do Turismo do empreendimento notificado;

IV - a descrição do fato ou do ato constitutivo da infração;

V - o dispositivo legal infringido;

VI - a determinação da exigência e a intimação para cumpri-la no prazo de trinta dias;

VII - a identificação do agente fiscal de turismo, sua assinatura, a indicação do seu cargo ou função e o número de sua matrícula;

VIII - a designação do órgão julgador e o respectivo endereço; e

IX - a assinatura do notificado.

Seção V
Da Impugnação e do Julgamento do Processo Administrativo

Art. 82. O processo administrativo decorrente de Auto de Infração, de Apreensão e Guarda de Certificado de Cadastro, de ato de ofício de autoridade competente ou de denúncia será instruído e julgado na esfera de atribuição do órgão que o tiver instaurado.

Art. 83. O infrator deverá dar cumprimento à exigência que deu origem ao processo administrativo ou apresentar impugnação, no prazo de dez dias, contados a partir da efetiva ciência da notificação, indicando em sua defesa:

I - a autoridade julgadora a quem é dirigida;

II - a qualificação do impugnante;

III - as razões de fato e de direito que fundamentam a impugnação; e

IV - as provas que lhe dão suporte.

Parágrafo único. A ausência de impugnação, no prazo estabelecido no art. 80 e *caput* deste artigo, implicará serem reputados verdadeiros os atos e fatos que originaram o processo.

Art. 84. Decorrido o prazo de impugnação, o órgão julgador, com ou sem a apresentação de defesa, poderá, antes da decisão, determinar a realização de diligências que entender cabíveis, sendo-lhe facultado requisitar do infrator, de qualquer pessoa física ou jurídica, órgão ou entidade pública as necessárias informações, esclarecimentos ou documentos, fixando prazo para sua apresentação.

Art. 85. A decisão administrativa conterá relatório dos fatos, o respectivo enquadramento legal e, se condenatória, a natureza e gradação da pena.

Parágrafo único. Julgado o processo e sendo aplicada penalidade de multa, será o infrator notificado para efetuar seu recolhimento no prazo de trinta dias.

Seção VI
Do Pedido de Reconsideração

Art. 86. Caberá pedido de reconsideração, no prazo de dez dias, contados a partir da efetiva ciência do interessado, à autoridade que houver proferido a decisão de aplicar a penalidade, a qual decidirá no prazo de cinco dias.

Seção VII
Dos Recursos Administrativos

Art. 87. No caso de indeferimento do pedido de reconsideração descrito no art. 86, o interessado poderá, no prazo máximo de dez dias contados da ciência da decisão, apresentar recurso hierárquico, com efeito suspensivo, à Junta de Recursos de Processos Administrativos de Prestadores de Serviços Turísticos do Ministério do Turismo.

§ 1º A Junta de Recursos terá composição tripartite formada por um representante dos empregadores, um representante dos empregados, ambos escolhidos entre as associações de classe componentes do Conselho Nacional de Turismo, e um representante do Ministério do Turismo.

§ 2º Tanto o representante dos empregadores como o dos empregados previstos no § 1º não poderão estar envolvidos, direta ou indiretamente, com o fato apurado.

§ 3º A Junta de Recursos reunir-se-á mensalmente para apreciação dos recursos administrativos interpostos e terá seu funcionamento regulamentado por portaria do Ministério do Turismo.

Art. 88. Não será conhecido o recurso interposto fora dos prazos e condições estabelecidos neste Decreto.

Art. 89. Todos os prazos referidos nesta Seção são decadenciais.

Seção VIII
Da Reabilitação

Art. 90. Cumprida a penalidade e cessados os motivos de sua aplicação, os prestadores de serviços turísticos poderão requerer reabilitação no Ministério do Turismo.

Parágrafo único. Deferida a reabilitação, as penalidades anteriormente aplicadas deixarão de constituir agravantes, no caso de novas infrações, nas seguintes condições:

I - decorridos cento e oitenta dias sem a ocorrência de novas infrações nos casos de advertência;

II - decorridos dois anos sem a ocorrência de novas infrações nos casos de multa ou cancelamento da classificação; e

III - decorridos cinco anos sem a ocorrência de novas infrações, nos casos de cancelamento de cadastro ou interdição de local, atividade, instalação, estabelecimento empresarial, empreendimento ou equipamento.

Seção IX
Das Nulidades

Art. 91. A inobservância de forma não acarretará a nulidade do ato, se não houver prejuízo para a defesa.

Parágrafo único. A nulidade prejudica somente os atos posteriores ao ato declarado nulo e dele diretamente dependentes ou de que sejam consequência, cabendo à autoridade que a declarar indicar tais atos e determinar o adequado procedimento saneador, se for o caso.

CAPÍTULO VII
DAS DISPOSIÇÕES FINAIS

Art. 92. Para o exercício dos poderes de cadastramento e fiscalização das atividades turísticas que lhe são conferidos pela Lei nº 11.771, de 2008, o Ministério do Turismo poderá delegar atribuições específicas a quaisquer órgãos e entidades da administração pública.

Art. 93. Este Decreto entra em vigor na data de sua publicação.

Art. 94. Revogam-se os Decretos nos 448, de 14 de fevereiro de 1992, 5.406, de 30 de março de 2005, e 5.917, de 28 de setembro de 2006.

Brasília, 2 de dezembro de 2010; 189º da Independência e 122º da República.

LUIZ INÁCIO LULA DA SILVA
Luiz Eduardo Pereira Barretto Filho

Este texto não substitui o publicado no DOU de 3.12.2010

ANEXOS

ANEXOS DO DECRETO Nº 7.381, DE 2 DE DEZEMBRO DE 2010

I. FICHA NACIONAL DE REGISTRO DE HÓSPEDES.

II. MINISTÉRIO DO TURISMO. BOLETIM DE OCUPAÇÃO HOTELEIRA - BOH.

III. ART. 36, II DA LEI 11.771/08
TABELA DE VALORES DAS MULTAS.

MICRO E PEQUENA (art. 38)

Valor da Multa	leve (art. 37, I)	grave (art. 37, I)
	R$ 1.186,00	R$ 8.131,00
Tabela de descontos (-)		
3 atenuantes (art. 38, I e II)	R$ 836,00	R$ 6.212,00
2 atenuantes (art. 38, I e II)	R$ 733,00	R$ 5.025,00
1 atenuantes (art. 38 I e II)	R$ 453,00	R$ 3.106,00
Tabela de acréscimos (-)		
1 agravante (art. 38, I e II)	R$ 733,00	R$ 5.025,00
2 agravantes (art. 38, I e II)	R$ 1.920,00	R$ 13.227,00
3 agravantes (art. 38, I e II)	R$ 3.839,00	R$ 26.311,00
4 agravantes (art. 38, I e II)	R$ 6.945,00	R$ 47.597,00

MÉDIO PORTE (art. 38)

Valor da Multa	leve (art. 37, I)	grave (art. 37, I)
	R$ 5.025,00	R$ 34.442,00
Tabela de descontos (-)		
3 atenuantes (art. 38, I e II)	R$ 3.839,00	R$ 26.311,00
2 atenuantes (art. 38, I e II)	R$ 3.106,00	R$ 21.286,00
1 atenuante (art. 38 I e II)	R$ 1.919,00	R$ 13.084,00
Tabela de acréscimos (-)		
1 agravante (art. 38, I e II)	R$ 3.106,00	R$ 21.286,00
2 agravantes (art. 38, I e II)	R$ 8.131,00	R$ 55.728,00
3 agravantes (art. 38, I e II)	R$ 16.333,00	R$ 111.456,00
4 agravantes (art. 38, I e II)	R$ 29.417,00	R$ 201.626,00

GRANDE PORTE (art. 38)

Valor da Multa	leve (art. 37, I)	grave (art. 37, I)
	R$ 21.358,00	R$ 145.898,00
Tabela de descontos (-)		
3 atenuantes (art. 38, I e II)	R$ 16.333,00	R$ 111.456,00
2 atenuantes (art. 38, I e II)	R$ 13.227,00	R$ 90.170,00
1 atenuante (art. 38 I e II)	R$ 8.202,00	R$ 55.728,00
Tabela de acréscimos (-)		
1 agravante (art. 38, I e II)	R$ 13.084,00	R$ 90.170,00
2 agravantes (art. 38, I e II)	R$ 34.370,00	R$ 236.068,00
3 agravantes (art. 38, I e II)	R$ 68.812,00	R$ 472.136,00
4 agravantes (art. 38, I e II)	R$ 124.540,00	R$ 854.102,00

Veto parcial 686 da Lei n° 11.771, de 17 de setembro de 2008

Dispõe sobre a Política Nacional de Turismo, define as atribuições do Governo Federal no planejamento, desenvolvimento e estímulo ao setor turístico; revoga a Lei nº 6.505, de 13 de dezembro de 1977, o Decreto-Lei nº 2.294, de 21 de novembro de 1986, e dispositivos da Lei nº 8.181, de 28 de março de 1991; e dá outras providências.

MENSAGEM Nº 686, DE 17 DE SETEMBRO DE 2008

Senhor Presidente do Senado Federal,

Comunico a Vossa Excelência que, nos termos do § 1º do art. 66 da Constituição, decidi vetar parcialmente, por inconstitucionalidade e contrariedade ao interesse público, o Projeto de Lei nº 3.118, de 2008 (nº 114/08 no Senado Federal), que «Dispõe sobre a Política Nacional de Turismo, define as atribuições do Governo Federal no planejamento, desenvolvimento e estímulo ao setor turístico; revoga a Lei nº 6.505, de 13 de dezembro de 1977, o Decreto-Lei nº 2.294, de 21 de novembro de 1986, e dispositivos da Lei nº 8.181, de 28 de março de 1991; e dá outras providências».

Ouvidos, os Ministérios da Justiça e do Desenvolvimento, Indústria e Comércio Exterior manifestaram-se pelo veto ao seguinte dispositivo:

Art. 17.

"Art. 17. Os fundos governamentais que desenvolverem atividades afins ao setor turístico, administrados por órgãos da administração pública federal, assim como os bancos e entidades oficiais de crédito e as Agências de Desenvolvimento Regional, observados, quanto a estas últimas, os planos regionais de desenvolvimento, deverão alocar recursos para suporte às atividades turísticas.

Parágrafo único. As entidades referidas neste artigo, quando solicitadas, fornecerão ao Ministério do Turismo informações relativas à tramitação de projetos turísticos em análise e concluídos, bem como de operações financeiras e valores alocados na atividade, constantes de seus orçamentos e planos anuais de aplicações."

Razões do veto

"Ao pretender, de forma cogente, estabelecer que as referidas entidades, pertencentes ou controladas pela administração pública, devam alocar recursos para suporte às atividades turísticas, o dispositivo viola, frontalmente, o princípio da separação de poderes, inserto no art. 2º da Constituição da República, pois configura ingerência na competência normativa exclusiva do Poder Executivo.

Por razões de técnica legislativa deve-se vetar também o parágrafo único do dispositivo, tendo em vista que sua redação ficou prejudicada com o veto do *caput*.

Deve-se ressaltar que o veto ao dispositivo não acarretará prejuízo ao setor, pois não impedirá que os bancos, entidades oficiais de crédito e as Agências de Desenvolvimento Regional destinem recursos para suporte de atividades turísticas, desde que observada a legislação específica."

Ouvidos, os Ministérios da Justiça e do Planejamento, Orçamento e Gestão manifestaram-se pelo veto ao seguinte dispositivo:

Inciso III do art. 20

"Art. 20. ....
....
....
....
....

III - saldos não utilizados na execução de projetos, que serão incluídos automaticamente no próximo orçamento;
....
....
........................"

Razões do veto

"O art. 167, inciso II, da Constituição da Federal, veda a realização de despesas ou a assunção de obrigações diretas que excedam os créditos orçamentários ou adicionais, o que torna inconstitucional a inclusão automática de recursos no orçamento anual sem a devida avaliação durante a elaboração dos Projetos de Leis Orçamentárias Anuais ou de créditos adicionais."

O Ministério da Justiça manifestou-se ainda pelo veto ao seguinte dispositivo:

§ 6º do art. 27

Art. 27. ....
....
....

§ 6º A agência de turismo é responsável objetivamente pela intermediação ou execução direta dos serviços ofertados e solidariamente pelos serviços de fornecedores que não puderem ser identificados, ou, se estrangeiros, não possuírem representantes no País.
....
....
..........................."

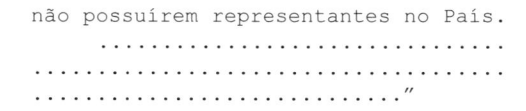

Razões do Veto

"A medida proposta fundava-se na busca por maior equidade na distribuição de responsabilidades nas relações travadas entre as agências de viagens e os fornecedores de serviços de turismo.

Entretanto, o dispositivo poderá conduzir a interpretações que enfraqueceriam a posição do consumidor frente à cadeia de fornecedores, com a possível quebra da rede de responsabilidade solidária tecnicamente regulada pelo Código de Defesa do Consumidor - CDC, aplicável a todos os setores da atividade econômica.

Dessa forma, seria possível o uso do dispositivo como embasamento para a mitigação da responsabilidade de determinados fornecedores, a partir da exceção criada ao sistema consumerista, o que colidiria com a política de defesa do consumidor consolidada durante toda a última década."

O Ministério da Fazenda opinou também pelo veto ao seguinte dispositivo:

Art. 46.

"Art. 46. Para efeito de interpretação do § 1º do art. 3º da Lei nº 9.718, de 27 de novembro de 1998, do inciso I do *caput* do art. 25 e do inciso I do *caput* do art. 29 da Lei nº 9.430, de 27 de dezembro de 1996, do art. 31 da Lei nº 8.981, de 20 de janeiro de 1995, e do art. 20 da Lei nº 9.249, de 26 de dezembro de 1995, considera-se receita bruta dos serviços de intermediação o preço da comissão recebida dos fornecedores ou o valor que agregar ao preço de custo destes fornecedores."

Razões do veto

"Com esta medida deforma-se tanto o conceito do lucro como o de faturamento/receita bruta, prejudicando todo o sistema de tributação presente na legislação. Isto porque esses tributos não devem incidir sobre o valor agregado, como pretende o artigo, mas sim sobre os preços e valores recebidos. Por fim, por determinação do art. 14 da Lei de Responsabilidade Fiscal, todas as propostas que incluam renúncias fiscais devem vir acompanhadas de estudo de impacto nas finanças públicas, bem como da respectiva previsão orçamentária.

As alterações propostas sugerem um aumento da complexidade do sistema tributário e, por conseguinte, não se coadunam ao princípio da simplicidade administrativa, que constitui uma das características internacionalmente aceitas para fundamentar um sistema de tributação.

Dessa forma, o art. 46 contraria o interesse público, uma vez que não cumpre os requisitos da Lei de Responsabilidade Fiscal."

Os Ministérios da Fazenda e do Planejamento e Orçamento e Gestão manifestaram-se, ainda, pelo veto ao dispositivo abaixo:

Art 47

"Art. 47. Nos termos do inciso II do *caput* do art. 150 da Constituição Federal, fica classificado como atividade econômica exportadora o setor de turismo receptivo, caracterizado por seus agentes econômicos, tais como meios de hospedagem, agências de turismo receptivo, bem como organizadoras e administradoras de feiras, eventos, congressos e similares, nas ações e programas que objetivam a captação de turistas estrangeiros de lazer e de negócios para o Brasil.

§ 1º A classificação estabelecida no *caput* deste artigo implica o direito à fruição por qualquer prestador de serviço do setor de turismo receptivo de todos os benefícios fiscais, linhas de crédito e financiamentos oficiais instituídos em órgãos, bancos e agências públicas para fomentar a exportação.

§ 2º O Poder Executivo regulamentará o disposto neste artigo, instruindo todos os órgãos públicos da administração direta e indireta que tratam da atividade exportadora, para análise e acolhimento de projetos do setor de turismo receptivo."

Razões do veto

"É importante frisar que a definição de diretrizes para a concessão de incentivos fiscais, a agentes públicos ou privados, nos diversos setores da economia, não pode ser dissociada da indicação das medidas de compensação correlatas e da apresentação dos demonstrativos à que alude a Lei de Responsabilidade Fiscal.

Deve-se observar que a concessão de benefício fiscal de forma genérica e vaga como ora proposto para o setor de turismo receptivo não pode ser efetivada, sob pena de descumprimento do disposto no § 6º do art. 150 da Constituição Federal, que determina que qualquer desoneração tributária somente pode ser concedida por lei específica e desde que aplicado a um determinado tributo, devendo o dispositivo ter contornos bem definidos, inclusive com a delimitação precisa de seus beneficiários, dos requisitos necessários ao seu controle, entre outras providências necessárias, para evitar a utilização indevida dos benefícios e controvérsias judiciais."

Essas, Senhor Presidente, as razões que me levaram a vetar os dispositivos acima mencionados do projeto em causa, as quais ora submeto à elevada apreciação dos Senhores Membros do Congresso Nacional.

Este texto não substitui o original publicado no Diário Oficial da União - Seção 1 de 18/09/2008

Publicação: Diário Oficial da União - Seção 1 - 18/9/2008, Página 27 (Veto)